应用型本科院校“十二五”规划教材/经济管理类

U1016823

Financial Management

财务管理

（第2版）

主　编　唐现杰　杨志勇
副主编　王　兰　王春燕
参　编　王　静　王慧瑜
马慧颖　于晓菲
刘　丽　毛文静
陈玲玲　杨凤芝
姜丽艳　陈　莉

哈爾濱工業大學出版社
HARBIN INSTITUTE OF TECHNOLOGY PRESS

内容简介

全书共分十一章:第一章财务管理概述,第二章财务管理环境,第三章财务管理价值观念,第四章融资管理,第五章资本结构决策,第六章项目投资管理,第七章证券投资决策,第八章营运资本管理,第九章利润分配管理,第十章财务预算,第十一章财务分析。

本书适合作为高等学校会计学、财务管理、金融学、企业管理、市场营销、财政税务等经济管理类专业的本科教材,尤其适合以应用型、技能型、强调动手能力为培养目标的高等学校相关专业的本科教学使用。

图书在版编目(CIP)数据

财务管理/唐现杰,杨志勇主编.—2版.—哈尔滨:哈尔滨工业大学出版社,2013.6(2016.7重印)
应用型本科院校"十二五"规划教材
ISBN 978-7-5603-3309-0

Ⅰ.①财… Ⅱ.①唐…②杨… Ⅲ.①财务管理-高等学校-教材 Ⅳ.①F275

中国版本图书馆CIP数据核字(2013)第112228号

策划编辑 赵文斌 杜 燕
责任编辑 李广鑫
出版发行 哈尔滨工业大学出版社
社 址 哈尔滨市南岗区复华四道街10号 邮编150006
传 真 0451-86414749
网 址 http://hitpress.hit.edu.cn
印 刷 哈尔滨工业大学印刷厂
开 本 787mm×960mm 1/16 印张22.75 字数490千字
版 次 2011年8月第1版 2013年6月第2版
2016年7月第4次印刷
书 号 ISBN 978-7-5603-3309-0
定 价 38.80元

(如因印装质量问题影响阅读,我社负责调换)

《应用型本科院校“十二五”规划教材》编委会

主　任　修朋月　竺培国

副主任　王玉文　吕其诚　线恒录　李敬来

委　员　（按姓氏笔画排序）

丁福庆　于长福　马志民　王庄严　王建华

王德章　刘金祺　刘宝华　刘通学　刘福荣

关晓冬　李云波　杨玉顺　吴知丰　张幸刚

陈江波　林　艳　林文华　周方圆　姜思政

庹　莉　韩毓洁　臧玉英

序

哈尔滨工业大学出版社策划的《应用型本科院校"十二五"规划教材》即将付梓,诚可贺也。

该系列教材卷帙浩繁,凡百余种,涉及众多学科门类,定位准确,内容新颖,体系完整,实用性强,突出实践能力培养。不仅便于教师教学和学生学习,而且满足就业市场对应用型人才的迫切需求。

应用型本科院校的人才培养目标是面对现代社会生产、建设、管理、服务等一线岗位,培养能直接从事实际工作、解决具体问题、维持工作有效运行的高等应用型人才。应用型本科与研究型本科和高职高专院校在人才培养上有着明显的区别,其培养的人才特征是:①就业导向与社会需求高度吻合;②扎实的理论基础和过硬的实践能力紧密结合;③具备良好的人文素质和科学技术素质;④富于面对职业应用的创新精神。因此,应用型本科院校只有着力培养"进入角色快、业务水平高、动手能力强、综合素质好"的人才,才能在激烈的就业市场竞争中站稳脚跟。

目前国内应用型本科院校所采用的教材往往只是对理论性较强的本科院校教材的简单删减,针对性、应用性不够突出,因材施教的目的难以达到。因此亟须既有一定的理论深度又注重实践能力培养的系列教材,以满足应用型本科院校教学目标、培养方向和办学特色的需要。

哈尔滨工业大学出版社出版的《应用型本科院校"十二五"规划教材》,在选题设计思路上认真贯彻教育部关于培养适应地方、区域经济和社会发展需要的"本科应用型高级专门人才"精神,根据黑龙江省委书记吉炳轩同志提出的关于加强应用型本科院校建设的意见,在应用型本科试点院校成功经验总结的基础上,特邀请黑龙江省9所知名的应用型本科院校的专家、学者联合编写。

本系列教材突出与办学定位、教学目标的一致性和适应性,既严格遵照学科体系的知识构成和教材编写的一般规律，又针对应用型本科人才培养目标及与之相适应的教学特点，精心设计写作体例，科学安排知识内容，围绕应用讲授理论，做到“基础知识够用、实践技能实用、专业理论管用”。同时注意适当融入新理论、新技术、新工艺、新成果，并且制作了与本书配套的PPT多媒体教学课件，形成立体化教材，供教师参考使用。

《应用型本科院校“十二五”规划教材》的编辑出版，是适应“科教兴国”战略对复合型、应用型人才的需求，是推动相对滞后的应用型本科院校教材建设的一种有益尝试，在应用型创新人才培养方面是一件具有开创意义的工作，为应用型人才的培养提供了及时、可靠、坚实的保证。

希望本系列教材在使用过程中，通过编者、作者和读者的共同努力，厚积薄发、推陈出新、细上加细、精益求精，不断丰富、不断完善、不断创新，力争成为同类教材中的精品。

第 2 版前言

本教材在编写过程中，充分考虑了应用型和技能型高等院校教学对象的特点，倾向于财务管理的基本原理、基本技能和一般知识的介绍，侧重于财务基本观念和基本方法的阐述，力求体现教材的科学性、启发性、完整性和适用性，注重理论和实践的较好结合。为了实现上述编写目的，本书在编写体例上做了如下安排：

1. 每章起始之处，指明本章要点，本章的主要内容和学习要求。

2. 在阐述每章的具体内容时，力求用简明的语言说明基本理论的形成，以保证初学者能把握重点，有效掌握课程的内容。

3. 每章之后，附有配合本章内容的案例分析和精选习题，书后附案例分析启示和习题答案，以帮助学生更好地消化吸收各章节所学知识，并有效地将理论知识和实务操作紧密地联系在一起。

本书由唐现杰、杨志勇任主编，负责拟定编写大纲、结构设计及全书的修改、总纂及定稿工作；王兰、王春燕担任副主编。编写工作的具体分工如下：唐现杰编写第一章和第二章；杨志勇编写第四章，并负责全书的习题和习题答案修正工作；王兰编写第六章、第七章，并负责全书案例分析的修正工作；王春燕编写第十章、第十一章；刘丽、毛文静编写第八章；王静编写第三章；王慧瑜、马慧颖、于晓菲编写习题答案与解析；陈玲玲、杨凤芝编写第五章；姜丽艳、陈莉编写第九章。

在本书编写过程中，参考了多位专家、学者的成果，在此一并表示感谢！

由于编者水平有限，加之时间仓促，书中难免有疏漏和不当之处，请予指正。

编　者

2013 年 5 月

目　录

第一章

Chapter 1

财务管理概述

【本章要点】

本章主要阐述企业财务管理的概念、财务管理的目标与职能、财务管理的原则及方法等。通过本章的介绍,学习者将对企业财务管理的基本原理有一个总括的认识,为以后的学习打下基础。

第一节　财务管理的概念

财务管理是企业经营管理的重要内容和职能,关系到企业的生存和发展,是企业组织财务活动,处理财务关系的一项经济管理工作。要了解财务管理,首先应分析企业的财务活动和财务关系。

一、财务活动

企业财务活动是以现金收支为主的企业资金收支活动的总称。所谓资金,是指企业财产物资的货币表现。在企业中资金有多种形式,以工业企业为例,其资金包括:货币资金(现金、银行存款、银行票据)、储备资金(原材料)、生产资金(在产品)、成品资金(库存完工产品和半成品)、应收账款、固定资产、对外投资等。在企业中,资金形态不是固定静止的,而是在生产经营中不断变化的,表现为资金的流入和流出。企业的经营活动不断进行,也就会不断产生资金的流入和流出。企业资金的流入和流出,构成了企业经济活动的一个独立方面,这便是企业的财务活动。

企业财务活动可以分为以下四个方面:

（一）筹资活动

筹资是企业为满足投资和日常经营的需要，而筹集资金的行为。企业筹资有两大渠道。首先，可以从投资者处获取资金，这种资金来源属于权益性资金。它是企业通过吸收直接投资、发行股票和以内部留存收益等方式从国家、法人、个人等投资者处取得而形成的自有资金，包括资本金、资本公积、盈余公积和未分配利润。其次，企业可以从债权人处获取借款，这种资金来源属于债务性资金。它是通过银行借款、发行债券、利用商业信用和租赁等方式，从金融机构、其他企业、个人等债权人处取得而形成的借入资金，包括流动负债和非流动负债。

在筹资过程中，企业通过权益性和债务性筹资方式筹集的资金，表现为企业资金的流入；而为获取相应的资金而进行的支付股利、偿还借款及支付利息行为，则表现为企业的资金流出。这种因资金筹集而产生的资金的流入流出，便是由筹资引起的筹资活动。

企业在进行筹资活动时，需要考虑不同资金筹集方式的成本、风险以及企业某时期资金需求的数额，确定恰当的筹资渠道，以提高企业效益。

（二）投资活动

投资是指企业将所筹集的资本投入使用的过程。将资金投入日常生产经营或特定项目的目的是获取投资收益。根据投资方向的不同，投资可分为对内投资（如购置固定资产、无形资产，以及垫支于流动资产等）与对外投资（如购买股票、债券或以联营、租赁、信托等形式投资等）。

无论企业购买内部所需资产，还是购买各种有价证券，都需要支付资金，表现为企业资金的流出，当企业变卖其对内投资的各种资产或回收对外投资的资金时，会产生企业资金的流入。这种因企业投资活动而产生的资金的流入流出，便是由投资引起的投资活动。

由于企业的资金是有限的，企业在进行投资活动时，应根据市场需求状况及企业的竞争优劣势，确定合适的投资项目，并在此基础上通过不同的评价指标计算和评比，平衡风险和收益后，确定最佳的投资项目进行投资。

（三）资金营运活动

企业在正常的生产过程中，会发生一系列的资金收付行为。首先，企业要采购材料或商品，以便从事生产和销售活动，同时还要为保证正常的生产经营而支付工资和其他费用；其次，当企业把产品或商品出售后，便取得了收入。另外，如果现有资金不能满足企业日常生产经营的需要，企业还要采用短期借款、商业信用等形式筹集短期资金，并在资金周转结束时归还。上述这些方面都会产生资金的流入流出，这就是由企业生产经营而产生的资金营运活动。

企业在进行资金营运活动时，应确定合理的资金持有计划、短期借款计划、商业信用计划，以提高资金利用率，加快资金周转速度，生产出更多的产品，取得更多的收入，获得更多的报酬。

（四）利润分配活动

企业销售产品或商品取得收入后，在支付各种成本费用和扣除各种税金后即为企业利润，形成企业分配的基本来源。企业利润应按规定交纳所得税，对税后利润进行合理分配，分配与未分配的结果期末集中反映在净资产中的留存收益各个项目上，这些资产或新增资本又形成了企业新的资金来源。

随着利润分配活动的进行，资金或退出或留存在企业内部，它必然会影响企业的资金活动。这不仅表现在资金运动的规模上，而且表现在资金运动的结构上，如筹资结构。因此，如何合理确定分配规模和分配方式，关系到企业的长期发展战略。企业应根据自身的具体情况确定最佳的分配政策。

二、财务关系

财务关系是指企业在组织财务活动过程中与各有关方面发生的经济利益关系。在企业的财务活动中，必须处理好各方面的财务关系，才能保证财务活动的正常进行和稳步发展。企业财务关系主要表现在以下八个方面：

（一）企业与资产所有者之间的关系

这种关系是指资产所有者向企业投放一定数量的资金，企业相应地向投资者支付报酬所形成的财务关系。出资者履行出资义务，并行使控制与分配的权利；接受投资的企业，有义务履行对出资者的财产保值增值的责任。这种关系直接体现为“投资—报酬”的转换关系。

向企业投资的资产所有者主要有国家、法人单位、个人、外商。企业与不同出资者之间的财务关系是不相同的。不同财务关系的产生、运行和处理，都必须以合同、协议和章程等具有法律效力的文件作为保证，才能有利于财务关系中各成员维护权利、承担义务。企业同其资产所有者之间的财务关系体现的是所有权性质，反映的是经营权与所有权的关系。

（二）企业与债权人、债务人之间的财务关系

企业在生产经营过程中，为了更好地发挥财务杠杆的效应，改善资本结构，降低资本成本，除了使用自有资本外，还需要引入借入资本。于是，就产生了企业同债权人之间的财务关系。债权人向企业提供的资金是企业的债务性资金，企业必须按照借款合同的规定按时支付利息和归还本金。

企业的债权人主要有企业债券持有者、贷款机构、商业信用提供者、其他为企业提供贷款的单位或个人。企业与债权人之间的财务关系反映的是债务与债权之间的关系。

与借入资本相对应，企业也可以购买其他企业债券，对外提供借款或向商品、劳务的购买者提供商业信用，并按合同、协议等的规定收回本金和获取利息。此时，企业自身就成了债权人，从而产生了企业与债务人之间的财务关系。企业与债务人之间的财务关系体现的是债权与债务之间的关系。

企业正确处理这两方面的财务关系,有利于维护债权人、债务人和企业自身的合法权益。

(三)企业同被投资企业之间的财务关系

企业在生产经营过程中,往往会产生或多或少的闲置资金。企业有权将这些闲置资金通过购买股票或直接投资的形式对其他企业进行投资,从而形成企业同被投资企业之间的财务关系。这种经济关系在我国当前的经济生活中越来越多,包括企业同子企业、同参股企业及控股企业之间的财务关系。

企业对其他企业投资,应该按约定履行出资义务,并有权参与被投资企业的利润分配。企业与其投资对象之间的财务关系体现的是所有权性质的投资与受资的关系。

(四)企业同国家税务机关之间的财务关系

国家是社会公共事务的管理者,其在履行各种社会管理职能的过程中,都需要有资金支出。为了维持其功能持续、正常地发挥,国家必须有一定的收入来源。税收是国家财政收入最主要的来源,是以国家的行政权力向社会成员强制征收的。企业作为社会成员的一部分,是社会财富的创造者,有向国家纳税的义务。国家税收机关是代表国家行使向企业征税的权利机构。企业正确处理好与国家税务机关的关系,有利于维护社会的共同利益。企业同国家税务机关之间的财务关系反映的是依法纳税同依法征税的权利与义务关系。

(五)企业与购销单位之间的财务关系

这种财务关系是伴随着企业的生产经营而自然产生的,当企业向供销商购置原材料、辅助材料时,往往采用两种方式:一是现购,立刻表现为现金流出企业;二是赊购,表现为应付账款或应付票据,企业要处理这方面的财务关系,要保证在信用期内,及时付款,保证信誉。当企业对客户销售产品时,往往有两种方式:一是现销,表现为现金流入企业;二是赊销,此时企业应合理地制定信用政策,在增加销售收入的前提下,尽可能地降低成本。

(六)企业内部各部门之间的财务关系

企业内部的财务关系主要指企业内部各单位之间的财务关系。在实行经济核算的企业内部,各单位之间是相对独立的经济组织。企业内部各单位在生产经营过程中必然会相互提供技术、产品和劳务等,从而形成内部各单位之间的财务关系。它们之间的关系集中体现在对内部经济往来的计价结算关系。这种内部形成的资金结算关系,体现的是内部各部门之间的利益关系。

(七)企业与员工之间的财务关系

人员是任何企业进行生产经营活动必不可少的条件之一。员工一般包括组织管理人员、技术人员和生产营销人员。员工在生产经营过程中会有各种各样的体力或脑力上的耗费,必须对此作出补偿。企业应当按照员工提供劳动的数量多少和质量优劣支付给员工工资、津贴、奖金及社会保障金等。企业与员工之间的财务关系体现的是劳动成果按劳分配的关系。

(八)企业与社会之间的财务关系

企业是社会经济生活中的一员,有责任履行社会责任,尽社会义务为所在的社区作贡献,如修路、修桥、绿化、保护生态环境等,在努力追求企业自身财务管理目标最大化的同时,要与社会发展目标协调一致,这种关系主要体现的是企业与所在社区建设和周边环境的保护、建设相互协调之间的关系。

第二节　财务管理的目标及职能

一、财务管理的目标

根据现代企业财务理论和管理实践,企业财务管理的目标有多种表达,其中最有代表性的有以下五种观点。

(一)产值最大化的目标

在传统的计划经济体制下,国家对企业下达总产值指标,然后根据企业完成产值计划指标的程度来决定企业管理者的经营业绩、企业福利待遇及职工的个人利益等。如此,企业就必然把总产值最大化作为财务管理的主要目标。

在社会主义建设的初期,百废待兴,各种商品物资非常匮乏,用这种目标来指导生产,可以在短时间内生产出大量的产品,以满足全国工农生产和消费的需要。因此,总产值最大化的财务管理目标,对于稳定建国初期的社会经济生活,保障工业企业的稳定建设和发展,奠定我国国民经济基础以及社会主义建设曾起到积极的作用,但是随着时代的发展,这一目标的缺陷日益暴露出来:

(1)忽视经济效益。在这一目标的指导下,企业只注重产出,而不考虑投入。有时产出比投入小,出现了亏损,但是增加了产值,企业仍愿意生产,从而造成了经济效益的低下。

(2)产品的品种单一,质量低劣。总产值最大化使企业把注意力都集中到数量上而忽视了产品的品种和质量。

(3)造成资源的浪费。在总产值最大化目标的支配下,一方面,企业不愿进行技术改造和采用节约资源的集约化经营方式,而是愿意采用容易达到目标的粗放型的经营方式;另一方面,企业只顾一味地增加产值,而不管产品是否能够卖得出去,市场是否需要。造成产销失衡,浪费大量资源。出现了工业报喜、商业报忧的不正常现象。

(二)利润最大化的目标

利润最大化目标是指在企业投资收益确定的条件下,通过企业财务管理的行为实现企业利润总额的最大值。该观点认为:利润代表着企业新创造的财富,利润越多,则企业财富越多;当每个企业都在努力追求自身利润最大化的同时,也就实现了社会总财富的最大化。

利润最大化目标是企业财务管理目标的最早表达,目前越来越受到财务理论界的批评,主要问题是:

(1)没有考虑利润取得时间,将不同时期取得的利润看成是等效的。

(2)不具有可比性。利润最大化是一个绝对数,没有考虑获利和投入资本额的关系,不能用于不同规模企业之间的比较。

(3)没有考虑风险因素。在静态的状态下,完全忽略了风险的大小,来考察利润额的状态,与现实经济生活相脱节,因为一个企业只要从事生产经营活动,风险就时时刻刻伴随着它,完全忽视风险的存在会做出错误的判断。

(4)会造成企业的短期行为。在利润最大化目标的驱使下,企业管理者会选择近期获利较多的项目,以提高其经营业绩,而对于那些有利于企业长期发展的项目,近期收益并不显著的项目会选择放弃。因而利润最大化的财务管理目标不利于企业的长期可持续发展。

(三)每股收益最大化的目标

每股收益最大化是公司制企业的财务管理目标。每股收益是收益额与普通股的相对数,也称作股东权益资本报酬率。是把企业的利润与股东投入的资本联系起来考察,有利于不同规模企业之间的比较,可以避免“利润最大化目标”、“无可比性”的缺点,但也有一定的问题,主要是:

(1)没有考虑每股盈余的风险,作为企业可以利用负债经营减少普通股数,但负债经营有着较大的风险。

(2)仍然没有考虑每股盈余取得的时间性,将不同时点上的每股盈余看成是等效的,缺乏合理性。

(四)股东财富最大化的目标

股东财富最大化也是公司制企业,尤其是上市公司财务管理追逐的目标。投资者总是希望自身的财富越多越好,公司的所有者们在共同追求自身公司财富最大化的同时也就实现了社会财富的最大化。这种观点认为:股票的市场价格代表了股东财富的多少,因此,也可以说股东财富最大化就是每股市价的最大化。这种观点认为,影响每股市价的因素主要有:

1. 每股利润或股东投资报酬率

每股利润是指企业的税后净利与流通在外的普通股股数的比值。衡量股东财富大小的尺度应该是每股利润或者股东投资报酬率,而不是税后净利润,因为股东投资报酬率的高低直接影响着股东财富的大小。

2. 风险与收益

每项投资都是面向未来的,影响项目的各种未来因素是不确定的(有风险的),所以不能只考虑每股利润,不考虑风险,一个投资项目每股利润较低,但几乎没有风险,另一个投资项目每股利润较高,但有一定风险,在财务决策时,要看风险大的方案成功概率是否能超过50%,

若能超过也就是可取的，因为风险与收益相均衡的原理告诉人们，冒了高风险就应该获得高报酬。

3. 资本结构与财务风险

资本结构是指在企业资本总额中所有者权益资本和负债资本的比例关系。两大资本的比例关系会影响企业的报酬率和风险。比如在利息率低于投资报酬率的情况下，可以扩大举债金额，利用杠杆原理提高企业的每股利润或自有资本利润率，但是，同时也加大了企业的财务风险，因为一旦资不抵债，将会导致企业破产。

4. 股利政策与企业留利

股利政策是指在企业获得的当期盈余中，有多少作为股利发放给股东，有多少保留下来作为企业再投资使用。前者是股东的眼前利益，后者是企业的长远利益。例如，当企业采用高股利政策时，较高的现金股利收益会刺激投资者的积极性，导致股票市价上涨。因此股利政策会影响企业报酬率和风险，影响股票市价的变化。

一般情况下，人们认为股东承担了企业的绝大部分风险，因而也应享受企业的绝大部分经营利润。同时，他们的风险与收益并存，承担了高风险，就应该获得高收益。但是，在现实经济生活中，企业及其所处的环境已经发生了翻天覆地的变化，债权人、企业职工、国家等相关的利益关系人所承担的风险越来越大，这已经是大家的共识，因而财务管理的目标如果继续片面地过分强调股东利益则是不合适的；再者，由于股票市价经常处于波动之中，有时很难真正反映企业的价值；另外，非上市企业的企业价值不好确定。在这种情况下，一般认为企业价值的最大化才是财务管理的最优目标。这个目标充分地考虑了企业各方面的利益关系和企业各个利益集团的利益，是很合适的，也更科学合理。

（五）企业价值最大化的目标

企业价值最大化是指通过企业财务上的合理经营，采用最优的财务决策，充分考虑资金的时间价值和风险报酬的关系，在保证企业长期稳定发展的基础上使企业总价值达到最大。主张将企业价值最大化作为财务管理目标的观点认为，这个目标具有许多优点，主要表现在以下几个方面：

（1）考虑了取得报酬的时间，采用时间价值的原理进行计算。

（2）科学地考虑了风险与报酬的关系。

（3）能够克服企业决策的短期行为。

（4）全面考虑企业各利益关系人的利益，有利于企业的长远发展和健康成长。

（5）更符合我国的实际情况。我国作为社会主义国家，更强调职工的利益与权利、强调社会财富的积累、强调协调各方利益关系，实现共同发展和共同富裕。所以，以企业价值最大化作为财务管理的目标更符合我国企业特点。

企业财务管理的目的就在于权衡企业风险与报酬的对比关系，权衡企业的得与失，从而实现企业价值的最大化。因此说，企业价值最大化的财务管理目标，体现了对经济效益的深层次认识,它是现代财务管理的最优目标。在它的基础上,才能确立企业财务管理的理论体系与方法体系。

二、财务管理的职能

财务管理的职能是指财务管理的职责和功能,具体有制定和实施企业筹资决策方案、投放和配置资金、提高资金使用水平、合理分配企业收益和建立有效的财务管理机制等。这些具体职能可以分别归入财务管理的财务预测、财务决策、财务计划、财务控制、财务分析、财务检查等基本职能之中。

(一)财务预测

财务预测就是在掌握大量信息资料的基础上,考虑各种可变因素,根据企业财务收支的客观规律,运用经济预测的科学方法,对企业未来的财务状况和经验成果进行预计和推测。财务预测是财务管理的一项重要工作,其作用是测算各项生产经营方案的经济效益,为财务决策、财务预算和日常财务管理工作提供依据,使企业合理安排收支,提高资金使用效率,提升企业整体管理水平。

(二)财务决策

财务决策是企业决策的一部分。企业决策按决策过程能否程序化,可分为程序化决策和非程序化决策;按决策影响的时间长短,可分为长期决策和短期决策;按决策所涉及的管理领域,可分为销售决策、生产决策和财务决策。

财务决策是为了实现预定的财务目标,根据财务预测资料,运用科学方法对若干可供选择的财务活动方案进行评价,从中选出最佳方案的过程。财务决策主要包括筹资决策和投资决策两部分,因此,也可以说财务决策就是有关资金筹集和使用的决策。财务决策是财务管理的重点和核心。

(三)财务计划

计划是指预先决定做什么、何时做、怎样做和由谁去做。财务计划是生产经营计划的重要组成部分,是以货币形式表现的生产经营计划。财务计划是财务决策的具体化,是企业及其各部门工作的奋斗目标,是组织财务活动、协调财务关系、控制财务收支和考核财务业绩的依据。财务计划按内容划分,主要有筹资计划、投资计划、现金收支计划、财务成果计划和预计财务报表。

(四)财务控制

控制是对一个系统或组织的活动进行约束与指导的过程。财务控制是对企业的财务活动进行约束、监督和指导,将财务活动的实际成果与财务预算相对比,发现差异,找出原因,采取有效措施及时纠正的过程。财务控制与财务计划紧密相连,财务计划是财务控制的重要依据,财务控制是财务计划执行的重要手段,两者构成了财务管理的基本循环体系。

财务控制需要建立在良好的责任制度、信息反馈制度及考核奖惩制度的基础上。财务控制的程序一般包括制定标准、执行标准、确定和分析差异、消除和纠正差异，其方法主要有规章制度控制、定额标准控制、预算控制等。

（五）财务分析

财务分析是利用财务报表和其他资料对企业过去的财务状况和财务成果、企业的现状、未来的发展趋势进行分析、评价，从中总结成绩、找出差距、挖掘潜力，并借以提出改进措施。财务分析可以为企业内外的有直接或间接利害关系的使用者，如内部的管理者，外部的投资者、债权人、信用机构等，进行财务决策、计划、控制，了解企业的财务状况、经营业绩及未来前景等提供依据。

（六）财务检查

财务检查是按照国家财经法规制度和企业财务通则、分行业财务制度等对企业财务活动的正确性、合理性、合法性和有效性进行检查的过程，目的是为了保证企业行为合法、财产安全以及制度的执行。财务检查分为内部检查和外部检查两类，前者是企业内部财务、审计等有关部门进行的检查，后者是国家有关部门及社会监督机构进行的检查。

第三节　财务管理的原则及方法

财务管理的原则是企业财务管理工作必须遵循的准则。它是从企业财务管理实践中抽象出来的并在实践中证明是正确的行为规范，它反映着财务管理活动的内在要求。企业财务管理的原则一般包括如下内容。

一、财务管理的原则

（一）货币时间价值原则

货币时间价值是客观存在的经济范畴，它是指货币经历一段时间的投资和再投资所增加的价值。从经济学的角度看，即使在没有风险和通货膨胀的情况下，一定数量的货币资金在不同时点上也具有不同的价值。因此在数量上货币的时间价值相当于没有风险和通货膨胀条件下的社会平均资本利润率。今天的一元钱要大于将来的一元钱，货币时间价值原则在财务管理实践中得到广泛的运用。长期投资决策中的净现值法、现值指数法和内含报酬率法，都要运用到货币时间价值原则；筹资决策中比较各种筹资方案的资本成本、分配决策中利润分配方案的制定和股利政策的选择，营业周期管理中应付账款付款期的管理、存货周转期的管理、应收账款周转期的管理等，都充分体现了货币时间价值原则在财务管理中的具体运用。

（二）资金合理配置原则

拥有一定数量的资金，是企业进行生产经营活动的必要条件，但任何企业的资金总是有限的。资金合理配置是指企业在组织和使用资金的过程中,应当使各种资金保持合理的结构和比例关系,保证企业生产经营活动的正常进行,使资金得到充分有效的运用,并从整体上(不一定是每一个局部)取得最大的经济效益。

在企业的财务管理活动中,资金的配置从筹资的角度看表现为资本结构,具体表现为负债资金和所有者权益资金的构成比例、长期负债和流动负债的构成比例,以及内部各具体项目的构成比例。企业不但要从数量上筹集保证其正常生产经营所需的资金,而且必须使这些资金保持合理的结构比例关系。从投资或资金的使用角度看,企业的资金表现为各种形态的资产,各形态资产之间应当保持合理的结构比例关系,包括对内投资和对外投资的构成比例。对内投资中:流动资产投资和固定资产投资的构成比例、有形资产和无形资产的构成比例、货币资产和非货币资产的构成比例等;对外投资中:债权投资和股权投资的构成比例、长期投资和短期投资的构成比例等,以及各种资产内部的结构比例等。上述这些资金构成比例的确定,都应遵循资金合理配置原则。

(三)成本-效益原则

成本-效益原则就是要对企业生产经营活动中的所费与所得进行分析比较,将花费的成本与所取得的效益进行对比,使效益大于成本,产生"净增效益"。成本-效益原则贯穿于企业的全部财务活动中。企业在筹资决策中,应将所发生的资本成本与所取得的投资利润率进行比较;在投资决策中,应将与投资项目相关的现金流出与现金流入进行比较;在生产经营活动中,应将所发生的生产经营成本与其所取得的经营收入进行比较;在不同备选方案之间进行选择时,应将所放弃的备选方案预期产生的潜在收益视为所采纳方案的机会成本与所取得的收益进行比较。在具体运用成本-效益原则时,应避免"沉没成本"对企业决策的干扰,"沉没成本"是指已经发生、不会被以后的决策改变的成本。因此,企业在做各种财务决策时,应将其排除在外。

(四)风险-报酬均衡原则

在市场经济的激烈竞争中不可避免地要遇到风险。企业要想获得收益,就不能回避风险。风险-报酬均衡原则是指决策者在进行财务决策时,必须对风险和报酬作出科学的权衡,使所冒的风险与所取得的报酬相匹配,达到趋利避害的目的。在筹资决策中,负债资本成本低,财务风险大;权益资本成本高,财务风险小。企业在确定资本结构时,应在资本成本与财务风险之间进行权衡。任何投资项目都有一定的风险,在进行投资决策时必须认真分析影响投资决策的各种可能因素,科学地进行投资项目的可行性分析,在考虑投资报酬的同时考虑投资的风险。在具体进行风险与报酬的权衡时,由于不同的财务决策者对风险的态度不同,有的人偏好高风险,高报酬,有的人偏好低风险,低报酬,但每一个人都会要求风险和报酬相对等,不会去冒没有价值的无谓风险。

（五）收支积极平衡原则

财务管理实际上是对企业资金的管理，量入为出、收支平衡是对企业财务管理的基本要求。资金不足，会影响企业的正常生产经营，坐失良机，严重时，会影响到企业的生存；资金多余，会造成闲置和浪费，给企业带来不必要的损失。收支积极平衡原则要求企业一方面要积极组织收入，确保生产经营和对内、对外投资对资金的正常合理需要；另一方面，要节约成本费用，压缩不合理开支，避免盲目决策。保持企业一定时期资金总供给和总需求动态平衡和每一时点资金供需的静态平衡。要做到企业资金收支平衡，在企业内部要增收节支，缩短生产经营周期，生产适销对路的优质产品，扩大销售收入，合理调度资金，提高资金利用率；在企业外部，要保持同资本市场的密切联系，加强企业的筹资能力。

（六）利益关系协调原则

企业是由各种利益集团组成的经济联合体。这些经济利益集团主要包括企业的所有者、经营者、债权人、债务人、国家税务机关、消费者、企业内部各部门和职工等。利益关系协调原则要求企业协调、处理好与各利益集团的关系，切实维护各方的合法权益，将按劳分配、按资分配、按知识和技能分配、按业绩分配等多种分配要素有机结合起来。只有这样，企业才能营造一个内外和谐的发展环境，充分调动各有关利益集团的积极性，最终实现企业价值最大化的财务管理目标。

二、财务管理的方法

财务管理有一系列专门的方法，它是财务活动执行和达到目标的手段。作为价值管理，财务管理方法具有其独特的方法体系。

财务管理的方法有许多，可按多种标准进行分类：按照财务管理的具体内容，可分为资金的筹集方法、投资管理方法、营运资金管理方法、利润及其分配管理方法；按照财务管理的环节，可分为财务预测方法、财务决策方法、财务计划方法、财务控制方法、财务分析方法、业绩评价方法；按照财务管理方法的特点，可分为定性财务管理方法和定量财务管理方法。下面以财务管理环节为标准来对财务管理的常用方法进行说明。

（一）财务预测方法

财务预测是财务人员根据历史资料，依据现实条件，运用特定的方法对企业未来的财务活动和财务成果所作出的科学预计和测算。财务管理中常用的财务预测方法主要有以下几种。

1. 定性预测法

定性预测法主要是利用直观材料，依靠个人经验的主观判断和综合分析能力，对事物未来的状况和趋势作出预测的一种方法；这种方法一般是在企业缺乏完备、准确的历史资料的情况下采用。包括综合意见法、经验分析法、专家意见法、主观概率法、相关因素分析法等。

2. 定量预测法

定量预测法是根据变量之间存在的数量关系，建立数学模型来进行预测的方法。它又可分为趋势预测法和因果预测法。趋势预测法是按时间顺序排列历史资料，根据事物发展的连续性来进行预测的一种方法；又可分为趋势外推法和因果关系法。其中，趋势外推法又可细分为直线外推法、移动平均法、指数平滑法等；因果关系法可细分为资金回归分析法、线性规划法、价值型投入产出法。

（二）财务决策方法

财务决策是指财务人员在财务目标的总体要求下，从若干可以选择的财务活动方案中选择最优方案的过程。其常见方法有定性与定量之分。定性方法主要包括专家调查法、畅抒己见法、经验判定法、主观概率法、动机诱导法等；定量方法分为确定性决策法、风险性决策法和不确定型决策法。

决策者对未来的情况是完全确定的而作出的决策，称为确定性决策。确定性决策法主要包括优选对比法、资金回收期法、现值法和极值原理法等；风险性决策是指决策者对未来的情况不能完全确定，但未来情况出现的可能性——概率具体分布是已知的或可以估计的。风险性决策法主要包括概率决策树法和损益决策树法等；不确定性决策是决策者对未来的情况不能完全确定，而且对其可能出现的概率也不清楚的情况下作出的决策。不确定型决策法也称损益决策法，主要包括等概率法、大中取小法、小中取大法等。

（三）财务计划方法

财务计划是在一定的计划期内以货币形式反映生产经营活动所需要的资金及其来源、财务收入和支出、财务成果及其分配的计划。确定财务计划指标的方法主要包括弹性计划法、滚动计划法、零基预算法、定额计划法、平衡计划法、目标规划法、因素推算法、先例计算法和预算包干法等。

（四）财务控制方法

财务控制是指在财务活动中，利用有关信息和特定手段，对企业的财务活动施加影响或调节，以便实现计划所规定的财务目标。财务控制的方法很多，以下是常见的几种：

1. 防护性控制法

防护性控制又称排除干扰控制，是指在财务活动发生前，制定一系列制度和规定，把可能产生的差异予以排除的一种控制方法。在财务管理中，各种事先制定的标准、制度、规定都可以看做是排除干扰的方法。

2. 前馈性控制法

前馈性控制又称补偿干扰控制，是指通过对实际财务系统运行的监视，运用科学方法预测可能出现的偏差，采取一定措施，消除差异的一种控制方法。主要有计划控制法、目标控制法、定额控制法、库存 ABC 法、保本控制法等。

3. 反馈控制法

反馈控制又称平衡偏差控制，是在认真分析的基础上，发现实际与计划之间的差异，确定差异产生的原因，采取切实有效的措施，调整实际财务活动或财务计划，消除差异或避免以后出现类似差异的一种控制方法。主要包括差异分析法、敏感性分析法等。

(五)财务分析方法

财务分析是根据有关信息资料，运用特定的方法，对企业财务活动过程及其结果进行分析和评价的一项工作。财务分析方法主要包括比较分析法、因素分析法、动态分析法、平衡分析法、系统综合分析法、图表分析法等。

(六)企业业绩评价方法

企业业绩评价是指运用定性定量相结合的科学方法，对企业整体及各部门一定经营期间的生产经营状况、资金经营效益、经营者业绩等进行综合考核和分析，进而做出客观、公正的评价结果。

其中经营者业绩评价是企业所有者对经营者绩效进行的综合、全面的考查，是实施奖惩方案的基础；在财务管理的循环中，业绩评价是承上启下的关键环节，起着极其重要的作用。

企业业绩评价应遵循全面性、预警性、数量化、激励与约束并用的基本原则，分为动态评价和综合评价两个层次。动态评价侧重于生产技术指标，属于事中控制，为财务预算或财务计划服务。综合评价为本期预算的终点和下期预算的起点，属于事后评价。对一定经营期间的整体效益进行综合分析评价，从而确定本期收益的分配及奖惩计划的实施，并为下期预算奠定基础。

第四节　财务管理的产生及发展

财务管理的发展是与社会经济的发展、重大的经济事件以及特殊的经济时期密不可分的。在财务管理的发展过程中，经济学理论的发展、金融市场的建立与完善、企业组织形式的变迁、产权的变化对企业财务管理理论的演进起到了推动作用。

一、西方财务管理的发展

理论界普遍认为，西方财务管理学科的独立是以美国财务管理学家格林(Thomas L. Green)于1897年出版的《企业财务》为标志的。经过100多年的发展，西方财务管理理论取得了丰硕的成果，我国近年来在财务管理的研究中吸收了大量的西方财务管理的思想和理论。

(一)19世纪末期，财务管理学科的创立阶段

产业革命后，机器化的大生产代替了传统的手工作坊式的落后生产方式，企业的所有权与经营权进一步分离，企业组织形式开始发生巨大的变化，至19世纪末期出现了股份企业，跨国

经营活动得到了巨大的发展。企业的经营活动变得越来越复杂,使得企业的财务活动和财务关系也越来越复杂,单纯的自己(股东)理财变得越来越困难,专业的理财部门在企业中逐渐地建立起来并独立于企业的其他管理部门。因而,对财务管理实践进行总结,并逐渐形成财务管理理论是十分必然的。在这种情况下,企业财务管理学应运而生,逐步从西方经济学的应用学科中分离出来,成为一门独立的学科。1897 年美国财务管理学家格林出版了《企业财务》一书,被财务学界认为是西方财务管理学科创立的标志。其后,米德(Mead)、戴维(Dewing)、李恩(Lyon)等人相继出版了一些财务管理的著作,进一步丰富了财务管理的基本理论,使财务管理学初步形成。1920 年阿瑟·S·大明出版了《企业财务理论》,比较全面地介绍了这一阶段的企业理财观点。

(二)20 世纪 20 年代,财务管理"融资理财"研究阶段

在 20 世纪 20 年代,随着经济和科学技术的发展,新行业的不断涌现,企业需要筹集更多的资金来扩大企业的生产规模。因而,此时财务管理的注意力主要集中在如何利用股票、债券以及其他的证券来筹集资金。当时,金融市场的逐步形成,投资银行、商业银行、储蓄银行、保险企业和信托投资企业已成为企业的重要外部经营环境。但是,这些市场还很原始,法规不健全,财务信息不可靠,股价波动很大,使得投资者顾虑重重,个人储蓄很难转化为现实的企业投资,因此,这一时期财务管理研究的重点就放在了与企业成立、证券发行以及企业兼并等相关的筹资活动方面。一直到经济危机爆发前,财务管理学基本上以描述金融市场和各种股票、债券的交易为主。

(三)20 世纪三四十年代,企业流动性研究阶段

在过去的财务理论研究中,由于过分地强调了资金筹集,而相对忽视了对资金使用的控制和管理,不讲求资金的使用效果。在经济危机中,许多企业破产,人们开始认识到要在激烈的市场竞争中生存和发展,必须充分、有效地使用筹集来的资金,最大限度地提高资金的使用效率,因此对与企业生存相关的财务管理问题(如企业破产、重组等)的研究就成了这一时期的重点。在这一时期,政府加强了对企业的控制,如美国政府于 1933 年和 1934 年分别通过了《证券法》和《证券交易法》,要求企业公布财务信息,这为以后企业财务状况的系统性分析打下了基础。因此,政府管制问题也成为这一时期财务管理研究的重点。

20 世纪 40 年代,财务管理主要从企业外部或投资者的角度来研究企业财务问题。研究的方法主要是描述性和定义性的,研究的中心问题是分析、预测、控制企业的现金流量。这与 20 世纪 30 年代的经济危机有着紧密的联系,也可以说是一种经济危机后遗症。

20 世纪 40 年代中后期,即"二战"结束以后,经济进入恢复时期,所有的企业都需要大量的资金,对外筹资就变得十分困难。于是企业的财务人员将目光转入企业内部,如何使有限的资金发挥更大的效益,如何加强资本预算、强化内部控制就是这一时期财务管理研究的重点问题。

(四)20 世纪五六十年代,现代财务管理理论形成阶段

在这一时期财务管理研究取得了丰硕的成果。1951 年乔尔·递安出版了《资本预算的编制》,同年 F·卢茨和 V·卢茨合著的《厂商投资理论》为企业资本预算的编制起到了重要的作用。1952 年马科维茨发表了《组合选择》,1959 年还发表了《证券组合选择:有效的分散化》;米勒(Mertor Miller)和莫迪利阿尼(Franco Modigliani)发表了《资本成本、企业理财和投资理论》以及《股利政策、企业增长和股票估价》等著作,他们对于以后财务管理理论的发展有着十分巨大的影响。在这一时期,宏观分析的方法也开始引入财务管理的研究中,财务管理学逐步发展形成了自己完整的学科理论体系。现代财务管理学的主要理论、方法和实证分析的方法大体上都能在这一时期找到雏形,比如资本资产定价模型、套利定价模型、金融衍生工具的定价模型、投资组合理论、"MM"定理、委托——代理理论等。

(五)20 世纪七八十年代,融资技术研究阶段

20 世纪 70 年代主要是研究复杂的融资技术,认股权、认股证、债券的转换、债券的可延长和可收回使得融资技术变得更加复杂。

20 世纪 80 年代主要研究在不确定条件下企业价值的评估问题,以及个人税收和企业税收等。资本资产定价模型认为,对于投资者来说企业的某些风险与企业的股票价格没有联系,这些风险因投资者持有多家企业的股票而分散,这一模式被运用于评价企业资产的价值上。但是,这一理论一直没有得到证实,在近年来遭到了不少的非议和排挤。布莱克·斯科尔等还提出了评估企业价值的"期权价格模型"。这一时期跨国企业的竞争日趋激烈,企业的财务活动和财务政策更加的复杂,财务管理的目标转向研究企业价值最大化问题,这就是为何企业价值的评价问题成为这一时期财务管理研究重点问题的缘由。

这一阶段在财务管理研究手段上广泛实行财务预测,加强预算控制,进行时间价值和风险价值分析。在财务管理方法上广泛地使用数学模型和计算机等现代化的计算分析工具,使得财务管理的综合性和现代化水平大为提高,财务管理也逐渐地成为现代企业管理的关键组成部分。

(六)20 世纪 90 年代至今,财务管理新发展的探索阶段

当今世界各国的联系日益紧密,"多米诺骨牌效应"日益加剧,1997 年发生于泰国的金融危机迅速波及世界各国,对许多国家的经济发展造成了严重的影响,加之不确定性因素的增加,各国企业的财务管理显得更加困难。深入研究在新形势下,企业的生存发展问题,尤其是企业避险、组合投资的新技术与新方法、外汇风险防范、通货膨胀条件下如何进行理财的问题、新的科学技术运用于财务管理等问题在财务管理的学科发展中显得尤为紧迫。

二、我国财务管理的发展

与西方国家相比,我国的财务管理发展历程十分曲折。尽管我国的财务管理思想可以追

溯到封建社会，但真正意义上的财务管理却是近代的事情。在明清的晚期，我国的商品经济得到了一定的发展，机器化生产代替了一些手工作坊式的落后生产形式，财务管理得到了重视，但还处于十分落后的阶段。新中国成立后，全国经济很快恢复发展，财务管理在企业的经营过程中也得到了足够的重视。但是，由于十年动乱的影响，财务管理的发展受到了极大的干扰。在全面恢复了国民经济的发展秩序后，财务管理学科才得以恢复和发展，并在全国范围内迅速建立起了财务管理学科的理论体系。尤其是我国推动财务与会计改革以来，财务管理学科更是得到了更大的发展。特别是在高等财经类院校的教学中，“财务管理”专业已经从会计学中分离出来，被教育部单独列入本科专业目录，近几年来开设财务管理专业已是高等财经院校和综合性大学专业调整的一种普遍现象，说明财务管理在我国得到了空前的重视和发展。西方财务管理理论的引入极大地丰富了我国财务管理理论体系的内容。

（一）以成本管理与财务核算、监督为主的阶段

从新中国建立到1978年，我国受前苏联的影响，实行计划经济体制，国家对全民所有制企业实行统一计划，统购包销的经济管理体制，企业变成国家行政机构的附属物，人、财、物各生产经营要素配置权与供、产、销各经营活动的决策权都集中在国家有关行政管理部门手中。与此相适应，企业财务管理体制实行的是国家统收统支、统负盈亏的体制。资金由国家供应，企业无筹资权；资金运用由国家安排，企业无投资自主权；成本费用开支报国家有关部门审核，企业无成本开支权；收入按国家计划分配，企业无定价权与分配权。企业财务管理的职责是如何按国家财务会计制度规定搞好成本核算，向国家（财政部门）报账；如何按国家财政制度，监督企业领导与内部单位合理使用资金、及时上缴税金与利润，保证完成各项财政上缴任务。因此，这一阶段财务管理的重点是成本核算、成本计划控制与实行财务监督。

（二）以分配管理与财务控制、考核为主的阶段

1978年，我国进入以经济建设为中心的社会主义建设新时期，开始进行经济体制改革，党的十四大确立我国经济体制改革的目标是建立社会主义市场经济体制，在这期间的14年中，曾先后提出“计划经济为主、市场调节为辅”和“有计划的商品经济”两种经济体制改革目标模式。由于当时的改革仍是坚持在计划经济上发展商品经济，逐步将全民所有制企业转变为相对独立的商品生产者与经营者，并未触动产权问题，所以整个改革是按“放权让利”的思路进行的。在经济管理上，国家对企业实行指令性计划、指导性计划与市场调节相结合的管理体制，企业在人、财、物、供、产、销六个方面逐步扩大一些自主权。与此同时，企业财务管理体制改为自收自支、利润包干上缴、留利自管的制度，资金以国家供应为主，但可以以国家批准的发行债券、股票、联营和内部积累方式筹集一部分资金；资金运用除限额以外的基本建设投资要由国家批准立项以外，其他可自行安排使用，但必须保证国家指令性计划任务的完成；企业成本费用开支仍按国家规定的成本开支范围与标准支出；企业留利按国家规定建立积累基金、消费基金与后备基金，并按国家规定用途专款专用、计划使用。企业财务管理的重点是收益分配

管理,在财务管理方式上是以财务控制与考核为主。

(三)以筹资管理与财务预测、决策为主的阶段

进入20世纪90年代以后,我国经济体制改革的目标模式确立为建立社会主义市场经济体制。我国全民所有制企业按照国有企业改革的要求,开始了建立现代企业制度的试点,按照“产权明晰、权责明确、政企分开、管理科学”的基本要求进行深入的改革。根据现代企业制度的要求,企业对出资者投入的资本金、企业内部积累和债权人借给的借入资金拥有法人财产权,并以法人财产承担民事责任,实行企业自主经营、自负盈亏的管理体制。与此相适应,在财务管理体制上则实行企业财务自理、自负盈亏的新体制。企业生产经营活动所需资金已不能靠国家统一供应,而必须面向市场自主地去筹资,由于历史上形成的国家财政拨款不足,企业自有资本比重偏低,资金长期紧缺等问题的存在,筹资管理就成为企业财务管理中最突出的问题。特别是由于我国大部分企业仍处于速度效益型向效益速度型的转换之中,能否及时足额筹得资金,已成为企业发展的头等大事,因此,这一阶段财务管理的重点已由以收益分配管理为主进入以筹资管理为主。为了从不同渠道筹措资金,企业财务管理的首要任务是向社会各类出资者和债权人提供企业目前财务状况,以及今后一定期间的盈利能力、偿债能力的财务预测分析报告,提供所筹措资金用以进行投资的可行性分析与决策报告,为出资者与债权人向企业投资提供真实可信的决策资料。因此,在这一阶段,财务管理的重点是以财务预测与决策为主。

【案例分析】

财务专业二年级学生小张和小王,在学校附近合开了一个小餐馆。共筹集资金70 000元。资金来源为:勤工俭学所得10 000元;双方父母投资50 000元;同学间借款10 000元。开业前,购置桌椅、烹调用具等花费资金共计20 000元;租用店铺支付1年的租金20 000元。开业1个月的时间里,采购蔬菜及调味品等共花费资金20 000元(月末全部消耗完毕);取得就餐收入50 000元;支付厨师及服务人员工资共计5 000元;支付相关税费共计10 000元。月末,剩余现金45 000元,拿出了4 000元作为股利支付给了双方父母,拿出10 000归还同学借款,同时支付了借款利息1 000元,拿出10 000元购买了股票,其余20 000留用。

分析提示:

(1)试分析从开始筹建餐馆至开业第一个月月末,发生了哪些财务活动。

(2)分析经历的每个财务活动中发生的资金流入流出状况。

(筹资活动中共筹集资金70 000元。其中,权益资金60 000元,债务资金10 000元。资金流入70 000元,资金流出15 000元。投资活动中,对内投资购置桌椅餐具等发生资金流出20 000元,对外投资购买股票发生资金流出10 000元。资金营运活动中,发生资金流入50 000元,资金流出55 000元。利润分配活动中,支付了相关税费、股利。)

习　题

一、单选题

1. 下列各项中,不能协调所有者与债权人之间矛盾的方式是(　　)。

A. 市场对公司强行接收或吞并

B. 债权人通过合同实施限制性借款

C. 债权人停止借款

D. 债权人收回借款

2. 在财务管理中,企业将所筹集到的资金投入使用的过程被称为(　　)。

A. 广义投资　　B. 狭义投资　　C. 对外投资　　D. 间接投资

3. 假定甲公司向乙公司赊销产品,并持有丙公司债券和丁公司的股票,且向戊公司支付公司债券利息。假定不考虑其他条件,从甲公司的角度看,下列各项中属于本企业与债权人之间财务关系的是(　　)。

A. 甲公司与乙公司之间的关系　　B. 甲公司与丙公司之间的关系

C. 甲公司与丁公司之间的关系　　D. 甲公司与戊公司之间的关系

4. 根据财务管理理论,企业在生产经营活动过程中客观存在的资金运动及其所体现的经济利益关系被称为(　　)。

A. 企业财务管理　B. 企业财务活动　C. 企业财务关系　D. 企业财务

5. 在下列各项中,从甲公司的角度看,能够形成"本企业与债务人之间财务关系"的业务是(　　)。

A. 甲公司购买乙公司发行的债券

B. 甲公司归还所欠丙公司的货款

C. 甲公司从丁公司赊购产品

D. 甲公司向戊公司支付利息

6. 在下列各种观点中,既能够考虑资金的时间价值和投资风险,又有利于克服管理上的片面性和短期行为的财务管理目标是(　　)。

A. 利润最大化　　B. 企业价值最大化

C. 每股收益最大化　　D. 资本利润率最大化

7. 企业实施了一项狭义的"资金分配"活动,由此而形成的财务关系是(　　)。

A. 企业与投资者之间的财务关系

B. 企业与受资者之间的财务关系

C. 企业与债务人之间的财务关系

D. 企业与供应商之间的财务关系

8. 下列各项中,能够用于协调企业所有者与企业债权人矛盾的方法是(　　)。

A. 解聘　　B. 接收　　C. 激励　　D. 停止借款

9. 下列各项企业财务管理目标中，能够同时考虑资金的时间价值和投资风险因素的是(　　)。

A. 产值最大化　　B. 利润最大化

C. 每股收益最大化　　D. 企业价值最大化

二、多选题

1. 以"企业价值最大化"作为财务管理目标的优点有(　　)。

A. 有利于社会资源的合理配置　　B. 有助于精确估算非上市公司价值

C. 反映了对企业资产保值增值的要求　　D. 有利于克服管理上的片面性和短期行为

2. 在不存在任何关联方交易的前提下，下列各项中，无法直接由企业资金营运活动形成的财务关系有(　　)。

A. 企业与投资者之间的关系　　B. 企业与受资者之间的关系

C. 企业与政府之间的关系　　D. 企业与职工之间的关系

3. 下列各项中，属于筹资决策必须考虑的因素有(　　)。

A. 取得资金的渠道　　B. 取得资金的方式

C. 取得资金的总规模　　D. 取得资金的成本与风险

三、判断题

1. 从财务管理的角度看，公司治理是有关公司控制权和剩余索取权分配的一套法律、制度以及文化的安排。(　　)

2. 财务预测是财务管理循环的起点，为了做好这项工作，财务预测应当独立进行。(　　)

第二章

Chapter 2

财务管理环境

【本章要点】

企业的财务管理环境又称理财环境，是指对企业财务活动产生影响作用的内外部的各种因素，企业以其内外环境为生存条件，它们是企业财务决策难以改变的约束条件，理财活动更多的是适应它们的要求和变化。财务管理的环境涉及范围很广，本章主要阐述企业难以控制的几种重要环境，即宏观经济环境、金融市场环境和法律环境。通过本章的介绍，学习者可以清晰地认识到财务管理环境与企业财务管理之间的关系。

第一节　财务管理环境概述

一、财务管理环境的概念

所谓环境，是指存在于某事物以外，对事物的产生和发展起重要影响的各种因素的总和。企业财务管理环境是指影响企业财务管理的各种内、外部条件和因素的总和。不同国家、不同领域的财务管理需要面对不同的理财环境。如果不能适应周围的环境，就不能生存。环境的变化可能会给企业理财带来影响，但财务人员若能合理预测其发展状况，就会使理财效果变得理想。

二、财务管理环境的分类

财务管理环境是一个多层次、多方位的复杂系统，它纵横交错，相互制约，对企业财务管理产生重要影响。为了能对财务管理环境作更深入细致的研究，有必要对财务管理环境进行简单分类。

(一)按财务管理环境包括的范围分类

按财务管理环境包括的范围,可分为宏观财务管理环境和微观财务管理环境。

宏观财务管理环境是对财务管理有重要影响的宏观方面的各种因素,如国家政治经济形势、经济发展水平、金融市场状况等。宏观环境的变化一般对各类企业的财务管理均会产生影响。

微观财务管理环境是对财务管理有重要影响的微观方面的各种因素,如企业组织形式、生产状况、企业的产品销售市场状况、企业的资源供应情况等。微观环境的变化一般只对特定企业的财务管理产生影响。

(二)按财务管理环境与企业的关系分类

按财务管理环境与企业的关系,可分为企业内部财务管理环境和企业外部财务管理环境。

企业内部财务管理环境是指企业内部的影响财务管理的各种因素,如企业的生产情况、技术情况、经营规模、资产结构、生产经营周期等。相对而言,内部环境比较简单,往往有现成资料,有比较容易把握和能够加以利用等特点。

企业外部财务管理环境是指企业外部的影响财务管理的各种因素,如国家政治、经济形势、法律制度、企业所面临的市场状况以及国际财务管理环境等。外部环境构成比较复杂,需要认真调查,搜集资料,以便分析研究,从而提高其适应性。

企业内部财务管理环境一般均属微观财务管理环境。企业外部财务管理环境有的属于宏观财务管理环境,如政治、法律制度等,有的属于微观财务管理环境,如企业的产品销售市场、企业资源的供应情况等。

(三)按财务管理环境变化情况分类

按财务管理环境变化情况,可分为静态财务管理环境和动态财务管理环境。

静态财务管理环境是指那些处于相对稳定状态的影响财务管理的各种因素,通常指那些相对容易预见、变化性不大的财务管理环境部分,它对财务管理的影响程度也是相对平衡,起伏不大的。因此,认清这些财务管理环境后,一般无需经常予以调整、研究,而是作为已知条件来对待即可。财务管理环境中的地理环境、法律制度等,属于静态财务管理环境。

动态财务管理环境是指那些处于不断变化状态的、影响财务管理的各种因素。从长远观点来看,财务管理环境都是发展变化的,都是变化状态下的财务管理环境。本章要研究的动态财务管理环境,是指变化性强、可预见性差的财务管理环境部分。在市场经济体制下商品市场上的销售数量及销售价格,资金市场的资金供求状况及利息率的高低,都是不断变化的,属于动态财务管理环境。在财务管理中,应着重研究、分析动态财务管理环境,并及时采取相应对策,提高对财务管理环境的适应能力和应变能力。

第二节　宏观经济环境

财务管理的宏观经济环境是指影响企业财务管理的各种外部经济因素,主要有通货膨胀、经济周期、经济发展状况、政府的经济政策以及科学技术等。

一、通货膨胀

通货膨胀是经济发展中较为棘手的问题,价格不断上涨,不仅对消费者无利,作为企业本身无法改变,给企业财务活动也带来很大的困难。具体表现为:①大规模的通货膨胀会引起资金占用的迅速增加;②通货膨胀还会引起利息率的上升,增加企业的筹资成本;③通货膨胀时期有价证券价格会不断下降,给企业筹资带来相当大的困难;④通货膨胀还会引起利润虚增,增加纳税额,造成企业资金流失。

在企业财务管理过程中,对可能发生的通货膨胀有所预测,并妥善处理好因通货膨胀所产生的一些财务问题,也是财务管理人员的一项非常重要的任务。尽管不可能使企业独立于成本提高和物价上涨的宏观环境之外,但仍有某些方法可以帮助财务管理人员尽量减少通货膨胀对企业造成的影响。例如,企业可以在通货膨胀到来之前,设法与原材料的供应企业签订长期购货合同,以便在合同中将价格固定下来;使用套期保值等办法减少损失,如提前购买设备和存货,买进现货卖出期货等;通过利用长期筹资方法筹集企业所需的资金,以保持筹资成本的稳定;在财务会计上,可以采用现实成本法以真实地揭示企业的财务状况和经营成果,防止资金的流失,保证企业生产活动稳定持续发展。总之在通货膨胀面前,企业并非束手无策,而应采取相应措施,尽量减少损失。

二、经济周期

在市场经济的条件下,经济运行趋势不会是长期的持续增长或衰退,而是在周期性的波动中前进的。这种波动,对企业购销影响最明显,一旦销售额下降,就没有资金购买原材料,就会导致企业正常经营停摆,财务人员对这种波动应有所准备,筹措并分配足够的资金,用以调整生产经营。经济运行沿着复苏、高涨、衰退、萧条这四个阶段周而复始地不断循环,称为经济周期。在经济周期的不同阶段,企业理财工作面临着不同的问题。

在经济高涨阶段,市场需求旺盛,销售会大幅度上升,产品供不应求,利润上升,企业为了获得更多的利润,就要扩大生产规模、增加投资,进行大量的筹资和投资活动。筹集长期资金可采取吸收投资人投入资本的方式,也可采取举借长期负债的方式。然而,特别应注意的是,举借负债筹集资金,由于要固定地负担利息,而且到期必须偿还,筹资风险较大。如果企业经营不善或市场情况发生逆转,举借的债务就会成为企业财务上的沉重负担。因此是否以债务的方式筹集长期资金,以及如何筹集长期资金、筹资规模的大小等,应是企业此时所要做出的一项重要财务决策。

在萧条阶段，整个社会的经济不景气，市场需求锐减，造成产品的积压和产品库存时间延长；产品的产量虽然下降，但一定规模的固定成本却依然持续发生；众多雇员的暂时停工也不能使人工成本按比例下降，又使企业可能无法及时和足量地收回投入资金。因此短期筹资和短期投资的管理便成为企业在衰退期所面临的最主要的财务管理问题。在资金筹划上，企业应拓宽资金来源渠道，广泛利用各方面资金，尤其应扩大销售，并加强应收账款的催收与管理。

企业应该根据不同的经济阶段的特点制定不同的理财策略，按照实际情况使用相应的理财技术，使企业的理财活动适应经济的周期性变化。

三、经济发展状况

近几年我国国民经济保持持续高速增长，各项建设方兴未艾。企业为了跟上这种发展并在其行业中维持它的地位，至少要有同样的增长速度。企业要相应增加厂房、机器、存货、工人、技术人员等，这不仅给企业扩大规模、调整方向、打开市场以及拓宽财务活动的领域带来了机遇，同时，由于高速发展中的资金短缺将长期存在，又给企业财务管理带来严峻的挑战。因此，企业财务管理工作者想方设法借入或采取其他形式筹集资金，积极探索与经济发展水平相适应的财务管理模式。

四、政府的经济政策

一个国家经济的发展规划、产业政策、经济体制改革的措施，政府的行政法规等，对企业财务活动有重大影响。政府的经济政策会因经济状况的变化而调整，当国家经济增长速度加快时，企业为了跟上形势，就要相应地进行扩大再生产，增加固定资产、存货、人力等，这就需要进行大规模的筹资、投资等财务活动，此时国家如果采取鼓励的经济政策，对某些地区、某些行业、某些经济行为实施政策倾斜，就会给企业的投资指明方向。同时国家也可能采用限制某些地区、行业和经济行为的经济政策，这对企业的发展可能就有所不利。企业在财务决策时，要认真研究政府政策，按政策导向行事。

五、科学技术

当今社会，科学技术发展迅速。新技术、新设备不断出现，设备更新时间日益缩短。这就要求企业财务人员必须适应这种趋势，筹集足够资金，及时更新所需设备。应当特别指出，生产技术水平对企业技术发展状况的影响，更重要的是决定于本企业的技术水平与同行业厂家技术水平的比较。也就是说，即使企业本身的技术水平有所提高，但落后于科学技术的提升速度，在同行业中，仍处于落后地位，企业的财务状况和财务成果必然受到不利影响，况且同行业各企业技术水平仍处于不断提高的过程中，若本企业不断加快技术改造的步伐，在激烈的市场竞争中被淘汰出局就是必然的结果。因此适应社会技术发展环境，应有系统的、动态的观点，要进行纵向和横向的比较。

第三节　金融市场环境

金融市场是资金融通的场所。企业需要资金从事投资和经营活动，而资金的取得，除自有资金外，主要从金融市场取得。金融市场的效率、金融机构的设立与服务效率、金融政策的制定及变化、市场利率的变化都会影响企业的筹资、投资和资金运营活动。所以，金融环境是影响企业财务管理的重要环境因素。

一、金融市场的概念及构成

广义的金融市场，是指一切资本流动的场所，包括实物资本和货币资本的流动。狭义的金融市场一般是指有价证券市场，即股票的发行和买卖市场。金融市场环境是企业财务管理的直接环境，企业通过金融市场可以获得所需要的资金，并可将其盈余资金投资到各种金融资产上。

金融市场通常是由金融市场主体、金融市场客体（金融工具）、交易价格、金融中介机构、金融管理机构、融资方式等要素构成的。

（一）金融市场主体

金融市场主体是金融市场中最重要的要素，它是由参加金融市场交易的全体资金供应者和资金需求者共同构成的。从性质划分又可以分为以下五类：

1. 个人或家庭

个人或家庭是指以非组织成员的身份参加金融市场活动的居民个人或家庭。一般来说，个人或家庭主要属于金融市场的供应者，但有时候也可能成为金融市场资金的需求者。

2. 非金融企业

非金融企业即工商企业，通常既是金融市场上的资金的需求者，又是金融市场上资金的供应者，如工商企业在生产经营活动中出现闲置资金时，可通过购买股票或债券进行投资。

3. 政府

政府在财政盈余的情况下，可以成为金融市场资金的供应者，在财政赤字时则可成为金融市场资金的需求者。而事实上，在多数情况下，政府为了弥补临时性收支缺口或财政赤字通常是以资金需求者的身份来参加交易的。政府在金融市场上的作用不仅在于资金的供需者，更重要的是金融政策，金融市场交易规则、交易范围等的制定者及金融市场供求关系的调控者。

4. 金融企业

金融企业包括商业银行和非银行金融机构等。金融企业既为金融市场提供资金，同时又是资金的需求者，在金融市场上发挥着极为重要的作用。

商业银行是以经营存款、放款、办理转账结算为主要业务，以盈利为主要目标的金融企业。

我国的商业银行具体分为国有银行和股份制银行两种，国有银行包括中国工商银行、中国农业银行、中国银行、中国建设银行。目前，四大国有商业银行中的中国工商银行、中国银行、中国建设银行都成立了股份企业，并且完成了上市；中国农业银行的股改也已经启动。股份制银行，包括交通银行、深圳发展银行、中信实业银行、中国光大银行、华夏银行等。这些银行的股份制结构各异，以企业法人股和财政入股为主，个别银行有个人股份。股份制银行完全按商业银行运作模式，服务灵活多样，发展很快。

非银行金融机构主要包括保险企业、信贷投资企业、证券机构、财务公司和金融租赁企业等，主要经营保险业务、代人理财、证券业务和租赁业务等投资和筹资业务。

5. 中央银行及政策性银行

中央银行及政策性银行参与金融市场的活动是以实施货币政策、贯彻国家产业政策、稳定货币、稳定经济、促进区域发展为目的。中国人民银行是我国的中央银行，它代表政府管理全国的金融机构和金融活动，管理国库。而政策性银行是指由政府设立，以贯彻国家产业政策、区域发展政策为目的，不以营利为目的的金融机构。目前，我国有三家政策性银行：国家开发银行、中国进出口银行和中国农业发展银行。

（二）金融市场客体

金融市场客体是指金融市场上的买卖对象，即金融工具，又称信用工具。包括各种债券、股票、票据、借款合同、抵押契约等有价证券。金融工具一般具有流动性、风险性和收益性等方面的特征。

（三）交易价格

交易价格是指一定时期内单位资金使用权的价格，利息率简称利率，是指一定时期内的利息额与借贷资金额的比率。在金融市场的交易中，利率可用下式来表示

$$\text{利率}=\begin{matrix}\text{纯粹}\\\text{利率}\end{matrix}+\begin{matrix}\text{通货膨胀}\\\text{附加率}\end{matrix}+\begin{matrix}\text{变现力}\\\text{附加率}\end{matrix}+\begin{matrix}\text{违约风险}\\\text{附加率}\end{matrix}+\begin{matrix}\text{到期风险}\\\text{附加率}\end{matrix}$$

其中，纯粹利率是无通货膨胀、无风险情况下的平均利率；通货膨胀附加率是投资者在发生通货膨胀造成购买力损失而要求的附加利率；变现力附加率是投资者对变现力低的证券要求的补偿；违约风险附加率是投资者对违约风险大的证券要求的补偿；到期风险附加率是因到期时间不同而形成的利率差别。

利率是决定企业资金成本高低的主要因素，也是企业筹资、投资等理财活动的决定性因素，因而交易价格（即利率）是影响企业理财活动的重要因素。

（四）金融中介机构

金融中介机构是金融市场上融通资金的中介人，如商业银行、保险企业、信用合作社、养老基金会等在金融市场上供需双方间的资金转移活动中发挥着金融交易中介作用的机构。金融中介机构为金融交易提供了场所，优化了金融资源的配置，能够极大地提高金融市场的运行效

率。

（五）金融管理机构

金融管理机构是为维护金融市场秩序，保持市场交易的公平性与合法性而设立的管理机构。它通过规范、检查与监督金融市场主体的行为并仲裁交易纠纷起到防止金融欺诈、稳定金融市场正常秩序的作用。在我国，中国人民银行在所有金融管理机构中处于核心的地位。其他管理机构如证券监督委员会、保险监督委员会等也是非常重要的管理机构。

（六）融资方式

融资方式是指企业融通资金的具体形式。在金融市场上，企业一般有多种融资方式可供选择。如一个企业既可通过发行股票或债券，又能通过银行信用进行筹资，同时还可以利用票据贴现等方式融资。究竟采用哪种融资方式，就要综合考虑其资金成本，这是企业理财中的一个重要问题。

二、金融市场的种类

金融市场是金融资产交易的场所。由于金融市场的服务对象不同和经营范围不同以及划分标准的不同，金融市场可分为如下不同类型。

（一）资金市场、外汇市场和黄金市场

按交易对象的不同可划分为资金市场、外汇市场和黄金市场（表2.1）。

表2.1　金融市场的分类

- 金融市场
  - 黄金市场
  - 资金市场
    - 货币市场
      - 短期证券市场
      - 短期借贷市场
    - 资本市场
      - 长期证券市场
      - 长期借贷市场
  - 外汇市场

1. 资金市场

资金市场是指交易主体进行资金融通的市场，包括货币市场和资本市场。

（1）货币市场。货币市场是指金融工具的偿还期限在一年以内的短期金融市场，主要包括短期证券市场和短期借贷市场。纽约货币市场是世界上最大的货币市场，伦敦、东京、巴黎也是世界性的货币市场交易中心。短期资金在流通领域起着货币的作用，主要解决市场主体的短期性、临时性资金需求。在经济生活中，政府、企业、家庭，以及银行等金融机构，都需要短期资金用于周转，因而成为短期资金市场的主体。货币市场的主要体现形式包括同业拆借市场、商业票据市场、银行承兑汇票市场、可转让大额定期存单市场、国库券和其他短期融资市场。

(2)资本市场。资本市场是指金融工具的偿还期限在一年以上的长期资金交易市场,主要包括长期证券市场和长期借贷市场。长期资金大都参加社会再生产过程,起的是"资本"的作用,主要是满足政府和企业部门对长期资本的需求。长期资金市场又分为股票市场和长期债券市场。纽约证券交易所就是一个比较大的资本市场。

2. 外汇市场

外汇市场是由外汇的供需双方进行外汇交易的场所或者网络系统,是金融市场中成交量最大、最频繁的市场,其目的是满足交易者对外汇的需要。

3. 黄金市场

黄金市场是交易者专营黄金买卖的金融市场。黄金作为世界货币,已经成为融资与投资的重要金融工具之一,是各国国际储备的重要组成部分。

(二)短期资金市场和长期资金市场

按融通资金期限的长短不同可划分为短期资金市场和长期资金市场。

1. 短期资金市场

短期资金市场又称为货币市场,是指专门融通短期资金(期限在一年以内)的场所。其主要特点有:①交易期限短;②交易的目的是满足短期资金周转的需要;③所交易的金融工具有较强的货币性。

2. 长期资金市场

长期资金市场又称为资本市场,是指专门融通长期资金(期限在一年以上)的场所。其主要特点有:①交易的主要目的是满足长期投资性资金的供求需要;②收益较高而流动性较差;③资金借贷量大;④价格变动幅度大。

(三)现货市场、期货市场和期权市场

按资金交割时间的不同可划分为现货市场、期货市场和期权市场。

1. 现货市场

现货市场是随交易协议达成而立即交割的市场。所谓交割,是指结清交易手续,卖者交出证券,买者付出现款,钱货两清。近代由于交易数额增加、次数频繁,大部分交易允许在成交后延迟几个交易日交割。如外汇市场中的即期外汇交易就是外汇的现货交易,外汇资金在两个交易日内完成交割。

2. 期货市场

期货市场是指交易协议达成以后并不立即交货,而是按照约定的时间、执行价格和数量交货的市场。期货主要包括外汇期货、利率期货和股票指数期货。外汇期货是指交易双方约定在未来特定的时期进行外汇交割,并限定了标准币种、数量、交割月份及交割地点的标准化合约。利率期货是指标的资产价格依赖于利率水平的期货合约,包括国库券期货和可转让存单期货等。股票指数期货是指其交易所同期货买卖者签订的,约定在将来某个特定的时期,买卖

者向交易所结算企业收付等于股价指数若干倍金额的合约。

3. 期权市场

期权市场是指各种期权交易的市场，是期货交易市场的发展和延伸。按期权买者的权利划分（最基本的划分），可分为看涨期权（赋予期权买者购买标的资产权利的合约）、看跌期权（赋予期权买者出售标的资产权利的合约）。

（四）发行市场和流通市场

按市场级次不同可划分为发行市场和流通市场。

1. 发行市场

发行市场也称为初级市场（Primary Market）或一级市场，是指新发行证券的交易市场。

2. 流通市场

流通市场也称为次级市场（Secondary Market）或二级市场，是指已发行证券（或称为老证券、旧证券）的交易市场。

发行市场与流通市场的关系是密不可分的。没有证券的发行，自然不会有证券的买卖和流通；证券持有者需要资金，便可到流通市场出售变现。每一种证券都必须进入发行市场，比较重要的证券还要借助流通市场来流通。虽然进入流通市场的证券只是证券总量的一部分，但由于只有流通市场才赋予证券以流通性，因此，流通市场的存在与发展以及规模大小，被视为金融业发达与否的重要标志。以金融业发达的美国为例，流动性证券约占金融工具总额的2/3，它使国家货币当局得以开展公开市场业务，实施货币政策，同时，也使社会经济状况和企业经营水平通过证券价格的变动得到较好的反映。

此外，金融市场按其融资地域的不同又可划分为国内金融市场和国际金融市场；按是否有金融中介又可划分为有中介的金融市场和无中介的金融市场等。

三、利息率

（一）利息和利息率

利息是借款人支付给出资人的使用资金的代价。或者说，利息是出资人由于借出货币使用权而从借款人那里获得的报酬。

利息率，简称利率，是指一定时期内利息额同借贷资金额（本金）的比率。用公式表示为

利息率=利息额/借贷资金额（本金）

利息率的实质可以从两个方面理解：从投资者的角度来看，利息率是资金的增值额同投入资金价值的比率，是衡量资金增值程度的数量指标；从资金借贷关系来看，利息率是特定时期运用资金的交易价格。在市场经济条件下，资金融通的实质就是在市场机制的作用下，通过利息率这一标准对资金实行再分配的过程。所以，对处于市场竞争中的企业而言，利息率在其财务管理活动中有着重要的作用。

利息率的表示方法有年利率、月利率和日利率，又称年息率、月息率和日息率。年利率是按年计算的利息额和本金的比率，按本金的百分之几表示；月利率是按月计算的利息额和本金的比率，按本金的千分之几表示；日利率是按日计算的利息额和本金的比率，按本金的万分之几表示。

（二）利息率的种类

1. 根据利率之间的变动关系划分

根据利率之间的变动关系，分为基准利率和套算利率。基准利率又称基本利率，是指在多种利率并存的条件下起决定性作用的利率。基本利率变动，其他利率也将相应变动，因此基准利率在整个利率体系中处于主导地位。国家通过中央银行确定利率，调节社会资金供求，进而调节市场利率水平；了解了这种关键性利率水平的变化趋势，就可以了解全部利率的变动趋势。基准利率在西方通常是中央银行的再贴现率，在我国是中国人民银行对商业银行贷款的利率。

套算利率是指基准利率确定后各金融机构根据基准利率和借贷款项的特点而换算出的利率。例如，某金融机构规定，贷款AAA级、AA级、A级企业的利率，应分别在基准利率基础上加0.5%、1%和1.5%，若基准利率是5%，则AAA级、AA级、A级企业的贷款利率则分别是5.5%、6%和6.5%。

2. 根据利率是否随市场资金供求关系变化划分

根据利率是否随市场资金供求关系而变化，分为固定利率和浮动利率。固定利率是指在借贷期内固定不变的利息率。这种利率不随借贷市场的资金供求状况而波动，便于借贷双方确定其成本和收益，但在通货膨胀条件下，实行固定利率会使债权人利益受到损害。这种利率一般适用于短期借款。

浮动利率是指在借贷期内可以调整的利率。根据借贷双方的协定，由一方在规定的时间依据某一市场利率进行调整。使用浮动利率，借款人在借款时难以计算借款成本，但在通货膨胀条件下采用浮动利率，可使债权人减少损失。浮动利率一般适用于长期借款。

3. 根据利率形成的机制不同划分

根据利率形成的机制不同，分为名义利率和市场利率。名义利率是政府通过中央银行确定公布，并且各银行都必须执行的利率，主要包括中央银行基准利率、金融机构对客户的存贷款利率等。我国的中央银行利率和商业银行利率均为名义利率。

市场利率是金融市场上资金供求双方竞争形成的利率，随资金供求状况而变化，当市场资金供过于求时，利率下降；反之，当市场资金供不应求时，利率上升。市场利率主要包括同业拆借利率、国债二级市场利率等，市场利率要受官方利率的影响，官方确定利率也要考虑市场供求关系。

4. 根据债权人取得的报酬情况不同划分

根据债权人取得的报酬情况不同，分为实际利率和名义利率。实际利率是指在物价不变从而货币购买力不变的情况下的利率，或者是在物价变动时，扣除通货膨胀补偿率以后的利率。名义利率是指包含通货膨胀补偿率的利率。由于物价上涨等原因，名义利率一般高于实际利率，二者的关系是

名义利率=实际利率+通货膨胀补偿率

5. 根据银行等金融机构存款与贷款业务不同划分

根据银行等金融机构存款与贷款业务不同，分为存款利率和贷款利率。存款利率是存款利息与存款金额的比例。贷款利率是贷款利息与贷款金额的比例。存款利率比较明确，但受到政府宏观政策影响，难以灵活反映资金供求变化。贷款利率因各个银行而有所不同，能够较好地反映资金市场供求关系的情况。

（三）利率的构成

资金的利率通常由三部分构成：纯利率、通货膨胀附加率、风险附加率。利率的一般计算公式为

利率=纯利率+通货膨胀附加率+风险附加率

1. 纯利率

纯利率又称无风险利率，是指没有风险和没有通货膨胀情况下的均衡点的利率。影响纯利率的基本因素是资金的时间价值和资金的供求关系，所以纯利率将随着资金的供求变化而不断变化。通常可用扣除通货膨胀因素影响的国债的利率来代替纯利率。

2. 通货膨胀附加率

通货膨胀附加率又称通货膨胀溢价或通货膨胀贴水，是指由于持续的通货膨胀会不断降低货币的实际购买力，为补偿其购买力损失而要求提高的利率。通货膨胀已成为一个普遍存在的经济现象，投资者在把资金交给借款人时，会在纯利率的基础上再加上通货膨胀附加率，以弥补通货膨胀造成的购买力损失。

3. 风险附加率

风险附加率包括违约风险附加率、流动性风险附加率和期限性风险附加率。

（1）违约风险附加率。违约风险是指借款人无法按时支付利息和清偿本金所带来的风险。违约风险附加率就是为了弥补违约风险所带来的损失，债权人要求提高的利率。违约风险附加率取决于债务人的信用程度。政府发行的国库券可视为没有违约风险额的债券，其利率一般较低。企业债券的违约风险则取决于企业的信用程度，企业信用程度越高，违约风险就越低，利率水平也越低；反之，信誉不佳，违约风险高，投资者自然要求的利率水平越高。

（2）流动性风险附加率。流动性是指一项资产能够迅速转换成现金的能力。资产能够迅速转换成现金，说明其变现能力强，流动性好，流动性风险小；反之，则变现能力弱，流动性风险大。各种证券的变现力是不同的，政府债券和大企业的证券容易被人接受，投资人随时可以出售以收回投资；与此相反，一些小企业的证券鲜为人知，不易变现，投资人要求较高的流动性风险附加率作为补偿。

(3)期限性风险附加率。证券的到期期限越长,投资者面临的不确定性因素就越多,承担的风险也相应提高,为弥补这种风险而增加的利率水平,就是期限性风险附加率。例如,五年期国库券利率比三年期国库券利率高,高出部分主要就是期限性风险的补偿率。

四、金融市场环境与企业财务管理的关系

企业的投资和融资都离不开金融市场环境,金融市场环境是影响企业融通资金的最主要的外部环境。金融市场对企业理财的重大影响是:

(一)金融市场对企业的影响是通过金融媒介来实现的

金融媒介指一系列的金融机构,在我国主要包括专业银行和非银行性的金融机构。它们是企业日常筹资的媒介。金融机构及政策的变动情况如何,在很大程度上决定着企业的兴与衰,从而对企业财务活动影响很大,银行的各种贷款项目设置、贷款条件的设定、贷款利率的高低,以及银行根据主业政策对不同企业信贷政策都直接影响和决定了企业贷款的数量和质量,另外从广义的金融市场角度出发,中央银行对金融机构的调控方式,对资金的管理措施,也在很大意义上决定企业是否能发展。

(二)金融市场是企业投资和筹资的场所

金融市场上有许多融通资金的方式,并且比较灵活,企业需要资金时,可以到金融市场选择适合自己需要的筹资方式,企业有了剩余的资金,也可以灵活选择投资方式,为其资金寻找出路。

(三)企业通过金融市场可将长短期资金相互转化

企业持有的股票和债券是长期投资,在金融市场上随时可以转手变现,成为短期资金,远期票据通过贴现,变为现金。大额可转让定期存单,可以在金融市场卖出,成为短期资金,与此相反,短期资金也可以在金融市场上转变为股票、债券等长期资产。

(四)金融市场为企业及时提供理财的信息

金融市场的利率变动反映资金的供求状况,有价证券市场的行市反映投资人对企业的经营状况和盈利水平的评价。它们是企业经营和投资的重要依据。

第四节　法律环境

财务管理的法律环境是指企业和外部发生经济关系时所应遵守的各种法律、法规和规章。市场经济是法治经济,需要建立一个法律体系来维护和规范社会经济秩序。法律环境对企业的生产经营活动有两方面的作用:一方面,法律体系为企业创造了一个规范化的财务管理环境,为企业的生产经营活动提供了法律保障,防止企业的合法权益受到侵害;另一方面,法律环境又对企业的理财活动规定了严格的约束条件,对企业的各项业务活动制定了必须遵守的规

范或前提条件。在经济改革中，行政手段逐步减少而经济手段特别是法律手段日益增多。如企业的设立、企业的正常经营及企业的破产清算等事项，都与企业外部发生经济关系，在处理这些经济关系时，企业应当遵守有关法律规范。

一、法律环境的分类

与企业财务活动密切相关的法律规范主要有以下几类：

（一）企业组织法规

企业组织必须依法成立。组建不同的企业，要依照不同的法律规范。它们包括《企业法》、《全民所有制工业企业法》、《外资企业法》、《中外合作经营企业法》等。企业法对企业的设立条件、设立程序、组织机构、组织变更、终止的条件和程序等都做了规定，只有按企业法的条件和程序建立的企业，才能称为企业，其他企业也要按照相应的企业法来进行其理财活动。

（二）税务法规

国家的税收政策对企业财务活动影响重大，任何企业都有纳税的法定义务。有关税收的立法分为三类：一类所得税的法规，二类流转税的法规，三类其他地方税的法规。企业以税金的方式向国家交纳各种税赋，执行“社会费用”扣除，完成作为法人应尽的义务，而国家财政状况的好坏，在很大程度上又决定了企业投资规模和积累程序，因此国家对各种税种的设置和税率的调整，在一定意义上，体现了国家税收政策和产业导向，对企业调整结构、融通资金都具有重要影响。另外企业的税金是一种费用，要增加企业的现金流出，对企业理财有重大影响，企业无不希望在不违反税法的前提下减少税务负担，精通税法对财务主管人员有重要意义。

（三）财务法规

财务法规主要是企业财务通则和分行业的财务制度。企业财务通则是各类企业进行财务活动，实施财务管理的基本规范。它主要对以下问题作出规定：一是建立资本金制度，二是固定资产折旧，三是成本开支范围，四是利润的分配。行业财务制度是根据企业财务通则规定，由财政部制定的，为适应不同行业的特点和管理要求制定的行业规范。

除了上述法规外，与企业财务管理有关的其他经济法规还有许多，包括证券法规、合同法规等。这些法规对财务管理都有着制约和影响的作用，财务人员应熟悉这些法规，在守法的前提下实现企业财务目标。

二、法律环境与企业财务管理的关系

企业理财活动主要涉及筹资、投资、营运及利润分配等内容。法律环境对这些理财活动的内容会产生不同的影响，主要有以下几个方面：

（一）影响企业的筹资活动

对企业的筹资活动产生影响的法律法规主要有《公司法》、《经济合同法》、《企业财务通则》、《企业财务制度》等。这些法律、法规的影响作用主要体现在：

(1)规范了企业筹资的前提条件和基本程序。如我国《公司法》对企业公开发行的股票进入证券交易所挂牌买卖(即股票上市)规定了严格的限制条件：股票经国务院证券管理部门批准已向社会公开发行，不允许企业在设立时直接申请股票上市；企业股本总额不少于人民币5 000万元；开业时间在三年以上，最近三年连续盈利，企业在最近三年内无重大违法行为，财务会计报告无虚假记载；国务院规定的其他条件等。

(2)规范了企业的筹资渠道和筹资方式。如股份有限公司和有限责任企业只有在各自规定的条件下才能发行债券，只有外商投资企业才能直接吸收外商的投资。

(3)规范了不同类型企业筹资的最低规模和结构。如《企业法》规定了股份有限公司注册资本的最低资金为1 000万元人民币，从而对股份有限公司筹资的最低规模作了限定。

(二)影响企业的投资活动

对企业的投资活动产生影响的法律法规主要有《公司法》、《证券法》、《企业财务通则》、《企业财务制度》等。这些法律的影响作用主要体现在：

(1)规范了企业投资的前提条件和方式。如《公司法》规定了股份有限公司的发起人可以用货币资金出资，也可用实物、工业产权、非专利技术、土地使用权作价出资。

(2)对企业的投资导向作用。如《税法》对高新技术企业的税收给予一定的优惠政策，体现了国家对高新技术产业重点扶持的政策导向。这将使更多的资金投向高新技术领域。

(3)规范了企业的投资程序。企业无论投资股票，还是投资债券，都必须依照《证券法》所规定的程序来进行。如发行企业债券一般要经过这样几个程序：发行债券的决议或决定；发行债券的申请与批准；制定募集办法并予以公告；募集借款。

(4)规范了投资者的出资期限和违约责任。如《公司法》规定，企业的发起人、股东在企业成立后抽逃出资额的，由企业登记机关责令改正，处以抽逃出资额的5%以上10%以下的罚款。构成犯罪的，依法追究刑事责任。

(三)影响企业利润分配活动

对企业的筹资活动产生影响的法律法规主要有《公司法》、《税法》、《企业财务通则》、《企业财务制度》等。这些法律的影响作用主要体现在：

(1)规范了企业应缴纳的税种及计算方法。如《税法》中具体规定了企业所应缴纳的增值税、营业税、所得税等税种及具体的核算方法。

(2)规范了企业利润分配的前提及顺序。按照我国《企业法》的规定，利润分配应按下列顺序进行：计算可供分配的利润；计提法定盈余公积金；计提公益金；计提任意公积金；向股东支付股利。

(3)规范了企业利润分配的程序、方式、比例及去向。如股利的发放程序一般有以下经历：股利宣告日、股权登记日和股利支付日期。而股利的支付方式按照法律规定有现金股利、财产股利、负债股利和股票股利等。

另外，除了法律环境之外，国民经济的发展规划、产业政策导向、体制政策的基本方向等对企业的财务活动会产生深远的影响，这些政策环境也是企业财务环境的重要方面。财务管理人员只有在了解国家宏观经济政策以后，才有可能兴利除弊、掌握动态、利国利企，在竞争中立于不败之地。

【案例分析】

在国际经济境况不景气的"凄雨冷风"中，有这样一家企业，它不减产反增产、不裁员反增员、不降薪反加薪、不减利税反增利税，逆市扶摇直上，一跃成为福建省内首屈一指的银行LED电子显示系统生产企业。这就是福建富顺电子有限企业。

企业董事长陈建顺介绍，企业上半年的销售收入与去年同期相比增长300%，净利润与去年同期相比则增长150%。预计全年LED电子产品产量将达到100万盏，同比增幅170%。

"企业发展到今天，得益于长期以来我们密切关注市场，创新产品的生产理念，以及居安思危、谋求发展的积极态度。"陈建顺说。

抓质量，研发新产品，是富顺电子企业成功的两大法宝。

在20年的市场搏击中，作为企业的总经理，刘建顺始终瞄准新产品，把最具发展前途的新产品牢牢地抓在手里。他认为，谁能抓住市场发展趋势，谁就会立于不败之地，继而抢占先机。

要抓质量、研发新产品就要进行技术改造。近几年来，富顺电子企业不断进行技术改造，由此享受了国家500多万元技改支持。这不仅提高了企业的生产效率和节能环保效率，降低了制造成本；而且生产用的低值易耗品费用大幅降低，废品率由过去的5%降至不到2%，节省开支300万元。

"面对金融风暴的冲击，既要看到外部经济形势严峻的一面，也要看到机遇的一面。在变化的环境中，企业应该增强自身的核心竞争力。"福建富顺电子企业副总如是说。

在国家出台4万亿经济刺激方案之后，富顺电子企业主动调整经营思路，把营销的重心由国外转向国内、生产的产品由外销型向内销型倾斜、产品主攻方向则相应地定在国内基础设施建设需要的系列产品上。

企业将这些产品作为今年企业发展的主要增长点。预计产值将超过3亿元。据悉，富顺电子企业新产品占总销量的50%，利润比传统产品提高了一倍。

东方不亮西方亮，在全球经济严重滑坡、市场严重低迷的环境中，尽管传统产品产量削减，但新产品的高附加值却可以弥补传统产品造成的损失。

高科技产品企业，人才是关键。

富顺电子企业特别注重引进优秀人才，提升企业的技术攻关水平，以增强发展后劲。近两年，为加强国内市场营销力度，企业扩招了近200名大学生，在国内新建30个分企业，参与各地的工程招投标工作。

“重人识人并善于用人”所带来的一系列效益，使富顺不仅在开拓营销市场上业绩不菲，也在企业的经营管理上取得了骄人的成绩。

目前，企业已在全国设有办事处63家，分企业6家，产品销往全国各地，并已出口至日本、澳大利亚及欧洲等国家和地区。

资料来源：《中华工商时报》，2009年10月29日

分析提示：

试分析哪些财务管理环境对富顺电子有限企业的财务管理产生了影响？你认为企业在财务方面应如何应对？（经济政策、科学技术及金融市场环境均对富顺电子有限企业的财务管理产生了影响。）

习　　题

一、单选题

1. 在没有通货膨胀的条件下，纯利率是指（　　）。

A. 投资期望收益率

B. 银行贷款基准利率

C. 社会实际平均收益率

D. 没有风险的均衡点利率

2. 企业财务管理活动最为主要的环境因素是（　　）

A. 经济体制环境　　B. 财税环境

C. 金融环境　　D. 法制环境

二、多选题

1. 在下列各项中，属于企业财务管理的金融环境内容的有（　　）。

A. 利息率　　B. 公司法　　C. 金融工具　　D. 税收法规

2. 在下列各项中，属于财务管理经济环境构成要素的有（　　）。

A. 经济周期　　B. 经济发展水平　　C. 宏观经济政策　　D. 公司治理结构

三、判断题

1. 财务管理环境是指对企业财务活动和财务管理产生影响作用的企业各种外部条件的统称。（　　）

2. 金融市场利率波动与通货膨胀有关，后者起伏不定，利率也随之起落。（　　）

第三章

Chapter 3

财务管理价值观念

【本章要点】

资金时间价值以及风险报酬的关系和计量，是财务的应用理论，是分析资本支出、评价投资经济效果、进行财务决策的重要依据。本章主要阐述了时间价值的概念及计量、风险报酬的概念及计量、证券组合的风险报酬及计量等内容。通过本章学习，应当深入理解资金时间价值的本质、风险与报酬的关系，熟练掌握时间价值和风险价值的计量。

第一节　时间价值观念

一、时间价值的概念

在具体讨论时间价值这一概念前，先看一个简单的例子。如果有两家企业向你提出聘用邀请，A 企业提出的条件是每月月初支付 3 000 元工资，B 企业提出的条件是每月月末支付 3000 元工资，其他条件完全相同，则你会选择哪个企业呢？

在实际工作中这个问题很好判断，应选择 A 企业，因为 A 企业支付工资更早。但如果把这个问题上升到理论高度，就会提出这样的问题：早得到的货币比晚得到的货币更有价值吗？或者说，货币经过一段时间后，其价值会增值吗？这个问题就是货币时间价值问题。

（一）时间价值的含义

时间价值又称货币时间价值，是指资金在周转使用中，由于时间因素而形成的不同的价值。或者说，是指资金经历一定时间的投资和再投资所增加的价值。它具有增值性的特点，是一定量的资金在不同的时间上具有的不同的价值，即今天的一定量资金比未来的同量资金具

有更高的价值。在财务管理实务中，使用相对数表示资金的时间价值，即用增加价值占投入资金的百分数来表示，即

$$资金时间价值=\frac{增加价值}{投入资金}\times100\%$$

（二）关于时间价值的理论争议

在西方经济学中关于时间价值论述的主要观点认为：时间价值是耐心的报酬，即时间价值是牺牲当前消费的代价和报酬。这种观点认为：即使在没有风险和通货膨胀的条件下，今天的100元钱也会大于以后的100元钱。投资者投出当前的100元钱，他就牺牲了当时使用或消费这100元钱的权利和机会，这种牺牲不是无偿的，它要获得补偿，因此，按照牺牲时间来计算的这种补偿，就是它的代价或报酬，称做时间价值。这种观点在西方十分盛行，也是一种传统观点。显而易见，西方经济学家给出的概念只是说明了时间价值的一些现象，并没有说明其本质。在此，十分有必要对时间价值的来源、产生、计算标准和计算方法作出科学的解释。

马克思在《马恩全集》第23卷中关于时间价值的来源、产生和计算进行了精辟的论述，并做出了科学的解释。马克思认为：

(1) 时间价值的来源是剩余价值。在发达的商品经济条件下，商品流通的变化形态是$G—W—G'$，这一运动的起点和终点都是货币，没有质的区别，有的只是量上的差别，即G'大于G，$G'=G+\triangle G$，其中G'等于原投入的货币额加上一个货币增值额，马克思一针见血地指出"这个增值额超过原价值的余额叫做剩余价值"。所以，时间价值绝不是"耐心"创造出来的，它的真正来源是劳动者创造的剩余价值。

(2) 时间价值是在生产经营中产生的。马克思认为：货币只有当做资本投入生产和流通才能增值。"如果把它从流通中取出来，那它就凝固为储藏货币，即使藏到世界末日，也不会增加分毫。"因此，西方经济学家那种认为仅仅推迟消费就能取得报酬，显然是荒谬的。如同海盗把劫掠的货币藏在山洞里，虽然推迟了消费但永远不可能获得时间价值。

(3) 时间价值以平均资金利润为基础，按复利计算。在《资本论》中，马克思精辟地论述了剩余价值如何转化为利润，利润又如何转化为平均利润，最后，等量的资金投入不同的行业，会获得大体相当的社会平均资金利润率或平均投资报酬率，这个率数就是计算时间价值的基础。马克思还指出了时间价值应该按复利的方法来计算，他认为：在利润不断资本化的条件下，资本的积累要用复利方法计算，资本将按几何级数增长。

综上所述，时间价值应该有两种表现形式：①以绝对数表现的时间价值——时间价值额，是资金在生产经营过程中带来的真实增值额，即一定数额的资金与时间价值率的乘积；②以相对数表现的时间价值——时间价值率，是指扣除风险报酬和通货膨胀贴水后的平均资金利润率或平均报酬率等。在没有通货膨胀和风险的特定情况（静态）下，银行存款利率、贷款利率、各种债券的利率以及股票的股利，都是投资报酬率，它们就相当于时间价值率。

二、时间价值的计算

为了研究问题的方便,假设在没有风险和通货膨胀的条件下,单独考虑时间价值的问题。在这种情况下,时间价值 = 利率。时间价值的计算主要包括复利的计算和年金的计算。

(一)一次性收付款项时间价值的计算

利息的计算有单利和复利两种方法。单利是指一定期间内只根据本金计算利息,当期产生的利息在下一期不作为本金,不重复计算利息。例如,本金为100元,年利率为3%的3年期单利定期存款,到期时的利息收入为9元,每年的利息收入为3元(100×3%)。单利的计算假设条件是:货币持有人每次得到利息,都不进行投资,因而利息不能转为本金。但在现实生活中,这一假设条件并不能一定成立,多数情况下,到期的利息收入都被货币持有人投入下一期资本中,因此利息的计算要考虑到上一期收回的利息转本情况。而复利则是不仅本金要计算利息,利息也要计算利息,即通常所说的"利滚利"。虽然我国目前银行系统公布的利率大部分是单利计算方式,但由于大部分银行在设计存款方式时都有自动转存功能,因此实际在选择自动转存方式存款时,利息计算实际上采用复利方式。总之,复利的概念充分体现了资金时间的含义,因此在讨论资金的时间价值时,一般都按复利计算。

1.复利终值

复利终值又称复利值,是指若干期以后包括本金和利息在内的未来价值,又称本利和。

在复利方式下,如果本金为P,年利率为i,则:

第1年年末的本利和 $= P + P \cdot i = P(1+i)$

第2年年末的本利和 $= P(1+i) + P(1+i)i = P(1+i)^2$

第3年年末的本利和 $= P(1+i)^2 + P(1+i)^2 i = P(1+i)^3$

……

第n年年末的本利和 $= P(1+i)^n$

$P(1+i)^n$ 即为n年后本金P的复利终值。在财务管理中,将复利终值的计算公式表示如下:

$$FV_n = PV(1+i)^n \qquad (3.1)$$

式中 FV_n—— 复利终值、本利和;

PV—— 复利现值、本金;

i—— 利息率;

n—— 计算期数。

其中,$(1+i)^n$称复利终值系数,又称1元的复利终值,$(1+i)^n$可写成$FVIF_{i,n}$,复利终值的计算公式可写成

$$FV_n = PV(1+i)^n = PV \cdot FVIF_{i,n}$$

【例3.1】 王先生现有存款200 000元,其所在企业最近在进行职工集资,集资期为4年,

年利率为5%，采用单利计算方式，到期一次还本付息。假设1年期的银行存款年利率为2.25%。请为王先生决策：应该存银行定期还是进行集资？

若存定期1年银行储蓄，自动转存，则4年后终值为

$$FV_4 = 200\ 000 \times FVIF_{2.25\%,4} = 200\ 000 \times (1 + 2.25\%)^4 = 200\ 000 \times 1.0931 = 218\ 620(\text{元})$$

若集资，则4年后终值为

$$FV_4 = 200\ 000 \times (1 + 5\% \times 4) = 240\ 000(\text{元})$$

所以王先生应该选择集资。

2. 复利现值

复利现值是指未来某期的一定量货币（本利和），按复利折算成的现在价值（本金）。它是复利终值的逆运算。复利现值的计算可由复利终值的计算公式导出。

因为 $FV_n = PV(1+i)^n$，等式两边同时乘以 $\frac{1}{(1+i)^n}$，则

$$PV = \frac{FV_n}{(1+i)^n} = FV_n \cdot \frac{1}{(1+i)^n} \tag{3.2}$$

其中，$\frac{1}{(1+i)^n}$ 称为复利现值系数，也称1元的复利现值，$\frac{1}{(1+i)^n}$ 写成 $PVIF_{i,n}$，复利现值的计算公式可写成

$$PV = FV_n \cdot PVIF_{i,n}$$

为了简化计算，可利用复利现值系数表。该表见书后附录二，如下例。

【例3.2】 若某同学拟在3年后获得4 000元，以购买一台笔记本电脑。已知银行存款利息率为2%，则该同学现在应一次存入的金额可计算如下

$$PV_3 = \frac{4\ 000}{(1+2\%)^3} = 3\ 769.2(\text{元})$$

或查复利现值系数表计算如下

$$PV_3 = 4\ 000 \times 0.942\ 3 = 3\ 769.2(\text{元})$$

复利终值系数 $(1+i)^n$ 与复利现值系数 $\frac{1}{(1+i)^n}$ 二者互为倒数关系。复利终值表明一定量的货币的未来价值，复利现值表明未来一定量的货币的现在价值。所以，在 i 和 n 相同的前提条件下，复利终值系数与复利现值系数互为倒数，因此可分别利用两个系数来解决同一个问题。

【例3.3】 李女士准备在5年后获得100 000元，以支付一套住房的首付款。已知银行存款年利率为4%，则李女士现在应一次存入银行多少钱？

解法一 利用复利现值系数计算如下

$$PV = 100\ 000 \times PVIF_{4\%,5} = 100\ 000 \times 0.821\ 9 = 82\ 190(\text{元})$$

解法二　利用复利终值系数计算如下

$$PV = \frac{100\ 000}{FVIF_{4\%,5}} = \frac{100\ 000}{1.216\ 7} = 82\ 190(\text{元})$$

在财务管理实务中,习惯上把现金流量往前计算,即已知现值求终值称为复利计算,其中的"i"称利率;把现金流量往回计算,即已知终值求现值称贴现计算,其中的"i"称贴现率。

(二)年金的计算

在现实生活中,由于大部分企业的业务是连续不断地发生的,所以有许多资金的收付不是一笔完成的,而是一个系列的收付过程。其中,有些是等额的连续收付业务,比如折旧、利息、租金、保险费等。财务管理中将这样的收付款项称为年金。年金是指一定时期内每期相等金额的收付款项。简单地说,年金就是等额定期的系列收支。因此,企业财务活动中的分期付款赊购、分期偿还贷款、发放养老金、分期支付工程款、每年相同的销售收入等,也都属于年金的收付形式。对于这些有规律的资金收付,如果按照一次性收付款项的时间价值计算方法来计算其终值或现值,势必非常麻烦。因此,在财务学中,对年金的计算有专门的计算方法。

年金按照付款方式和支付时间可划分为普通年金(也称后付年金)、预付年金(也称先付年金)、递延年金(也称延期年金)和永续年金四种。每种类型的年金时间价值的计算方法又不尽相同,现分别介绍如下。

1. 普通年金

普通年金又称后付年金,指每期期末有等额的收付款项的年金。在现实经济生活中由于这种年金最常见,所以称做普通年金,又由于它发生在每期的期末,因此又称做后付年金。普通年金的计算分为年金终值和年金现值两种。

(1)普通年金终值。普通年金终值,简称年金终值,是指一定时期内每期期末收付款项的复利终值之和。它相当于银行储蓄中定期零存整取的本利和。

设年金为 A,收付期数为 n,利率为 i,则普通年金终值计算示意图如图 3.1 所示。

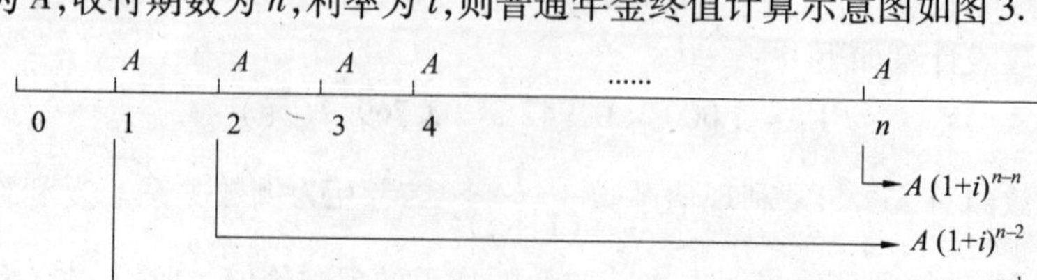

图 3.1　普通年金终值计算示意图

计算公式如下

$$FVA_n = A(1+i)^0 + A\cdot(1+i)^1 + A\cdot(1+i)^2 + \cdots + A\cdot(1+i)^{n-2} + A\cdot(1+i)^{n-1} =$$

$$A \cdot \sum_{t=1}^{n}(1+i)^{t-1} = A \cdot \frac{(1+i)^{n}-1}{i} \tag{3.3}$$

式中　FVA_n—— 年金终值；

A—— 年金；

i—— 利息率；

n—— 计息期。

其中，$\sum_{t=1}^{n}(1+i)^{t-1}$ 或 $\frac{(1+i)^{n}-1}{i}$ 称为年金终值系数，又称1元年金终值，可写成 $FVIFA_{i,n}$，年金终值计算公式可写成

$$FVA_n = A \cdot \frac{(1+i)^{n}-1}{i} = A \cdot FVIFA_{i,n}$$

【例3.4】　张先生的儿子5年后上大学，大学四年的学杂费共计54 000元。已知银行存款年利率为4%，则张先生从现在起每年年末存入银行10 000元，是否可以负担起此笔支出？

$$FVA_5 = 10\,000 \times FVIFA_{4\%,5} = 10\,000 \times 5.416\,3 = 54\,163(\text{元})$$

所以张先生可以负担此笔支出。

利用普通年金系数可以解决偿债基金的问题。偿债基金，是指为使年金终值达到既定金额，每年应支付的年金数额。

【例3.5】　某同学拟在5年后还清10 000元的助学贷款，从现在起每年年末等额存入银行一笔款项，假设银行存款年利率为3%，那么每年需至少存入多少钱才能在5年后还清10 000元的贷款？

$$10\,000 = A \times FVIFA_{3\%,5}$$

$$A = \frac{10\,000}{5.309\,1} = 1\,884(\text{元})$$

(2) 普通年金现值。普通年金现值，简称年金现值，是指一定期间内每期期末等额的系列收支款项的复利现值之和。也可以表述为，为在每期期末取得相等金额的款项，现在需要投入的金额。

设年金为 A，收付期数为 n，利率为 i，则普通年金现值计算示意图如图3.2所示。

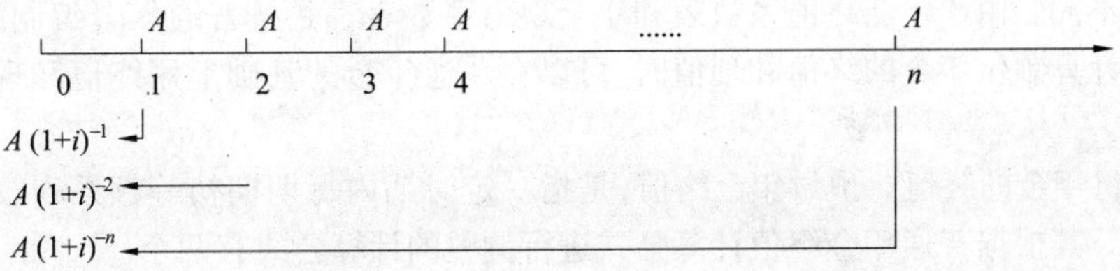

图3.2　普通年金现值计算示意图

其计算公式为

$$PVA_n = A \cdot \frac{1}{(1+i)^1} + A \cdot \frac{1}{(1+i)^2} + \cdots + A \cdot \frac{1}{(1+i)^{n-1}} + A \cdot \frac{1}{(1+i)^n} =$$

$$A \cdot \sum_{t=1}^{n} \frac{1}{(1+i)^t} = A \cdot \frac{1-(1+i)^{-n}}{i} \tag{3.4}$$

式中　PVA_n—— 年金现值；

A—— 年金；

i—— 贴现率；

n—— 计息期。

计算年金现值公式中的$\sum_{t=1}^{n} \frac{1}{(1+i)^t}$或$\frac{1-(1+i)^{-n}}{i}$称为年金现值系数，又称1元年金现值，可写成$PVIFA_{i,n}$，年金现值计算公式可写成

$$PVA_n = A \cdot \frac{1-(1+i)^{-n}}{i} = A \cdot PVIFA_{i,n} \tag{3.5}$$

【例3.6】　银行存款年利率为5%的情况下，某人打算连续10年每年年末从银行取出10 000元，那么他在第一年年初，至少应一次性存入多少钱？

$$PVA_{10} = 10\ 000 \times FVIFA_{5\%,10} = 10\ 000 \times 7.7217 = 77\ 217(\text{元})$$

利用年金现值系数，可以解决投资回收资金的问题，投资回收资金，是指在一定期间内为收回初始投资额每期期末收回的相等金额。

【例3.7】　假设以10%的利率从银行借款10 000元，投资于某个寿命为10年的项目，问每年末至少要回收多少资金才是有利的？

$$10\ 000 = A \times PVIFA_{10\%,10}$$

$$A = \frac{10\ 000}{6.144\ 6} = 1\ 627.45(\text{元})$$

2. 预付年金

预付年金也称先付年金或即付年金，是指一定期间内，各期期初等额的系列收付款项，即在每期期初支付的年金。如每个月月初预付租金，每个学期期初预交学费等。由于计算的方向不同，预付年金分为预付年金终值和预付年金现值。预付年金与普通年金的区别，仅仅在于付款时间的不同。由于年金终值系数表和年金现值系数表都是按普通年金编制的，所以在利用上述两表计算预付年金的终值和现值时，可以在普通年金的基础上用终值和现值的计算公式进行调整。

(1) 预付年金的终值。预付年金终值，是指一定时期内每期期初等额系列收付款项的复利终值之和。其根据普通年金终值计算公式进行调整的计算公式有两个。

n期预付年金与n期普通年金相比，付款次数相同，期数相同，但由于付款时间不同，一个在期初，一个在期末，所以，预付年金终值比普通年金终值多得一期利息，用n期普通年金终值，乘以$(1+i)$，便可得出预付年金终值。设年金为A，收付期数为n，利率为i，则预付年金终

值计算示意图如图 3.3 所示。

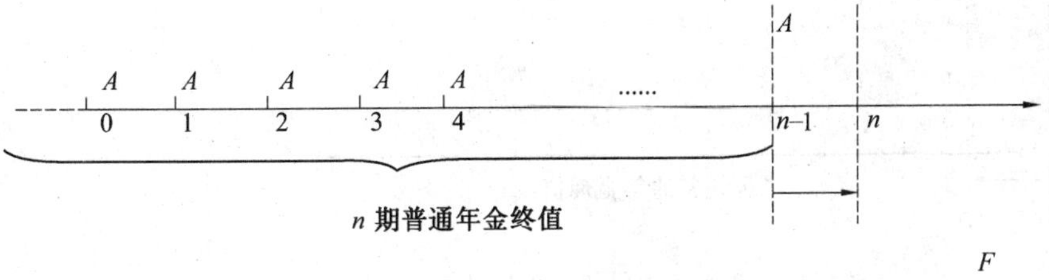

图 3.3　预付年金终值计算示意图(1)

计算公式为

$$FVA_n = A \cdot \frac{(1+i)^n - 1}{i} \cdot (1+i) = A \cdot FVIFA_{i,n} \cdot (1+i) \tag{3.6}$$

n 期预付年金与 $n+1$ 期普通年金的计息期数相同,但比 $n+1$ 期普通年金少付一次款项(A),因此,将 $n+1$ 期普通年金终值减去一期付款额(A),便可得出预付年金终值。设年金为 A,收付期数为 n,利率为 i,则预付年金终值计算示意图如图 3.4 所示。

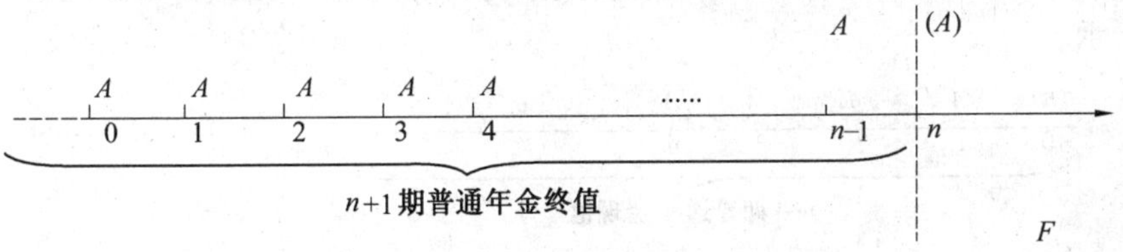

图 3.4　预付年金终值计算示意图(2)

计算公式为

$$FAV_n = A \cdot \left[\frac{(1+i)^{n+1} - 1}{i} - 1\right] = A \cdot (FVIFA_{i,n+1} - 1) \tag{3.7}$$

【例 3.8】　为给儿子上大学准备资金,王先生连续 6 年于每年年初存入银行 3 000 元。若银行存款年利率为 5%,则王先生在第 6 年末,能一次取出本利和多少钱?

利用公式(3.6)解得

$$FVA_6 = 3\,000 \times [FVIFA_{5\%,6} \times (1+5\%)] = 3\,000 \times 6.801\,9 \times 1.05 = 21\,425.99(\text{元})$$

利用公式(3.7)解得

$$FAV_6 = 3\,000 \times (FVIFA_{5\%,7} - 1) = 3\,000 \times (8.142\,0 - 1) = 21\,426(\text{元})$$

其中尾数的误差为系数表四舍五入所致。

(2) 预付年金现值。预付年金现值,是指一定时期内每期期初等额系列收付款项的复利现值之和。其根据普通年金公式进行调整的计算公式也有如下两个:

n 期预付年金与 n 期普通年金相比,在计算现值时,n 期普通年金比 n 期预付年金多贴现一期。所以,用 n 期普通年金现值,乘以$(1+i)$,求出预付年金现值。设年金为 A,收付期数为 n,

利率为 i,则预付年金现值计算示意图如图 3.5 所示。

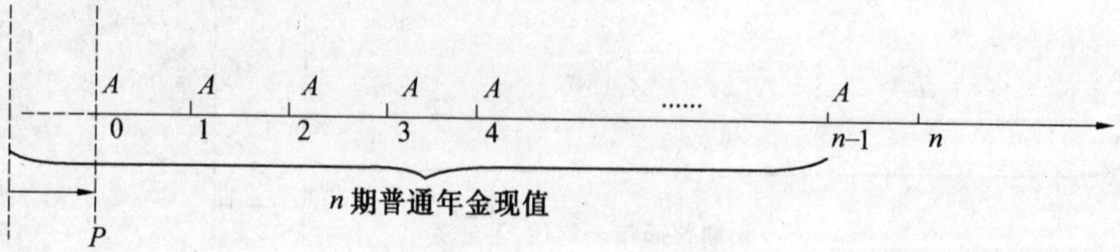

图 3.5　预付年金现值计算示意图(1)

其计算公式为

$$PVA_n = A \cdot \frac{1-(1+i)^n}{i} \cdot (1+i) = A \cdot PVIFA_{i,n} \cdot (1+i) \tag{3.8}$$

根据 n 期预付年金与 $n-1$ 期普通年金的关系可推出另一个公式。n 期预付年金现值与 $n-1$ 期普通年金的贴现期数相同,但 n 期预付年金比 $n-1$ 期普通年金多一期不用贴现的付款额(A),因此,可以先计算 $n-1$ 期普通年金的现值,再加上一期不需贴现的付款额(A),即可求出 n 期预付年金的现值。设年金为 A,收付期数为 n,利率为 i,则预付年金现值计算示意图如图 3.6 所示。

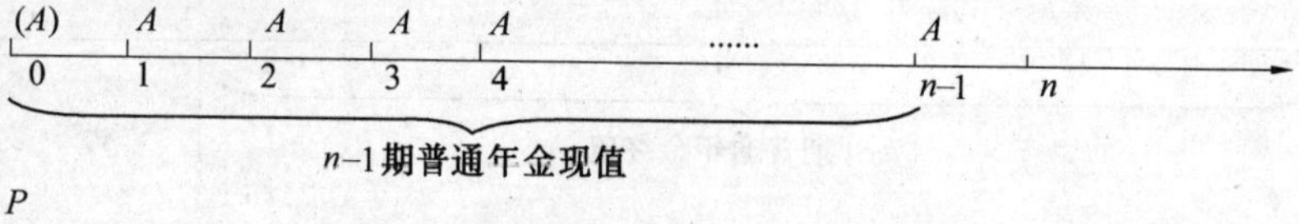

图 3.6　预付年金现值计算示意图(2)

其计算公式为

$$PVA_n = A \cdot \frac{1-(1+i)^{-(n-1)}}{i} + A = A \cdot PVIFA_{i,n-1} + A = A \cdot (PVIFA_{i,n-1} + 1) \tag{3.9}$$

【例 3.9】　李先生采用分期付款方式购商品房一套,每年年初付款 15 000 元,分 10 年付清。若银行利率为 6%,该项分期付款相当于一次现金支付的购价是多少?

利用公式(3.8)解得

$$PVA_{10} = 15\ 000 \times [PVIFA_{6\%,10} \times (1+6\%)] = 15\ 000 \times 7.360\ 1 \times 1.06 = 117\ 025.59(\text{元})$$

利用公式(3.9)解得

$$PVA_{10} = 15\ 000 \times (PVIFA_{6\%,9} + 1) = 15\ 000 \times (6.801\ 7 + 1) = 117\ 025.50(\text{元})$$

其中尾数的误差为系数表四舍五入所致。

3. 递延年金

递延年金也称延期年金,是指第一次收付款发生时间与第一期无关,而是若干期(假设为 S 期,$S \geqslant 1$)后才开始发生的系列等额收付款项。递延年金是普通年金的特殊形式,凡不是从第一期开始的年金都是递延年金。递延年金终值的大小,与递延期无关,因此它的计算方法与普通年金终值相同,只要把发生支付行为的第一期作为计算期的起点,有几期就计算几期。所以,递延年金的计算只涉及现值的问题。

根据普通年金现值计算公式来调整计算递延年金现值的计算方法有两种。

第一种方法:把递延年金作为 $n-s$ 期普通年金看待,求出 n 期末到 s 期末的年金现值,然后再把这个现值作为终值,再求其在 s 期初的复利现值,这个复利现值就是递延年金的现值。计算示意图如图 3.7 所示。

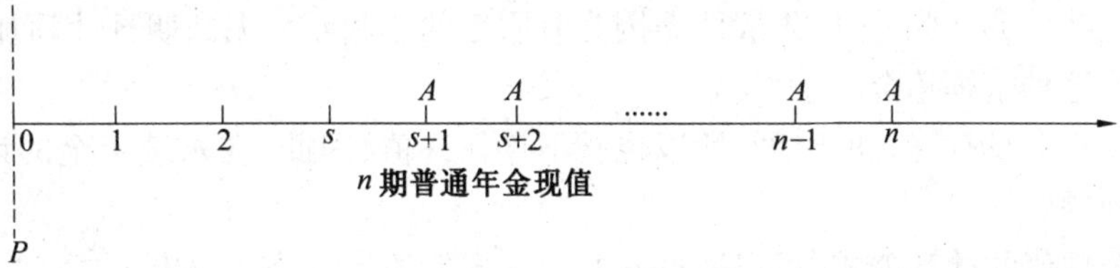

图 3.7　递延年金现值计算示意图(1)

计算公式为

$$PVA_n = A \cdot PVIFA_{i,n-s} \cdot PVIF_{i,s} \tag{3.10}$$

第二种方法:把递延年金视为 n 期普通年金,即假设递延期中也有收付额发生。先求出 $s+n$ 期普通年金现值,然后再减去并没有收付额发生的递延期(s 期)的普通年金现值,最终求出的二者之差即是要求的递延年金现值。计算示意图如图 3.8 所示。

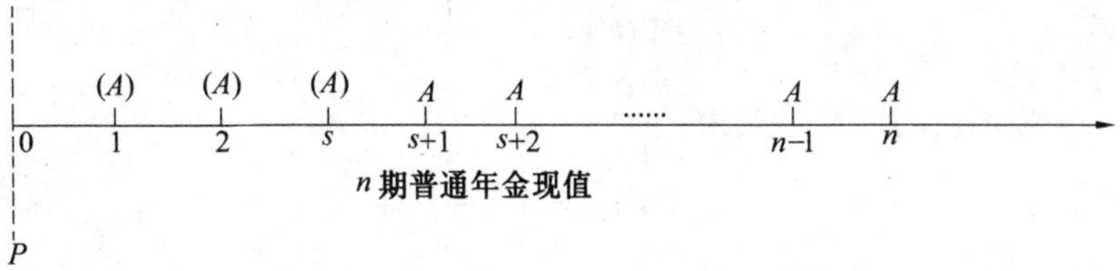

图 3.8　递延年金现值计算示意图(2)

计算公式为

$$\begin{aligned} PVA_m &= A \cdot PVIFA_{i,n} - A \cdot PVIFA_{i,s} = \\ &A \cdot (PVIFA_{i,n} - PVIFA_{i,s}) \end{aligned} \tag{3.11}$$

【例3.10】　某人在年初存入银行一笔资金,存满5年后每年年末取出1 000元,至第10年年末取完,银行存款利率10%,则此人应在最初一次存入银行多少钱?

利用第一种方法解得

$$\begin{aligned} PVA_{10} &= A \cdot PVIFA_{10\%,5} \cdot PVIF_{10\%,5} = \\ &1\ 000 \times 3.790\ 8 \times 0.620\ 9 = \\ &2\ 354(\text{元}) \end{aligned}$$

利用第二种方法解得

$$PVA_{10} = A \cdot (PVIFA_{10\%,10} - PVIFA_{10\%,5}) =$$
$$1\,000 \times (6.144\,6 - 3.790\,8) =$$
$$2\,354(\text{元})$$

4. 永续年金

永续年金也称终身年金,是指无限期支付的年金。在我国现实生活中,最常见的是银行存款中的存本取息。在西方某些债券采取了终身年金的形式,持有者凭它可在每期取得等额的资金,直到无限长的时间,永远不会期满,即是说,发行者没有义务在将来的任何时候以债券的票面值赎回这些债券。此外,优先股股票因为有固定的股利而又无到期日,因而优先股的股利也可以看做是这种永续年金。

由于永续年金没有终止的时间,所以也就不存在终值,因此,在永续年金的计算中只涉及现值计算的问题。

永续年金现值的计算公式,可以通过普通年金现值的计算公式导出

$$PVA_n = A \cdot PVIFA_{i,n}$$

其中
$$PVIFA_{i,n} = \frac{1 - \frac{1}{(1+i)^n}}{i}$$

当 $n \to \infty$ 时
$$\frac{1}{(1+i)^n} \to 0$$

故
$$PVIFA_{i,\infty} = \frac{1}{i}$$

因此,永续年金现值的计算公式为

$$PVA_{\infty} = A \cdot \frac{1}{i} \tag{3.12}$$

【例 3.11】 拟建立一项永久性的奖学金,每年计划颁发 20 000 元奖金。若年利率为 10%,则现在应存入银行多少钱?

$$PVA_{\infty} = 20\,000 \cdot \frac{1}{10\%} = 200\,000(\text{元})$$

(三)一年内多次计息问题

终值和现值通常都是按年计算的,但有时情况并不是如此,比如:有的债券的利息每半年支付一次,股利有时候每季度支付一次,每月支付一次,在极特殊的情况下,甚至几天支付一次,于是就出现了不同的计息期。如果计息期短于 1 年,而使用的又是年利率,如此,计算复利终值的公式:$FV_n = PV_0(1+i)^n$ 就不适用了。

若 6 个月付息一次,实际用来计算的利率(实际利率:实际用来计算的年利率)只是名义利率(名义利率:给出的年利率)的一半,即 1/2,这样复利终值的计算公式就应该为

$$FV_n = PV(1+\frac{i}{2})^{2n}$$

同理可得,每季复利一次的复利终值的计算公式为

$$FV_n = PV(1+\frac{i}{4})^{4n}$$

于是,同理可推出复利计算的通式(也称做年内复利终值公式)

$$FV_n = PV(1+\frac{i}{m})^{m\cdot n} \tag{3.13}$$

其中 i—— 名义年利率、名义利率;

m—— 每年计息次数;

n—— 年数。

由该通式可知,进行复利计算的次数越多,一定期限内一定现值的未来值也就越大;反之越小,其实际年利率(也称实际利率)也就越小。

【例3.12】 有资金1 000万元,投资于一个5年期的项目,在年利率为8%的情况下,求每季复利一次和每年复利一次的未来值。

每季复利一次的未来值为

$$FV_5 = 1\,000 \times (1+\frac{8\%}{4})^{4\times 5} = 1\,000 \times 1.486 = 1\,486(\text{万元})$$

每年复利一次的未来值为

$$FV_5 = 1\,000 \times (1+8\%)^5 = 1\,000 \times 1.469 = 1\,469(\text{万元})$$

由上例可知,一年复利4次,比一年复利1次多得17万元的利息。其中,一年复利4次的实际年利率,可由复利终值计算公式求得

$$FV_n = PV(1+i)^n$$

$$1\,486 = 1\,000 \times (1+i)^5$$

$$(1+i)^5 = 1.486$$

所以

$$FVIF_{i,n} = 1.486$$

则

$$\frac{x-8\%}{9\%-8\%} = \frac{1.486-1.469}{1.539-1.469}$$

所以

$$x = 8\% + 0.24\% = 8.24\%$$

求得实际年利率为8.24%,大于名义利率8%,二者之差为0.24%。从上述计算过程可知,名义利率与实际利率之间存在着一定的内在联系,其关系如下。

设r为实际年利率、实际利率,i为名义年利率、名义利率,m为每年计息次数,n为年数。

由前面的计算得知,使用名义利率按复利终值计算通式得到的未来值,应该等于用实际利率计算的未来值,即

$$PV \cdot (1+\frac{i}{m})^{m \cdot n} = PV \cdot (1+r)^n$$

等式两边同除以 PV,得

$$(1+\frac{i}{m})^{m \cdot n} = (1+r)^n$$

等式两边同开 n 次方,得

$$(1+\frac{i}{m})^m = 1+r$$

所以

$$r = (1+\frac{i}{m})^m - 1 \tag{3.14}$$

上述公式即为名义利率与实际利率的换算关系,为了进一步证实该公式的可靠性,仍以上题为例,将数据带入该关系式

$$r = (1+\frac{8\%}{4})^4 - 1 = 1.082\,4 - 1 = 8.24\%$$

用实际利率计算的未来值为

$$FV_5 = 1\,000 \times (1+8.24\%)^5 = 1\,000 \times 1.486 = 1\,486(\text{万元})$$

结果与按复利通式计算的终值相等。

第二节　风险价值观念

风险是市场经济的一个重要特征,而企业的财务管理活动常常都是在有风险的情况下进行的,冒风险就要求获得额外的报酬,否则就不值得去冒险。因此,离开了风险因素,就不可能正确地评价报酬的高低。风险报酬原理正确地提示了风险和报酬之间的关系,进而为进行财务决策提供了可靠的依据。

一、风险报酬的概念

前面在研究时间价值时,有一个假设条件,即在不存在风险和通货膨胀的条件下,在完全静态的条件下,假定没有风险。但是,在财务管理实践中,风险是时时刻刻存在的,是不可避免的,企业只要从事理财活动,就要承担一定的风险。

(一) 风险的含义

风险是一个比较难掌握的概念,理论界关于其定义和计量方法有多种表述,概括起来,大致有以下几种:

一般来讲,企业的一项理财活动可能有多种结果,即将来的结果不是唯一的,就称作有风险。

在韦伯斯特大词典中关于风险的定义是:“灭火、损伤或处于危险处境的可能。”即:风险

指发生某些不利事件的可能性。

从项目投资分析来讲，风险是指实际现金流量会少于预期现金流量的可能。

从投资者的角度来看，风险是指从投资活动中所获收益低于预期收益的概率。

最后，从财务管理的角度来说，风险是指在一定条件下和一定时期内，财务活动可能发生的各种结果的变动程度。

由此可见，站在不同的角度对风险的含义有不同的理解，但不管其表述如何，都没有偏离风险的实质。风险的实际性质有三点，即客观性、时间性和可测性。

在财务实务领域，对风险和不确定性一般不做过细的区分，统统作为“风险”来对待，即未来的收益或损失只要不确定，就称做有“风险”。实际上，不确定性是人们事先只知道采取某种行动可能形成的各种结果，但不知道它们出现的概率，或者两者都不知道，只能作粗略的估计。例如，企业试制一种新产品，现在只能肯定该种产品试制会有成功或失败两种可能，但不会知道这两种后果出现可能性的大小。经营决策一般都是在不确定的情况下作出的。因此，为了便于进行定量分析，财务管理中把风险视为不确定性加以计量，将风险理解为可测定概率的不确定性。

概率的测定有两种方法：一种是客观概率，指根据大量历史实际数据推算出来的概率；另一种是主观概率，指在没有大量实际资料的情况下，人们根据有限资料和经验合理估计的概率。

（二）风险的种类

风险的预期结果的不确定性可能来自于外部环境或整个市场，也可能来自于特定的投资方案或特定的金融资产，前者称作系统性风险或不可分散风险，后者称作非系统性风险或可分散风险。

1. 系统性风险

系统性风险是指由于整个经济的变动而造成的市场全面风险，如社会动荡不安、政局不稳、国民经济的全面衰退、资源危机、社会经济制度变革等。系统性风险是来自于特定投资方案或特定金融资产的外部，作为特定的投资方案或特定的金融资产来说是不可回避的，不能运用一定的理财策略进行分散的风险，所以这种风险又称为不可分散风险。

2. 非系统性风险

非系统性风险是指对于特定的理财项目来说所存在的风险。由于它与理财项目外部因素的变动无关，所以称作非系统性风险，如购买某一股份企业的股票，由于该股份企业的经营破产而为投资方带来的投资损失，或者由于该股份企业的经营情况不稳定为投资方的股票投资收益带来不确定的风险。这类风险可以通过多样化投资策略进行分散，所以非系统性风险又称为可分散风险。

3. 总风险

一个特定的理财项目的风险来自内部和外部两个方面，所以理财风险包括系统性风险和非系统性风险两个部分,一部分是可以通过多样化理财策略进行分散,而另一部分则不能运用多样化理财策略分散。两个方面的风险合并到一起,就构成了特定的理财项目的总风险。即

总风险 = 系统性风险 + 非系统性风险

(三) 风险报酬的含义

一般而言,人们都不喜欢风险,而且在投资时都千方百计地回避风险,可是,为什么还是有人“明知山有虎,偏向虎山行”呢?这是因为,一个投资方案的收益与风险往往是相伴而生的,而且风险越大,收益就越高,风险越小,收益就越低。财务决策就是在风险与收益之间进行选择,在收益一定的情况下,谋求最低的风险,在风险一定的情况下,谋求最高的收益,冒的风险越大,收益率就应该越高,就可以得到额外报酬 —— 风险报酬。

风险报酬有两种方法表示:风险报酬额和风险报酬率。风险报酬额是指投资者因冒风险进行投资而获得的超过时间价值的那部分额外报酬;风险报酬率是指投资者因冒险进行投资而获得的超过时间价值率的那部分额外报酬率,即风险报酬额与原投资额的比率。风险报酬虽然有两种表示方法,但是在实际工作中,并不进行严格的区分,因此,人们在涉及风险报酬这个概念时,有时是指风险报酬率,有时是指风险报酬额。而在财务管理中,风险报酬通常用相对数 —— 风险报酬率来计量。如果把通货膨胀因素抽象掉,投资报酬率就是时间价值率和风险报酬率之和。即

期望投资报酬率 = 资金时间价值率(或无风险报酬率) + 风险报酬率

正因为如此,时间价值和风险报酬就成为影响财务管理的两个基本因素。

二、风险报酬的计量

风险报酬(也称风险价值)的计量,是财务管理学中的重要内容,由于风险本身的未来结果的不确定性,也就决定了风险报酬的不确定性,可以运用统计学的概率分布来确定,只要预计的概率分布中可能的结果不止一个,风险就不可避免。风险的计量可以按以下六个步骤进行:

(一) 确定概率分布

在经济活动中,某一事件在相同的条件下可能发生,也可能不发生,这类事件称为随机事件。概率就是用来表示随机事件发生可能性大小的数值。通常,把必然发生的事件的概率定义为1,把不可能发生的事件的概率定义为0,而一般随机事件的概率是介于0与1之间的一个数。概率越大,就表示该事件发生的可能性越大。

如果把所有可能性的事件或结果都列示出来,而且每一事件都给予一种概率,把它们列示在一起,便构成了概率的分布。概率的分布要求有二:一是所有概率 P_i 都在0和1之间,即 $0 \leqslant P_i \leqslant 1$;二是所有结果的概率之和应等于1,即 $\sum_{i=1}^{n} P_i = 1$,其中 n 为可能出现结果的个数。

(二) 计算期望报酬率

期望报酬率(也称预期报酬率),是各种可能报酬率的加权平均。它的权数就是期望报酬率的概率,它是反映集中趋势的一种量度。其计算公式为

$$\overline{K} = \sum_{i=1}^{n} K_i P_i \tag{3.15}$$

式中 $\overline{K}$—— 期望报酬率、预期报酬率;

K_i—— 第 i 种可能结果的报酬率,即第 i 种报酬率;

P_i—— 第 i 种可能结果的概率,即第 i 种概率;

n—— 可能结果的个数。

【例 3.13】 某企业有两个投资机会,其有关的概率分布及期望报酬率情况见表 3.1。

表 3.1 A、B 项目的概率分布及报酬率

经济情况	概 率	A 项目报酬率	B 项目报酬率
繁荣	0.3	80%	30%
正常	0.4	20%	20%
衰退	0.3	10%	10%

A、B 两个项目的期望报酬率计算如下

$$\overline{K}(A) = 0.3 \times 80\% + 0.4 \times 20\% + 0.3 \times 10\% = 35\%$$

$$\overline{K}(B) = 0.3 \times 30\% + 0.4 \times 20\% + 0.3 \times 10\% = 20\%$$

(三) 计算标准差

为了能够准确计量风险的大小,引入标准差这一度量概率分布密度的指标。标准差越小,概率分布越集中,那么实际结果接近预期值的可能性越大,其背离预期收益的可能性越小,即相应的风险也就越小。标准差的具体计算过程如下:

1. 计算离差

用每个可能的报酬率(K_i) 减去期望报酬率($\overline{K}$)。

2. 计算方差

$$\sigma^2 = \sum_{i=1}^{n} (K_i - \overline{K})^2 \cdot P_i \tag{3.16}$$

标准差也称均方根,是方差的平方根。

3. 计算标准差

$$\sigma = \sqrt{\sum_{i=1}^{n} (K_i - \overline{K})^2 \cdot P_i} \tag{3.17}$$

式中 σ—— 期望报酬率的标准差;

$\overline{K}$—— 期望报酬率；

K_i—— 第 i 种可能的结果；

P_i—— 第 i 种结果的概率；

n—— 可能结果的个数。

可见标准差实际上是偏离预期值的离差的加权平均值，其度量了实际值偏离预期值的程度。

前例中，A、B 两个项目的标准差计算如下

$$\sigma(\mathrm{A}) = \sqrt{(80\% - 20\%)^2 \times 0.3 + (20\% - 20\%)^2 \times 0.4 + (10\% - 20\%)^2 \times 0.3} = 33.32\%$$

$$\sigma(\mathrm{B}) = \sqrt{(30\% - 20\%)^2 \times 0.3 + (20\% - 20\%)^2 \times 0.4 + (10\% - 20\%)^2 \times 0.3} = 7.75\%$$

若两个方案的期望报酬率相同，显而易见，应选择标准差小、风险小的项目。同理，若两项目的标准差相同，但期望报酬率不同，则应选择期望报酬率。

（四）计算变异系数

因为投资者都希望冒尽可能小的风险获得尽可能高的收益。但是，当可选方案的期望报酬率和标准差均不相同时，则无法通过标准差来衡量可选方案的风险程度了。此时，应该使用变异系数进行计量，计算公式为

$$q = \frac{\sigma}{\overline{K}} \times 100\% \tag{3.18}$$

式中　q —— 变异系数、变化系数、标准差率；

σ—— 标准差；

$\overline{K}$—— 期望报酬率。

变异系数，是对风险的相对估量，度量了单位收益的风险，变异系数较小的项目，相对来说，其单位收益的风险较小。

据此，前例中 A、B 两个项目的变异系数如下

$$q(\mathrm{A}) = \frac{33.32\%}{35\%} \times 100\% = 95.2\%$$

$$q(\mathrm{B}) = \frac{7.75\%}{20\%} \times 100\% = 38.75\%$$

计算结果表明，B 项目的变异系数小，因而风险也小。

（五）计算风险报酬率

标准差和变异系数虽然能正确评价投资风险程度的大小，但还没有完成计算风险报酬率的任务，要计算风险报酬率，必须借助一个系数 —— 风险报酬系数。风险报酬率、风险报酬系数和变异系数之间的关系可表示为

$$R_R = bq \tag{3.19}$$

式中　R_R—— 风险报酬率；

b—— 风险报酬系数。

投资总报酬率的计算公式为

$$K = R_F + R_R = R_F + bq$$

式中　K—— 投资总报酬率；

R_F—— 无风险报酬率。

无风险报酬率是通货膨胀贴水和时间价值率值的和，在财务管理中通常把某一时期某个国家的政府债券的报酬率视为无风险报酬率。风险报酬系数是将变异系数转化为风险报酬的一种系数或倍数。若A项目的风险报酬系数为5%，B项目的风险报酬系数为8%，则：

A、B两个项目的风险报酬率计算如下

$$R_R(\text{A}) = 5\% \times 95.2\% = 4.76\%$$

$$R_R(\text{B}) = 8\% \times 38.75\% = 3.10\%$$

若无风险报酬率为10%，则

$$K(\text{A}) = 10\% + 4.76\% = 14.76\%$$

$$K(\text{B}) = 10\% + 3.10\% = 13.10\%$$

至于风险报酬系数的确定，有如下几种方法：

（1）根据公式确定。参照以往同类投资项目的历史资料，通过公式 $K = R_F + bq$ 得出风险，报酬系数的计算公式如下

$$b = \frac{K - R_F}{q}$$

（2）由专家确定。第一种方法必须在历史资料比较充分的情况下才能采用。在缺乏历史资料的情况下，则可以组织有关专家根据经验加以确定。实际上，风险报酬系数的确定，在很大程度上取决于各企业对风险的态度。比较敢于承担风险的企业，往往把 b 值定得低些；反之，比较稳健的企业，则常常把 b 值定得高些。

（六）计算风险报酬额

在已知风险报酬率的情况下求风险报酬额，可以使用以下计算公式

$$P_R = CR_R \tag{3.20}$$

式中　P_R—— 风险报酬额；

C—— 投资额；

R_R—— 风险报酬率。

若该企业总投资额为100万元，其投资于A、B两个项目的风险报酬分别计算如下

$$P_R(\text{A}) = 100 \times 4.76\% = 4.76（万元）$$

$$P_R(\text{B}) = 100 \times 3.10\% = 3.10（万元）$$

根据上述计算结果，投资总报酬的计算公式如下

$$K_K = C \times K = C \times (R_F + R_R) \tag{3.21}$$

两个项目的投资总报酬额分别计算如下

$$K_K(\mathrm{A}) = 100 \times 14.76\% = 100 \times (10\% + 4.76\%) = 14.76(\text{万元})$$

$$K_K(\mathrm{B}) = 100 \times 13.10\% = 100 \times (10\% + 3.10\%) = 13.10(\text{万元})$$

由此可见,A 项目的风险大,其风险报酬额也大,获得的投资报酬额也多。究竟应选择哪个项目,要取决于人们对待风险的态度。不同的人对待风险的态度是有差别的,对于上述两个项目,采取稳健策略的人,会选 B 项目;对于采取冒险策略的人,会选 A 项目。在一般情况下,报酬率相同时,选择风险小的项目;风险相同时,选择报酬率高的项目。问题在于,一些项目正因为风险大,所以相应的报酬率也高,如何决策呢?这就要看报酬率是否高到值得去冒险,以及投资人对风险的态度。

三、证券组合的风险报酬

在现实生活中,投资者进行证券投资时,都会自觉或不自觉地将资金分散开,并不孤注一掷地投资于一种证券,而是同时持有多种证券。同时投资于多种证券称作证券的投资组合,简称为证券组合或投资组合。

(一) 证券组合的风险

投资多样化所形成的证券组合的总风险分为两个部分,即系统性风险和非系统性风险。系统性风险,一般是由整个经济的变动而造成的市场全面风险,其影响是全面性的,不可避免的,不能通过投资的多样化来冲减和分散,也称不可分散风险;非系统性风险,是企业特有风险,投资者可以通过投资多样化来相对冲减或分散,也称可分散风险。这两类风险可表示如图 3.9 所示。

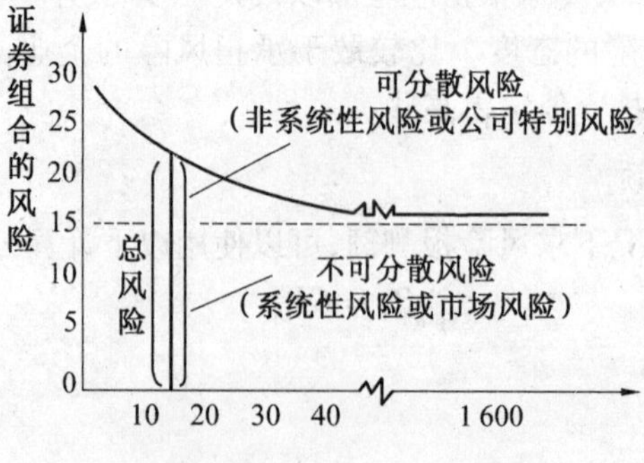

图 3.9 证券风险构成图

从图 3.9 中可以看到,可分散风险随证券组合中股票数量的增加而逐渐减少。有关资料显示,一种股票组成的证券组合的标准差 δ 大约为 28%,由所有股票组成的证券组合叫市场证券组合,其标准差为 15.1%,即 $\delta = 15.1\%$。有关研究表明,在一个完善的证券市场中,某一个投资者能同时持有40种以上的股票，或者说，如果一个包含40种股票而又比较合理的证券组合，大部分可分散风险都能消除掉。

1. 可分散风险

可分散风险是指企业某些因素对单个证券造成经济损失的可能性，如个别企业工人的罢工、企业在市场竞争中的失利、法律诉讼失败等。这种风险可通过同时持有多样化的证券而分散或抵消。即同时购买多家企业的股票，其中某些企业的股票报酬上升，另一些下降，有些保持稳定升降相抵，风险抵消。至于风险相抵的程度，要决定于相关系数 r。关于证券组合的相关系数，大致有以下四种情况：

(1) 当相关系数 $r=+1.0$ 时，为完全正相关，投资组合不发挥作用。两个完全正相关的股票报酬将一起上升或下降，变动方向与程度均一致，这样的组合不能冲减或抵消任何风险。

(2) 当相关系数 $r=0$ 时，为两者不相关，此时投资多样化偶尔也能起到降低风险的作用，但其效果远不如 $r=-1.0$ 时。

(3) 当相关系数 $r=-1.0$ 时，为完全负相关，风险正好完全抵消。这样的两种股票组成的证券组合是最佳组合，能够组成一个完全无风险的证券组合，这是因为它们的报酬正好成相反的变动，即当 A 股票报酬上升时，B 股票报酬正好下降，升降的幅度正好相互抵消。事实上，在现实生活中完全负相关的两种证券几乎不存在，绝大多数的情况是正相关。

(4) 当相关系数 $r=+0.6$ 时，为最常见的情况，绝大多数两种股票组合的相关系数，都居于正相关的0.5 ~ 0.7之间。

2. 不可分散风险

不可分散风险是指由于某些因素给市场上所有的证券都带来经济损失的可能性，如宏观经济状况的变化、国家财政政策和货币政策变化、世界能源状况的改变都会使股票报酬发生变动。这些风险影响所有的证券，因此，不能通过证券组合来分散。换句话说，即使投资者持有的是经过精心设计、风险适当分散的证券组合，也会遭受这种风险。因此，对投资者来说，这种风险是无法消除的，是必须面对的，但是由于各个企业的实力有差异，这种风险对不同企业的影响程度是不同的，对于这种风险的计量，可通过 β 系数来进行。

β 系数是衡量一种证券投资（风险性资产）或证券组合的报酬率，对整个资本市场报酬率变动的反应的一种量度标准，其计算公式如下

$$\beta=\frac{\text{某种证券的风险报酬率}}{\text{证券市场上所有证券平均的风险报酬率}} \tag{3.22}$$

上述公式是一个高度简化的公式，实际计算过程非常复杂，在实际工作中，投资者本身是无法完成其计算的，而是有专门机构定期计算并公布。其中，整个股票市场的 $\beta=1$；若某种股票的 $\beta=1$，说明该股票风险与整个市场风险相等；若某种股票的 $\beta>1$，说明其风险大于整个市场风险；若某种股票的 $\beta<1$，说明其风险小于整个市场风险。

以上是单个股票 β 系数的计算方法，证券组合的 β 系数是单个证券 β 系数的加权平均。权

数为各种股票在证券组合中所占的比重，其计算公式为

$$\beta_P = \sum_{i=1}^{n} X_i \beta_i \qquad (3.23)$$

式中 β_P—— 证券组合的 β 系数；

X_i—— 证券组合中第 i 种股票所占的比重；

β_i—— 第 i 种股票的 β 系数；

n—— 证券组合中股票的数量。

【例 3.14】 若 A、B、C 三种股票投资总额为 500 万元，其中 A 股票为 200 万元，$\beta = 1.05$；B 股票为 100 万元，$\beta = 2$；C 股票为 200 万元，$\beta = 3.2$，则证券组合的 β 系数为

$$\beta_P = 0.4 \times 1.05 + 0.2 \times 2 + 0.4 \times 3.2 = 2.1$$

（二）证券组合的风险报酬

证券组合的风险报酬是指投资者因承担不可分散风险而要求的，超过时间价值的那部分额外报酬。在现实生活中，证券组合投资与单项投资一样，都要求对其承担的风险进行补偿，股票的风险越大，要求的报酬率越高。证券组合风险报酬的计算公式为

$$R_P = \beta_P (K_m - R_F) \qquad (3.24)$$

式中 K_m—— 所有股票的平均报酬率，简称市场报酬率；

R_F—— 无风险报酬率，一般可用政府债券的利息率来衡量。

【例 3.15】 某企业持有价值为 100 万元的股票，是由 A、B、C 三种股票构成的证券组合，它们的 β 系数分别为 1.0、0.5、1.5，它们在证券组合中所占的比重分别为 20%、30% 和 50%，股票的市场报酬率为 16%，无风险报酬率为 12%，求这种组合的风险报酬率、风险报酬额和总投资报酬额。

（1）确定证券组合的 β 系数。

$$\beta_P = 20\% \times 1.0 + 30\% \times 0.5 + 50\% \times 1.5 = 1.1$$

（2）计算证券组合的风险报酬率。

$$R_P = 1.1 \times (16\% - 12\%) = 4.4\%$$

（3）计算证券组合的风险报酬额。

$$R_R = 100 \times 4.4\% = 4.4(\text{万元})$$

（4）计算投资总报酬额。

$$K = 100 \times (12\% + 4.4\%) = 16.4(\text{万元})$$

在其他因素不变的条件下，风险报酬率和风险报酬额的大小，取决于证券组合中的 β 系数。若 β 系数越大，风险报酬率就越大，风险报酬额也就越大；反之，就越小。此种情况可通过下面的例 3.16 加以说明。

【例 3.16】 若该企业重新调整证券组合，卖出部分风险较高的 C 股票，买进部分 B 股票，使 A、B、C 证券组合的比重变为 20%、50%、30%，求此时的风险报酬率、风险报酬额和投资报

酬额。

$$\beta_P = 20\% \times 1.0 + 50\% \times 0.5 + 30\% \times 1.5 = 0.9$$

$$R_P = 0.9 \times (16\% - 12\%) = 3.6\%$$

$$P_R = 100 \times 3.6\% = 3.6(\text{万元})$$

$$K = 100 \times (12\% + 3.6\%) = 15.6(\text{万元})$$

由此可见,调整了A、B、C三种股票在证券组合中的比重,缩小了β较大的C股票的比重,扩大了β较小的B股票的比重,使得综合β系数缩小,从而降低了风险同时也降低了风险报酬额和投资报酬额,即投资者在分散风险的同时也分散了收益,因此,在证券组合中,β系数起关键的作用。

(三)风险和报酬率的关系

通过上述分析得知,证券组合的风险一般要小于该组合中各项证券的平均风险,这一现象对于研究风险和报酬率之间的关系有重要的意义。西方财务管理学中的资本资产定价模型表明了在证券投资充分多样化的组合中,其风险与要求的报酬率之间存在的均衡关系。用图形表示的资本资产定价模型,称作证券市场线(简称SML),它说明了必要报酬率K与计量不可分散风险β系数之间的关系,如图3.10所示。

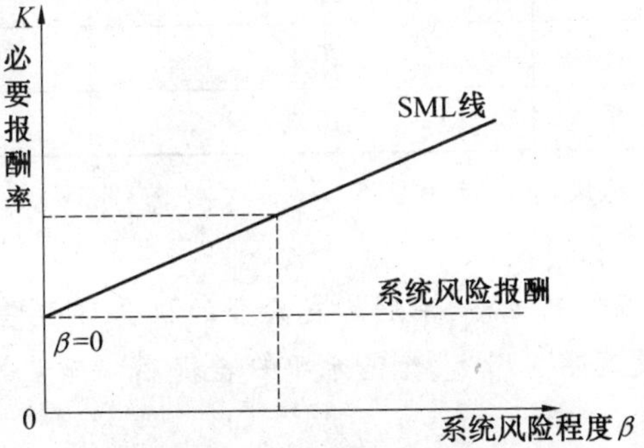

图3.10　必要报酬率与不可分散风险系数之间的关系

图3.10中纵轴代表必要报酬率,横轴代表风险程度(β),证券市场线的起点为无风险报酬率,即β为0的报酬率,从此点向右延伸,报酬率随着风险程度的增加而增加,形成一个倾斜向上的直线,即为证券市场线,反映报酬与风险之间的"均衡"关系。沿着证券市场线的报酬率,就是补偿投资者持有证券承担一定风险所要求的报酬率,所以称为"必要报酬率"。SML线表明在系统风险一定的前提下,必要报酬率在市场上的变动趋势,平行线所示为无风险报酬率,当风险增加时,报酬增加,必要报酬率也相应提高。资本资产定价模型的公式为

$$K_i = R_F + \beta_i(K_M - R_F) \tag{3.25}$$

式中　K_i——第i种股票或第i种证券的必要报酬率;

R_F——无风险报酬率;

β_i—— 第 i 种股票或第 i 种证券组合的 β 系数；

K_M—— 所有股票的平均报酬率。

【例 3.17】 某公司股票的 β 系数为 1.2，无风险收益率为 8%，市场资产组合的平均收益率为 14%。根据资本资产定价模型，可计算出这一股票的必要收益率应为

$$K_i = 8\% + 1.2 \times (14\% - 8\%) = 15.2\%$$

计算结果表明，只有该股票的报酬率达到或超过 15.2%，投资者才能投资购买

【案例分析】

北方公司 2009 年陷入经营困境，原有柠檬饮料因市场竞争激烈、消费者喜好产生变化等原因开始滞销。为改变产品结构，开拓新的市场领域，拟开发两种新产品。

1. 开发清洁纯净水

面对全国范围内的节水运动及限制供应，尤其是北方十年九旱的特殊环境，开发部认为清洁纯净水将进入百姓的日常生活，市场前景看好，有关预测资料如下：

市场销路	概　率	预计年利润
好	60%	150 万元
一般	20%	60 万元
差	20%	-10 万元

经过专家测定该项目的风险系数为 0.5。

2. 开发消渴啤酒

北方人有豪爽、好客、畅饮的性格，亲朋好友聚会的机会日益增多；北方气温大幅度升高，并且气候干燥；北方人的收入明显增多，生活水平日益提高。开发部据此提出开发消渴啤酒方案，有关市场预测资料如下：

市场销路	概　率	预计年利率
好	50%	180 万元
一般	20%	85 万元
差	30%	-25 万元

据专家测算该项目的风险系数为 0.7。

分析提示：

(1) 对两个产品开发方案的收益与风险予以计量。

(2) 进行方案评价。

风险的衡量可通过如下步骤进行：①计算期望值；②计算标准离差；③计算标准离差率。

习　题

一、单选题

1. 某企业面临甲、乙两个投资项目。经衡量，它们的预期报酬率相等，甲项目的标准差小于乙项目的标准差。对甲、乙项目可以做出的判断为（　　）。

A. 甲项目取得更高报酬和出现更大亏损的可能性均大于乙项目

B. 甲项目取得更高报酬和出现更大亏损的可能性均小于乙项目

C. 甲项目实际取得的报酬会高于其预期报酬

D. 乙项目实际取得的报酬会低于其预期报酬

2. 关于证券投资组合理论的以下表述中，正确的是（　　）。

A. 证券投资组合能消除大部分系统风险

B. 证券投资组合的总规模越大，承担的风险越大

C. 最小方差组合是所有组合中风险最小的组合，所以报酬最大

D. 一般情况下，随着更多的证券加入到投资组合中，整体风险降低的速度会越来越慢

3. 某公司发行面值为 1 000 元的 5 年期债券，债券票面利率为 10%，半年付息一次，发行后在二级市场上流通，假设必要投资报酬率为 10% 并保持不变，以下说法正确的是（　　）。

A. 债券溢价发行，发行后债券价值随到期时间的缩短而逐渐下降，至到期日债券价值等于债券面值

B. 债券折价发行，发行后债券价值随到期时间的缩短而逐渐上升，至到期日债券价值等于债券面值

C. 债券按面值发行，发行后债券价值一直等于票面价值

D. 债券按面值发行，发行后债券价值在两个付息日之间呈周期波动

4. ABC 公司平价购买刚发行的面值为 1 000 元（5 年期、每半年支付利息 40 元）的债券，该债券按年计算的到期收益率为（　　）。

A. 4%　　B. 7.84%　　C. 8%　　D. 8.16%

5. 在利率和计息期相同的条件下，以下公式中正确的是（　　）。

A. 普通年金终值系数×普通年金现值系数＝1

B. 普通年金终值系数×偿债基金系数＝1

C. 普通年金终值系数×投资回收系数＝1

D. 普通年金终值系数×预付年金现值系数＝1

6. 已知 $(F/A, 10\%, 9) = 13.579$，$(F/A, 10\%, 11) = 18.531$，则 10 年、10% 的即付年金终值系数为（　　）。

A. 17.531　　B. 15.937　　C. 14.579　　D. 12.579

二、多选题

1. 下列关于β值和标准差的表述中，正确的有(　　)。

A. β值测度系统风险，而标准差测度非系统风险

B. β值测度系统风险，而标准差测度整体风险

C. β值测度财务风险，而标准差测度经营风险

D. β值只反映市场风险，而标准差还反映特有风险

2. 某企业准备发行三年期企业债券，每半年付息一次，票面年利率为6%，面值1 000元，平价发行。以下关于该债券的说法中正确的是(　　)。

A. 该债券的实际周期利率为3%

B. 该债券的年实际必要报酬率是6.09%

C. 该债券的名义利率是6%

D. 由于平价发行，该债券的名义利率与名义必要报酬率相等

3. A证券的预期报酬率为12%，标准差为15%；B证券的预期报酬率为18%，标准差为20%。投资于两种证券组合的机会集是一条曲线，有效边界与机会集重合，以下结论中正确的有(　　)。

A. 最小方差组合是全部投资于A证券

B. 最高预期报酬率组合是全部投资于B证券

C. 两种证券报酬率的相关性较高，风险分散化效应较弱

D. 可以在有效集曲线上找到风险最小、期望报酬率最高的投资组合

4. 债券A和债券B是两支刚发行的平息债券，债券的面值和票面利率相同，票面利率均高于必要报酬率，以下说法中正确的有(　　)。

A. 如果两债券的必要报酬率和利息支付频率相同，偿还期限长的债券价值低

B. 如果两债券的必要报酬率和利息支付频率相同，偿还期限长的债券价值高

C. 如果两债券的偿还期限和必要报酬率相同，利息支付频率高的债券价值低

D. 如果两债券的偿还期限和利息支付频率相同，必要报酬率与票面利率差额大的债券价值高

5. 假设甲、乙证券收益的相关系数接近于零，甲证券的预期报酬率为6%（标准差为10%），乙证券的预期报酬率为8%（标准差为15%），则由甲、乙证券构成的投资组合(　　)。

A. 最低的预期报酬率为6%

B. 最高的预期报酬率为8%

C. 最高的标准差为15%

D. 最低的标准差为10%

三、判断题

1. 构成投资组合的证券A和证券B，其标准差分别为12%和8%。在等比例投资的情况

下，如果两种证券的相关系数为1，该组合的标准差为10%；如果两种证券的相关系数为-1，则该组合的标准差为2%。（ ）

2. 货币的时间价值是指货币经过一定时间的投资和再投资所增加的价值，它可以用社会平均资金利润率来计量。（ ）

3. 在运用资本资产定价模型时，某资产的β值小于零，说明该资产风险小于市场风险。（ ）

4. 在证券的市场组合中，所有证券的β系数加权平均数等于1。（ ）

5. 某股票的β值反映该股票收益率变动与整个股票市场收益率变动之间的相关程度。（ ）

6. 预计通货膨胀率提高时，无风险利率会随之提高，进而导致资本市场线向上平移。风险厌恶感的加强，会提高资本市场线的斜率。（ ）

四、计算题

1. 2010年年初W公司对甲设备投资50 000元，2012年年初此项目才能完工投产；2012年至2014年各年年末预期收益分别为10 000元、15 000元、25 000元；银行存款复利率为10%。

要求：

(1)按复利计算2012年年初投资额的终值；

(2)2012年年初各年预期收益的现值之和。

2. 某企业有A、B两个投资项目，计划投资额均为1 000万元，其收益（净现值）的概率分布如下表。

金额单位：万元

市场状况	概　　率	A项目净现值	B项目净现值
好	0.2	200	300
一般	0.6	100	100
差	0.2	50	-50

要求：

(1)分别计算A、B两个项目净现值的期望值；

(2)分别计算A、B两个项目期望值的标准离差；

(3)判断A、B两个投资项目的优劣。

第四章

Chapter 4

融资管理

【本章要点】

资金是企业进行生产经营活动的必要条件，融资是企业资金运动的起点，是决定资金运动规模和生产经营发展程度的重要环节。企业通过一定的资金渠道，采取一定的融资方式，组织资金的供应，保证企业生产经营活动的需要，是企业财务管理的一项重要内容。本章主要阐述企业融资的定义、动机、渠道与方式，并论述资金需要量的预测方法、权益性融资方式和负债性融资方式。通过本章学习，学习者可以了解融资的意义及分类；掌握融资的渠道和方式，以及各种融资方式的优缺点；熟悉融资的基本原则。

第一节　融资管理概述

一、融资的概念及分类

（一）企业融资的概念

企业融资是指企业根据生产经营等活动对资金的需要，通过一定的渠道，采取适当的方式，获取所需资金的一种行为。企业融资的动机主要包括：

1. 设立性融资动机

按照我国有关制度规定，建立企业时，必须有法定的资本金，并不得低于国家规定的限额。新建企业首先必须筹集足够的资金，用于购买商品、设备、工具等；支付工资和费用，以便从事购销经营活动。

2. 扩张性融资动机

企业在发展过程中,生产经营规模不断扩大。随着生产经营规模的扩大,对资金的需求也不断增多,需要不断筹集大量资金。而这些资金仅靠自身的积累是不够的,必须通过各种方式来筹集。

3. 偿债性融资动机

企业融资不仅仅是为了满足生产经营的需要,有时为了偿还到期债务、调整资金结构也需要融资。一般而言,企业的资金来源有两个方面:借入资金和自有资金。借入资金都有一定的到期日,到期必须归还。借入资金与自有资金之间应有一个恰当的比例,资金结构才能趋于合理。有两种情形:一是以偿还债务为目的的融资,即企业的现有支付能力不足以偿还到期债务,必须融资还债;二是以调整资金结构为目的的融资,即企业现有足够的能力支付到期债务,但为了调整借入资金与自有资金的比率,仍需举债或筹集自有资金,从而使资金结构更加合理。

(二) 融资分类

企业融资可按不同标准进行分类。

(1) 按照资金的来源渠道不同,分为权益融资和债务融资。权益融资是企业依法取得并长期拥有、自主调配运用的资金。企业通过发行股票、吸收直接投资、内部积累等方式取得的资金都属于权益融资。债务融资是企业依法取得并依约运用、按期偿还的资本。企业通过发行债券、向银行借款等方式而筹集的资金属于债务融资。

(2) 按照是否通过金融机构,分为直接融资和间接融资。直接融资是指企业不借助银行等金融机构,直接与资本所有者协商融通资本的一种筹资活动。具体而言,直接融资主要有直接投入资本,发行股票、债券和商业信用等方式。间接融资是直接往银行等金融机构而融通资本的一种筹资活动,主要有银行借款、租赁等方式。

(3) 按照资金取得方式不同,分为内源融资和外源融资。内源融资是指企业利用自身的储蓄(折旧和留存收益)转化为投资的过程;外源融资是指吸收其他经济主体闲置资金,使之转化为自己投资的过程,包括股票、债券、商业信用、银行借款等方式。

(4) 按照所筹资金使用期限,分为短期融资与长期融资。短期融资是指供1年内使用的资金,通常利用商业信用和取得短期银行借款方式筹集;长期融资是指供1年以上使用的资金,主要通过吸收投资、发行债券、取得长期借款、内部积累等方式筹集。

二、融资渠道及融资方式

企业融资活动需要通过一定的渠道并采用一定的方式来完成。

(一) 融资渠道

融资渠道是指客观存在的筹措资金的来源方向与通道。认识和了解各种融资渠道及其特点,有助于企业充分拓宽和正确利用融资渠道。我国企业目前可以利用的融资渠道主要包括:

（1）银行信贷资金。银行对企业的各种贷款，是我国目前各类企业最为重要的资金来源。我国银行分为商业性银行和政策性银行两种。商业性银行是以盈利为目的、从事信贷资金投放的金融机构，它主要为企业提供各种商业贷款。政策性银行是为特定企业提供政策性贷款。

（2）其他金融机构资金。其他金融机构主要指信托投资企业、保险企业、租赁企业、证券企业、财务企业等。它们所提供的各种金融服务，既包括信贷资金投放，也包括物资的融通，还包括为企业承销证券等金融服务。

（3）其他企业资金。企业在生产经营过程中，往往形成部分暂时闲置的资金，并为一定的目的而进行相互投资；另外，企业间的购销业务可以通过商业信用方式来完成，从而形成企业间的债权债务关系，形成债务人对债权人的短期信用资金占用。企业间的相互投资和商业信用的存在，使其他企业资金也成为企业资金的重要来源。

（4）居民个人资金。企业职工和居民个人的结余货币，作为"游离"于银行及非银行金融机构之外的个人资金，可用于对企业进行投资，形成民间资金来源渠道，从而为企业所用。

（5）国家财政资金。国家对企业的直接投资是国有企业特别是国有独资企业获得资金的主要渠道。现有国有企业的资金来源中，其资本部分大多是由国家财政以直接拨款方式形成的，除此以外，还有些是国家对企业"税前还贷"或减免各种税款而形成的。不管是何种形式形成的，从产权关系上看，它们都属于国家投入的资金，产权归国家所有。

（6）企业自留资金。它是指企业内部形成的资金，也称企业内部留存，主要包括提取公积金和未分配利润等。这些资金的重要特征之一是，它们无须企业通过一定的方式去筹集，而直接由企业内部自动生成或转移。

各种融资渠道在体现资金供应量的多少时，存在着较大的差别。有些渠道的资金供应量多，如银行信贷资金和非银行金融机构资金等，而有些相对较少，如企业自留资金等。这种资金供应量的多少，在一定程度上取决于财务管理环境的变化，特别是宏观经济体制、银行体制和金融市场发展速度等因素。

（二）融资方式

融资方式是指可供企业在筹措资金时选用的具体融资形式。

我国企业目前融资方式主要有以下几种：① 吸收直接投资；② 发行股票；③ 利用留存收益；④ 向银行借款；⑤ 利用商业信用；⑥ 发行企业债券；⑦ 融资租赁；⑧ 杠杆收购。其中，利用前三种方式筹措的资金为权益资金，利用后五种方式筹措的资金为负债资金。

三、融资管理的原则

企业融资管理是一项重要而复杂的工作，必须认真研究各种因素，力求提高融资效益。具体要求包括：

(一) 合理确定资金需要量,提高融资效果

无论通过什么渠道,采用什么方式融资,都应首先确定资金的需要量。这就要求融资有一个"度"的问题。资金不足,会影响企业的生产经营和发展;资金过剩,会造成资金的浪费,影响资金使用的效果。因此,在实际工作中,要认真分析科研、生产、经营状况,采用科学的方法预测与确定未来资金的需要量。这样,可以避免融资不足或融资过多,提高资金的使用效果。

(二) 适时取得资金,保证资金投放需要

融资也有时间上的安排,这取决于投资的时间。同等数量的资金,在不同时间上具有不同的价值。企业应合理安排融资与投资,适时获取所需资金,使融资与投资在时间上互相衔接。这样,既可以避免过早融资形成资金的闲置,又能防止取得资金的时间滞后,错过资金投放的最佳时间。

(三) 认真选择融资渠道和方式,力求降低资金成本

企业融资的渠道和方式多种多样,不同渠道和方式融资的难易程度、资金成本和风险各不相同。因此,在融资中,企业必须认真研究各种融资渠道和方式,对各种融资渠道和方式进行分析、对比,选择最经济可行的融资渠道和方式,努力降低融资的成本。

(四) 合理确定资金结构,正确安排举债经营

举债经营可以给企业带来一定的好处,因为借款利息可在所得税前列入成本费用,能够提高自有资金的使用效果。但是举债的多少必须与自有资金和偿债能力相适应,若负债过多,会发生较大的财务风险。因此,在融资时,必须使企业的自有资金与借入资金保持合理的结构,防止负债过多而增加财务风险,抑或没有充分利用举债经营,使自有资金的收益水平降低。

第二节　资金需要量预测

企业在融资之前,应当采用一定的方法预测资金需要数量,只有这样,才能使筹集来的资金既能保证满足生产经营的需要,又不会有太多的闲置。预测资金需要量的方法通常有定性预测法、销售百分比法和资金习性预测法等,下面分别介绍。

一、定性预测法

定性预测法是指利用直观的资料,依靠个人的经验和主观分析、判断能力,预测未来资金需要量的方法。其预测过程是:首先由熟悉财务情况和生产经营情况的专家,根据过去所积累的经验进行分析判断,提出预测的初步意见;然后,通过召开座谈会或发出各种表格等形式,对上述预测的初步意见进行修正补充。这样经过一次或几次以后,得出预测的最终结果。

定性预测法是十分有用的,但它不能揭示资金需要量与有关因素之间的数量关系。例如,预测资金需要量应和企业生产经营规模相联系。生产规模扩大,销售数量增加,会引起资金需

求增加;反之,则会使资金需求量减少。

二、销售百分比法

销售百分比法是指以资金与销售额的比率为基础,预测未来资金需要量的方法。应用销售百分比法预测资金需要量是建立在以下假定基础之上的:① 企业的部分资产和负债与销售额同比例变化;② 企业各项资产、负债与所有者权益结构已达到最优。

应用销售百分比法预测资金需要量通常须经过以下步骤:① 预计销售额增长率;② 确定随销售额变动而变动的资产和负债项目;③ 确定需要增加的资金数额;④ 根据有关财务指标的约束确定对外融资数额。

为了简便起见,给出预测外部融资额的公式为

$$\text{需追加的外部融资额} = \frac{\Delta S}{S}\left(\sum A - \sum B\right) - EP \cdot \Delta S \tag{4.1}$$

式中 ΔS—— 预计年度销售增加额;

S—— 基期销售额;

$\sum A$—— 基期敏感资产总额;

$\sum B$—— 基期敏感负债总额;

P—— 销售利率;

E—— 留存收益。

【例 4.1】 某企业 2009 年 12 月 31 日的资产负债如表 4.1 所示。

表 4.1 资产负债表

2009 年 12 月 31 日

单位:万元

资产		负债与所有者权益	
现金	5 000	应付费用	10 000
应收账款	15 000	应付账款	5 000
存货	30 000	短期借款	25 000
固定资产净值	30 000	企业债券	10 000
		实收资本	20 000
		留存收益	10 000
资产合计	80 000	负债与所有者权益合计	80 000

假定该企业 2009 年的销售收入为 100 000 万元,销售净利率为 10%,股利支付率为 60%,企业现有生产能力尚未饱和,增加销售无需追加固定资产投资。经预测,2010 年该企业销售收入将提高到 120 000 万元,企业销售净利率和利润分配政策不变。

销售百分比法的预测程序为:

(1) 预计销售额增长率。

$$\frac{\Delta S}{S} \times 100\% = \frac{120\ 000 - 100\ 000}{100\ 000} \times 100\% = 20\%$$

(2) 确定随销售额变动而变动的资产和负债项目(表4.2)。

表4.2 敏感项目判断表

资 产	是否变动	负债与所有者权益	是否变动
现金	变动	应付费用	变动
应收账款	变动	应付账款	变动
存货	变动	短期借款	不变动
固定资产净值	不变动	企业债券	不变动
		实收资本	不变动
		留存收益	不变动

(3) 确定需要增加的资金。

$$需增加的资金 = (\frac{5\ 000 + 15\ 000 + 30\ 000}{100\ 000} - \frac{10\ 000 + 5\ 000}{100\ 000}) \times (120\ 000 - 100\ 000) = 7\ 000(万元)$$

(4) 根据有关财务指标的约束条件,确定对外界资金需求的数额。

$$外部资金需要量 = 7\ 000 - (1 - 60\%) \times 10\% \times 120\ 000 = 2\ 200(万元)$$

销售百分比法的主要优点是为财务管理提供短期预计财务报表和外部融资的要求。但如果财务关系的假定失实,则据以采取的政策就会对企业产生不利的影响,这是其缺点所在。尽管销售百分比法有其缺点,但它仍不失为预测短期资金需要量的有效方法。

三、资金习性预测法

资金习性预测法是指根据资金习性预测未来资金需要量的方法。所谓资金习性,是指资金的占用量与产品产销量之间的依存关系。按照这种关系,可以把资金区分为不变资金、变动资金和半变动资金。

不变资金是指在一定的产销量范围内,不随产销量变动的资金。这部分资金主要包括:为维持营业而占用的最低数额的现金,原材料的保险储备,必要的成品储备和厂房、机器设备等固定资产占用的资金。

变动资金是指随产销量的变动而同比例变动的那部分资金。一般包括直接构成产品实体的原材料、外购件等占用的资金。另外,在最低储备以外的现金、存货、应收账款等也具有变动资金的性质。

半变动资金是指虽受产销量变动的影响,但不成同比例变动的资金,如一些辅助材料上占用的资金。半变动资金可采用一定的方法划分为不变资金和变动资金两部分。

资金习性预测法有两种形式:一种是根据资金占用总额同产销量的关系来直接预测资金需要量;另一种是采用先分若干资金占用项目预测,然后汇总测算出资金占用总额。

资金习性就是根据上述原理,预测资金需要量的方法。其数学模型为

$$y = a + bx \tag{4.2}$$

式中 y—— 资金占用额;

a—— 不变资金;

b—— 单位产销量所需要的变动资金;

x—— 产销量。

运用上式,在已知 a、b 条件下,即可求得一定产销量 x 所需的占用资金量。而 a、b 的值可采用高低点法或回归直线法求得。

(一) 高低点法

高低点法是指根据企业一定期间资金占用的历史资料,按照资金习性原理和 $y = a + bx$ 直线方程式,选用最高收入期和最低收入期的资金占用量之差,同这两个收入期的销售额之差进行对比,先求 b 的值,然后再代入原直线方程,求出 a 的值,从而估计推测资金占用量的发展趋势。其计算公式为

$$b = \frac{\text{最高收入期资金占用量} - \text{最低收入期资金占用量}}{\text{最高销售收入} - \text{最低销售收入}}$$

$$a = \text{最高收入期资金占用量} - b \times \text{最高销售收入} =$$

或

$$\text{最低收入期资金占用量} - b \times \text{最低销售收入}$$

【例4.2】 某企业产销数量和资金占用数量的历史资料如表4.3所示。假定2009年预计产量为80 000件。

表4.3 某企业产量与资金占用量表

年 度	产量(x)/件	资金占用量(y)/元
2004	60 000	5 000 000
2005	55 000	4 750 000
2006	50 000	4 500 000
2007	65 000	5 200 000
2008	70 000	5 500 000

$$b = \frac{5\ 500\ 000 - 4\ 500\ 000}{70\ 000 - 50\ 000} = 50(\text{元})$$

由 $y = a + bx$,代入2008年数据,求得

$$a = y - bx = 5\ 500\ 000 - 50 \times 70\ 000 = 2\ 000\ 000\ (\text{元})$$

预测2009年产量为80 000件的资金占用量为

$$2\ 000\ 000 + 50 \times 80\ 000 = 6\ 000\ 000(\text{元})$$

高低点法简便易行,适用于企业的资金变动趋势比较稳定的情况。

(二) 回归直线法

回归直线法是根据若干期业务量和资金占用量的历史资料,适用最小二乘法原理,用回归

直线方程求得 a,b 值,然后预测资金占用量的方法。

其计算公式为

$$a=\frac{\sum x_i^2\sum y_i-\sum x_i\sum x_iy_i}{n\sum x_i^2-\left(\sum x_i\right)^2} \tag{4.3}$$

$$b=\frac{n\sum x_iy_i-\sum x_i\sum y_i}{n\sum x_i^2-\left(\sum x_i\right)^2} \tag{4.4}$$

或

$$b=\frac{\sum y_i-na}{\sum x_i} \tag{4.5}$$

用回归直线法计算资金需要量的过程以资料说明如下:

(1) 根据表 4.3 资料计算整理出表 4.4 的数据。

表 4.4　回归直线方程数据计算表

年度	产量(x)/万件	资金占用量(y)/万元	xy	x^2
2004	6.0	500	3 000	36
2005	5.5	475	2 612.5	30.25
2006	5.0	450	2 250	25
2007	6.5	520	3 380	42.25
2008	7.0	550	3 850	49
合计 $n=5$	$\sum x=30$	$\sum y=2\ 495$	$\sum xy=15\ 092.5$	$\sum x^2=182.5$

(2) 将表 4.4 的数据代入上述公式,得

$$a=\frac{\sum x_i^2\sum y_i-\sum x_i\sum x_iy_i}{n\sum x_i^2-\left(\sum x_i\right)^2}=\frac{182.5\times 2\ 495-30\times 15\ 092.5}{5\times 182.5-30^2}=205$$

$$b=\frac{n\sum x_iy_i-\sum x_i\sum y_i}{n\sum x_i^2-\left(\sum x_i\right)^2}=\frac{5\times 15\ 092.5-30\times 2\ 495}{5\times 182.5-30^2}=49$$

或

$$b=\frac{\sum y_i-na}{\sum x_i}=\frac{2\ 495-5\times 205}{30}=49$$

(3) 将 $a=205$,$b=49$ 代入 $y=a+bx$ 得

$$y=205+49x$$

(4) 将 2009 年预计产量 80 000 件代入上式,测得资金需要量为

$$205+49\times 8=597(\text{万元})=5\ 970\ 000(\text{元})$$

第三节　权益性融资

权益性融资主要有吸收直接投资和发行普通股两种融资方式,现分别具体介绍如下。

一、吸收直接投资

吸收直接投资是企业按照"共同投资、共同经营、共担风险、共享利润"的原则直接吸收国家、法人、个人投入资金的一种融资方式。

(一) 吸收直接投资的形式

企业在吸收直接投资时,投资者可以用货币资金、厂房、机器设备、材料物资、无形资产作价投资。具体讲,主要有以下几种:

1. 货币资金投资

货币资金投资是直接投资中一种最重要的出资方式。企业有了货币资金,便可用此购置各种生产资料,支付各种费用。因此,企业应尽量动员投资者采用现金方式出资。

2. 实物投资

实物投资是指以房屋、建筑物、设备等固定资产和材料、燃料、商品等流动资产所进行的投资。一般来讲,企业吸收实物投资应符合如下条件:确为企业科研、生产、经营所需;技术性能比较好;作价公平合理。

3. 无形资产投资

无形资产投资是指投资者以专有权、商标权、非专利技术、土地使用权等无形资产作价投入的资本。一般来讲,企业吸收无形资产投资应符合以下条件:能帮助研究和开发新的高科技产品;能帮助生产出适销对路的高科技产品;能帮助改进产品质量,提高生产效率;能帮助大幅度降低各种消耗;作价比较合理。我国现行法律规定企业吸收无形资产投资比例一般不得超过注册资本的70%,但特殊情况除外。

(二) 吸收直接投资的评价

1. 吸收直接投资的优点

(1) 有利于增强企业信誉。吸收投资所筹集的资金属于自有资金,能增强企业的信誉和借款能力,对扩大企业经营规模、壮大企业发展实力具有重要意义。

(2) 有利于尽快形成生产能力。吸收直接投资可以直接获取投资者的先进设备和先进技术,有利于尽快形成生产能力,尽快开拓市场。

(3) 有利于降低财务风险。吸收直接投资可以根据企业经营状况向投资者支付报酬,支付的多少与企业经营状况的好坏存在直接的关系,比较灵活,所以财务风险较小。

2. 吸收直接投资的缺点

(1) 资金成本较高。一般来讲,企业采用吸收直接投资方式筹集资金所负担的资金成本较高，特别是企业经营状况较好和盈利较强时，更是如此。因为向投资者支付的报酬是根据其出资额的数额和企业实现利润的多少来计算的。

(2) 企业控制权容易分散。投资者一般按其投资数量取得企业的经营管理权，如果外部投资者较多，则投资者对企业的控制权就比较分散。

二、发行普通股

发行股票融资是股份企业获取自有资金的基本方式。股票是股份企业发给股东证明其在企业投资入股并借以取得股息的一种有价证券。它代表持股人在企业中拥有的所有权。

(一) 普通股的含义和种类

1. 普通股及其股本权利

普通股股票，简称普通股，是股份企业发行的具有管理权、股利不固定的股票。普通股是最基本的股票，是企业资本中的基本部分。普通股具备股票的最一般特性。通常情况下，股份有限公司只发行普通股。持有普通股股份者为普通股股东。普通股股东主要有如下权利：

(1) 参加股东大会的权利。参加股东大会是股东参与企业经营决策的重要形式。股东可亲自参加，也可委托代理人参加。委托代理人参加时需要持有股东书面委托授权书。

(2) 参加表决的权利。股东对股东大会提出的议案具有表示同意或不同意的权利，根据平等原则，一般情况下的表决权为一股一票制，这也是股东参与企业经营的重要内容。

(3) 股票转让权。股票市场上大量股票自由转让流通，体现了股东对其持有的股票具有自由转让的权利。但这种转让必须符合股票上市和转让的有关法律和法规的规定，符合股票转让交易的规定程序。

(4) 股息红利分配的要求权。在企业盈利的情况下，股东有权按企业法和企业章程的有关规定取得企业的分红。企业当年的税后利润，应先提取 10% 列入法定公积金（当企业法定公积金累计额达到企业注册资本的 50% 后可不再提取）；另提取 5% ~ 10% 列入企业法定公益金；企业也可按股东会议决议提取任意公积金。在企业弥补亏损并提取公积金、法定公益金后，所剩利润可按股东持股比例进行分配。

(5) 企业剩余财产的分配权。当企业解散清算后若有剩余财产，股东有权按持股比例进行分配。普通股股东在企业清算分配的程序中列在最后。

(6) 对企业事务的质询权。普通股股东有权对企业的账务、经营状况等进行质询并提出建议。

2. 普通股的种类

股份有限公司所发行的普通股股票可按不同的标准做如下分类：

(1) 按股票是否标明每股金额划分，可分为面额股票和无面额股票。

面额股票是按法律或企业章程规定在票面上标明每股金额的股票。无面额股票是在票面上不标明具体金额，只注明股数或所占企业资本比例的股票。目前我国法律不允许发行无面额股票。

(2) 按是否记名划分,可分为记名股票和无记名股票。记名股票是将股东姓名记载于股票票面之上并登记于股东名册中的股票。记名股票的转让,须经过企业办理过户登记手续才对企业产生效力。无记名股票是股东姓名在票面与股东名册均无记载的股票。无记名股票以持有者为权利人,行使各项股东权利均须出示股票,可自由转让,无需办理过户手续。

(3) 按投资主体划分,可分为国家股、法人股、个人股和外资股。国家股是有权代表国家投资的机构或部门以国有资产投入企业形成的股份。法人股是其他企业法人以其依法可支配的资产投入企业形成的股份或具有法人资格的事业单位和社会团体以国家允许用于经营的资产向企业投资形成的股份。个人股为社会个人或本企业职工以个人合法财产投入企业形成的股份。外资股是指外国和我国港、澳、台地区投资者以购买人民币特种股票形式向企业投资形成的股份。

(4) 按发行对象和上市地区,可分为A股、B股、H股和N股。A股是人民币股票即以人民币标明票面价值并以人民币认购和交易的股票。B、H、N股是人民币特种股票,即以人民币标明票面价值,但以外币认购和交易的股票,专供外国和我国港、澳、台的投资者买卖。其中B股在深圳、上海上市;H股在香港上市;N股在纽约上市。

(二) 股票的发行

1. 股票发行的原则

股份企业不论是设立发行或增资发行,在发行股票时,必须遵循公平、公正的原则。

(1) 公开原则。它是指股票的发行应当面对所有出资者,不允许有隐蔽的幕后活动。它要求企业财务公开,定期发布年度报告书、中期报告书,对投资者的投资行为有重大影响的事项,必须以临时报告书方式对外公开。对应公开而不公开,或者公开资料不实及虚伪记载而给出资者造成损失的,应当追究其法律责任。

(2) 公平原则。它是指对股票发行中的民事主体一视同仁。它要求:注册资本总额应平分为金额相等的股份,每股所代表的资本额一律相等;同股同权;同股同利,即每一股份享受的盈余分配一致,每股权利相等,同样其承担的风险也相等;股票持有者可平等地自由转让其股票(特定持股对象除外)。

(3) 公正原则。它是指股票的发行工作公平合理,没有虚假偏私行为。它要求:第一,发行新股认购表应不限数量,使所有潜在投资者都有机会购买股票;第二,同次发行的股票,每股的发行条件和价格应当相同。

2. 股票发行的条件

按国际惯例,股份企业发行股票必须具备一定的发行条件,取得发行资格,并在办理必要手续后才能发行,其用意在于保护投资者权益。现对我国股票发行的条件作适当说明:

(1) 设立股份有限公司申请公开发行股票的条件。新设立的股份有限公司申请公开发行股票,应当符合下列条件:

① 其生产经营符合国家产业政策。国家产业政策是个变量因素，会随着国家经济发展状况及其外部环境而发生变化，在不同的年份，国家的产业政策也会有所差别。根据有关规定，我国目前支持的产业主要包括基础设施、能源、交通、通信、高科技企业等。房地产业以及商业不属于鼓励投资的产业。

② 其发行的普通股限于一种，同股同权。我国企业法和证券法并不排斥企业发行优先股，故企业股份可在理论上分为普通股和优先股。依照《股票条例》上述规定，申请公开发行股票的企业只能发行普通股，不得发行优先股。值得注意的是，普通股可分为 A 股、B 股和 H 股等类别股份。

③ 发起人认购的股本总额不少于企业拟发行的股本总额的 35%。要求发起人股份在企业总股本中占有适当比例，有利于持续和稳步推进企业的发展战略，有利于实现招股说明书确立的企业宗旨，保护投资者利益。

④ 在企业拟发行的股本总额中，发起人认购的部分不少于人民币 3 000 万元，但是国家另有规定的除外。

⑤ 向社会公众发行的部分不少于企业拟发行的股本总额的 25%，其中企业职工认购的股本数额不得超过拟向社会公众发行的股本总额的 10%；企业拟发行的股本总额超过 4 亿元的，证监会按照规定可以酌情降低向社会公众发行的部分的比例，但是最低不得少于企业拟发行的股本总额的 10%。根据证监会的规定，企业不得将其拟向社会公众发行的部分股本交由企业职工认购。

⑥ 发起人近三年内没有重大违法行为。

⑦ 证监会规定的其他条件。

(2) 原有企业改组设立股份有限公司申请公开发行股票的条件。原有企业改组设立股份有限公司申请公开发行股票，除应当符合上述情况下的各项条件外，还应当符合下列条件：

① 发行前一年末，净资产在总资产中所占比例不低于 30%，无形资产在净资产中所占比例不高于 20%，但是证监会另有规定的除外。

② 近三年连续盈利。国有企业改组设立股份有限公司公开发行股票的，国家拥有的股份在企业拟发行股本总额中所占的比例，由国务院或国务院授权的部门规定。

(3) 上市企业申请公开发行新股的条件。上市企业申请公开发行新股主要包括配股和增资发行新股两种形式。上市企业发行新股，可以向社会公开募集，也可以向原股东配售，但应当符合企业法有关发行新股的条件。根据我国有关法规的规定，企业发行新股，必须具备以下条件：

① 前一次发行的股份已募足，并间隔一年以上。这里所称“前一次发行的股份”，泛指各种形式的股票发行，如定向募集企业增资发行股票、上市企业新股发行、股份企业以送配形式发行股票。

② 企业在最近三年内连续盈利，并可向股东支付股利。“最近三年内连续盈利”属于新股

发行的一般条件，就特定新股发行方式来说，相关规则可能做出更严格的规定。

③ 企业在最近三年内财务会计文件无虚假记载。

④ 企业预期利润率可达同期银行存款利率水平。

（4）中国证监会不予核准发行申请的情形。上市企业有下列情形之一的，中国证监会不予核准其发行申请：

① 最近三年内有重大违法违规行为。

② 擅自改变招股文件所列募集资金用途而未作纠正，或者未经股东大会认可。

③ 企业在最近三年内财务会计文件有虚假记载、误导性陈述或重大遗漏；重组中进入企业的有关资产的财务会计资料及重组后的财务会计资料有虚假记载、误导性陈述或重大遗漏。

④ 招股文件存在虚假记载、误导性陈述或重大遗漏。

⑤ 存在为股东及股东的附属企业或者个人债务提供担保的行为。

⑥ 中国证监会认定的其他情形。

3. 股票发行的基本程序

根据国际惯例，各国股票的发行都有严格的法律规定程序，任何未经法定程序发行的股票都不发生效力。下面介绍我国公开发行股票的最基本程序。

（1）企业做出新股发行决议。企业应根据企业生产经营情况，在认真分析和研究的基础上，提出发行新股的计划，提交董事会讨论表决。董事会应根据资本授权制度和新股发行计划做出发行新股的决议。决议的内容通常有：新股的种类；新股发行数量；新股发行目的；新股发行价格；认购新股的申请期限；股款交纳日期等。

（2）企业做好发行新股的准备工作。发行新股的准备工作主要有：聘请有主承销商资格的券商担任财务顾问和股票发行的主承销商，并与其一起商讨发行上市方案，准备及起草申报工作中所需的各种资料和文件，如申请报告、招股说明书等；聘请审计机构、发行人律师、资产评估机构等中介机构，配合其完成与发行有关的各项工作。

（3）提出发行股票的申请。企业在聘请会计师事务所、资产评估机构、律师事务所等专业性机构，对其资信、资产、财务状况进行审定、评估和就有关事项出具法律意见书后，按照隶属关系，分别向省、自治区、直辖市、计划单列市人民政府（以下简称“地方政府”）或者中央企业主管部门提出公开发行股票的申请。申请时应申报以下文件：申请报告；发起人会议或股东大会同意公开发行股票的决议；批准设立股份有限公司的文件；工商行政管理部门颁发的股份有限公司营业执照或者股份有限公司的筹建登记证明；企业章程或企业章程草案；招股说明书；资金运用的可行性报告；经会计师事务所审计的企业近三年或者成立以来的财务报告和由两名以上注册会计师及其所在事务所签字、盖章的审计报告；经两名以上律师及其所在事务所就有关事项签字、盖章的法律意见书；经两名以上专业评估人员及其所在机构签字、盖章的资产评估报告；经两名以上注册会计师及其所在事务所签字、盖章的验资报告；涉及国有资产的，还应当提供国有资产管理部门出具的确认文件；股票发行承销方案和承销协议；地方政府或者中央企业主管部门要求报送的其他文件。

(4) 报有关部门审批核准。企业按照有关规定制作的申请文件经省级人民政府或国务院有关部门同意后，由主承销商推荐并向证监会申报。证监会在收到文件后5个工作日内做出是否受理的决定。主承销商在报送申请文件前，应对发行人辅导一年，并出具承诺函。

证监会受理申请文件后对发行人申请文件的合格性进行初审，并在30日内将初审意见函告发行人及主承销商。主承销商自收到初审意见后10日内将补充完善的申请文件报至证监会。证监会对主承销商提交的补充完善后的申请文件进行审核，并在受理申请文件后60日内，将初审报告和申请文件提交发行审核委员会审核。发行审核委员会进行讨论后，以投票方式对股票发行申请进行表决，提出审核意见，证监会依据发行审核委员会的意见，对发行人的申请做出核准或不予核准的决定。

(5) 签署承销协议。公开发行股票应由投资银行、证券企业等证券经营机构承销。发行人应当与证券经营机构签署承销协议。承销协议应当载明下列事项：当事人的名称、住所及法定代表人的姓名；承销方式，包括包销和代销两种方式；承销股票的种类、数量、金额及发行价格；承销期及起止日期。承销期不得少于10日和超过90日；承销付款的日期及方式；承销费的计算、支付方式和日期；违约责任；其他需要约定的事项。

(6) 公布招股说明书。在获准公开发行股票之前，任何人不得以任何形式泄露招股说明书的内容。在获准公开发行股票后，发行人应当在承销期开始前2 ~ 5个工作日期间公布招股说明书。招股说明书按证监会规定的格式制作，并载明下列内容：企业的名称、住所；发起人、发行人简况；融资的目的；企业现有股本总额，本次发行股票的种类、总额，每股面值、售价，发行前的每股净资产值和发行结束后每股预期净资产值，发行费和佣金；初次发行的发起人认购股本的情况、股权结构及验资证明；承销机构的名称、承销方式与承销数量；发行的时间、对象、地点及股票认购和股款交纳的方式；所筹资金的运用计划及收益、风险预测；企业近期发展规划和经注册会计师审核并出具审核意见的企业下一年度盈利预测文件；重要合同；涉及企业的重大诉讼事项；企业董事、监事名单及其简历；近三年或者成立以来的生产经营状况和有关业务发展的基本情况；经会计师事务所审计的企业近三年或者成立以来的财务报告和由两名以上注册会计师及其所在事务所签字、盖章的审计报告；前次公开发行股票所筹资金的运用情况；证监会要求载明的其他事项。

发行人应当向认购人提供招股说明书。证券承销机构应当将招股说明书备置于营业场所，并有义务提醒认购人阅读招股说明书。

(7) 按规定程序招股。前述准备工作完成后，即开始招认股份，确定认股人办理股款交纳与股票交割事务。

① 原有股东优先认购。股份企业增加发行股票时，原有股东具有按规定的比例优先认购一定股份的权利。股东优先认购是给股东的一种优待，这只是给股东认购股票的优先权，股东

并没有必须认购的义务,也就是说,股东可以行使这一权利,也可以放弃这一权利。

② 企业有关人员优先认购。这是指除股份企业股东以外的企业一般职工、高级职员等优先认购股票。同样,上述人员如果认为无利可图,也可不买股票。

③ 公众认购。上述两方面认购完后,由社会公众认购。发行企业或其代理机构一般用广告或书面通知等方法招股。认购者认购时,需要在发行企业制作的认股书上填写认购股数、金额、认购者住址,并签名盖章。认购者一旦填写认股书即为承诺了发行企业的要约,就有按所填认股书缴纳股款的义务。

(8) 认股人缴纳股款。认股人应在规定的期限内向认股书所指定的代收股款的银行或其他代理机构足额缴纳股款。代收机构收款后,应向缴款人交付经由发行企业签名盖章的股款交纳凭证。

(9) 向认股人交割股票。当发行企业收到股款后,要在规定的期限内向认股人交付所售出的股票,否则,发行企业或其他代理机构应负违约责任。

(10) 改选董事、监事。随着新股的发行,股东人数发生了变化,原有的股份结构也随之改变,必然要求对董事会和监事会作相应调整。因此,企业在其股份募集结束后,应立即召开股东大会改选董事、监事。

4. 股票发行方式、销售方式和发行价格

企业发行股票融资,应当选择适宜的股票发行方式和销售方式,并恰当地制定发行价格,以便及时募足资本。

(1) 股票发行方式。股票发行方式是指企业通过何种途径发行股票。一般来讲,股票的发行方式有以下两种:

① 公开间接发行。这是指通过中介机构,公开向社会公众发行股票。我国股份有限公司采用募集设立方式向社会公开发行新股时,须由证券经营机构承销的做法,就属于股票的公开间接发行。这种发行方式的优点是发行范围广,发行对象多,易于足额募集资本;股票的变现能力强,流通性好;股票的公开发行还有助于提高发行企业的知名度和扩大其影响力。但这种发行方式也有不足,主要是手续繁杂,发行成本高。

② 不公开直接发行。这是指不公开对外发行股票,只向少数特定的对象直接发行,因而不需经中介机构承销的发行。我国股份有限公司采用发起设立方式和以不向社会公开募集的方式发行新股,即属于股票的不公开直接发行。这种发行方式的优点是弹性较大,发行成本低,但发行范围小,股票变现性差。

(2) 股票的销售方式。股票的销售方式是指股份有限公司公开发行股票时所采取的股票销售方法。股票销售方式一般有如下两种:

① 自销。这是指发行企业自己直接将股票销售给认购者的方法。这种销售方式的优点是可节约股票的发行成本,但往往融资时间长,发行企业要承担全部发行风险,并需要发行企业有较高的知名度、信誉和实力。

② 承销。这是指发行企业将股票销售业务委托证券经营机构代理的方法。这种销售方式是发行股票所普遍采用的。我国《企业法》规定股份有限公司向社会公开发行股票,必须与依法设立的证券经营机构签订承销协议,由证券经营机构承销。股票承销又分为包销和代销两种具体办法。

所谓包销,是指发行企业与证券经营机构签订承销协议,全权委托承销机构代理股票发售业务的方式。采用这种方式,证券商买进企业公开发行的全部股票,然后将所购股票转销给社会上的投资者。如果在规定的募集期限内其实际招募股份达不到预定的发行股份数,剩余部分则由承销商全部留下,视同投资。对发行企业来说,包销的办法可及时筹足资本,免于承担发行风险,但股票以较低的价格售给承销商会损失部分溢价。

所谓代销,是指由证券商代理股票发售业务的方式。如果实际募集股份达不到预定股份,承销机构不负责承购剩余股份的责任,而将未售出的股份归还给发行企业,发行风险由发行企业自行承担。

根据我国有关股票发行法规的规定,企业拟公开发行股票的面值总额超过人民币3 000万元,或预期销售总金额超过人民币5 000万元的,应由承销团承销。承销团由两个以上承销机构组成,一般包括总承销商、副总承销商和分销商。总承销商由发行人按照公平竞争的原则,通过竞标或协商确定。

(3) 股票发行价格。股票发行价格是指股票发行时所使用的价格,也就是投资者认购股票时所支付的价格。以募集设立方式设立企业首次发行的股票价格,由发起人决定;企业增资发行新股的股票价格,由股东大会作出决议。股票发行价格通常由发行企业根据股票面额、股市行情和其他有关因素决定。具体讲,在确定股票发行价格时,企业应考虑以下因素:

① 市盈率。所谓市盈率是指每股市价与每股收益的比率,它反映股票市价(即股东购买之成本)与股票收益间的对应关系。企业股票的发行价格一般是根据企业股份的每股税后利润额乘以一个参考市盈率确定的。在企业税后利润总额与参考市盈率一定的情况下,总股本越少,则每股税后利润越高,相应的发行价格也越高。

② 每股净资产。一般认为,每股所代表的净资产越多,其发行价格可定得越高。

③ 行业特征。行业发展前景越好,企业未来盈利能力越高,股东投资的期望收益也越大,因此其发行价格也就越高。

④ 企业在同行业中的地位。即企业的信誉及经营管理水平,在一定程度上决定发行价格。

⑤ 证券市场的供求状况及股价水平。它是企业发行价格确定的外部环境与条件。

目前股票发行价格通常有以下三种:

① 平价。平价就是以股票的票面价值为发行价格,一般在股票初次发行或股东配股时采用。平价发行股票易于推销,但无溢价收入。

② 时价。时价就是以市场价值为基准确定的发行价格。采用时价发行时,面值与时价的

差异归发行企业所有，并转入企业资本准备金。

③ 中间价。中间价是以平价和时价的中间价确定的发行价格。

按时价和中间价发行股票，可能是溢价发行或折价发行，我国企业法规定，股票发行价格不得低于票面金额，即不允许折价发行。

（三）股票上市

1. 股票上市的目的

股票上市是指股份有限公司公开发行的股票经批准在证券交易所进行挂牌交易。经批准在交易所上市交易的股票称为上市股票。我国《公司法》规定，股东转让其股份，即股票流通必须在依法设立的证券交易所进行。

股份企业申请股票上市，一般出自于这样一些目的：资本大众化，分散风险；提高股票的流动性和变现力；便于筹措新资金；提高企业知名度，吸引更多顾客；便于确定企业价值，有利于促进企业财富最大化。

但股票上市也有对企业不利的因素。主要有：企业将负担较高的信息报道成本；各种信息公开的要求可能会暴露企业商业秘密；股价有时会歪曲企业的实际状况，丑化企业声誉；可能会分散企业的控制权，造成管理上的困难。

2. 股票上市的条件

企业公开发行的股票进入证券交易所交易必须受严格的条件限制。我国《公司法》规定，股份有限公司申请股票上市，必须符合下列条件：

（1）股票经国务院证券管理部门批准已向社会公开发行，不允许企业在设立时直接申请上市。

（2）企业股本总额不少于人民币 5 000 万元。

（3）开业时间在三年以上，最近三年连续盈利；属国有企业依法改建而设立股份有限公司的，或者在《公司法》实施后新组建成立、其主要发起人为国有大中型企业的股份有限公司，可连续计算。

（4）持有股票面值人民币 1 000 元以上的股东不少于 1 000 人，向社会公开发行的股份达股份总数的 25% 以上；企业股本总额超过人民币 4 亿元的，其向社会公开发行股份的比例为 15% 以上。

（5）企业在最近三年内无重大违法行为，财务会计报告无虚假记载。

（6）国务院规定的其他条件。

具备上述条件的股份有限公司经申请，由国务院或国务院授权的证券管理部门批准，其股票方可上市。股票上市企业必须公告其上市报告，并将其申请文件存放在指定的地点供公众查阅。股票上市企业还必须定期公布其财务状况和经营情况，每年定期公布财务会计报告。

3. 股票上市的暂停与终止

股票上市企业有下列情形之一的，由国务院证券管理部门决定暂停其股票上市：

(1) 企业股本总额、股权分布等发生变化不再具备上市条件,限期内未能消除的,终止其股票上市。

(2) 企业不按规定公开其财务状况,或者对财务报告作虚假记载,后果严重的,终止其股票上市。

(3) 企业有重大违法行为,后果严重的,终止其股票上市。

(4) 企业最近三年连续亏损,限期内未能消除的,终止其股票上市。

另外,企业决定解散、被行政主管部门依法责令关闭或者宣告破产的,由国务院证券管理部门决定终止其股票上市。

(四) 普通股融资的评价

1. 普通股融资的优点

与其他融资方式相比,普通股融资具有如下优点:

(1) 没有固定到期日,无需偿还。发行普通股融资的资本是企业的永久性资本,除企业清算外,无需偿还。这对保证企业对资金的最低要求具有重要的意义。

(2) 没有固定的股利负担。股份企业普通股股利的支付与否和支付多少,视企业有无盈利和经营需要而定。企业有盈余,并认为适合分配股利,就可以分给股东;企业盈余较少,或虽有盈余但资金短缺或有更有利的投资机会,就可少支付或不支付股利。

(3) 融资风险小。由于普通股没有固定的到期日,也不用支付固定的股利,普通股融资实际上不存在不能偿付的风险,因此融资风险小。

(4) 能增强企业的举债能力。发行普通股筹集的资本是企业最基本的资金来源,它反映了企业的实力,可作为其他方式融资的基础,尤其可为债权人提供保障,增强企业的举债能力。

2. 普通股融资的缺点

(1) 资金成本较高。一般来说,普通股融资的成本要大于债务资金。这主要是股利要从净利润中支付,而债务资金的利息可在税前扣除,另外,普通股的发行费用也比较高。

(2) 容易分散控制权。利用普通股融资,出售了新的股票,引进了新的股东,容易导致企业控制权的分散。

此外,新股东分享企业未发行新股前积累的盈余,会降低普通股的每股净收益,从而可能引起股价的下跌。

第四节 债务性融资

债务性融资主要有发行债券、银行借款、融资租赁、商业信用、短期融资券几种融资方式。现分别具体介绍如下。

一、发行债券

债券是经济主体为融资而发行的承诺到期还本付息的一种有价证券。企业为融资而发行的债券称为企业债券。

（一）企业债券的特征与种类

1. 企业债券的特征

（1）企业债券是一种有价证券。有价证券是指标明了一定票面金额证明其持有人拥有一定财产权的凭证。

（2）企业债券代表着一种债权债务关系。它代表企业作为债务人与投资者即债权人之间的各种权利和义务。

（3）企业债券注有还本付息日期。这一点与股票不同，股票不必注明日期。

（4）企业债券具有分配上的优先权。在分配顺序上其持有者优先于股东，企业破产清算时，持有者的求偿权也优于股东。

2. 企业债券的种类

按不同的标准，企业债券一般有以下几种分类：

（1）按是否记名，可分为记名债券和不记名债券。在企业债券上记录持券人姓名或名称的为记名债券，反之为不记名债券。

（2）按有无担保可分为抵押债券、信用债券和从属信用债券。抵押债券是以企业某种特定财产作抵押所发行的债券，按抵押品的不同又可分为一般抵押企业债（即以企业全部产业为抵押品）、证券抵押企业债（即以企业所持有的其他企业的股票或企业债作为抵押品）、不动产抵押企业债和设备抵押企业债等；信用债券是指发行时无抵押品，仅凭信用发行的债券；从属信用债券也是无担保债券，但其求偿权次于其他债券，即从属信用债券在清算时必须等其他债券清偿后，才能予以清偿。

（3）按是否能转换为企业股票，可分为可转换债券和不可转换债券。债券持有人可依据指定价格将债券转换成企业普通股的债券为可转换债券；不可转换成股票的为不可转换债券。根据我国企业法的规定，只有股份有限公司中的上市企业才可发行可转换债券。

（4）按利率的不同，可分为固定利率债券和浮动利率债券。固定利率债券发行时，便载明了利率，作为今后计息的依据；浮动利率债券发行时没载明利率，利率随一般利率（如银行存款利率等）的变动而变动。

（5）按偿还方式，可分为一次到期债券和分次到期债券。到期一次偿还本金的为一次到期债券；一次发行，分期分批偿还的为分次到期债券。

（二）债券评级

企业发行债券一般要经债券评信机构评级。

债券信用等级为3等9级。3等为A、B、C三等。A等为好品质等级;B等为次好品质等级;C等为投机级。9级具体为AAA级为最好品质级;AA级为较好品质级;A级为好品质级;BBB级为中等品质级;BB级为次中好等品质级;B级为差品质级;CCC级为完全投机级;CC级为最大投机级;C级为最差品质级。

债券的信用等级在很大程度上影响债券的融资能力及融资成本,因为只有品质好的债券才能以较低的成本很快筹集到所需资金,企业财务经理人员应认真对待。

根据中国人民银行的有关规定,凡是向社会公开发行企业债券,需由中国人民银行及其授权的分行指定的资信评级机构或公证机构进行评级。

(三) 企业债券融资的评价

对发行企业而言,利用企业债券融资有利有弊,应权衡利弊,进行决策。

1. 企业债融资的优点

(1) 资金成本较低。债券利息在税前支付,可以减税,较股票而言资金成本要低一些。

(2) 保障股东的控制权。企业债持有人仅是债权人,没有投票权,不能参与企业的管理决策,发行企业债进行融资,所有者仍保持其对企业的控制权。

(3) 能发挥财务杠杆的作用。当企业投资报酬率大于企业债的利率时,有利于提高自有资金利润率,可以发挥财务杠杆的作用。

2. 企业债融资的缺点

(1) 财务风险大。发行企业债有固定的到期日和利息负担,当企业不景气时,仍需还本付息,易使企业陷入困境。

(2) 限制条件多。债券契约中往往设立许多限制性条款,而且发行企业债融资的资金必须用于审批机关批准的用途,这都影响企业财务安排的灵活性。

二、银行借款

银行借款是企业主要的融资方式之一,银行借款分为短期银行借款和长期银行借款。

(一) 短期借款

短期借款是指企业向银行或其他非银行金融机构借入的期限在一年以内的借款,短期借款主要是为了解决企业暂时性的资金短缺的问题。

1. 短期借款的类型

短期借款一般有以下几种类型:

(1) 季节性借款。季节性借款是一般企业因季节性原因产生的对存货和应收账款需求的季节性大幅度增加而向银行或非银行金融机构申请的贷款,典型的季节性借款是根据企业申请由银行核准的信用限额贷款。

(2) 生产周转借款。生产周转借款是指均衡性生产企业因资金周转不灵而申请的贷款,借款期限一般为3个月或半年,到期后,如仍有需求,则先偿后贷,如此周转循环。

(3) 单项业务借款。单项业务借款是指企业因特殊原因产生的资金临时性需求而向银行申请的一次性贷款,是由银行逐笔审批确定的。

(4) 结算借款。结算借款是企业采用托收承付方式向异地发出商品,在委托银行收款期间为解决在途结算资金占用的需要,以托收承付结算凭证为担保向银行取得的借款。

2. 短期借款的信用条件

根据国际惯例,银行短期借款常带有一些信用条件,主要有:

(1) 信用限额。信用限额是企业按协议规定从银行取得的无担保贷款的最大额度。在未用尽其最高信用限额前,企业可随时使用剩余的信用额度,但是银行没有义务必须提供全部信用限额,并且协议到期时,企业必须偿还所有贷款,其利息按已使用的额度计算。

(2) 周转信用协议。周转信用协议具有法律效力,在协议有效期内,企业提出的借款要求只要不超过最高限额,银行必须给予满足,但企业必须对其未使用的信用额度支付一定费用以补偿银行做出的承诺,即企业使用信用额度的利息包括两部分:一是按基本利率计算的利息;二是补偿费用。

【例4.3】 某企业周转信用额为3 000万元,基本利率为10%,补偿费率为0.5%,企业年度内使用了1 000万元,则该年度应支付的利息为

$$1\,000 \times 10\% + 2\,000 \times 0.5\% = 100 + 10 = 110(\text{万元})$$

(3) 补偿性余额。补偿性余额是银行为降低贷款风险要求借款企业按借款比例在银行保留的最低存款余额。补偿性余额一般表示为借款数额的一定百分比,它的存在提高了企业借款的实际利率。

【例4.4】 某企业取得银行借款20万元,年利率为10%,银行要求的补偿性余额为12%,则借款实际利率为

$$\frac{20 \times 10\%}{20 \times (1 - 12\%)} = 11.36\%$$

(4) 借款抵押。银行对风险较大的短期融资项目,有时会要求企业提供抵押品,以减少自己的风险,短期借款的抵押品一般为应收账款、存货、有价证券等。抵押借款的成本一般高于非抵押借款。

3. 利息的支付方法

借款利息的支付方法一般有三种:

(1) 收款法。收款法是指企业在借款到期时向银行支付利息的方法。收款法下企业一般按单利计算利息,当借款期限在一年或一年以上时,实际利率等于名义利率,即

$$R_{\text{实}} = \frac{\text{利息}}{\text{借款数额}} = r_{\text{名}}$$

但如果借款期限少于一年时,实际利率则大于名义利率,这时

$$R_{实} = (1 + \frac{r_{名}}{m})^{m} - 1$$

m 为每年贷款的次数。这则是从复利的角度加以考虑的。

(2) 贴息法。贴息法又称贴现法，是指银行发放贷款时，先将利息从本金中扣除，到期由企业偿还全部本金的计算方法，贴息法下，借款人实际得到的资金少于举债的数额，因此其实际利率也大于名义利率，其计算公式为

$$R_{实} = \frac{r_{名}}{1 - r_{名}}$$

【例 4.5】　某企业借款的名义利率为 8%，则实际利率为

$$\frac{8\%}{1 - 8\%} = 8.7\%$$

(3) 分期付款法。分期付款法下，将利息算出来加计到本金中，由企业在借款期限内分期偿还本息和，此时企业实际使用的资金只达本金的一半左右，由此企业所负担的实际利率要高于名义利率 1 倍左右。

【例 4.6】　某企业向银行借入 30 000 元，利率为 12%，分 12 个月等额偿还，则该笔借款实际利率为

$$\frac{30\,000 \times 12\%}{30\,000/2} = 24\%$$

4. 短期银行借款的程序

(1) 企业提出借款申请。在企业需要向银行借入短期借款时，应当向主办银行或其他银行的经办机构提出申请，填写包括借款金额、借款用途、偿还能力以及还款方式等主要内容的《借款申请书》，并提供以下资料：借款人及保证人的基本情况；财政部门或会计师事务所核准的企业上年度财务报告；抵押物清单及同意抵押的证明，保证人拟同意保证的有关证明文件；贷款银行认为需要提交的其他资料。

(2) 银行对申请借款企业进行调查。银行在受理了借款人的申请后，要对借款人的信用及借款的合法性、安全性和盈利性等情况进行调查，核实抵押物、保证人的情况，测定贷款的风险。

(3) 贷款的审查批准。贷款银行一般都建立了审贷分离、分级审批的贷款管理制度。一般审查的内容包括以下几方面：审查借款的用途和原因，作出是否贷款的决策；审查企业的产品销售和物资保证情况，决定贷款的数额；审查企业的资金周转和物资耗用状况，确定贷款的期限。

(4) 签订借款合同。为维护借贷双方的合法权益，保证资金的合理使用，企业向银行借入资金时，双方要签订借款合同。合同主要包括如下几方面内容：

① 基本条款。这是借款合同的基本内容，主要强调双方的权利和义务。具体包括借款数

额、借款方式、放款时间、还款期限、还款方式、利息支付方式、利息率等。

② 保证条款。是指保证款项能顺利归还的一系列条款。包括借款按规定的用途使用、有关的物资保证、抵押财产、担保人及其责任等内容。

③ 违约条款。是指对双方若有违约现象时应如何处理的条款。主要载明对企业逾期不还或挪用贷款等如何处理和银行不按期发放贷款的处理等内容。

④ 其他附属条款。是指与借贷双方有关的其他一系列条款,如双方经办人、合同生效日期等条款。

(5) 企业取得借款。双方签订借款合同后,贷款银行要按合同的规定按期发放贷款,企业便可取得相应的资金。贷款银行不按合同约定发放贷款的,应偿付违约金。借款企业不按合同约定用款的,也应偿付违约金。

(6) 短期借款的归还。企业应按借款合同的规定按时足额归还借款本息。一般而言,贷款银行会在短期贷款到期前一个星期,向借款企业发送还本付息通知单。企业在接到还本付息通知单后,要及时筹备资金,按期还本付息。

如果企业不能按期归还借款,应在借款到期之前向银行申请贷款展期,但能否展期,由贷款银行视具体情况决定。贷款银行对不能按借款合同约定期限归还的贷款,可以按规定加罚利息;对不能归还或者不能落实还本付息事宜的,应督促归还或者依法起诉。

企业提前归还贷款,应当与贷款银行协商。

5. 短期银行借款的优缺点

(1) 短期银行借款的优点:

① 借款所需时间较短,可以迅速获取资金。

② 银行资金充足,实力雄厚,能随时为企业提供比较多的短期借款。对于季节性和临时性的资金需求,采用短期银行借款方式融资尤为方便。而对于规模大、信誉好的大企业,更可以比较低的利率借入资金。

③ 短期银行借款的弹性好。企业可以与银行直接商谈借款的时间、数量和利息率等条款。在借款期间,如果企业情况发生了变化,也可与银行进行协商,修改借款的数量和条件。借款到期后,如有正当理由,还可延期归还。

(2) 短期银行借款的缺点:

① 风险大。银行借款都有确定的还款日期和利率规定,在企业经营不利时,可能会产生不能按期偿付的风险,甚至会引起企业的破产。

② 限制多。企业与银行签订的借款合同中,一般都有一些限制条款。如不准改变借款用途,并要求企业把流动比率、负债比率维持在一定的范围之内等。

③ 资金成本相对较高。短期银行借款的成本要高于商业信用和短期融资券。而抵押借款因需要支付管理和服务费用,成本会更高。

（二）长期借款

长期借款是指企业从银行或其他非银行金融机构借入的使用期超过一年的借款，主要用于固定资产的购建和流动资产的长期占用。

1. 长期借款的种类

按照不同的标准，长期借款有不同的分类，企业可根据自身的情况和有关条件选用。

（1）按提供贷款的机构，可分为政策性银行贷款、商业银行贷款、保险企业贷款等。政策性银行贷款是指执行国家政策性贷款业务的银行向企业发放的贷款，一般贷给国有企业；商业银行贷款是指各商业银行向企业发放的贷款，企业一般用来满足建设竞争性项目的资金需要；保险企业贷款是指由保险企业向企业提供的贷款，一般期限较长，利率较高，对贷款对象的选择也比较严格。

（2）按有无担保，分为抵押贷款和信用贷款。抵押贷款是指要求企业提供特定的抵押品作为担保的贷款。长期贷款的抵押品可以是房屋建筑物、机器设备等实物资产，也可以是股票债券等有价证券。信用贷款是指无需提供抵押品，仅凭企业信用或其担保人的信用而发放的贷款。

（3）按取得贷款的行业，可分为工业贷款、商业贷款、农业贷款等。

（4）按贷款的具体用途可分为固定资产投资贷款、更新改造贷款、科研开发和新产品试制贷款等。

2. 长期借款的取得

我国金融部门发放贷款的原则是：按计划发放、择优扶植、有物资保证、按期归还。

企业申请贷款一般应具备的条件是：

（1）独立核算，自负盈亏，具有法人资格。

（2）企业经营方向和业务范围符合国家政策、法令，借款用途属于银行贷款办法规定的范围。

（3）企业具有一定的物资和财产保证，担保单位具有相应的经济实力。

（4）借款企业具有偿还本金的能力。

（5）借款企业财务管理和经济核算制度健全，资金使用及企业经济效益良好。

（6）借款企业在贷款机构开立账户，办理结算。

符合上述条件的企业可以提出借款申请，并说明借款原因和金额、用款时间和计划等，由银行审核同意，并以借款合同的形式将其法制化，合同生效后，企业即可取得借款。

3. 长期借款的限制性条款

对贷款发放方来说，长期借款期限长，风险大，因此其常在借款合同中加一些限制性条款，以维护自身的利益，归纳起来主要有以下三类：

（1）一般性限制条款，主要有：

① 对企业流动资金保持量的规定，一般要求企业保持一个最低的营运资本净额或一个最

低的流动比率，以保持资金的流动性和偿债能力；

② 限制再购入股票和现金股利的支出，以控制现金外流；

③ 限制资本支出的规模，仍是为了保持企业资金的流动性；

④ 对借入其他长期债务的限制，以确保清理时，对企业资产的优先求偿权。

(2) 例行性限制条款，主要有：

① 定期向银行提供财务报表，以便银行能经常了解企业的经营和发展状况；

② 不准出售太多的资产，以保证企业的生产经营能正常持续地运行；

③ 及时支付税金及其他到期债务，以避免被罚款而造成的现金流失；

④ 限制应收账款的出售或应收票据的贴现，以减少或有负债；

⑤ 限制以任何资产为其他承诺作担保，仍是为了减少或有负债；

⑥ 条款协议里通常还包括限制企业租赁融资的条款，以防止巨额租金削弱企业的偿债能力。

一般性限制条款和例行性限制条款应用于大多数借款合同中。

(3) 特殊性限制条款，是针对某些特殊情况而定的，主要有贷款专款专用，控制高级职员的薪金总额，企业主要领导人购买人身保险等。

由于限制性条款对企业的生产经营和借款的使用有诸多的约束，因此，作为借款企业的主管人员应事先了解各条款对企业的影响程度，在保证借到款的前提下，争取更为宽松的契约条款，以利于企业的生存和发展。

4. 长期借款的成本

长期借款的成本主要由借款利率来体现。长期借款的利率可分为固定利率和浮动利率两种类型。固定利率是指企业按某一固定利率支付长期借款的利息；浮动利率是指按借款协议，借款利率可随资金市场的变动情况而相应调整，一般以基本利率（如银行存款利率）为准，据市场利率的变动加以调整，并规定一定的浮动百分比限度。随着经济业务环境的日益复杂化，企业财务经理人员在采用长期借款时，应根据具体情况合理地应用不同的利率政策，为企业创造最佳融资条件。例如，企业融资时，市场利率预测已达到顶峰，估计将会下跌时，则可采用浮动利率或可先进行短期借款，当利率下跌后，再借入利率较低的长期借款，以减少企业的利息费用；反之，融资时，市场利率较低或预测市场利率将会上涨时，则可借入固定利率的长期借款，这也可降低企业长期借款的成本。

此外，长期借款除利息费用外，一般还包括其他费用负担，主要有附加费率、手续费率、代理费率、杂费等，这些都会加大长期借款的成本。

5. 长期借款的偿还方式

一般而言，长期借款常见的偿还方式有以下四种：

(1) 分期付息到期还本。这种方式下还款比较集中，借款到期时，会加大企业的还款压力。

(2) 定期等额偿还方式,指贷款本息按某一相同金额定期偿付,这一方式下,可减少企业到期一次清偿的压力,但会提高企业使用借款的实际利率。

(3) 部分分期等额偿还方式,指部分贷款分期等额偿付,其余部分分期付息 ,到期还本,是前两种方式的综合。

(4) 分批偿还方式,每批金额不一定相等。

6. 长期借款融资的评价

与其他融资方式相比,利用长期借款融资有利有弊:

(1) 长期借款融资优点。

① 融资速度快。长期借款是由借贷双方直接协商确定,手续比发行有价证券简单得多,能使资金迅速到位,满足企业的需求。

② 融资成本低。这表现在两个方面:其一,长期借款的利息在税前支付,有抵税作用;其二,长期借款的交易费用、借款利率一般低于有价证券融资。

③ 融资弹性大。主要表现在:在借款期间,如企业财务状况发生变化,与贷款机构协商,有对各种条款修改的可能性。

④ 可以发挥杠杆作用。当企业投资报酬率大于其借款利率时,通过长期借款能使企业获得超过借款利率的差额利润。

(2) 长期借款融资缺点。

① 风险高。扩大长期借款的规模增加了企业的财务风险,降低了企业偿债的能力。

② 限制性条款多,会使企业在财务管理和生产经营上受到某种程度的制约,可能会影响企业以后的融资和投资活动。

③ 融资数量有限。长期借款的融资对象仅为金融机构,不能向债券、股票那样筹到巨额资金。

三、融资租赁

(一) 融资租赁的概念

租赁是指出租人在承租人给予一定报酬的条件下,授予承租人在约定的期限内占有和使用财产权利的一种契约性行为。租赁的种类很多,目前我国主要有经营性租赁和融资性租赁两类。

经营性租赁是以取得资产短期使用权为特征的租赁形式,是企业为满足经营上的需要临时或短期向租赁企业租入设备使用。经营性租赁租期较短,在合理条件下,企业还可中途解约,也不必承担设备陈旧过时的风险,其租赁资产的维修、保险和管理由出租人负责,承租人只负责交付租金,租金通常较高。

融资性租赁是企业融通长期资金的一种重要方式,通常具有租期较长、融资租赁的租金总额大于租赁资产购买价、由承租人选择租赁资产并对租赁资产有优先购买权、租赁资产的维修、保险和管理由承租人负责,作为承租人自有固定资产管理等特点。租金支付一般采用年等额租金法,包括先付租金和后付租金两种形式。这里只介绍融资租赁。

(二) 融资租赁的特点

融资租赁的特点主要有:① 一般由承租企业向租赁企业提出正式申请,由租赁企业融资购进设备租给承租企业;② 租赁期限较长,大多为设备耐用年限一半以上;③ 租赁合同比较稳定,在规定的租期内非经双方同意,任何一方不得中途解约,这有利于维护双方的权益;④ 由承租企业负责设备的维修保养和保险,但无权自行拆卸改装;⑤ 租赁期满时,按事先约定的办法处置设备,一般有退还或续租、留购三种选择,通常由承租企业留购。

(三) 融资租赁的种类

融资租赁的形式主要有以下三种:

1. 直接租赁

直接租赁是指承租人直接向出租人租入所需要的资产,并付出租金的方式。它涉及出租人与承租人两个当事人。直接租赁的出租人主要是制造厂商、租赁企业。通常所指的融资租赁,不作特别说明时即为直接租赁。

2. 售后回租

售后回租是由承租人将所购置设备出售给出租人,然后从出租人处租回设备并使用,租赁业务进行的程序是先做资产买卖交易,然后再进行资产租赁交易。采用这种租赁形式,出售资产的企业可得到相当于售价的一笔资金,同时仍然可以使用资产。当然,在此期间,该企业要支付租金,并失去了财产所有权。从事售后回租的出租人为租赁企业等金融机构。

3. 杠杆租赁

杠杆租赁要涉及承租人、出租人和资金出借者三方当事人。从承租人的角度来看,这种租赁与其他租赁形式并无区别,同样是按合同的规定,在基本租赁期内定期支付定额租金,取得资产的使用权。但对出租人却不同,出租人只出购买资产所需的部分资金(如30%),作为自己的投资;另外以该资产作为担保向资金出借者借入其余资金(如70%)。因此,它既是出租人又是借款人,同时拥有对资产的所有权,既收取租金又要偿付债务。如果出租人不能按期偿还借款,那么资产的所有权就要转归资金出借者。

(四) 融资租赁的程序

1. 选择租赁企业和设备

企业决定采用租赁方式取得某项设备时,首先需了解各个租赁企业的经营范围、业务能力以及与其他金融机构的关系和资信情况,取得租赁企业的融资条件和租赁费率等资料,并加以比较,从而择优选定。

2. 办理租赁委托

企业选定租赁企业后,便可向其提出申请,办理委托。这时,融资企业需填写"租赁申请书”，说明所需设备的具体要求，同时还要提供企业的财务状况文件，包括资产负债表、利润表和现金流量表等。

3. 签订购货协议

由承租企业与租赁企业的一方或双方合作组织选定设备制造厂商，并与其进行技术与商务谈判，签署购货协议。

4. 签订租赁合同

租赁合同由承租企业与租赁企业签订，它是租赁业务的重要法律文件。融资租赁合同的内容可分为一般条款和特殊条款两部分。

(1) 一般条款。一般条款主要包括：① 合同说明。主要明确合同的性质、当事人身份、合同签订的日期等。② 名词解释。释义合同中重要名词以避免歧义。③ 租赁设备条款。详细列明租赁设备的名称、规格型号、数量、技术性能、交货地点及使用地点等。④ 租赁设备交货、验收和税款、费用条款。⑤ 租期和起租期条款。⑥ 租金支付条款。规定租金的构成、支付方式和货币名称。这些内容通常以附表形式列作合同附件。

(2) 特殊条款。特殊条款主要规定：① 购货合同与租赁合同的关系；② 租赁设备的所有权；③ 租赁中不得退租；④ 对出租人免责和对承租人保障；⑤ 对承租人违约和对出租人补救；⑥ 设备的使用和保管、维修和保养；⑦ 保险条款；⑧ 租赁保证金和担保条款；⑨ 租赁期满对设备的处理条款等。

5. 办理验货与投保

承租企业收到租赁设备，要进行验收。验收合格签发交货及验收证书并提交给租赁企业，租赁企业据以向厂商支付设备价款。同时，承租企业向保险企业办理投保事宜。

6. 支付租金

承租企业按合同规定的租金数额、支付方式等，向租赁企业支付租金。

7. 租赁期满的设备处理

融资租赁合同期满时，承租企业应按租赁合同的规定，实行退租、续租或留购。但在融资租赁中，租赁期满的设备一般低价卖给承租企业或无偿转给承租企业。

(五) 融资租赁租金的计算

1. 融资租赁租金的构成

融资租赁的租金包括设备价款和租息两部分，其中租息又可分为租赁企业的融资成本、租赁手续费等。

(1) 设备价款是租金的主要内容，它由设备的买价、运杂费和途中保险费等构成。

(2) 融资成本是指租赁企业为购买租赁设备所筹资金的成本，即设备租赁期间的利息。

(3) 租赁手续费包括租赁企业承办租赁设备的营业费用和一定的盈利。租赁手续费的高低一般无固定标准，可由承租企业与租赁企业协商确定。

2. **租金的支付方式**

影响租金的因素，除了租金的构成外，还涉及租期长短、租金的支付方式。一般认为租期越长，在租金总额一定的情况下，每期支付的租金相对较少；反之，则较高。同样，租金支付次数越多，则每次支付的租金越少；反之，则越多。

支付租金方式的种类很多，一般有如下几种：

(1) 按支付时期长短，可以分为年付、半年付、季付和月付等方式。

(2) 按支付时期先后，可以分为先付租金和后付租金两种。先付租金是指在期初支付，后付租金是指在期末支付。

(3) 按每期支付金额，可以分为等额支付和不等额支付两种。

(4) 按租金是否延期，分为延期支付和非延期支付。租金支付有一段宽限期的方法称为延期支付；非延期支付是指在租入设备时，即须按期支付租金，而不存在宽限期。

3. **租金的计算方法**

目前，国际上流行的租金计算方法主要有平均分摊法、等额年金法、附加率法、浮动利率法。我国租赁实务中，大多采用平均分摊法和等额年金法。

(1) 平均分摊法。平均分摊法是指按事先确定的利息率和手续费率计算出租赁期间的利息和手续费总额，然后连同设备成本按支付次数进行平均。这种方法不考虑时间价值因素，计算较为简单。用公式表示为

$$每次支付租金 = [(设备成本 - 预计残值) + 租期内利息 + 租赁手续费]/租期$$

【例 4.7】 某企业于 2009 年 1 月 1 日从租赁企业租入一套设备，价值 50 万元，租期为 5 年，预计租赁期满时的残值为 1.5 万元，归租赁企业，年利率 9%，租赁手续费率为设备价值的 2%。租金每年末支付一次。该套设备租赁每次支付租金可计算如下：

$$\frac{(50 - 1.5) + [50 \times (1 + 9\%)^5 - 50] + 50 \times 2\%}{5} = 15.29(万元)$$

(2) 等额年金法。等额年金法是将利息率与手续费率综合成贴现率，运用年金现值方法计算确定的每年应付租金。其计算公式为

$$每年支付租金 = 等额租金现值总额 \div 等额租金的现值系数$$

分为两种情况：一种是每期租金在年初支付，即采用先付年金（预付年金）方式。另一种是每年末支付租金，即采用后付年金（或普通年金）方式。

① 后付年金的计算。承租企业与租赁企业商定的租金支付方式，大多数为后付等额租金，即普通年金。

$$P = A \cdot (P/A, I, n)$$

根据普通年金现值的计算公式，可推导出后付租金方式下每年年末支付租金数额的计算公式为

$$A = P/(P/A, I, n)$$

【例4.8】 某企业采用融资租赁方式于2009年1月1日从一租赁企业租入一设备，设备价款为200 000元，租期为8年，到期后设备归企业所有，为了保证租赁企业完全弥补融资成本、相关的手续费并有一定盈利，双方商定采用10%的折现率，试计算该企业每年年末应支付的等额租金。

$$A = 200\,000/(P/A,10\%,8) = 200\,000/5.334\,9 \approx 37\,489(\text{元})$$

② 先付年金的计算。承租企业有时可能会与租赁企业商定，采取先付等额租金的方式支付租金。根据预付年金的现值公式，可得预付等额租金的计算公式为

$$A = P/[P/A,I,(n-1)+1]$$

假如上例采用先付等额租金方式，则每年年初支付的租金额可计算为

$$A = 200\,000/[P/A,10\%,7)+1] = 200\,000/(4.868\,4+1) \approx 34\,081(\text{元})$$

（六）融资租赁的评价

1. 融资租赁的优点

（1）融资速度快。融资租赁是融资与设备购置同时进行的，可以缩短设备的购进、安装时间，使企业尽快形成生产力。

（2）限制条款少。如前所述，债券和长期借款都有相当多的限制条款，与此相比，融资租赁一般比较少。

（3）设备淘汰风险小。当今，科学技术在迅速发展，固定资产更新周期日趋缩短。企业设备陈旧过时的风险很大，利用融资租赁集资可减少这一风险，这是因为多数租赁协议都规定由出租人承担设备陈旧过时的风险。

（4）到期还本负担轻。租金在整个租期内分摊，不用到期归还大量本金，可适当减少不能偿付的风险。

（5）税收负担轻。租金可在税前扣除，具有抵免所得税的效用。

2. 融资租赁的缺点

租赁融资的最主要缺点就是资金成本较高。一般来说，其租金要比举借银行借款或发行债券所负担的利息高得多。在财务困难时，固定的租金也会构成一项较沉重的负担。另外，采用租赁方式一般不能享有设备残值，这也是一种损失。

四、商业信用

商业信用是指在商品交易中由于延期付款或预收货款所形成的企业间的借贷关系。商业信用在实务中应用广泛。具体形式有应付账款、应付票据、预收账款等。

商业信用融资是无需支付利息的，如果运用得好，可以筹到一大笔资金。“借人家的鸡生蛋”。在市场经济发达的商业社会，利用商业信用融资已逐渐成为企业筹集短期资金的一个

重要方式。

商业信用融资是一种短期筹资行为,超出使用期而不支付欠款要影响企业信用,所以不能滥用。

商业信用融资对资金实力雄厚的大企业容易,对资金实力薄弱的小企业比较难;对有长期供货关系的企业容易,对无长期供货关系的企业比较难。

(一) 商业信用的形式

(1) 赊购商品,延期付款。赊购商品是一种最典型、最常见的商业信用形式。这种形式下,买卖双方发生商品交易,买方收到商品后不立即支付货款,而是延期到一定时间以后再付款。如开一个工厂,找到原料供应商购进一批原料,与对方商定 20 天后付款,将这批材料制成商品卖出后,以货款支付原料款。

(2) 预收货款。在这种形式下,卖方要预先向买方收取货款,但要延期到一定时间以后交货,这相当于卖方向买方先借入一笔资金,是另一种典型的商业信用形式。

通常,对于购买紧俏商品的企业多采用这种先收款再发货的形式,以便顺利获得所需商品。又如提供一项服务,向对方言明要预收 50% 货款,将这笔货款去购买必要的设备、工具、材料,全部交货再结算余下的 50% 货款。

此外,对于生产周期长、售价高的商品,如飞机、轮船等,生产企业也经常向订货方分次预收货款,以缓解资金占用过多的矛盾。

(3) 商业汇票。商业汇票是指交易双方根据购销合同进行延期付款的商品交易时,开出的反映债权债务关系的票据。根据承兑人的不同,商业汇票可分为银行承兑汇票和商业承兑汇票。

银行承兑汇票是指由收款人或承兑申请人开出,由银行审查同意承兑的商业汇票。商业承兑汇票是指由收款人开出,经付款人承兑,或由付款人开出并承兑的汇票。商业汇票是一种期票,是反映应付账款和应收账款的书面证明。对于买方来说,它是一种短期融资方式。

(4) 应收账款质押贷款。应收账款质押贷款是指借款人以应收账款作为质押,向银行申请的授信,是卖方提前回笼货款的一种方式。应收账款只是贷款的担保条件,是业务操作的辅助要素,是对企业良好商业信用的补充与提升。

用于质押的应收账款须满足一定的条件,比如应收账款项下的产品已发出,并由购买方验收合格;购买方(应收账款付款方)资金实力较强,无不良信用记录;付款方确认应收账款的具体金额,并承诺只在买方贷款银行开立的账户付款;应收账款的到期日,早于借款合同规定的还款日等。

应收账款的质押率一般为六至八成,申请企业所需提交的资料一般包括销售合同原件、发货单、收货单、付款方的确认与承诺书等。其他所需资料与一般流动资金贷款相同。

(二) 商业信用的条件

信用条件是指销货方对付款时间和现金折扣所作的具体规定,如“3/10、2/20、*n*/30”,便属于一种信用条件。信用条件主要有以下几种形式：

（1）预付货款。即买方向卖方提前支付货款。一般有两种情况：一是卖方已知买方的信用欠佳；二是销售生产周期长、售价高的产品。在这种信用条件下，卖方企业可以得到暂时的资金来源，而买方企业则要预先垫付一笔资金。

（2）延期付款，但没有现金折扣。在这种信用条件下，卖方允许买方在交易发生后一定时间内按发票金额支付货款，如“n/30”，是指在交易后30天内按发票金额付款。这种条件下的信用期间一般为30～60天，但有些季节性的生产企业可能为其顾客提供更长的信用期间。此种情况下，买卖双方存在商业信用，买方可因延期付款而取得资金来源。

（3）延期付款，但提前付款可享受现金折扣。在这种信用条件下，买方若能提前付款，则卖方可给予一定的现金折扣；若买方不享受现金折扣，则必须在卖方规定的付款期内付清账款。如“3/10、n/30”便属于此种信用条件。其中，30表示信用期为30天，10表示折扣期，3表示在折扣期10天内付款，可享受3%的价格优惠。

采用这种信用交易方式，主要是为了加速应收账款的收现。现金折扣一般为发票金额的1%～5%。此种情况下，买卖双方存在商业信用。买方若在折扣期内付款，除可获得短期资金来源外，还能得到现金折扣；若放弃现金折扣，则可在稍长时间内占用卖方资金。

（三）现金折扣成本的计算

在采用商业信用形式销售产品时，为鼓励买方尽早支付货款，卖方往往规定一些信用条件，主要包括现金折扣和付款期间两部分内容。如“3/10、n/30”是指在10天内付款，可享受3%的现金折扣；若不享受现金折扣，则货款应在30天内付清。如果卖方提供现金折扣，买方应尽量争取获得此折扣，因为丧失现金折扣的机会成本是很高的。计算公式如下：

$$K=\frac{CD}{1-CD}\times\frac{360}{N} \tag{4.6}$$

式中　K—— 资金成本；

CD—— 现金折扣的百分比；

N—— 失去现金折扣而延期付款的天数。

此例中的资金成本即为

$$K=\frac{3\%}{1-3\%}\times\frac{360}{20}=55.67\%$$

（四）商业信用融资的优缺点

1. 商业信用融资的优点

（1）商业信用融资非常方便。因为商业信用融资与商品买卖同时进行，属于一种自然形成的融资，不需进行人为筹划。

（2）如果企业不放弃现金折扣，不使用带息票据，利用商业信用融资没有实际成本。

（3）商业信用融资限制少。如果企业利用银行借款融资，银行往往对贷款的使用规定一些限制条件,而商业信用融资除付款期及折扣期有限制外,几乎没有其他限制。

2. 商业信用融资的缺点

商业信用融资的信用时间一般较短,如果企业取得现金折扣,则时间更短,如果放弃现金折扣,则要付出较高的资金成本。而使用商业承兑汇票的付款期限,则最长不超过6个月。

五、短期融资券

短期融资券又称商业票据、短期债券,是由大型工商企业或金融企业所发行的短期无担保本票,是一种新型的短期融资方式。

(一) 短期融资券的种类

1. 按照发行方式的不同划分

按发行方式不同,可将短期融资券分为经纪人代销的融资券和直接销售的融资券。

经纪人代销的融资券又称间接销售融资券,它是指由发行企业卖给经纪人,然后再由经纪人卖给投资者的融资券。

直接销售融资券是指发行人直接销售给最终投资者的融资券。直接发行融资券的企业通常是经营金融业务的企业或自己有附属经营金融机构的企业,它们有自己的分支网点,有专门的金融人才,因此,有力量自己组织推销工作,从而节省了间接发行时付给证券企业的手续费。

2. 按照发行人不同划分

按发行人的不同,可将短期融资券分为金融企业的融资券和非金融企业的融资券。

金融企业的融资券是指由各大企业所属的财务企业、各种投资信托企业、银行控股企业等发行的融资券。这类融资券一般采用直接发行方式。

非金融企业的融资券是指那些没有设立财务企业的工商企业所发行的融资券。这类融资券一般采用间接融资方式。

3. 按照融资券的发行和流通范围不同划分

按融资券的发行和流通范围,可将短期融资券分为国内融资券和国际融资券。

国内融资券是指一国发行者在其国内金融市场上发行的融资券。发行这种融资券一般只要遵循本国法规和金融市场惯例即可。

国际融资券是指一国发行者在其本国以外的金融市场上发行的融资券。发行这种融资券,必须遵循有关国家的法律和国际金融市场上的惯例。

(二) 短期融资券的发行程序

(1) 企业做出决策,采用短期融资券方式筹集资金。

(2) 办理短期融资券的信用评级。

(3) 向有关审批机关提出发行融资券的申请。

(4) 审批机关对企业的申请进行审查和批准。

(5) 正式发行融资券,取得资金。

(三) 短期融资券的优缺点

1. 短期融资券筹资的优点

(1) 筹资成本比较低。在西方,短期融资券的利率加上发行成本,通常要低于银行的同期贷款利率。这是因为利用短期融资券筹集资金时,筹资者与投资者直接往来,绕开了银行,从而节省了一笔原应支付给银行的筹资费用。但目前我国短期融资券的利率一般比银行借款利率高。主要是因为我国短期融资券市场建立不久,还不十分成熟。随着短期融资券市场的不断发展和完善,短期融资券的利率会逐渐接近银行贷款利率,直至略低于银行贷款利率。

(2) 筹资数额比较大。银行一般不会向企业贷放巨额的短期借款,而发行短期融资券可以筹集更多的资金。对于需要巨额资金的企业,短期融资券这一方式更为适用。

(3) 能提高企业的信誉。由于能在货币市场上发行短期融资券的企业都是著名的大企业,因而,一个企业如果能在货币市场上发行自己的短期融资券,说明该企业的信誉很好。

2. 短期融资券筹资的缺点

(1) 风险比较大。短期融资券到期必须归还,一般不会有延期的可能。到期不归还,会产生严重后果。

(2) 弹性比较小。只有当企业的资金需求达到一定数量时才能使用短期融资券,如果数量较小,则会加大单位资金的筹资成本。另外,短期融资券一般不能提前偿还,即使企业资金比较宽裕,也只能在到期才能还款。

(3) 发行条件比较严格。并不是任何企业都能通过发行短期融资券进行筹资,必须是实力强、信誉好、效益高的企业才能使用,而一些小企业或信誉不太好的企业不能利用短期融资券来进行筹资。

第五节　混合性融资

一、发行优先股

优先股是一种有双重性质的证券,它与普通股有许多相似之处,但又具有债券的某些特征。优先股是企业自有资金的一部分。其股利从净利润中支付,这与普通股相似。但优先股有固定的股利,这与债券利息相似,优先股对盈利的分配和剩余资产的求偿具有优先权,这也类似于债券。所以,当企业利用优先股融资时,一定要考虑这两方面的特性。

(一) 优先股股东的权利

优先股的"优先" 是相对普通股而言的,这种优先权主要表现在以下几个方面:

1. 优先取得股息权

优先取得股息权,是优先股最主要的特征。优先股的股息固定,受企业经营状况和盈利水平的影响较少,一般按面值的一定百分比来计算。此外,优先股的股息还必须在支付普通股股利之前予以支付。

2. 优先分配企业剩余财产权

当企业破产清算时,优先股股东位于债权人的求偿之后,但优先于普通股股东分得企业的剩余财产。

3. 优先股股东一般无表决权

优先股股东的管理权限是有严格限制的。通常,在企业的股东大会上,优先股股东没有表决权,但是,当企业研究与优先股有关的问题时有权参加表决。例如,如果讨论把一般优先股改为可转换优先股时,或推迟优先股股利的支付时,优先股股东都有权参加股东大会并有权表决。

(二) 优先股的种类

优先股按其所包含的优先权利不同,可作进一步的分类。现介绍几种最主要的分类方式。

1. 累积优先股和非累积优先股

(1) 累积优先股。累积优先股是指在任何营业年度内未支付的股利可累积起来,由以后营业年度的盈利一起支付的优先股股票。也就是说,当企业营业状况不好,无力支付固定股利时,可把股利累积下来,当企业营业状况好转,盈余增多时,再补发这些股利。一般而言,一个企业只有把所欠的优先股股利全部支付以后,才能支付普通股股利。

(2) 非累积优先股。非累积优先股是仅按当年利润分取股利,而不予以累积补付的优先股股票。也就是说,如果本年度的盈利不足以支付全部优先股股利,对所欠的部分,企业不予累积计算,优先股股东也不能要求企业在以后年度中予以补发。

显然,对投资者来说,累积优先股比非累积优先股具有更大的吸引力,所以,累积优先股发行比较广泛,而非累积优先股则因认购者少而发行量小。

2. 参加优先股和不参加优先股

(1) 参加优先股。参加优先股是指不仅能取得固定股利,还有权与普通股一同参加利润分配的股票。根据参与利润分配的方式不同,又可分为全部参加分配的优先股和部分参加分配的优先股。前者表现为优先股股东有权与普通股股东共同等额分享本期剩余利润,后者则表现为优先股股东有权按规定额度与普通股股东共同参与利润分配,超过规定额度部分归普通股所有。

(2) 不参加优先股。不参加优先股是指不能参加剩余利润分配,只能取得固定股利的优先股。其特点是优先股股东对股份企业的税后利润只有权分得固定股利,对取得固定股利后的剩余利润无权参加分配。

3. 可转换优先股与不可转换优先股

(1) 可转换优先股。可转换优先股是股东可在一定时期内按一定比例把优先股转换成普通股的股票。转换的比例是事先确定的,其数值大小取决于优先股与普通股的现行价格。

(2) 不可转换优先股。不可转换优先股是指不能转换成普通股的股票。不可转换优先股只能获得固定股利报酬,而不能获得转换收益。

4. 可赎回优先股与不可赎回优先股

(1) 可赎回优先股。可赎回优先股又称可收回优先股,是指股份企业可以按一定价格收回的优先股票。在发行这种股票时,一般都附有收回条款,在收回条款中规定了赎回该股票的价格。此价格一般略高于股票的面值。至于是否收回,在什么时候收回,则由发行股票的企业来决定。

(2) 不可赎回优先股。不可赎回优先股是指不能收回的优先股股票。因为优先股都有固定股利,所以,不可赎回优先股一经发行,便会成为一项永久性的财务负担。因此,在实际工作中,大多数优先股均是可赎回优先股,而不可赎回优先股则很少发行。

从以上介绍可以看出,累积优先股、可转换优先股、参加优先股均对股东有利,而可赎回优先股则对股份企业有利。

(三) 优先股的收回

优先股在附有收回条款之后,用优先股票融资筹集到的优先股股本就不能看做是企业的永久性资金来源,这一点与普通股不同。

1. 优先股收回的条件

企业发行的优先股不可以随意收回,必须具备以下条件才能收回:

(1) 必须在发行时就订有收回条款的优先股。

(2) 用企业盈余或发行新优先股的方式收回以前发行的优先股,同时不能动用企业的正常经营资金,以免影响企业的债务偿还能力以及资金的正常运转,防止因收回优先股使企业财务陷入困境。

(3) 收回优先股不得损害企业章程中规定的优先股股东应有的权利。

(4) 选择有利时机收回优先股,例如当资本市场利率较低时,用发行低利率的有价证券收回原优先股股票比较适宜;而当经济萧条时,股票价格全面下降时,以低于优先股面值的价格直接收回优先股较为有利。

2. 优先股收回的方式

(1) 直接收回。在优先股发行契约中订有收回条款的,一般在股票发行一段时间后,企业用现金直接以高于股票面值的价格从股东手中逐渐收回。一般情况下,收回优先股股票支付给股东的溢价约为股票面值的5% ~ 20% 左右。

(2) 设立偿债基金收回。设立偿债基金方式收回优先股主要是为了保护优先股股东的利益以达到吸引投资者的目的。在优先股发行契约中要订有提存偿债基金逐渐吸回优先股票的条款。一般是由受托人用偿债基金在证券市场上公开收回。

采用建立偿债基金收回优先股股票的企业除了能吸收投资者之外，还有以下几点好处：

① 收回优先股说明企业财力充裕，因此可推动企业其他有价证券的市价上涨；

② 优先股的收回使资本市场上流通的优先股股数减少，相应的使企业支付优先股股利的能力增强，可用来发放优先股股利的收益也相对增加；

③ 通过这种方式收回优先股对优先股东是一种权益保障，因为可以用低于其他优先股的股利率发售建立偿债基金的优先股股票，降低了企业的筹资成本。

(3) 优先股转换为普通股收回。即可转换优先股，是指其持有人可按规定的条件和比例将其转换为企业的普通股。在发行契约上订有可转换条款。其实转换以后优先股也就被收回，采用这种方式并不减少企业资金总额，只是企业财务结构发生变化，增加了普通股股本，还可再发行其他证券扩大融资。

（四）优先股融资的评价

1. 利用优先股融资的优点

(1) 没有固定到期日，不用偿还本金。利用优先股融资，事实上等于使用一笔无限期的贷款，无偿还本金义务，也无需做再融资计划。但大多数优先股又附有收回条款，这就使得使用这种资金更有弹性。当财务状况较弱时发行，而财务状况转强时收回，有利于结合资金需求，同时也能控制企业的资金结构。

(2) 股利支付既固定，又有一定弹性。一般而言，优先股都采用固定股利，但固定股利的支付并不构成企业的法定义务。如果财务状况不佳，则可暂时不支付优先股股利，那么，优先股股东就不能像债权人一样迫使企业破产。

(3) 有利于增强企业信誉。从法律上讲，优先股属于自有资金，因而，优先股扩大了权益基础，可适当增加企业的信誉，加强企业的借款能力。

2. 优先股融资的缺点

(1) 融资成本高。优先股通常以高于债券利率的股息率支付股利，即其成本低于普通股，但一般高于债券，同时，优先股所支付的股利要从税后利润中支付，不同于债券利息可在税前扣除。因此，优先股成本较高。

(2) 融资限制多。发行优先股，通常有许多限制条款，例如，对普通股股利支付上的限制，对企业借债限制等。

(3) 财务负担重。如前所述，优先股需要支付固定股利，但又不能在税前扣除，所以，当利润下降时，优先股的股利会成为一项较重的财务负担，有时不得不延期支付。

二、发行可转换债券

在企业融资实务中，可转换优先股使用的不多，可转换债券用的较多，可转换债券在企业融资中发展得很快，因此，本书仅介绍可转换债券的有关问题。

(一)可转换债券的含义和特点

1.可转换证券的含义

可转换证券融资是指股份企业发行的,可以按一定条件转换为一定数量的企业普通股股票的证券。发行这种证券的目的,实质上是通过赋予投资者一定的获取普通股股票的权利,来换取低资金成本和少限制融资条件的利益。

可转换证券一般有可转换优先股和可转换债券。可转换优先股是指其持有人可按规定的条件和比例将其转换为企业的普通股或企业债券。可转换优先股能够增加筹资和投资双方的灵活性,在转换的同时,企业的财务结构发生了变化,并不减少企业资金总额,因此,近年来在国外日益流行。可转换债券是指由发行企业发行并规定债券持有人在一定期间内依据约定条件可将其转换为发行企业股票。发行可转换债券可为投资者增加灵活的投资机会,还可为企业调换资本结构或减缓财务压力提供便利。

2.可转换债券的特性

可转换债券是一种混合性筹资,它兼具债券和权益融资的双重特性。它的特征有如下几点:

(1)可转换债券在未转换之前与其他种类债券相同,持券人可获得固定的债券利息收入。

(2)可转换债券具备了转换条件时,是否转换由持券人自己决定。

(3)可转换债券的发行价格高于普通的企业债券,这是因为持券人将来可以成为企业股东,有机会分享企业的剩余收益,可转换债券如果在规定期间转换为股票即转换为企业的股东权益。

很多企业采用发行可转换债券的方法调整企业的资本结构,减少财务风险。

(二)可转换债券的发行条件

我国目前规定:上市企业经股东大会决议,可以发行可转换为股票的企业债券,并在企业债券募集办法中规定具体的转换方法。由于可转换债券兼具企业债券和潜在的普通股股票的双重性质,所以发行企业除了应当具备发行企业债券的条件外,还应当符合发行新普通股股票的条件,并报请国务院证券管理部门批准,方可发行。

(三)可转换债券的转换期、转换价格与转换比率

1.可转换债券的转换期

可转换债券的转换期长短由可转换债券的期限决定。目前,我国规定可转换债券的最短期为1年,最长期限为6年。上市企业发行的可转换债券在发行结束6个月后,持券人就可以按照规定的条件随时将其转换为股票。可转换债券转换为股票后,发行企业股票上市的证券交易所就应当安排股票上市流通。

2. **可转换债券的转换价格**

可转换债券发行时,对转换价格都有明确规定。其转换价格是可转换债券交换股票的每股价格。债券持有者在行使转换权的有效期内,按转换价格将可转换债券转换成普通股。企业发行可转换债券,转换价格的确定一般高于股票的市场价格,转换价格高于股票市场价格的差额即为企业转换溢价。例如,企业当前普通股的市场价格是每股25元,而转换规定为30元,则转换溢价为5元。

可转换债券的转换价格并不是固定不变的。发行企业发行可转换债券并规定了转换价格之后,由于又发行新股、送股或其他原因引起企业股份发生变动的,应当及时调整转换价格,同时向社会公布。通常转换价格是随可转换债券转换时间的推迟而提高的,其目的在于促使持券人尽可能早些进行转换。

3. **可转换债券的转换比率**

可转换债券的转换比率是每份可转换债券所能交换的股份数。

$$转换比率 = 可转换债券面值 / 普通股转换价格$$

【例4.9】 某上市企业发行可转换债券每份面值为2000元,普通股转换价格为每股50元,则其转换比率为

$$转换比率 = 2\,000/50 = 40(股)$$

即每份可转换债券可以转换20股普通股。

(四) 可转换债券融资的优缺点

1. **可转换债券融资的优点**

(1) 降低资本成本。可转换债券的利率一般低于其他企业债券,它在发行初期为投资者提供了固定的利息收益,又给持券人将债券转换为股票、分享企业经营成果的权利,从而降低了资本成本。

(2) 利于调整企业的资本结构。可转换债券是一种具有债务、权益双重性质的融资方式,在转换前它属于企业的一种债务,如果持券人转股,企业不仅无需承担还本付息的义务,而且可以在不追加资金总量的情况下调整资本结构。

(3) 降低财务风险,避免企业融资损失。当企业普通股市场价格偏低时,企业采用发行可转换债券进行融资,可减轻股东股权稀释对每股收益的影响。当股价上升后,再发行普通股换回债券,从而避免损失。

2. **可转换债券融资的缺点**

(1) 可转换债券转股的企业将失去利率较低的好处。

(2) 企业发行可转换债券通常是期望这些债券将来转换成普通股,如果股价并未能按预期幅度上升,持券人不愿转股时,企业将面临沉重的债务负担。

(3) 可转换债券转换的股票价格高于转换价格,企业将遭受融资损失。

三、认股权证融资

(一) 认股权证的含义与特点

认股权证是由股份企业发行的可认购其股票的买入期权，持有者可在规定期限内按约定的价格购买企业发行的一定数额的股票。对于发行企业而言，发行认股权证是一种特殊的融资手段，其持有人在认股之前，发行企业既不拥有债券也不拥有股权，只是拥有股票认购权。对于持有认股权证者而言，持有人可以凭证买进发行企业增发的股票，也可以有偿转让给其他投资者，发行企业的目的是吸引投资者。

(1) 认股权证规定有行使权利的截止日期。认股权证在有效期内具有价值，有优先权利，超过了有效期限认股权证则毫无价值。有些特殊的认股权证无到期日，永久有效。

(2) 附有认股权证的企业债券和优先股的市价分别高于一般的企业债券和一般的优先股的价格。

(3) 规定每一认股权证可以认购普通股的股数，如 1/3，5。1/3 为 3 张认股权证可认购 1 股普通股股票，5 为 1 张认股权证可认购 5 股普通股股票。

(4) 持有认股权证要按约定的"认购价格"认购普通股股票。只有当企业普通股股票的市场价格上升到规定的认购价格以上时，持有认股权证的投资者才能行使优先权购买发行的普通股股票。

(二) 认股权证的作用

(1) 认股权证在筹集资金中的运用十分灵活，对发行企业具有一定的作用，能为企业筹集到额外的现金。

(2) 认股权证不论是单独发行还是附带发行，都能为企业筹集一笔额外的现金，增强了企业的资本实力。

(3) 能够促进其他筹资方式的运用。

(4) 单独发行认股权证有利于将来发售股票，附带发行的认股权证可促进相关证券筹资的效率。因此，认股权证的发行促进了其他证券的发行。

(5) 另外，认股权证给予了其持有者在未来以较低的价格买入具有较高价值的企业股票的权利，使附有认股权证的企业债券或优先股的发行企业可以为他们所发行的企业债券或优先股支付较低的利息或股利，降低了发行企业的资金成本。

(三) 认股权证的种类

认股权证的形式比较灵活多样，主要可区分为以下几种：

(1) 按认股权证允许购股的期限长短可分为长期认股权证和短期认股权证。长期认股权证的购股期限通常持续几年，有的是永久性的。短期认股权证的认股期限一般在 90 天以内。

(2) 按认股权证的发行方式不同可分为单独发行的认股权证和附带发行的认股权证。单独发行的认股权证是指独立于债券、股票发行的认股权证。附带发行的认股权证依附于债券、优先股、普通股或短期票据发行的认股权证。

（3）除了以上两种主要的分类外，还有备兑认股权证和配股权证。备兑认股权证是指每份备兑证按一定比例含有几家企业的若干股股票。配股权证是按照股东持股比例赋予其以优惠价格认购企业一定数额的新股。

（四）认股权证的价值

认股权证实质上是一种期权，它的价值受到所认购的股票的市场价格、认股权证规定的认购价格、距认股权证到期日的时间长短等因素的影响，同时还要考虑认股权证的权利一经实施，必然增加企业流通在外的股票数量，进而影响股票的市场价格和每股盈利，反之又会对认股权证本身的价值产生影响。认股权证具有理论价值和市场价值。认股权证的理论价值可用公式表示为

$$V = (P - EP) \times S$$

式中　V—— 认股权证价格；

P—— 普通股每股市价；

EP—— 每股认购价格；

S—— 每一认股权证可认购普通股股票数。

可以看出，当 $P > EP$ 时，认股权证的理论价值为正值；

当 $P \leqslant EP$ 时，认股权证的理论价值等于0。

认股权证在两种情况下其理论价值为0：一是超过有效期限值后；二是普通股每股市价达不到认购价格以前。而认股权证的理论价值是不可能为负的，这是因为即使 $P < EP$，优先权利不能行使时，未来总是有市价高于认购价的可能。

【例4.10】　某企业发行认股权证，每一认股权证可认购该企业普通股8股，认购价格为10元，假设当时普通股市价为25元，则此时认股权证的理论价值为

$$V = (P - EP) \times S = (25 - 10) \times 8 = 120(\text{元})$$

认股权证在证券市场上的实际价值高于认股权证的理论价值，理论价值是市场价值的最低限，其差额称为“超理论价值溢价”。形成这个差额主要是由于股票的市价很不稳定。

认股权证的市场价格即它在市场上的交易价格，是由市场上的供求关系决定的。市场价值之所以高于理论价值，是因为预期的普通股股票的市场价值会不断上涨。认股权证的市场价格还受到普通股股利和期限的影响。

（五）认股权证融资的优缺点

1. 认股权证融资的优点

（1）吸引投资者。发行认股权证的主要优点就是能够吸引投资者。在企业发行债券或优先股票时，给予投资者认购普通股股票的权利，可以有效地刺激投资者的投资需求，使企业较

容易筹得所需资金。

(2) 低资金成本和宽松的筹资条款。由于认股权证具有价值,因此,企业在发行债券或优先股股票时可以适当地降低利率,从而获取低成本的资金来源。另外,投资者在获取认股权证所带来的利益后,往往愿意放弃对企业来说过严的某些契约条款,使企业处于主动的位置。

(3) 扩大了潜在的资金来源。当认股权证的认购权被行使时,就增加了企业的资金来源。对需要扩充权益资金的企业而言,它可以获得既享受发行债券或优先股股票低资金成本的好处,又享有了筹集权益资金的好处。

2. 认股权证融资的缺点

(1) 不能确定投资者将在何时行使认股权。这一点往往使企业陷于被动状态。因为认股权证为企业提供了一个筹资数额,但这笔资金何时才能取得,企业又不能控制。在企业急需资金时,这笔资金数额不能满足需要,企业又不便于用其他方法再筹资,这就使企业处于既有潜在的资金来源又无资金可用的困境之中。

(2) 高资金成本风险。上述筹资困境一旦产生,企业只好通过提高普通股股利来刺激认股权证持有者行使认购权,以筹集资金,但这会使资金成本提高。

(3) 稀释每股普通股收益。当认股权行使时,普通股股份增多,每股收益下降,同时也稀释了原股东对企业的控制权。

【案例分析】

“春秋”公司是一个季节性强,信用为AA级的中型企业,每年一到经营旺季,资金周转就出现困难,急得厂长和财务主管团团转,面对企业资金严重不足,产品供不应求的现状,两个人真可谓“挖空心思,绞尽了脑汁”。后经多方共同努力,最终使生产急需的资金100万元有了着落。

1. 企业财务数据

财务指标	账面价值/千元
总资产	5 600
其中:应收款项	125
货币资金	800
一年内到期的长期负债	188
商业票据和其他应付票据	812
短期负债统计	1 000
长期负债	2 600
所有者权益	2 000
负债及所有者权益	5 600

公司的产品销售利润率为12%。

2. 备选融资方案

(1)银行短期借款。工商银行提供期限为3个月的短期借款20万元,年利率为12%。需回存款20%。

(2)商业信用贷款。A公司愿意为其提供商业信用贷款,即按2/10,n/30的条件每天为其提供5 000元的材料;商业信用期限一个月。

(3)安排专人将应收款项催回。

分析提示:

(1)根据案情资料,分别用不同融资方式计算春秋公司的可融资数额。

(2)试比较那种融资方式更适合春秋公司的生产经营急需。

习　题

一、单选题

1. 根据财务管理理论,按照资金来源渠道不同,可将筹资分为(　　)。

A. 直接筹资和间接筹资　　B. 内源筹资和外源筹资

C. 权益筹资和负债筹资　　D. 短期筹资和长期筹资

2. 某企业按年利率5.8%向银行借款1 000万元,银行要求保留15%的补偿性余额,则这项借款的实际利率约为(　　)。

A. 5.8%　　B. 6.4%　　C. 6.8%　　D. 7.3%

3. 在下列各项中,属于表外筹资事项的是(　　)。

A. 经营租赁　　B. 利用商业信用

C. 发行认股权证　　D. 融资租赁

4. 甲公司设立于2009年12月31日,预计2010年年底投产。假定目前的证券市场属于成熟市场,根据等级筹资理论的原理,甲公司在确定2010年筹资顺序时,应当优先考虑的筹资方式是(　　)。

A. 内部筹资　　B. 发行债券

C. 增发股票　　D. 向银行借款

5. 与短期借款筹资相比,短期融资券筹资的特点是(　　)。

A. 筹资风险比较小　　B. 筹资弹性比较大

C. 筹资条件比较严格　　D. 筹资条件比较宽松

6. 认股权证按允许购买股票的期限可分为长期认股权证和短期认股权证,其中长期认股权证期限通常超过(　　)。

A. 60天　　B. 90天　　C. 180天　　D. 360天

7. 某企业年初从银行贷款100万元,期限1年,年利率为10%,按照贴现法付息,则年末应偿还的金额为(　　)万元。

A. 70　　B. 90　　C. 100　　D. 110

8. 某企业需要借入资金60万元，由于贷款银行要求将贷款金额的20%作为补偿性余额，故企业需要向银行申请的贷款数额为(　　)万元。

A. 75　　B. 72　　C. 60　　D. 50

9. 下列各项中，与丧失现金折扣的机会成本呈反向变化的是(　　)。

A. 现金折扣率　　B. 折扣期　　C. 信用标准　　D. 信用期

10. 企业为维持一定经营能力所必须负担的最低成本是(　　)。

A. 变动成本　　B. 混合成本

C. 约束性固定成本　　D. 酌量性固定成本

二、多选题

1. 下列各项中，属于认股权证基本要素的有(　　)。

A. 认购数量　　B. 赎回条款　　C. 认购期限　　D. 认购价格

2. 在下列各项中，属于企业筹资动机的有(　　)。

A. 设立企业　　B. 企业扩张　　C. 企业收缩　　D. 偿还债务

3. 在计算下列各项资金的筹资成本时，需要考虑筹资费用的有(　　)。

A. 普通股　　B. 债券　　C. 长期借款　　D. 留存收益

三、判断题

1. 从成熟的证券市场看，企业筹资的优序模式首先是内部筹资，其次是增发股票，发行债券和可转换债券，最后是银行借款。(　　)

2. 在财务管理中，依据财务比率与资金需求量之间的关系预测资金需求量的方法称为比率预测法。(　　)

3. 筹资渠道解决的是资金来源问题，筹资方式解决的是通过何方式取得资金的问题，它们之间不存在对应关系。(　　)

4. 如果企业在发行债券的契约中规定了允许提前偿还的条款，则当预测年利息率下降时，一般应提前赎回债券。(　　)

5. 如果销售具有较强的周期性，则企业在筹集资金时不适宜过多采取负债筹资。(　　)

6. 企业采用不附加追索权的应收账款转让方式筹资时，如果应收账款发生坏账，其坏账风险必须由本企业承担。(　　)

四、计算题

某企业2009年12月31日的资产负债表(简表)如下：

资产负债表(简表)

2004 年 12 月 31 日　　单位:万元

资　　产	期末数	负债及所有者权益	期末数
货币资金	300	应付账款	300
应收账款净额	900	应付票据	600
存　　货	1 800	长期借款	2 700
固定资产净值	2 100	实收资本	1 200
无形资产	300	留存收益	600
资产总计	5 400	负债及所有者权益总计	5 400

该企业 2009 年的主营业务收入净额为 6 000 万元,主营业务净利率为 10%,净利润的 50%分配给投资者。预计 2009 年主营业务收入净额比上年增长 25%,为此需要增加固定资产 200 万元,增加无形资产 100 万元,根据有关情况分析,企业流动资产项目和流动负债项目将随主营业务收入同比例增减。

假定该企业 2009 年的主营业务净利率和利润分配政策与上年保持一致,该年度长期借款不发生变化;2009 年年末固定资产净值和无形资产合计为 2 700 万元。2009 年企业需要增加对外筹集的资金由投资者增加投入解决。

要求:(1)计算 2009 年需要增加的营运资金额。

(2)预测 2009 年需要增加对外筹集的资金额(不考虑计提法定盈余公积的因素;以前年度的留存收益均已有指定用途)。

第五章

Chapter 5

资本结构决策

【本章要点】

融资决策是企业理财人员在若干融资备选方案中选择最优方案的活动。企业通过部分决策,确定资金成本、融资方案和资本结构,充分利用杠杆原理的效应,科学地规避风险,使风险和收益相均衡,为实现企业的财务管理目标服务。通过本章的介绍,学习者可理解并掌握经营杠杆、财务杠杆和联合杠杆的意义和计算方法,以及资本结构与决策方法。

第一节　资本成本

资本成本是企业融资管理的重要依据,也是企业资本结构决策的基本因素之一。本节主要从企业长期资本的角度,阐述资本成本的概念、种类、作用和计算方法。

一、资本成本的概念及种类

(一) 资本成本的概念

资金成本是企业因筹集或使用资金所付出的代价。广义上讲,企业筹资和使用任何资金,不论是短期的还是长期的,都要付出代价。狭义的资金成本仅指筹集和使用长期资金(包括自有资本和借入长期资金)的成本。由于长期资金也被称为资本,所以长期资金的成本也称为资本成本。

资本成本从绝对量的构成看,包括两部分:一部分是筹资费用,另一部分是用资费用。筹资费用是指企业在筹措资金的过程中所花费的各项有关开支,如银行借款的手续费,发行股票、发行债券所支付的各项代理发行费用等。它通常属于一次性费用,在计算中可作为融资金额的一项扣除。用资费用是指资金使用人支付给资金所有者的资金使用报酬,如支付给股东的投资股利、支付给银行的贷款利息,以及支付给其他债权人的各种利息费用,它构成了资本成本的主要内容。

为了便于分析比较,资本成本通常用相对数表示,即支付的报酬与提供的资本之间的比率。

(二) 资本成本的种类

按资本成本的作用,主要分为三类:

(1) 个别资本成本。个别资本成本是指各种筹资方式的成本,是企业选择筹资方式的依据。

(2) 综合资本成本。综合资本成本是指企业全部长期资本的成本,是综合反映资本成本总体水平的一项重要指标,是企业取得资本的平均成本。可用做比较各筹资组合方案的优劣,是作出资本结构决策的一个依据。

(3) 边际资本成本。边际资本成本是指企业追加长期资本的成本。用于衡量某一资本结构下,资金每增加一个单位而增加的资本,是选择追加筹资方案的一个依据。

二、资本成本的作用

资本成本是企业融资管理的一个重要概念,国际上将其视为一项财务标准。资本成本对于企业融资管理、投资管理乃至整个财务管理都有重要的作用。

(1) 资本成本是选择筹资方式,进行资本结构决策和选择追加筹资方案的依据。

(2) 资本成本是评价投资项目、比较投资方案和进行投资决策的经济标准。一般而言,一个投资项目,只有当其投资收益率高于其资本成本时,在经济上才是合理的。否则,该项目将无利可图,甚至会发生亏损。因此,资本成本可视为一个投资项目必须赚得的最低报酬率或必要报酬率,作为选择投资方案的一个经济标准。

(3) 资本成本可以作为评价企业整个经营业绩的基准。企业的整个经营业绩可以用企业全部投资的利润率来衡量,并可与企业全部资本成本相比较。如果利润率高于资本成本,可以认为企业经营有利。反之,则可认为企业经营不利,业绩不佳,需要改善管理,提高企业全部资本的利润率和降低资本成本。

三、资本成本的计算

(一) 个别资本成本的计算

个别资本成本主要包括:长期借款成本、长期债券成本以及优先股成本、普通股成本、留存收益成本等。一般将长期借款和债券的资本成本称之为债务成本;而将优先股、普通股和留存收益成本统称为权益成本。

1. 长期借款资本成本的计算

长期借款资本成本是指借款利息和融资费用,借款利息费用直接构成了长期借款的资金成本,但由于利息费用是税前列支,故借款资金成本是利息费用扣除由扣减的利息而少交的所得税之后的净额。其计算公式为

$$K_l = \frac{I_l(1 - T)}{L(1 - F_l)} \tag{5.1}$$

式中　K_l—— 长期借款成本;

T—— 企业所得税税率;

F_l—— 长期借款融资费用率;

L—— 长期借款筹资额;

I_l—— 长期借款利息额。

【例 5.1】　某企业长期借款 500 000 元,年利率 10%,筹资费用率 2%,每年付息一次,到期一次还本。企业所得税率 25%。这笔长期借款的成本计算如下:

$$K_l = \frac{500\,000 \times 10\%(1 - 25\%)}{500\,000 \times (1 - 2\%)} = 7.65\%$$

由于长期借款的融资费用主要是手续费,当其相关数额不大时,可忽略不计。其计算公式如下:

$$K_l = R_l(1 - T) \tag{5.2}$$

式中　R_l—— 长期借款利率。

在例 5.1 手续费忽略不计的情况下,长期借款成本为

$$K_l = 10\% \times (1 - 25\%) = 7.5\%$$

2. 债券资本成本的计算

发行债券的成本主要是指债券利息和融资费用。债券利息的处理与长期借款利息的处理相同,应以税后的债务成本为计算依据。债券的融资费用一般比较高,计算中不可忽略。债券资金成本计算公式为

$$K_b = \frac{I_b(1 - T)}{B(1 - F_b)} \tag{5.3}$$

式中　K_b—— 债券的资金成本;

I_b—— 债券年利息;

T—— 所得税率;

B—— 债券融资额;

F_b—— 债券融资费用率。

或

$$K_b = \frac{R_b(1 - T)}{1 - F_b} \tag{5.4}$$

式中　R_b—— 债券利率。

【例5.2】 某企业平价发行总面额为1 000万元的10年期债券,票面利率为10%,发行费用率为2%,企业所得税率为25%,该债券的资金成本为

$$K_b = \frac{1\ 000 \times 10\%(1 - 25\%)}{1\ 000(1 - 2\%)} = 7.65\%$$

若债券溢价或折价发行,为更精确计算资金成本,应以实际发行价格作为债券融资额。

【例5.3】 假定上述企业溢价发行面值1000万元的债券,其他条件不变,发行价格1 100万元,资金成本为

$$K_b = \frac{1\ 100 \times 10\%(1 - 25\%)}{1\ 100(1 - 2\%)} = 6.96\%$$

【例5.4】 假设上述企业折价发行债券,其他条件不变,发行价格800万元,该债券的资金成本为

$$K_b = \frac{1\ 000 \times 10\%(1 - 25\%)}{800(1 - 2\%)} = 9.57\%$$

以上计算了长期借款成本和债券成本,由于两者的利息费用均于所得税前扣除,故成本都比较低。应当指出,计算长期债券的税后成本是以假设企业有利润为前提的,如果企业没有利润,就不能享受利息方面的所得税利益。这时企业长期债务成本将为其税前成本。

长期借款成本与债券成本相比较,一般前者低于后者,这主要是由于债券利率和融资费用都较高的缘故。

3. 优先股资本成本的计算

优先股成本属于权益资金成本。权益资金的资金占用费是向股东分派的股利,而股利是以所得税后净利支付的,不能抵减所得税,所以权益资金成本与前两种债务资金成本的显著不同在于计算时不扣除所得税的影响。

企业发行优先股,需花费融资费用,并定期支付股利。其计算公式为

$$K_p = \frac{D_p}{P_s(1 - F_P)} \tag{5.5}$$

式中 K_p—— 优先股成本;

D_p—— 优先股每年的股利;

P_s—— 优先股发行总额;

F_P—— 优先股融资费用率。

【例5.5】 某股份有限公司发行一种优先股,每年每股支付股利1.78元,每股售价25.35元,发行费率2%,则该优先股的资金成本为

$$K_p = \frac{1.78}{25.35 \times (1 - 2\%)} = 7.16\%$$

因为优先股股利是税后利润,而债券利息是税前的费用,因此,债权人的索赔权是优先于优先股的。由此可见,优先股的风险比债券大,所以优先股的资金成本应高于债券的资金成本。

4. **普通股资本成本的计算**

普通股是构成股份企业原始资本和权益的主要成分。同优先股类似，普通股股利的支付也是在税后进行的，所以不用考虑所得税的因素。计算普通股成本，常用的方法有股利估价法和资本资产定价模型法。

(1) 股利估价法。股利估价法是确定股票价值的一种方法，通常称股利估价模型。将此模型简化，则普通股资金成本的计算公式为

$$K_s = \frac{D}{P(1-F)} + G \qquad (5.6)$$

式中　K_s—— 普通股成本；

D—— 预期年股利额；

P—— 普通股融资额；

F—— 普通股融资费用率；

G—— 普通股利年增长率。

【例5.6】　某企业发行普通股，总面值为500万元，总发行价格为600万元，筹资费用率为5%，预计第一年股利率为12%，以后每年增长率为6%，则可计算普通股的资本成本如下：

$$K_s = \frac{500 \times 12\%}{600 \times (1-5\%)} + 6\% = 16.53\%$$

(2) 资本资产定价模型。普通股股利实际上是一种风险报酬，它的高低取决于投资者所冒风险的大小。所以只需计算某种股票在证券市场的组合风险系数，就可以根据这一风险来预计股票的资金成本。计算公式如下：

$$K_s = R_F + \beta(R_M - R_F) \qquad (5.7)$$

式中　R_F—— 无风险报酬率；

β—— 股票的贝塔系数；

R_M—— 市场上所有股票的平均报酬率。

【例5.7】　某期间市场无风险报酬率为6%，市场平均风险股票必要报酬率为10%，某企业普通股β系数为1.5。该普通股的资金成本为

$$K_s = 6\% + 1.5(10\% - 6\%) = 12\%$$

5. **留存收益资本成本的计算**

留存收益是所得税后形成的，其所有权属于股东，实质上相当于股东对企业的追加投资。股东将留存收益用于企业，是想从中获取投资报酬，所以留存收益也有资金成本。它的资金成本是股东失去向外投资获得收益的机会成本，因此与普通股成本计算基本相同，只是不考虑融资费用。其计算公式如下：

$$K_r = \frac{D}{P} + G \qquad (5.8)$$

式中　K_r—— 留存收益资金成本；

D—— 预期年股利额；

P—— 普通股融资额；

G—— 普通股利年增长率。

【例 5.8】　某企业发行普通股共计 500 万元，预计第一年股利率 8%，以后每年增加 6%，则留存收益的资金成本为

$$K_r = \frac{500 \times 8\%}{500} + 6\% = 14\%$$

经过计算可以看出，由于所得税和风险的原因，权益资金成本要大于债务资金成本，因而在长期资金的各来源中，普通股成本最高。

（二）综合资本成本的计算

企业通常是通过多种渠道、采取多种方式筹措长期资金。前已述及，不同资金来源的成本是高低不等的。为了进行融资决策，确定最佳资本结构，需要确定企业各种长期资金来源的综合资金成本。企业综合资本成本是以各种资金占全部资金的比重为权数，对各种资金的成本进行加权平均计算的，故又称之为加权平均资金成本。它是由个别资金成本和加权平均权数两个因素所决定的。

综合资金成本计算公式为

$$K_w = \sum_{j=1}^{n} W_j K_j \tag{5.9}$$

式中　K_w—— 综合资金成本（加权资金成本）；

W_j—— 第 j 种资金占总资金的比重；

K_j—— 第 j 种资金的成本；

n—— 表示企业资金的种类。

在实际计算中，可以分三个步骤进行：第一步，先计算个别资金成本；第二步计算各资金的权数；第三步利用上面公式计算出综合资金成本。

上式中，W_j 可以有几种不同的计算方法，可以按资金的账面价值计算资金的权数，也可以按市场价值计算资金权数，甚至可以利用资金的目标价值来计算资金权数。现分述如下：

1. 按账面价值计算

按账面价值计算资金权数法，是以账面价值作为依据，主要是为了分析过去的融资成本。其方法可举例说明如下：

【例 5.9】　某企业共有资本 1 000 万元，其中债券 300 万元，债券利率为 10%，税率为 25%；优先股 100 万元，资金成本为 12%；普通股 600 万元，资金成本为 15%，则计算该企业的综合资金成本为

$$K_w = 30\% \times 10\% \times (1 - 25\%) + 10\% \times 12\% + 60\% \times 15\% = 12.45\%$$

采用账面价值资料可直接从资产负债表上取得,数据真实。但这一方法也有不足之处,当股票与债券的市场价值脱离其账面价值时,则计算出的加权平均资金成本就会偏离实际,影响到企业做出正确的融资决策。

2. 按市场价值计算

按市场价值计算资金权数法,主要是指将债券、股票及留存收益均以现行的市场价值作为个别资金比重的计算依据,然后计算加权平均成本。

由于现行市场的证券价格一直处于波动状态,因此可选用平均的市场价格。仍用例 5.9 加以说明。

若普通股市价比账面价值下降 5%,优先股市价比账面价值下降 10%,企业的债券市价比账面价值上涨了 2%。可重新列表计算以市场价值为权数的企业加权平均资金成本,如表5.1 所示。

表 5.1　以市场价为基础的加权平均资金成本

资金种类	市价/万元	比　重	个别资本成本/%	加权平均资本成本/%
企业债券	306	0.32	7.5	2.4
优先股	90	0.09	12	1.08
普通股	570	0.59	15	8.85
合　计	966	1.00	—	12.33

由上表可以看出,由于债券市价上涨,股票市价下跌,因而加权平均资金成本也从原来 12.45% 下降至 12.33%,这反映了该企业目前实际的资金成本。它有利于企业在目前情况下,做出适当的融资决策。当然市价也有缺陷,由于市价不断波动,因而资金成本受市价影响很大。另外,由于资金的价值尽管采用现行市价,但也不一定能代替未来的市场价格,因而这一加权平均成本不能保证企业对未来融资做出绝对正确的决策。

3. 按目标价值进行计算

按目标价值计算资金权数法,是指把各种资金都以未来预计的目标市场价值作为权数,从而估计出企业加权的平均资金成本。这一成本一般使用于企业未来筹措新资的需要。能够体现期望的资本结构,但是要客观合理地确定目标价值权数是一件困难的事情。

(三) 边际资本成本的计算

边际资本成本是企业筹措新资的成本。具体地讲,是指企业资金再增加一个单位而增加的成本。如新增 1 元资金,其成本为 0.10 元。

边际资本成本是加权资本成本的一种形式,亦按加权平均法计算。它是企业追加融资和投资时必须考虑的问题。现举例说明边际资本成本的计算。

【例 5.10】　某企业现有资本 100 万元,其中长期负债 20 万元,优先股 5 万元,普通股(含留存收益)75 万元。为了满足追加投资需要,企业拟筹措新资,试确定筹措新资的资本成本。

可按下列步骤进行:

1. 确定目标资本结构

假定企业财务人员经分析确定目前的资本结构置于目标范围内,在今后增资时应予以保持,即长期负债20%,优先股5%,普通股75%。

2. 确定目标资本成本

财务人员分析了资本市场状况和企业融资能力,认定随着企业融资规模的增大,各种资金成本也会发生变动。测算资料如表5.2所示。

表5.2　某企业融资资料

资本种类	目标资本结构	追加融资范围	个别资本成本
长期负债	0.20	10 000 元以内	6%
		10 000 ~ 40 000 元	7%
		40 000 元以上	8%
优先股	0.05	2 500 元以内	10%
		2 500 元以上	12%
普通股	0.75	22 500 元以内	14%
		22 500 ~ 75 000 元	15%
		75000 元以上	16%

3. 计算融资总额分界点

融资总额分界点也称融资突破点,是指特定融资方式成本变化的分界点。根据目标资本结构和各种资金成本变化的分界点,计算融资总额分界点。其计算公式为

$$BP_j = \frac{TF_j}{W_j} \tag{5.10}$$

式中　BP_j—— 融资总额分界点;

TF_j—— 第 j 种资金成本分界点;

W_j—— 目标资本结构中第 j 种资本的比重。

表5.3　融资分界点计算表　　单位:元

资本种类	资金资本 /%	各种资本的融资范围	融资总额分界点	融资总额的范围
长期负债	6	10 000 元以内	$\frac{10\ 000}{0.2} = 50\ 000$	50 000 元以内
	7	10 000 ~ 40 000 元	$\frac{40\ 000}{0.2} = 200\ 000$	50 000 ~ 200 000 元
	8	40 000 元以上	—	200 000 元以上

续表 5.3

资本种类	资金资本 /%	各种资本的融资范围	融资总额分界点	融资总额的范围
优先股	10	2 500 元以内	$\frac{2\,500}{0.05}=50\,000$	50 000 元以内
	12	2 500 元以上	—	50 000 元以上
普通股	14	22 500 元以内	$\frac{22\,500}{0.75}=30\,000$	30 000 元以内
	15	22 500 ~ 75 000 元	$\frac{75\,000}{0.75}=100\,000$	30 000 ~ 100 000 元
	16	75 000 元以上	—	100 000 元以上

表5.3显示了特定融资方式成本变化的分界点。例如，长期债务在10 000元以内时，其成本为6%，而在目标资本结构中，债务的比重为20%，这表示债务成本由6%上升到7%之前，企业可筹集50 000元资金。当融资总额多于50 000元时，债务成本就上升到7%。

4. 计算边际资金成本

根据上一步骤计算出的融资分界点，可得出下列5组新的筹资范围：(1)30 000元以内；(2)30 000 ~ 50 000元；(3)50 000 ~ 100 000元；(4)100 000 ~ 200 000元；(5)200 000元以上。

对上例五个融资范围分别计算加权平均资金成本，即可得到各种融资范围的边际资金成本，计算过程可通过表5.4进行。

表 5.4　边际资金成本计算表

序号	融资总额范围	资金种类	资本结构	资金成本 /%	边际资金成本 /%
1	30 000 元以内	长期负债	0.20	6	1.2
		优先股	0.05	10	0.5
		普通股	0.75	14	10.5
第一个范围的边际资金成本 = 12.2%					
2	30 000 ~ 50 000 元	长期负债	0.20	6	1.2
		优先股	0.05	10	0.5
		普通股	0.75	15	11.25
第二个范围的边际资金成本 = 12.95%					
3	50 000 ~ 100 000 元	长期负债	0.20	7	1.4
		优先股	0.05	12	0.6
		普通股	0.75	15	11.25

续表 5.4

序号	融资总额范围	资金种类	资本结构	资金成本 /%	边际资金成本 /%
第三个范围的边际资金成本 = 13.25%					
4	100 000 ~ 200 000 元	长期负债	0.20	7	1.4
		优先股	0.05	15	0.6
		普通股	0.75	16	12.0
第四个范围的边际资金成本 = 14.0%					
5	20 000 元以上	长期负债	0.20	8	1.6
		优先股	0.05	12	0.6
		普通股	0.75	16	12.0
第五个范围的边际资金成本 = 14.2%					

第二节　杠杆原理

财务风险是融资决策中所使用的一个基本概念。由于财务风险与财务杠杆的关系密不可分,因此,本节将结合财务杠杆来分析财务风险。为进一步分析,还将引入经营杠杆及复合杠杆。

一、经营杠杆

经营杠杆是指在某一固定成本比重下,销售量的变动对利润产生的作用。由于经营杠杆对经营风险影响大,因此常常被用来衡量经营风险的大小。如果企业固定成本比重大,则在销售量发生变动时,单位产品分摊的固定成本额也随之变动,从而造成利润的大幅度变动,造成较大的经营风险。相反,如果企业负担较低的固定成本,就可以降低经营杠杆,减少经营风险。显然,经营杠杆的使用能给企业带来额外的利润。

企业经营杠杆的利用程度通常是用经营杠杆系数来反映,它是经营利润(税前)变动率与销售额变动率之间的比率,用公式可表示如下

$$DOL = \frac{\triangle EBIT/EBIT}{\triangle Q/Q} \tag{5.11}$$

式中　DOL—— 营业杠杆系数;

$EBIT$—— 营业利润,指息税前利润;

Q—— 销售量。

为了便于应用,经营杠杆系数可通过销售额和成本来表示。又有两种公式:

公式一:

$$DOL_Q = \frac{Q(P - V)}{Q(P - V) - F} \tag{5.12}$$

式中　DOL_Q—— 销售数量为 Q 时的经营杠杆系数；

P—— 产品单位销售价格；

V—— 产品单位变动成本；

F—— 总固定成本。

公式二：

$$DOL_S = \frac{S - VC}{S - VC - F} \tag{5.13}$$

式中　DOL_S—— 销售金额为 S 时的经营杠杆系数；

S—— 销售额；

VC—— 变动成本总额。

在实际工作中，公式一可用于计算单一产品的经营杠杆系数；公式二除了用于单一产品外，还可用于计算多产品的经营杠杆系数。

【例 5.11】　企业生产某种产品，固定成本 80 万元，变动成本率 40%，当企业的销售额分别为 400 万元、200 万元、140 万元时，经营杠杆系数分别为

$$DOL_{(1)} = \frac{400 - 400 \times 40\%}{400 - 400 \times 40\% - 80} = 1.5$$

$$DOL_{(2)} = \frac{200 - 200 \times 40\%}{200 - 200 \times 40\% - 80} = 3$$

$$DOL_{(3)} = \frac{140 - 140 \times 40\%}{140 - 140 \times 40\% - 80} = 21$$

上例计算表示，在固定成本不变的情况下，经营杠杆系数说明了销售额增长（减少）所引起利润增长（减少）的幅度。并且在固定成本不变的情况下，销售额越大，经营杠杆系数越小，经营风险也就越小；反之，销售额越小，系数越大，经营风险也就越大。

二、财务杠杆

财务杠杆又称筹资杠杆，是指企业在筹资活动中对资本成本固定的债务资本的利用。企业资本规模和结构一定的条件下，负债经营，不论利润多少，债务利息是不变的。于是，当利润增大时，每一元利润所负担的利息就会相对减少，扣除企业所得税后可分配给权益资本所有者的单位利润就会增加，从而给投资者收益带来更大幅度的提高，即财务杠杆利益。但同样的，由于财务杠杆的作用，当息税前利润下降时，税后利润下降得更快，从而会给企业权益资本的所有者造成损失即遭受财务风险。

财务杠杆利益的程度，通常用财务杠杆系数来衡量。与营业杠杆不同的是，财务杠杆影响的是企业税后利润而不是息税前利润。

财务杠杆系数计算的是每股盈余的变动率相当于息税前利润变动率的倍数。其计算公式

为

$$DFL=\frac{\Delta EPS/EPS}{\Delta EBIT/EBIT} \tag{5.14}$$

式中　DFL—— 财务杠杆系数；

ΔEPS—— 普通股每股盈余变动额；

EPS—— 变动前的普通股每股盈余；

$\Delta EBIT$—— 息前税前盈余变动额；

$EBIT$—— 变动前的息前税前盈余。

此公式的推导公式为

$$DFL=\frac{EBIT}{EBIT-I} \tag{5.15}$$

式中　I—— 债务利息。

【例5.12】　某企业一定时期的息税前利润10 000万元，长期负债总额为100 000万元，负债利率8%，则财务杠杆系数计算如下：

$$财务杠杆系数=\frac{10\ 000}{10\ 000-(100\ 000\times 8\%)}=5$$

该系数能表示企业财务杠杆的运用程度，系数越大说明企业负债比例越高；系数为1，说明企业负债融资为零。通过该系数分析，还可以知道，当营业利润每增加100%，则每股盈余就会增长500%，即5倍。

财务杠杆系数计算公式也可以表示为

$$DFL_Q=\frac{(P-V)Q-F}{(P-V)Q-F-I} \tag{5.16}$$

$$DFL_S=\frac{S-VC-F}{S-VC-F-I} \tag{5.17}$$

公式(5.16)适用于生产单一品种企业财务杠杆系数的计算；公式(5.17)适用于生产多产品企业财务杠杆系数的计算。

需要说明的是，除固定的债务利息外，资本规模的变动、资本结构的变动、债务利率的变动、息税前利润的变动都会影响财务杠杆系数，从而产生不同程度的财务杠杆利益和财务风险。因此，财务杠杆系数是资本结构决策的一个重要因素。

三、联合杠杆

如前所述，经营杠杆是通过销售额的变动，从而引起息税前利润的变动，而财务杠杆则是通过扩大息税前利润来引起每股利润的变化，两者最终都会影响企业普通股利润和每股盈余。从这一意义上讲，人们往往将经营杠杆称为第一阶段杠杆，而将财务杠杆称为第二阶段杠杆。

既然经营杠杆的变动会引起息税前利润的变动,而息税前利润的变动又会引起每股盈余的变动,那么,如果企业充分使用经营杠杆和财务杠杆的作用,则即便销售额细小的变化最终也会引起每股盈余大幅度的变动。所以可以将经营杠杆和财务杠杆结合在一起,来综合地讨论销售量(额)变动对每股净收益的影响。

经营杠杆和财务杠杆联合的结果,称为联合杠杆系数或复合杠杆系数或总杠杆系数,它实际是经营杠杆系数和财务杠杆系数的乘积。计算公式为

$$DTL = DOL \times DFL \tag{5.18}$$

经化简可得公式

$$DTL_Q = \frac{Q(P - V)}{Q(P - V) - F - I} \tag{5.19}$$

如用销售额表示,可有公式

$$DTL_S = \frac{S - VC}{S - VC - F - I} \tag{5.20}$$

如某企业的经营杠杆系数为2,财务杠杆系数为1.5,总杠杆系数为:$2 \times 1.5 = 3$。

复合杠杆的作用,首先在于能够估计出销售额变动对每股盈余造成的影响。如上例中,销售额每增长(减少)1倍,就会造成每股盈余增长(减少)3倍。其次,它揭示了经营杠杆和财务杠杆之间的相互关系。即为了达到某一总杠杆系数,经营杠杆与财务杠杆可以有很多不同的组合。如,经营杠杆度较高的企业可以在较低的程度上使用财务杠杆;经营杠杆度较低的企业可以在较高程度上使用财务杠杆。究竟如何决策有待企业在考虑了各有关的具体因素后决定。

第三节 资本结构决策分析

资本结构是指企业各种资本来源组成的比例关系,最优的资本结构也就是企业最佳的资本组合形式。它是企业财务的重要内容,资本结构的优劣直接影响到企业的生存和发展。最优资本结构的确定是企业筹资决策的中心问题,所以企业在进行任何筹资决策之前,首先应根据一定的理财目标确定最优资本结构,并在以后各项筹资活动中有意识地保持这种最佳结构。

理论上讲,用以衡量企业资本结构是否合理的标准主要有:

(1) 综合资本成本最低,企业为筹资所花费的代价最少。

(2) 筹集到手能供企业使用的资本最充分,能确保企业长短期经营和发展的需要。

(3) 股票市价上升,股东财富最大,企业总体价值最大。

(4) 企业财务风险小。

然而,在一定情况下,要使企业筹资所形成的资本结构完全满足上述标准往往十分困难。比如,债务筹资的风险大,但资本成本低,而普通股筹资风险小,但其资本成本最高,所以,企业

增加长期负债在总资本中的比重通常可以降低企业整体资本成本。但是,如果企业无节制举债,使得长期负债在资本中的比重超过一定限度,这样必然引起企业财务状况的变化,从而增加财务风险,导致各种资本来源的资本成本发生变动,最终导致企业整体资本成本上升。所以,企业合理地筹集资本,各种资本来源之间必须保持合理的比例关系。本节将主要阐述确定最佳的资本结构的技术方法。

一、综合资本成本法

前面已经提及,所谓最佳资本结构是企业在一定时期综合资本成本最低,同时企业价值最大的资本结构。而在通常情况下,企业综合资本成本最低时可以使企业价值达到最大化。因此,确定最佳的资本结构可以衡量企业综合资本成本,即加权平均成本的高低。

在实际中,企业筹资可分为初始筹资和追加筹资两种情况。相应的,企业资本结构决策也可分为初始筹资的资本结构决策和追加筹资的资本结构决策。下面分别说明综合资本成本法在这两种情况下的运用。

(一)初始筹资方案决策

在企业筹资实务中,企业对拟定的筹资总额,可以采用多种筹资方式来筹集,由此会形成若干预选资本结构或筹资组合方案,可以直接通过综合资本成本的计算及比较做出选择。

【例 5.13】 某企业拟采用发行普通股、优先股股票和长期债券方式筹资,普通股资本成本 12%,优先股资本成本 10%,债券资本成本 13%。现有三种方案可供选择。

甲方案:普通股 50%,优先股 20%,债券 30%;

乙方案:普通股 30%,优先股 50%,债券 20%;

丙方案:普通股 20%,优先股 40%,债券 40%。

甲方案综合资本成本为

$$(50\% \times 12\%) + (20\% \times 10\%) + (30\% \times 13\%) = 11.9\%$$

乙方案综合资本成本为

$$(30\% \times 12\%) + (50\% \times 10\%) + (20\% \times 13\%) = 11.2\%$$

丙方案综合资本成本为

$$(20\% \times 12\%) + (40\% \times 10\%) + (40\% \times 13\%) = 11.6\%$$

由此可见,乙方案综合资本成本最低(11.2%),可以认为乙方案的资本结构已达到最优化。

(二)追加筹资方案决策

前述讨论资本成本时,是基于资本总额不变的假设。但随着企业生产经营的发展,有时需要追加筹集新资。因为追加筹资以及筹资环境的变化,企业原有的资本结构也会随之变化。所以,应该着重研究如何在追加筹资中选择最佳结构,进而保持资本结构最优化。

一般而言,按照最佳结构的要求,选择追加筹资方案可有两种方法:一种方法是直接测算比较各备选追加筹资方案的边际资本成本，从中选择最优筹资方案；另一种方法是将备选追加筹资方案与原有最优资本结构汇总，测算各追加筹资条件下汇总资本结构的综合资本成本，比较确定最优追加筹资方案。下面举例说明。

【例 5.14】　某企业现有两个追加筹资方案可供选择，有关资料经测算整理后列入表 5.5。

表 5.5　追加筹资方案资料　　单位：万元

筹资方式	追加筹资方案一		追加筹资方案二	
	筹资额	资本成本/%	筹资额	资本成本/%
长期借款	500	7	600	7.5
优先股	200	13	200	13
普通股	300	16	200	16
合计	1 000	—	1 000	—

追加筹资方案的边际资本成本也按加权平均法计算，根据表上资料，两个追加筹资方案的边际资本成本计算如下：

方案一

$$\frac{500}{1\ 000}\times 7\%+\frac{200}{1\ 000}\times 13\%+\frac{300}{1\ 000}\times 16\%=10.9\%$$

方案二

$$\frac{600}{1\ 000}\times 7.5\%+\frac{200}{1\ 000}\times 13\%+\frac{200}{1\ 000}\times 16\%=10.3\%$$

两个追加筹资方案相比，方案二的边际资本成本低于方案一，因此追加筹资方案二优于方案一。

若该企业原有的资本结构为：长期借款500万元，债券1 500万元，优先股1 000万元，普通股（含留存利润）2 000万元，资本总额5 000万元，则追加筹资后的资本总额为6 000万元。将其与追加筹资方案汇总列为表 5.6。

表 5.6　追加筹资方案与原始资本结构资料　　单位：万元

筹资方式	原有资本结构		追加筹资方案一		追加筹资方案二	
	金额	资本成本	筹资额	资本成本	筹资额	资本成本
长期借款	500	6.5%	500	7%	600	7.5%
债券	1 500	8%	-	-	-	-
优先股	1 000	12%	200	13%	200	13%
普通股	2 000	15%	300	16%	200	16%
合计	5 000	-	1 000	-	1 000	-

下面再用选择最优追加筹资方案的第二种方法,对第一种方法的选择结果作一个验证。

若采用方案一:追加筹资后的综合资本成本计算为

$$6.5\% \times \frac{500}{6\,000} + 7\% \times \frac{500}{6\,000} + 8\% \times \frac{1\,500}{6\,000} + 13\% \times \frac{1\,000 + 200}{6\,000} + 16\% \times \frac{2\,000 + 300}{6\,000} = 11.86\%$$

若采用方案二:追加筹资后的综合资本成本计算为

$$6.5\% \times \frac{500}{6\,000} + 7.5\% \times \frac{600}{6\,000} + 8\% \times \frac{1\,500}{6\,000} + 13\% \times \frac{1\,000 + 200}{6\,000} + 16\% \times \frac{2\,000 + 200}{6\,000} = 11.76\%$$

以上计算中,根据同股同利原则,原有普通股应按新普通股的资本成本计算其加权平均数。这里假定股票的成本与报酬等价。

比较两个方案,追加筹资后两个新的资本结构下的综合资本成本,结果是方案二追加筹资后的综合资本成本低于方案一追加筹资后的综合资本成本,因此,追加筹资方案二优于方案一。

由此可见,该企业追加筹资后,虽然改变了资本结构,但经过科学的测算,做出正确的筹资决策,企业仍可保持其资本结构的最优化。

综合资本成本法计算过程简单,容易理解。但是该法仅以资本成本最低位决策标准,没有具体考虑财务风险因素,其决策目标实质上是利润最大化而不是企业价值最大化。这种方法一般适用于资本规模较小、资本结构较为简单的非股份制企业。

二、每股收益无差别点法

每股收益无差别点法是利用每股收益无差别点来进行资本结构决策的方法。所谓每股收益无差别点是指两种或两种以上筹资方案下普通股每股收益相等时的息税前利润点,又称筹资无差别点。运用这种方法,根据每股收益无差别点可以进一步分析判断在什么情况下可以利用债务筹资来安排及调整资本结构。一般凡能提高每股盈余的资本结构是合理的。反之则认为不够合理。然而,每股盈余的变化,不仅受资本结构影响,还受到销售收入的影响,要处理这三者关系,则必须运用筹资“每股盈余无差别点”的方法来分析。

计算每股盈余无差别点,首先要求出 EPS(每股盈余),即

$$EPS = \frac{(EBIT - I)(1 - T) - PD}{N} = \frac{(S - VC - F - I)(1 - T) - PD}{N} \tag{5.21}$$

式中 $EBIT$—— 税前利润;

I—— 企业负债资本应付利息;

T—— 所得税率;

PD—— 优先股股息金额；

N—— 发行并出售的普通股股数；

S—— 销售额；

VC—— 变动成本；

F—— 固定成本。

在每股盈余无差别点上无论采用负债融资，还是采用权益融资，每股盈余都相等。若以 EPS_1 代表负债融资，EPS_2 代表权益融资，有

$$EPS_1 = EPS_2$$

$$\frac{(EBIT - I_1)(1 - T) - PD}{N_1} = \frac{(EBIT - I_2)(1 - T) - PD}{N_2} \tag{5.22}$$

$$\frac{(S_1 - VC_1 - F_1 - I_1)(1 - T) - PD}{N_1} = \frac{(S_2 - VC_2 - F_2 - I_2)(1 - T) - PD}{N_2} \tag{5.23}$$

在式(5.22)中，可以求出使两种方案每股盈余无差别的 $EBIT$，这个数值就是筹资分界点。

在式(5.23)中，可以求出使两种筹资方案每股盈余无差别的销售额，这是从另一个角度确定筹资分界点。

【例 5.15】　某企业原有资本 700 万元，其中债务资本 200 万元，利率为 12%，普通股本 500 万元（发行普通股 50 万股，每股面值 10 元）。由于扩大业务，需追加筹资 300 万元，其中：

筹资方案一：按面值增发 30 万股普通股；

筹资方案二：以 14% 的利率筹集长期债务。

企业的变动成本率为 60%，固定成本为 180 万元，所得税率 25%，则

$$\frac{(S - 0.6S - 180 - 200 \times 12\%)(1 - 25\%)}{50 + 30} =$$

$$\frac{(S - 0.6S - 180 - 200 \times 12\% - 300 \times 14\%)(1 - 25\%)}{50}$$

$$S = 790(\text{万元})$$

此时的每股盈余额为

$$\frac{(790 - 790 \times 0.6 - 180 - 24)(1 - 25\%)}{80} = 1.05(\text{元})$$

从图5.1可以看出，当销售额高于790万元时，运用负债筹资可获得较高的每股盈余；当销售额低于 790 万元时，运用权益筹资可获得较高的每股盈余。

每股收益无差别点法计算过程较为简单，且原理比较容易理解。它以普通股每股收益最高为决策标准，也没有具体考虑风险因素，事实上，当忽略风险因素或假定风险不变的前提下，每股盈余的增长才会导致股票价格的上升，从而导致企业价值增高。但事实上，随着每股盈余的增长，风险通常也会随之增大。如果每股盈余的增长不足以补偿因风险的增加所要求的报

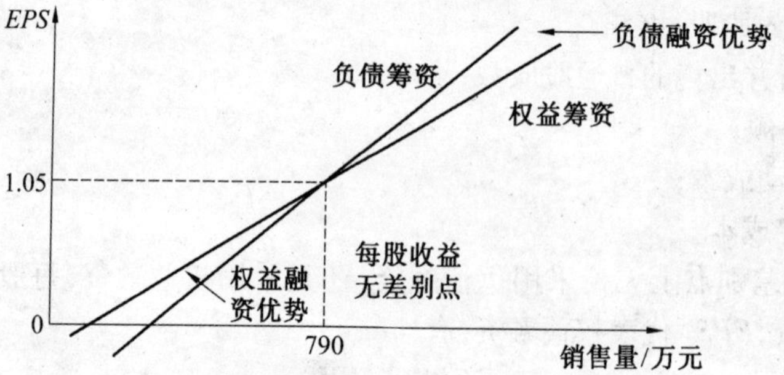

图 5.1　每股收益无差别点分析图

酬增高,则每股盈余的增高也无法遏止因风险的增大所引起的股票价格下降的趋势。可见,该种方法的决策目标实际上是股东财富最大化或股票价值最大化,而不是企业价值最大化。可用于资本规模不大、资本结构不太复杂的股份有限公司。

三、企业价值比较法

企业价值比较法是在充分反映企业财务风险的前提下,以企业价值的大小为标准,确定最佳资本结构的方法。其最大的优点就是充分考虑了财务风险和资本成本等因素的影响,进行资本结构决策以企业价值最大化为标准。通常用于资本规模较大的上市企业。

企业的市场价值 V 应当表现为股票价值和负债价值之和,即

$$企业的市场价值(V) = 股票价值(S) + 负债价值(B)$$

为方便说明,假定负债的市场价值等于其面值。股票的市场价值按企业未来净收益的折现值计算,可以由下式来决定:

$$S = \frac{(EBIT - I)(1 - T)}{K_s}$$

式中　S—— 企业股票的折现价值;

　　K_s—— 企业股票的资本成本;

　　$EBIT$—— 企业未来的息税前利润。

在企业价值计算的基础上,如果企业的全部长期资本由长期债务和普通股组成,则企业的全部资本成本可按下列公式计算:

$$K_w = K_b \frac{B}{V}(1 - T) + K_s \frac{S}{V}$$

式中　K_w—— 综合资本成本;

　　K_b—— 企业长期债务税前资本成本。

为了考虑风险因素,股票的资本成本可以通过资本资产定价模型计算:

$$K_s = R_f + \beta(R_m - R_f)$$

式中　R_f—— 无风险报酬率；

R_m—— 平均风险股票必要报酬率；

β—— 股票的贝塔系数。

下面举例说明企业价值比较法的应用。

【例5.16】　某企业资本全部由普通股资本组成，股票的账面价值为4 000万元，所得税税率为25%。该企业认为目前的资本结构不够合理，准备采用发行债券购回部分股票的方法来予以调整。企业预计息税前利润为1 000万元。经计算，目前的长期债务年利率和普通股的资本成本如表5.7所示。

表5.7　不同债务水平下债务年利率和普通股资本成本计算表

债券市场价值／百万元	长期债务年利率／%	股票的β值	无风险报酬率／%	有价证券市场平均报酬率／%	普通股资本成本／%
0		1.20	10	15	16
2	10	1.25	10	15	16.25
4	10	1.30	10	15	16.5
6	12	1.40	10	15	17
8	14	1.55	10	15	17.75
10	16	2.10	10	15	20.5

在表5.7中，当$B=200$万元时，$K_s=10\%+1.25(15\%-10\%)=16.25\%$，其余同理计算。

根据上述有关资料，计算出该企业在不同的债务资本规模下，资本成本和企业的价值如表5.8所示。

表5.8　不同债务水平下企业价值和综合资本成本计算表

债券市场价值／百万元	长期债务年利率／%	股票资本成本／%	股票市场价值／百万元	企业市场价值／百万元	K_w
0		16.00	4 687.50	4 687.50	16.00%
2	10	16.25	4 523.08	4 723.08	15.88%
4	10	16.50	4 363.64	4 763.64	15.74%
6	12	17.00	4 094.12	4 694.12	15.98%
8	14	17.75	3 752.11	4 552.11	16.48%
10	16	20.50	3 073.17	4 073.17	18.41%

在表5.8中，当$B=200$万元时，$K_b=10\%$，$K_s=16.25\%$以及$EBIT=1\,000$万元时，有

$$S=\frac{(1\,000-200\times10\%)(1-25\%)}{16.25\%}=4\,523.08(\text{万元})$$

$$V=200+4\,523.08=4\,723.08$$

$$K_s = 10\% \times \frac{200}{4\ 723.08} \times (1 - 25\%) + 16.25\% \times \frac{4\ 523.08}{4\ 723.08} = 15.88\%$$

其余计算同理。

从表5.8中可以看出,在没有债务的情况下,企业的总价值就是其原有股票的市场价值。当企业的资本结构发生变化时,即当企业通过发行债券获得债券资本并换取部分权益资本时,最初企业的总价值上升。在债务资本达到400万元时,企业总价值最高(4 763.64万元),同时企业的综合资本成本最低(15.74%)。债务资本超过400万元时,企业总价值下降。为此,债务资本为400万元时的资本结构是该企业最佳资本结构。

【案例分析】

韩国第二大企业集团大宇集团1999年11月1日向新闻界正式宣布,该集团董事长金宇中以及14名下属公司的总经理决定辞职,以表示"对大宇的债务危机负责,并为推行结构调整创造条件"。韩国媒体认为,这意味着"大宇集团解体进程已经完成","大宇集团已经消失"。

大宇集团于1967年开始奠基立厂,其创办人金宇中当时是一名纺织品推销员。经过30年的发展,通过政府的政策支持、银行的信贷支持和在海内外的大力购并,大宇成为直逼韩国最大企业——现代集团的庞大商业帝国:1998年底,总资产高达640亿美元,营业额占韩国GDP的5%;业务涉及贸易、汽车、电子、通用设备、重型机械、化纤、造船等众多行业;国内所属企业曾多达41家,海外公司数量创下过600家的记录,鼎盛时期,海外雇员多达几十万,大宇成为国际知名品牌。大宇是"章鱼足式"扩张模式的积极推行者,认为企业规模越大,就越能立于不败之地,即所谓的"大马不死"。据报道,1993年金宇中提出"世界化经营"战略时,大宇在海外的企业只有15家,而到1998年底已增至600多家,"等于每3天增加一个企业"。还有更让韩国人为大宇着迷的是:在韩国陷入金融危机的1997年,大宇不仅没有被危机困倒,反而在国内的集团排名中由第4位上升到第2位,金宇中本人也被美国《幸福》杂志评为亚洲风云人物。

1997年底韩国发生金融危机后,其他企业集团都开始收缩,但大宇仍然我行我素,结果债务越背越重。尤其是1998年初,韩国政府提出"五大企业集团进行自律结构调整"方针后,其他集团把结构调整的重点放在改善财务结构方面,努力减轻债务负担。大宇却认为,只要提高开工率,增加销售额和出口就能躲过这场危机。因此,它继续大量发行债券,进行"借贷式经营"。1998年大宇发行的公司债券达7万亿韩元(约58.33亿美元)。1998年第4季度,大宇的债务危机已初露端倪,在各方援助下才避过债务灾难。此后,在严峻的债务压力下,大梦方醒的大宇虽作出了种种努力,但为时已晚。1999年7月中旬,大宇向韩国政府发出求救信号;7月27日,大宇因"延迟重组",被韩国4家债权银行接管;8月11日,大宇在压力下屈服,割价出售两家财务出现问题的公司;8月16日,大宇与债权人达成协议,在1999年底前,将出售盈利最佳的大宇证券公司,以及大宇电器、大宇造船、大宇建筑公司等,大宇的汽车项目资产免遭处理。“8月16日协议”的达成，表明大宇已处于破产清算前夕，遭遇“存”或“亡”的险境。由于在此后的几个月中，经营依然不善，资产负债率仍然居高，大宇最终不得不走向本文开头所述的那一幕。

大宇集团为什么会倒下？在其轰然坍塌的背后，存在的问题固然是多方面的，但不可否认有财务杠杆的消极作用在作怪。大宇集团在政府政策和银行信贷的支持下，走上了一条“举债经营”之路，试图通过大规模举债，达到大规模扩张的目的，最后实现“市场占有率至上”的目标。但事实证明，大宇集团的举债经营所产生的财务杠杆效应是消极的，不仅难于提高企业的盈利能力，反而因巨大的偿付压力使企业陷于难于自拔的财务困境。

分析提示：

1. 试对财务杠杆进行界定，并对“财务杠杆效应是一把‘双刃剑’”这句话进行评述。

2. 取得财务杠杆利益的前提条件是什么？

3. 何为最优资本结构？其衡量的标准是什么？

4. 我国资本市场上大批ST、PT上市公司以及大批靠国家政策和信贷支持发展起来而又债务累累的国有企业，从“大宇神话”中应吸取哪些教训？

习　　题

一、单选题

1. 在计算优先股成本时，下列各项因素中，不需要考虑的是(　　)。

A. 发行优先股总额　　B. 优先股筹资费用率

C. 优先股的优先权　　D. 优先股每年的股利

2. 下列各项中，运用普通股每股利润(每股收益)无差别点确定最佳资金结构时，需计算的指标是(　　)。

A. 息税前利润　　B. 营业利润　　C. 净利润　　D. 利润总额

3. 下列资金结构调整的方法中，属于减量调整的是(　　)。

A. 债转股　　B. 发行新债

C. 提前归还借款　　D. 增发新股偿还债务

4. 假定某企业的权益资金与负债资金的比例为60∶40，据此可断定该企业(　　)。

A. 只存在经营风险　　B. 经营风险大于财务风险

C. 经营风险小于财务风险　　D. 同时存在经营风险和财务风险

5. 在不考虑筹款限制的前提下，下列筹资方式中个别资金成本最高的通常是(　　)。

A. 发行普通股　　B. 留存收益筹资

C. 长期借款筹资　　D. 发行公司债券

6. 在下列各项中，不能用于加权平均资金成本计算的是(　　)。

A. 市场价值权数　　B. 目标价值权数

C. 账面价值权数　　D. 边际价值权数

7. 某企业某年的财务杠杆系数为 2.5，息税前利润(EBIT)的计划增长率为 10%，假定其他因素不变，则该年普通股每股收益(EPS)的增长率为(　　)。

A. 4%　　B. 5%　　C. 20%　　D. 25%

8. 在下列各项中，能够增加普通股股票发行在外股数，但不改变公司资本结构的行为是(　　)。

A. 支付现金股利　　B. 增发普通股

C. 股票分割　　D. 股票回购

9. 已知某企业目标资本结构中长期债务的比重为 40%，债务资金的增加额在 0 ~ 20000 元范围内，其年利息率维持 10% 不变，则该企业与此相关的筹资总额分界点为(　　)元。

A. 8 000　　B. 10 000　　C. 50 000　　D. 200 000

10. “当负债达到 100% 时，价值最大”，持有这种观点的资本结构理论是(　　)。

A. 代理理论　　B. 净收益理论　　C. 净营业收益理论　　D. 等级筹资理论

11. 某公司所有者权益和长期负债比例为 5∶4，当长期负债增加量在 100 万元以内时，资金成本为 8%；当长期负债增加量超过 100 万元时，资金成本为 10%，假定资本结构保持不变，则筹资总额分界点为(　　)万元。

A. 200　　B. 225　　C. 385　　D. 400

12. 根据无税条件下的 MM 理论，下列表述中正确的是(　　)。

A. 企业存在最优资本结构　　B. 负债越小，企业价值越大

C. 负债越大，企业价值越大　　D. 企业价值与企业资本结构无关

二、多选题

1. 在下列各种资本结构理论中，支持“负债越多企业价值越大”观点的有(　　)。

A. 代理理论　　B. 净收益理论

C. 净营业收益理论　　D. 修正的 MM 理论

2. 根据现有资本结构理论，下列各项中，属于影响资本结构决策因素的有(　　)。

A. 企业资产结构　　B. 企业财务状况

C. 企业产品销售状况　　D. 企业技术人员学历结构

三、判断题

1. 经营杠杆能够扩大市场和生产等不确定性因素对利润变动的影响。(　　)

2. 资金成本是指企业筹资实际付出的代价，一般用相对数表示，即资金使用费加上资金筹集费之和与筹集资金额的比率。(　　)

3. 留存收益不需要任何筹资费用，因此其资金成本最低。(　　)

4. 经营杠杆是指固定资金成本对企业利润变动的放大作用。(　　)

四、计算题

1. B 公司为一上市公司，适用的企业所得税税率为 25%，相关资料如下：

资料一：2008 年 12 月 31 日发行在外的普通股为 10 000 万股（每股面值 1 元），公司债券为 24 000 万元（该债券发行于 2006 年年初，期限 5 年，每年年末付息一次，利息率 5%），该年息税前利润为 5 000 万元。假定全年没有发生其他应付息债务。

资料二：B 公司打算在 2009 年为一个新投资项目筹资 10 000 万元，该项目当年建成并投产。预计该项目投产后公司每年息税前利润会增加 1 000 万元。现有两个方案可供选择，其中：方案一为增发利息率为 6% 的公司债券；方案二为增发 2000 万股普通股。假定各方案的筹资费用均为零，且均在 2009 年 1 月 1 日发行完毕。部分预测数据如表 1 所示：

表 1

项　　目	方案一	方案二
增资后息税前利润/万元	6 000	6 000
增资前利息/万元	*	1 200
新增利息/万元	600	*
增资后利息/万元	(*A*)	*
增资后税前利润/万元	*	4 800
增资后税后利润/万元	*	3 600
增资后普通股股数/万股	*	*
增资后每股收益/元	0.315	(*B*)

说明：上表中“ * ”表示省略的数据。

要求：

(1) 根据资料一计算 B 公司 2008 年的财务杠杆系数。

(2) 确定表中用字母表示的数值，不需要列示计算过程。

(3) 计算两个方案的每股收益无差别点息税前利润。

(4) 用 EBIT，EPS 分析法判断应采取哪个方案，并说明理由。

2. A 公司 2008 年 12 月 31 日资产负债表上的长期负债与股东权益的比例为 40∶60。该公司计划于 2009 年为一个投资项目筹集资金，可供选择的筹资方式包括：向银行申请长期借款和增发普通股，A 公司以现有资金结构作为目标结构。其他有关资料如下：

(1) 如果 A 公司 2009 年新增长期借款在 40 000 万元以下（含 40 000 万元）时，借款年利息率为 6%；如果新增长期借款在 40 000 ~ 100 000 万元内，年利息率将提高到 9%；A 公司无法获得超过 100 000 万元的长期借款。银行借款筹资费忽略不计。

(2) 如果 A 公司 2009 年度增发的普通股规模不超过 120 000 万元（含 120 000 万元），预计每股发行价为 20 元；如果增发规模超过 120 000 万元，预计每股发行价为 16 元。普通股筹资费率为 4%(假定不考虑有关法律对公司增发普通股的限制)。

(3) A 公司 2009 年预计普通股股利为每股 2 元,以后每年增长 5%。

(4) A 公司适用的企业所得税税率为 33%。

要求:

(1)分别计算下列不同条件下的资金成本:

①新增长期借款不超过 40 000 万元时的长期借款成本;

②新增长期借款超过 40 000 万元时的长期借款成本;

③增发普通股不超过 120 000 万元时的普通股成本;

④增发普通股超过 120 000 万元时的普通股成本。

(2)计算所有的筹资总额分界点。

(3)计算 A 公司 2009 年最大筹资额。

(4)根据筹资总额分界点确定各个筹资范围,并计算每个筹资范围内的资金边际成本。

(5)假定上述项目的投资额为 180 000 万元,预计内部收益率为 13%,根据上述计算结果,确定本项筹资的资金边际成本,并做出是否应当投资的决策。

3. 已知:甲、乙、丙三个企业的相关资料如下:

资料一:甲企业历史上现金占用与销售收入之间的关系如表 2 所示。

表 2　现金与销售收入变化情况表　　单位:万元

年　度	销售收入	现金占用
2004	10 200	680
2005	10 000	700
2006	10 800	690
2007	11 100	710
2008	11 500	730
2009	12 000	750

资料二:乙企业 2009 年 12 月 31 日资产负债表(简表)如表 3 所示。

表 3　乙企业资产负债表(简表)

2009 年 12 月 31 日　　单位:万元

资　产	
现　金	750
应收账款	2 250
存　货	4 500
固定资产净值	4 500

续表 3

资产合计	12 000
负债和所有者权益	
750 应付费用	1 500 应付账款
短期借款	2 750
公司债券	2 500
实收资本	3 000
留存收益	1 500
负债和所有者权益合计	12 000

该企业 2010 年的相关预测数据为：销售收入 20 000 万元，新增留存收益 100 万元；不变现金总额 1 000 万元，每元销售收入占用变动现金 0.05，其他与销售收入变化有关的资产负债表项目预测数据如表 4 所示。

表 4　现金与销售收入变化情况表　　单位：万元

年度	年度不变资金(a)	每元销售收入所需变动资金(b)
应收账款	570	0.14
存　　货	1 500	0.25
固定资产净值	4 500	0
应付费用	300	0.1
应付账款	390	0.03

资料三：丙企业 2009 年末总股本为 300 万股，该年利息费用为 500 万元，假定该部分利息费用在 2010 年保持不变，预计 2010 年销售收入为 15 000 元，预计息税前利润与销售收入的比率为 12%。该企业决定于 2010 年初从外部筹集资金 850 万元。具体筹资方案有两个：

方案一：发行普通股股票 100 万股，发行价每股 8.5 元。2009 年每股股利(D_0)为 0.5 元，预计股利增长率为 5%。

方案二：发行债券 850 万元，债券利率 10%，适用的企业所得税税率为 33%。

假定上述两方案的筹资费用均忽略不计。

要求：

(1)根据资料一，运用高低点法测算甲企业的下列指标：

①每元销售收入占用变动现金；②销售收入占用不变现金总额。

(2)根据资料二为乙企业完成下列任务：

①按步骤建立总资产需求模型；②测算 2010 年资金需求总量；③测算 2010 年外部筹资

量。

(3)根据资料三为丙企业完成下列任务:

①计算2010年预计息税前利润;②计算每股收益无差别点;③根据每股收益无差别点法做出最优筹资方案决策,并说明理由;④计算方案一增发新股的资金成本。

4. F公司为一上市公司,有关资料如下:

资料一:

(1)2008年度的营业收入(销售收入)为10 000万元,营业成本(销售成本)为7 000万元。2009年的目标营业收入增长率为100%,且销售净利率和股利支付率保持不变。适用的企业所得税税率为25%。

(2)2008年度相关财务指标数据如表5所示:

表5　相关财务指标数据表

财务指标	应收账款周转率	存货周转率	固定资产周转率	销售净利率	资产负债率	股利支付率
实际数据	8	3.5	2.5	15%	50%	1/3

(3)2008年12月31日的比较资产负债表(简表)如表6所示。

表6　F公司资产负债表

单位:万元

资　　产	年初数	年末数	负债和股东权益	年初数	年末数
现　　金	500	1 000	短期借款	1 100	1 500
应收账款	1 000	(*A*)	应付账款	1 400	(*D*)
存　　货	2 000	(*B*)	长期借款	2 500	1 500
长期股权投资	1 000	1 000	股　　本	250	250
固定资产	4 000	(*C*)	资本公积	2 750	2 750
无形资产	500	500	留存收益	1 000	(*E*)
资产合计	9 000	10 000	权益合计	9 000	10 000

(4)根据销售额比率法计算的2008年年末资产、负债各项目占销售收入的比重数据如表7所示(假定增加销售无需追加固定资产投资)。

表7　资产、负债各项目占销售收入的比重表

资　　产	占销售收入比重	负债和股东权益	占销售收入比重
现　　金	10%	短期借款	—
应收账款	15%	应付账款	*
存　　货	(*P*)	长期借款	—
长期股权投资	—	股　　本	—
固定资产(净值)	—	资本公积	—
无形资产	—	留存收益	—
合　　计	(*G*)	合计	20%

说明:上表中用“ * ”表示省略的数据。

资料二:2009 年年初该公司以 970 元/张的价格新发行每张面值 1 000 元、3 年期、票面利息率为 5%、每年年末付息的公司债券。假定发行时的市场利息率为 6%,发行费率忽略不计。时间价值系数见附录。

要求:

(1)根据资料一计算或确定以下指标:

①计算 2008 年的净利润;

②确定表 6 中用字母表示的数值(不需要列示计算过程);

③确定表 7 中用字母表示的数值(不需要列示计算过程);

④计算 2009 年预计留存收益;

⑤按销售额比率法预测该公司 2009 年需要增加的资金数额(不考虑折旧的影响);

⑥计算该公司 2009 年需要增加的外部筹资数据。

(2)根据资料一及资料二计算下列指标:

①发行时每张公司债券的内在价值;

②新发行公司债券的资金成本。

第六章

Chapter 6

项目投资管理

【本章要点】

项目投资主要是指固定资产投资。企业把资金投放到生产经营和扩充规模所需要的各项长期资产上，是为了获得预期的投资收益。在投资者投资之前必然要对拟投资的项目进行充分论证、采用决策技术从中选优。本章重点阐述了项目投资的现金流量、投资决策分析指标等问题。通过本章介绍，学习者可了解项目投资的概念、特点和步骤、原则；理解现金流量的构成及计算；掌握项目投资决策评价指标的计算及运用。

第一节　项目投资管理概述

一、项目投资的概念及特点

投资通常是指投入财力以期在未来一段时间内或相当长一段时期内获得收益的行为。广义投资的概念涉及的范围相当广泛，既包括长期投资，也包括短期投资；既包括生产性投资，也包括金融性投资；既包括固定资产投资，也包括无形资产投资。本章所要研究的投资主要是指生产性固定资产投资，即通常所说的项目投资。

项目投资是以一种特定项目为对象，直接与新建项目或更新改造项目有关的长期投资行为。从性质上看，它是指企业作为投资主体，围绕着其生产经营中所需固定资产等数量的增加与质量的改善而进行的投资。与股票、债券投资不同，项目投资支出，通常被纳入资本预算决策程序，其目的是获得能够增加未来现金流量的长期资产，以便提高企业价值的长期增长潜力。与其他形式的投资相比，项目投资具有以下主要特点：

(一)投资金额大

项目投资,特别是战略性的扩大生产能力投资一般都需要较多的资金,其投资额往往是企业及其投资人多年的资金积累,在企业总资产中占有相当大的比重。因此,项目投资对企业未来的现金流量和财务状况都将产生深远的影响。

(二)影响时间长

项目投资的投资契机发挥作用的时间较长,项目建成后投入运营对企业未来的现金流量和长期生产经营活动将产生重大影响。

(三)投资风险大

项目投资一旦形成,就会在一个较长的时间内固化为一定的物质形态,具有投资刚性,即无法在短期内作出更改,且面临较大的市场不确定性和其他风险,决策失误将造成不可挽回的损失。因此,在投资之前采用一定的技术和方法进行风险决策分析显得尤为必要。

(四)不可逆性强

项目投资一般不准备在一年或一个营业周期内变现,而且即使在短期内变现,其变现能力也较差。因为,项目投资一旦完成,要想改变是相对困难的,不是无法实现,就是代价太大。

从以上特点可以看出,企业各个投资项目的平均获利能力往往决定了整个企业的获利能力,相应地,项目投资失误可能使企业陷入困境,甚至置企业于死地。所以,在投资决策上必须建立必要的投资决策程序,采用各种专门方法进行投资决策,以便提高投资效益。

二、项目投资的程序

(一)确定投资目标

确定投资的目标就是要达到的预定投资目的,因此,确定投资目标是投资决策的前提。投资目标是根据企业的长远发展战略、中长期投资计划和投资环境的变化,在把握良好投资机会的情况下提出的。它可以由企业管理当局或企业高层管理人员提出,也可以由企业的各级管理部门和相关部门领导提出。在此阶段决定投资方向、投资规模、投资结构以及未来投资成本效益的评估标准,为投资决策奠定良好的基础。

(二)拟定投资可行方案

项目投资前必须进行可行性分析,从技术、经济、财务等方面进行全面地、系统地综合研究。同时从法律、环境保护、公众安全以及对国民经济的影响等方面做出科学的论证与评价,为投资项目的决策提供可靠的依据和建议。根据确定的目标和分析结果,拟定多个具有可行性的备选方案。

(三)进行项目评价

进行项目评价所需要确定的变量有:项目寿命期的估计、项目预期产生的现金流入和现金流出以及用来计算项目现金流量序列的现值所需要的恰当的折现率。然后运用各种投资评价指标,把各项投资按可行程度进行排序,写出详细的评价报告。

(四)进行投资决策分析

投资项目评价后,应按分权管理的决策权限由企业高层管理人员或相关部门经理作最后决策。投资额小的战术性项目投资或维持性项目投资,一般由部门经理作出,特别重大的项目投资需要报董事会或股东大会批准。不管由谁最后决策,其结论一般都可以分成以下三种:①接受这个投资项目,可以进行投资;②拒绝这个项目,不能进行投资;③返还给项目提出的部门,重新论证后,再行处理。

(五)进行项目执行与控制

在这一过程中,应建立一套预算执行情况的跟踪系统,及时、准确地反映预算执行中的各种信息,将实际指标与预算指标进行对比,以便找出差异,分析原因,并将分析结论及时反馈给各有关部门或单位,以便调整偏离项目预算的差异,实现既定的目标。

(六)反馈调整决策方案

在投资项目的执行过程中,根据环境和需要的不断变化,要对原先的决策方案,根据变化了的情况和生产实践的反馈信息,作出相应的改变或调整,从而使决策更科学更合理。

三、项目投资管理的原则

企业投资的根本目的是为了谋求利润,增加企业价值。企业能否实现这一目标,关键在于企业能否在风云变幻的市场环境下,抓住有利时机,作出合理的投资决策。为此,需坚持以下原则:

(1)认真进行调查、捕捉投资机会。

(2)建立科学的投资决策程序。

(3)及时足额融资,保证项目资金供应。

(4)认真分析风险和收益的关系,适当控制投资风险。

第二节　项目投资现金流量分析及计算

项目投资决策中所说的现金流量是指与项目投资决策有关的现金流入和流出的数量。应提请注意的是:本章使用的“现金”是广义的现金,它不仅包括各种货币资金,而且还包括项目需要投入、企业拥有的一切资源的变现价值(或称重置成本)。例如,一个投资项目需要使用原有的厂房、设备和材料等,此时进行投资决策的现金流量应该是指它们的变现价值,而不是它们的账面价值。

一、项目投资现金流量的构成

项目投资现金流量包括现金流入量、现金流出量和现金净流量三个具体的概念。

(一)现金流出量

现金流出量(在项目开始时也称初始现金流出量或原始投资额),是指投资方案引起的企业现金支出的增加额。由以下三部分组成:

(1)固定资产投资。包括固定资产的购入或建造成本、运输成本和安装成本等。

(2)流动资产投资。包括对材料、产品、产成品和现金等流动资产的投资。

(3)其他投资费用。指与长期投资有关的职工培训费、谈判费、注册费用等。

(二)现金流入量

现金流入量,是指投资方案所引起的企业现金收入的增加量。一般由以下两部分组成:

1.营业现金流入量

营业现金流入量是营业收入扣除付现成本后的余额。其计算公式为

营业现金流入=营业收入-付现成本

其中,付现成本是指需要企业每年支付现金的营业成本。在营业成本中不需要每年支付现金的主要是折旧费,所以付现成本可以用营业成本减折旧来计算。其计算公式为

付现成本=营业成本-折旧

如果从每年现金流动的结果来看,增加的现金流入来自两部分:一部分是利润造成的货币增值;另一部分是以货币形式收回的折旧,所以营业现金流入的计算公式为

营业现金流入量=营业收入-付现成本=

营业收入-(营业成本-折旧)=

利润+折旧

其中,利润指的是税前利润,若考虑扣除所得税的影响,可得出年净营业现金流入量(营业现金流入量)的计算公式为

年净营业现金流入量=年营业收入-付现成本-所得税=净利+折旧

2.终结现金流入量

终结现金流入量是指投资项目完结时所发生的现金流量,主要包括两部分:

(1)残值收入。项目结束时设备残值的变现收入。

(2)收回的流动资金。是指项目运行初期垫支在材料、辅助材料、半成品等上的资金,在项目结束时全额收回。

(三)现金净流量

现金净流量是指一定期间现金流入量和现金流出量的差额。其计算公式为

现金净流量(NCF)=现金流入量-现金流出量

这里所说的“一定期间”,可以是指一年,也可以是指投资项目持续的整个年限。在上述公式中,流入量>流出量,净流量为正值;若流入量<流出量,净流量为负值。

投资项目在建设期和生产经营期内某一年的现金净流量的计算公式为

净流量=利润+折旧-固定资产投资-流动资金支出

投资项目最后一年的现金净流量的计算公式为

最后一年现金净流量=利润+折旧+残值收入+收回的垫支流动资金

二、项目投资决策中采用现金流量的原因

项目投资决策的重要环节之一就是预测投资项目的现金流量,全面、准确地预测投资项目预期现金流量是投资项目财务可行性评价的基础。之所以在项目投资决策中采用现金流量进行分析的主要原因体现在以下几个方面:

(一)采用现金流量体现了资金时间价值观念

采用现金流量而不是会计利润来衡量投资项目的价值,是因为会计利润是按权责发生制核算的,它与现金流量的含义完全不同,利润并不考虑资金的收付时间,而科学的投资决策必须认真考虑资金的时间价值,也就是在投资决策时,应根据投资项目寿命周期内各年的现金流量,按照资本成本,结合时间价值来确定项目投资评估的各项指标,进而对投资项目方案进行评估。

(二)采用现金流量对投资项目进行评估更符合客观实际

由于受到折旧方法、存货计价、费用的摊销和成本计算等人为因素的影响,即使针对同一个项目计提折旧,由于固定资产折旧方法的不同,使得每期计提的折旧额不同,从而导致按权责发生制计算的项目各年利润的分布存在很大差异。而在考虑时间价值的情况下,早期的收益与晚期的收益有明显的区别,由于现金流量的分布不受上述因素的影响,因此采用现金流量指标可以保证项目决策和评估的客观性。

(三)采用现金流量指标取代利润指标作为评价项目净收益的指标

如果不考虑资金的时间价值,在整个投资项目运营的年限内,利润总计与现金净流量总计是相等的。因此,现金净流量完全可以取代利润作为评价净收益的指标。

三、项目投资现金流量的计算

为了正确地评价投资项目的优劣,应正确地计算现金流量。现举例说明如下:

【例6.1】 北方公司欲购一台设备扩大生产规模。现有甲、乙两个方案可供选择。甲方案需投资100万元购置设备,使用寿命5年,直线法计提折旧,期末无残值。5年中每年销售收入为60万元,每年的付现成本为24万元;乙方案需投资120万元,垫支流动资金30万元,设备使用寿命也为5年,直线法计提折旧,期末残值变现收入20万元,5年中每年的销售收入

80 万元,付现成本第一年为 32 万元,以后随着设备陈旧,逐年将增加修理费 4 万元。假设企业所得税率为 25%,要求计算两个方案的现金流量。

(1)计算两个方案的初始现金流量。

$$甲方案初始现金流量=固定资产投资=100(万元)$$

$$乙方案初始现金流量=固定资产投资+流动资金投资=120+30=150(万元)$$

(2)计算两个方案经营期各年的营业现金流量。

首先计算两个方案的折旧额:

$$甲方案每年折旧额=\frac{100}{5}=20(万元)$$

$$乙方案每年折旧额=\frac{120-20}{5}=20(万元)$$

再计算两个方案各年的营业现金流量:

$$甲方案每年营业现金流量=(60-24-20)\times(1-25\%)+20=32(万元)$$

$$乙方案第 1 年营业现金流量=(80-32-20)\times(1-25\%)+20=41(万元)$$

$$乙方案第 2 年营业现金流量=(80-36-20)\times(1-25\%)+20=38(万元)$$

$$乙方案第 3 年营业现金流量=(80-40-20)\times(1-25\%)+20=35(万元)$$

$$乙方案第 4 年营业现金流量=(80-44-20)\times(1-25\%)+20=32(万元)$$

$$乙方案第 5 年营业现金流量=(80-48-20)\times(1-25\%)+20=29(万元)$$

(3)计算两个方案的终结现金流量。

甲方案终结现金流量=0

$$乙方案终结现金流量=固定资产残值收入+收回的垫支流动资金=20+30=50(万元)$$

两个方案各年的营业现金流量计算表如表 6.1 所示。

表 6.1　投资方案各年的营业现金流量计算表　　单位:万元

t	1	2	3	4	5
甲方案					
销售收入(1)	60	60	60	60	60
付现成本(2)	24	24	24	24	24
折　　旧(3)	20	20	20	20	20
税前净利(4)	16	16	16	16	16
(4)=(1)-(2)-(3)					
所得税(5)=(4)×25%	4	4	4	4	4
税后净利(6)=(4)-(5)	12	12	12	12	12
现金流量(7)					

续表 6.1

t	1	2	3	4	5
(7)=(1)-(2)-(5) 或 =(3)+(6)	32	32	32	32	32
乙方案					
销售收入(1)	80	80	80	80	80
付现成本(2)	32	36	40	44	48
折　　旧(3)	20	20	20	20	20
税前净利(4) (4)=(1)-(2)-(3)	28	24	20	16	12
所得税(5)=(4)×40%	7	6	5	4	3
税后净利(6)=(4)-(5)	21	18	15	12	9
现金流量(7) (7)=(1)-(2)-(5) 或 =(3)+(6)	41	38	35	32	29

表6.2 为结合初始现金流量和终结现金流量编制两个方案的现金流量计算表,计算过程见上文。

表 6.2　投资项目现金流量计算表

单位:万元

t	0	1	2	3	4	5
甲方案						
固定资产投资	-100					
营业现金流量		32	32	32	32	32
现金流量合计	-100	32	32	32	32	32
乙方案						
固定资产投资	-120					
营运资金垫支	-30					
营业现金流量		41	38	35	32	29
残　　值						20
流动资金回收						30
现金流量合计	-150	41	38	35	32	79

在表6.1 和表6.2 中,$t=0$ 代表第 1 年年初;$t=1$ 代表第 1 年年末;$t=2$ 代表第 2 年年末,依此类推。在现金流量的计算中,为了简化计算,一般都假定各年投资在年初一次进行,各年营业现金流量看做是各年年末一次发生,把终结现金流量看做是最后一年年末发生。

第三节　项目投资决策评价指标

项目投资决策指标是指用于衡量和比较投资项目可行性,据以进行方案决策的定量标准和尺度。它主要分为两大类:一类是非贴现评价指标,即没有考虑时间价值因素的方法,主要包括回收期、平均报酬率和会计收益率;另一类是贴现评价指标,即考虑了时间价值因素的方法,主要包括净现值、现值指数和内含报酬率。以上指标中,除投资回收期属于逆指标外,其余均是正指标,即指标数值在一定范围内越大越好。

一、非贴现评价指标

非贴现评价指标,是指不考虑时间价值,把不同时间的货币收支都看成是等效的。目前,在企业投资决策中该类指标只起辅助作用。该类指标主要有投资回收期、平均报酬率法和会计收益率。

(一)投资回收期

投资回收期,是回收初始投资所需的时间。一般以年为单位。这是一种使用很广泛,时间很长久的投资决策方法,计算结果表示收回投资所需要的年限,回收年限越短、方案越有利。其计算方法分为两种情况。

第一种情况:每年净现金流量相等,计算公式为

$$投资回收期=\frac{原始投资额}{年净现金流量} \tag{6.1}$$

需要说明的是,上述公式计算出的投资回收期是不包括建设期的投资回收期,如果项目有建设期,则应予以考虑。根据例6.1资料,甲方案就属于这种情况:

$$回收期(甲)=\frac{100}{32}=3.125(年)$$

第二种情况:每年净现金流量不相等时,其计算公式为

$$投资回收期=即将收回投资额之前的年份+(到该年尚未收回投资额的部分/下一年的净现金流量)$$

需要说明的是,若项目有建设期,则上述公式中的回收期是包括建设期的投资回收期。

乙方案就属于这种情况:

$$回收期(乙)=4+\frac{150-41-38-35-32}{79}=4.05(年)$$

甲、乙两个方案的回收期相比,甲方案短,所以应选甲方案。

投资回收期法的优点是计算简便、容易为决策人理解和使用,受投资者欢迎,而且该指标可以从一定程度上反映企业投资方案的风险;缺点是没有考虑资金的时间价值,也没有考虑回

收期以后的收益。因此,回收期法是传统财务管理中,进行投资决策经常使用的方法,但是在现代财务管理中,它只能作为一种辅助方法来使用。

(二)平均报酬率

平均报酬率,是指投资项目寿命周期内平均的年投资报酬率。其计算公式为

$$平均报酬率=\frac{平均现金流量}{初始投资额}\times 100\% \tag{6.2}$$

仍以例6.1资料为例,甲、乙两个方案的平均报酬率计算如下:

$$平均报酬率(甲)=\frac{32}{100}\times 100\%=32\%$$

$$平均报酬率(乙)=\frac{(41+38+35+32+79)\div 5}{150}\times 100\%=30\%$$

在采用平均报酬率法进行决策时,企业应事先确定一个要求达到的平均报酬率,在只有一个备选方案的采纳与否决策时,只有高于这个平均报酬率的项目才能入选,而在多个方案的互斥选择决策时,应选用平均报酬率最高的方案。计算公式的分母也可使用平均投资额,如此计算的结果可能会高一些,但是不会改变方案的优先次序。

平均报酬率法的优点是简明、易算和易懂;缺点是没有考虑资金的时间价值。将不同时点上的现金流量看成是等值的,因此,在期限较长、后期收益率较高的项目投资决策时,有时会得出错误的结论。

(三)会计收益率

会计收益率,是指企业净利润(净收益)与投资额的比率。因为这种方法在计算时要使用会计报表数字,以及普通会计的收益和成本的概念,所以称做会计收益率法。其计算公式为

$$会计收益率=\frac{年平均净收益}{原始投资额}\times 100\% \tag{6.3}$$

仍以例6.1资料为例,甲、乙两个方案的会计收益率计算如下:

$$会计收益率(甲)=\frac{12}{100}\times 100\%=12\%$$

$$会计收益率(乙)=\frac{(21+18+15+12+9)\div 5}{150}\times 100\%=10\%$$

会计收益率法的优点是决策所需资料直接来自会计核算数据,容易取得,计算方法简单明了;缺点是没有考虑时间价值的因素。

二、贴现评价指标

贴现评价指标,是指考虑时间价值评价指标,主要有以下三个:

(一)净现值法

净现值(Net Present Value,NPV)是指采用特定方案后未来现金流入量的现值与未来现金流出量现值之间的差额。也可以具体表示为:净现值是指投资方案实施后,未来能获得的各种报酬按资金成本或必要报酬率折算的总现值与历次投资额按资金成本或必要报酬率折算的总现值之差额。通常用 NPV 表示,其计算公式为

$$NPV = \frac{NCF_1}{(1+k)^1} + \frac{NCF_2}{(1+k)^2} + \cdots + \frac{NCF_n}{(1+k)^n} - C = \sum_{t=1}^{n} \frac{NCF_t}{(1+k)^t} - C \qquad (6.4)$$

式中　NPV—— 净现值;

NCF_t—— 第 t 年的净现金流量;

k—— 贴现率(资金成本或企业要求的必要报酬率);

n—— 预计使用年限;

C—— 初始投资额或投资额总现值;

净现值的公式可表达为

净现值 = 未来报酬的总现值 - 投资总现值 =

现金流入总现值 - 现金流出总现值

按照净现值法,所有的未来现金流入和现金流出都要按预定贴现率折算为它们的现值,然后再计算它们的差额。

如果净现值为正数,即贴现后的现金流入大于流出,说明该项目的投资报酬率大于预定的贴现率,亦即该投资方案的实际报酬率大于资金成本或必要报酬率,投资于该方案是有利可图的;如果净现值为零,即贴现后现金流入等于现金流出,说明该项目的投资报酬率相当于贴现率,亦即该投资方案的实际报酬等于资金成本或必要报酬率,投资于该方案是保本的,企业偿付借款本息后将一无所获;如果净现值为负数,即贴现后现金流入小于现金流出,说明该项目的投资报酬率小于贴现率,亦即该投资方案的实际报酬率小于资金成本或必要报酬率,投资于该方案不但连成本都收不回来,还要亏损。

净现值法的决策规划有两个:一是在只有一个备选方案的采纳与否决策时,净现值为正值的可采纳,否则放弃;二是在多个备选方案的互斥选择决策时,取其中净现值为正值中的最大值。

【例 6.2】　仍以例 6.1 资料为例,计算甲、乙两方案的净现值。假设资金成本率为 10%,有关数据如表 6.3 所示。

表 6.3　净现值计算资料表　　单位:万元

期　间	甲　方　案		乙　方　案	
	净收益	净现金流量	净收益	净现金流量
0		-100		-150
1	12	32	21	41
2	12	32	18	38
3	12	32	15	35
4	12	32	12	32
5	12	32	9	79
合　计	60	60	75	75

两个方案的净现值计算如下：

$$NPV_{甲} = 32 \times PVIFA_{10\%,5} - 100 = 32 \times 3.791 - 100 = 21.312(\text{万元})$$

$$NPV_{乙} = 41 \times PVIF_{10\%,1} + 38 \times PVIF_{10\%,2} + 35 \times PVIF_{10\%,3} + 32 \times PVIF_{10\%,4} + 79 \times PVIF_{10\%,5} = 41 \times 0.909 + 38 \times 0.826 + 35 \times 0.751 + 32 \times 0.683 + 79 \times 0.621 - 150 = 165.857 - 150 = 15.857(\text{万元})$$

以上计算结果表明:甲、乙两方案的净现值均大于零,说明两方案的报酬率都超过10%,若该企业的资金成本或要求的投资报酬率为10%,两方案都满足决策要求,但本题只能选择一个方案,甲方案净现值大于乙方案净现值,所以选择甲方案。

净现值法的主要优点是理论较完善,有广泛的适用性。该方法考虑了资金的时间价值,能够反映各种投资方案的净收益,其实际反映的是投资方案贴现后的净收益,因而是一种较好的,适用性强的好方法。在互斥项目的选择中,利用净现值法进行决策是最好的选择。

净现值法的主要缺点有三个:一是不能揭示实际报酬率,它能说明评估方案的实际报酬率与贴现率之间的大小关系,但是不能说明该方案的实质报酬率是多少;二是贴现率不好确定,实际上净现值应用的关键问题就是如何确定贴现率,有两种确定方法:一种是根据企业资金成本来确定,另一种是根据企业要求的最低资金利润率来确定;三是在投资规模不等的项目投资决策时,不能做出判断。

(二) 现值指数

现值指数(Present Value Index,PI)又称获利指数、利润指数及贴现的收益。概括地说,是指未来现金流入现值与现金流出现值之比;具体地说,是指投资项目未来报酬的总现值与全部投资额的总现值之比,用 PI 表示。其计算公式为

$$PI = \left[\frac{NCF_1}{(1+i)^1} + \frac{NCF_2}{(1+i)^2} + \cdots + \frac{NCF_n}{(1+i)^n}\right] / C = \sum_{t=1}^{n} \frac{NCF_t}{(1+i)^t} / C \qquad (6.5)$$

即

$$现值指数 = \frac{未来报酬的总现值}{全部投资的总现值}$$

或

$$= \frac{现金流入总现值}{现金流出总现值}$$

现值指数说明了每1元现值投资额可获得多少现值报酬，或者说，现值指数的实际是每1元原始投资可望获得的现值净收益。它是一个相对数，反映投资的效率；而净现值是一个绝对数，反映投资的效益，所以现值指数更适合于投资规模不同的方案之间的比较。

现值指数的决策规则为：一是在只有一个备选方案的采纳与否决策中，选现值指数大于1的，否则放弃；二是在多个方案的互斥选择决策中，取现值指数大于1的最大值。

仍以例6.1的资料为例，甲和乙两个方案的现值指数计算如下：

$$PI(甲) = \frac{32 \times PVIFA_{10\%,5}}{100} = \frac{121.312}{100} = 1.213$$

$$PI(乙) = \frac{41 \times PVIF_{10\%,1} + 38 \times PVIF_{10\%,2} + 35 \times PVIF_{10\%,3} + 32 \times PVIF_{10\%,4} + 79 \times PVIF_{10\%,5}}{150} = \frac{165.883}{150} = 1.106$$

以上计算结果表明，甲、乙两方案的现值指数均大于1，说明其投资收益超过成本，即投资报酬率超过预计的贴现率。但甲、乙两方案是互斥的，所以选择现值指数较大的甲方案。

现值指数法的优点：一是真实地反映了投资项目的盈亏程度，由于现值指数法考虑了资金的时间价值因素，所以能真实地反映投资项目的盈亏程度；二是便于独立方案的比较，由于现值指数是用相对数来表示投资效益的，所以，可以在初始投资额不同或全部投资额不同的方案之间进行比较、优选。

现值指数法的缺点：一是现值指数的概念不好理解；二是未能揭示投资方案本身具有的真实报酬率。

现值指数法和净现值法都考虑了资金的时间价值，但两者反映的内容不同，净现值是绝对数，反映投资的效益；现值指数是相对数，反映投资的效率。在决策中，这两种方法可以结合使用。

（三）内含报酬率

内含报酬率（Internal Rate of Return，IRR），又称内部收益率，概括地说，是指能够使未来现金流入量等于现金流出量现值的贴现率；具体地说，是指使投资项目的净现值等于零的贴现

率。用 IRR 来表示,其计算公式为

$$\frac{NCF_1}{(1+r)^1}+\frac{NCF_2}{(1+r)^2}+\cdots+\frac{NCF_n}{(1+r)^n}-C=0 \tag{6.6}$$

即

$$\sum_{t=1}^{n}\frac{NCF_t}{(1+r)^t}-C=0$$

未来报酬总现值 - 全部投资总现值 = 0

能使上述等式成立的“r”,就是该方案的内含报酬率。前面研究的净现值法和现值指数法虽然考虑了时间价值,可以说明投资方案高于或低于某一特定的投资报酬率,但是它们都没有揭示方案本身可以达到的具体的报酬率是多少。而内含报酬率是根据方案的现金流量计算得出的,是方案本身的投资报酬率。因此说,内含报酬率实际上反映了投资项目的真实报酬率,使得决策者根据该项指标的大小,即可对投资项目进行评价。

决策规则:一是在只有一个备选方案的采纳与否决策中,取大于或等于必要报酬率的最大值,否则放弃;二是在多个方案的互斥选择决策中,取大于必要报酬率最大值最多的。

计算方法分为两种:

第一种方法:若净现金流量呈等额地均匀分布,可直接按年金求现值的方法计算。其计算公式如下:

$$\text{投资额总现值} = \text{每年净现金流量} \times PVIFA_{i,n}$$

则

$$\text{年金现值系数} = \frac{\text{投资额总现值}}{\text{年净现金流量}}$$

仍以例 6.1 的资料为例,甲方案的内含报酬率计算如下:

$$100 = 32 \times PVIFA_{i,5}$$

$$PVIFA_{i,5} = 100 \div 32 = 3.125$$

查“年金现值系数表”,$n=5$,系数 3.125 所指的利率 i,结果与 3.125 接近的现值系数为 3.127 2 和 2.990 6 分别指向 18% 和 20%,说明该方案的内含报酬率在 18% ~ 20% 之间,可用内插法进一步确定 B 方案的内含报酬率。

$$\frac{x-18\%}{20\%-18\%}=\frac{3.125-3.127\,2}{2.990\,6-3.127\,2}$$

$$x = 18\% + 2\% \times \left(\frac{-0.002\,2}{-0.136\,6}\right) =$$

$$18\% + 0.032\% = 18.032\%$$

以上计算结果表明甲方案的内含报酬率只有 18.03%,大于贴现率(10%),所以该方案是盈利的,可行。

第二种方法:若现金流量呈不均匀分布,需采用“逐步测试法”计算,步骤如下:

第一步:估计一个贴现率,用它来计算净现值。若净现值为正数,说明方案本身的报酬率超过估计的贴现率,应提高贴现率后再测试;若净现值为负数,说明方案本身的报酬率低于估计的贴现率,应降低贴现率后进一步测试。

第二步:经过反复测算,找到由负到正两个比较接近于零的净现值,从而确定内含报酬率的区间范围(两个相邻的贴现率)。

第三步:根据上述两个相邻的贴现率再用插值法求其精确值,从而计算出方案的实际内含报酬率。

仍以例 6.1 的资料为例,根据前面的计算得知,乙方案的净现值为正数,说明它的投资报酬率大于 10%,应提高贴现率进一步测试。若以 14% 为贴现率测试,其结果净现值为负值(-1.251),降到 13% 再测试,结果净现值为正值(2.807),可以判定乙方案的内含报酬率在 13% ~ 14% 之间,测试过程如表 6.4 所示。

表 6.4　A 方案内含报酬率测试表

单位:元

年　份	净现金流量	贴现率 14%		贴现率 13%	
		贴现系数	现 值	贴现系数	现 值
0	-150	1	-150	1	-150
1	41	0.877	35.957	0.885	36.285
2	38	0.769	29.222	0.783	29.754
3	35	0.675	23.625	0.693	24.255
4	32	0.592	18.944	0.613	19.616
5	79	0.519	41.001	0.543	42.897
净现值	15.88		-1.251		2.807

用插值法来求乙方案内含报酬率的精确值,如下:

$$内含报酬率(乙) = 13\% + 1\% \times \frac{-2.807}{-1.251 - 2.807} = 13.69\%$$

计算结果表明,乙方案的内含报酬率为 13.69%,大于贴现率(10%),投资于该方案是有利可图的,可净得 3.69% 的报酬率,所以乙方案可以采纳。

内含报酬率法的优点是:考虑了时间价值,反映了投资项目的真实报酬率,有实用价值;缺点是计算过于复杂,不易掌握。尤其是每年净现金流量不相等的投资项目,一般要经过多次测算才能确定。

第四节　项目投资决策评价指标的运用

了解项目投资决策指标的内涵、计算及决策标准后,就可以在实际项目投资决策中进行具体运用。本节将对固定资产更新决策、资本限量决策、投资开发时机决策和项目寿命周期决策等有关决策指标的运用加以介绍。

一、固定资产更新决策

随着科学技术的发展,固定资产更新的周期越来越短,企业经常会面临是否重购机器设备的决策问题。在实际工作中,作出这个决策要考虑许多方面的影响因素,其中最重要的是算清经济账,即更新固定资产是否合算。这就要求更新的结果必须符合经济原则,要有经济效益。

(一) 使用年限相同的固定资产更新决策

在新旧设备可使用年限相同的情况下,决策可以使用差量分析法。

差量分析法,就是通过计算一个方案比另一个方案增减的现金流量差额,来判断方案是否可行的方法。假设有 A、B 两个不同的投资方案,则差量分析法的具体步骤可总结如下:

(1) 计算 Δ 现金流量 = A 的现金流量 - B 的现金流量;

(2) 根据各期的 Δ 现金流量,计算两个方案的 Δ 净现值;

(3) 根据 Δ 净现值作出判断:Δ 净现值 ≥ 0,选择方案 A,否则选择方案 B。

【例6.3】 某企业原有一台设备。原值280 000元,可用8年,已用3年,已提折旧100 000元,目前变现收入160 000元,如果继续使用旧设备,期末有残值10 000元,如果更新设备,买价360 000元,可用5年,期末有残值10 000元,更新不影响生产经营。新旧设备均采用直线折旧。更新后,每年增加经营收入120 000元,增加经营成本60 000元,企业所得税税率为25%。试做出该企业是否更新设备的决策。

更新设备与继续使用旧设备的差量现金流量如下:

新设备购置成本 =- 360 000(元)

旧设备出售收入 = 160 000(元)

旧设备出售税负节余 = [(280 000 - 100 000) - 160 000] × 25% = 5 000 元

Δ 初始现金流量 =- 360 000 + 160 000 + 5 000 =- 195 000(元)

Δ 年折旧额 = (360 000 - 10 000) ÷ 5 - (280 000 - 100 000 - 10 000) ÷ 5 = 36 000(元)

Δ 销售收入 = 120 000 - 0 = 120 000(元)

Δ 付现成本 = 60 000 - 0 = 60 000(元)

Δ 营业净现金流量 = 120 000 × (1 - 25%) - 60 000 × (1 - 25%) + 36 000 × 25% = 54 000(元)

Δ 终结净现金流量 = 10 000 - 10 000 = 0(元)

两个方案的 Δ 净现值

$\Delta NPV = 54\ 000 \times PVIFA_{10\%,5} - 195\ 000 = 54\ 000 \times 3.791 - 195\ 000 = 9\ 714$(元)

以上计算结果表明,更新设备比继续使用旧设备多得净现值 9 714 元,所以应该购买新设备。本例也可以通过分别计算新旧设备的净现值,再进行比较,结果应该是一样的。

(二) 使用年限不同的固定资产更新决策

前例所研究的固定资产投资方案的选择都是假定在各投资项目的寿命期相等的前提下

的。但实务中，投资项目不同寿命期也不相同。由于项目的寿命期不同，就不能简单地运用净现值、内部报酬率和获利指数进行投资项目间的比较分析。否则，将可能得出错误的结论。现举例如下：

【例6.4】　某公司拟进行一项投资，现有两个互斥投资方案。甲方案初始投资额为20万元，项目寿命为4年，项目终结时净残值为2万元，每年营业现金流量为10万元。乙方案初始投资额为40万元，项目寿命为8年，项目终结时无残值，每年营业现金流量为11万元。公司资本成本为10%。试判断应该选择哪个投资方案。

两个方案单次投资的净现值计算如下：

$$NPV_{甲} = 10 \times PVIFA_{10\%,4} + 2 \times PVIF_{10\%,4} - 20 = 10 \times 3.170 + 2 \times 0.683 - 20 = 13.066(万元)$$

$$NPV_{乙} = 11 \times PVIFA_{10\%,8} - 40 = 11 \times 5.335 - 40 = 18.685(万元)$$

两个方案的净现值表明乙方案优于甲方案，应选择乙方案进行投资。但是这种分析并不全面，因为这种分析没有考虑到两个方案的寿命期不同。如果选择乙方案，需要历经8年才能得到18.685万元的收益，而甲方案历经4年就可以得到13.066万元的收益，第4年末还有其他投资机会可供选择，而且还要历经4年才能与乙方案的寿命期一致。为了提高净现值指标的可比性，必须对分析过程进行改进。由此，引出了两种专门用以比较寿命期不等的投资方案优劣的分析方法——最小公倍寿命法和年资本回收额法。

1. 最小公倍寿命法

最小公倍寿命法就是通过对投资项目的寿命周期进行延展，以使两投资项目的寿命周期相一致的方法。延展的原则是假定在后续的延展期依旧重复原投资项目，并且在延展期内项目的各年资金流动与首次投资完全一致。仍以上述公司的投资方案为例，甲、乙两投资方案的最小公倍寿命周期为8年。由于乙方案的净现值原来就是按8年计算的，所以不必再做调整。但是甲方案的净现值是按4年计算的，要将其寿命期延展至8年，按最小公倍法的延展原则假定从第4年年末开始重新再次投资。具体分析过程如表6.5所示。

表6.5　甲投资项目的现金流量表　　　　单位：万元

项目	0	1	2	3	4	5	6	7	8
首次投资的现金流量	20	10	10	10	12				
再次投资的现金流量					−20	10	10	10	12
两次投资合并的现金流量	−20	10	10	10	−8	10	10	10	10

该项目8年的净现值为

$$NPV_{甲} = 首次投资的净现值 + 再次投资(第四年末)的净现值 \times PVIF_{10\%,4} = 13.066 + 13.066 \times 0.683 = 21.99(万元)$$

经过上述分析，可以将两个方案的净现值进行比较。由于甲方案的净现值为21.99万元，乙项目的净现值为 18.685 万元,因此应选择甲项目。

2. 年资本回收额法

年资本回收额法是把项目的净现值转化为项目每年的平均净现值,也称为年均净现值。计算公式为

$$ANPV = \frac{NPV}{PVIFA_{k,n}}$$

式中 $ANPV$—— 年资本回收额;

NPV—— 净现值;

$PVIFA_{k,n}$——— 年金现值系数。

仍以上述公司甲、乙两投资方案为例,甲、乙两方案的年资本回收额为

$$ANPV_{甲} = 13.066 \div PVIFA_{10\%,4} = 13.066 \div 3.170 = 4.122(万元)$$

$$ANPV_{乙} = 18.685 \div PVIFA_{10\%,8} = 18.685 \div 5.335 = 3.502(万元)$$

上述的计算表明:甲方案的年资本回收额大于乙方案的年资本回收额,故而应选择甲方案进行投资。

此公司的甲、乙两个投资方案的最小公倍寿命期为 8 年,而其中乙方案的寿命期刚好为 8 年,所以只需对甲方案进行调整即可。但有时两个投资方案的最小公倍寿命周期并非是其中某一个投资项目的寿命周期。例如,两投资项目的寿命周期分别为3 年和11 年,那么最小公倍寿命周期为 33 年,要对两个投资项目进行合理的比较分析,则必须对两个投资项目都进行延展,这样势必计算量较大。这是最小公倍寿命周期法不可避免的缺点。换句话说,最小公倍寿命周期法最好用于一投资项目的寿命周期是另一个投资项目的寿命周期的倍数时的情况。相对来讲,年资本回收额法显得比较简便合理。一般情况下,两种方法会得出相同的结果,但当两投资项目按最小公倍寿命周期法求得的净现值相差不大时,运用两种方法可能会得出相反的结论,此时应该以哪种方法作为判别标准要视企业的具体状况而定。若再投资风险较小收益较好时应以最小公倍寿命周期法为准;若再投资风险较大收益较低时,应以年资本回收额法为准。

二、资本限量决策

企业在进行投资决策时,往往有两种情况会限制投资的数量和规模。一种是缺乏技术力量、管理人才、经营能力,这种限制被称为软资源配额,它属于企业经营管理的范畴;另一种情况是由于资金不足,不可能投资于所有可供选择的项目,不得不在一定的资金范围内进行选择投资,这种限制被称为硬资金配额,它属于财务管理研究的问题。

在资金有限量的情况下,企业如何选择最好的方案,是特殊条件下的决策问题。为了获得最大的经济效益,应将有限资金投资于一组最佳的投资组合方案,其选择标准是净现值最大和现值指数最大,相应地,其决策方法有两种:现值指数法和净现值法。

采用现值指数法的计算步骤：计算各项目的现值指数→选出现值指数≥1的所有项目→计算加权平均的现值指数→取最大的一组。

采用净现值的计算步骤：计算各项目的净现值→选出净现值≥0的所有项目→计算各组合的净现值总额→取净现值总额最大的一组。

【例6.5】　某企业只有400万元资金供投资，有A、B、C、D、E五个投资项目供选择，资料如表6.6所示。

表6.6　各方案情况表

方案	A	B	C	D	E
投资额/万元	300	200	200	100	100
净现值/万元	120	40	100	22	30
现值指数	1.4	1.2	1.5	1.22	1.3

计算结果如表6.7所示。

表6.7　各方案计算情况表

顺序	项目组合	初始投资/万元	加权平均现值指数	净现值总额/万元
1	A、D	400(300 + 100)	1.355	142(120 + 22)
2	A、E	400(300 + 100)	1.375	150(120 + 30)
3	C、B	400(200 + 200)	1.35	140(100 + 40)
4	B、D、E	400(200 + 100 + 100)	1.23	92(40 + 22 + 30)
5	C、D、E	400(200 + 100 + 100)	1.38	152(100 + 22 + 30)

加权平均现值指数的计算公式为

$$PI_w = \sum_{i=1}^{n} PI_i x_i$$

其中　PI_w——加权平均现值指数；

PI_i——某项目的平均现值指数；

x_i——某项目投资额占总投资额的比重。

表6.7中，C、D、E组合的加权平均现值指数的计算方法为

$$\text{加权平均现值指数} = \frac{200}{400}\times 1.5 + \frac{100}{400}\times 1.22 + \frac{100}{400}\times 1.3 = 1.38$$

上述计算表明，在上述五种组合中，“C、D、E”的组合方案为最佳组合，它的现值指数和净现值总额都是最大值。但是，如果其中D、E两个方案是互斥的，即不相容的，选D就不能选E，表6.7中的第4和第5组合方案都不能成立，应选第2个组合，即“A、E”组合方案，它的现值指数与净现值总额都是最大的。

三、投资开发时机决策

投资开发时机决策主要研究矿藏开发时机的问题，在矿藏储量一定的前提条件下，随着开

采量的增加,储存量的减少,矿产品价格会呈现一种不断上升的趋势,也就是说,早开发的收入少,晚开发的收入多;但是另一方面,受资金时间价值的影响,早开发所得的100万元比10年后或开发晚的100万元的价值大,究竟应该何时开发最为有利,就是现在要研究的问题。

投资开发时机决策的基本规则也是寻找使净现值最大的方案。但是,由于两个方案的时间(t)不一样,因而不能把净现值简单地相比,而需要把晚开发的净现值再一次折现,即换算为早开发的第一年初时的现值,然后二个方案进行比较,取其中的最大的正值的开发方案。

【例6.6】 某林业公司有一片树林准备采伐并将加工成材出售,该树林的树木将随着时间的推移而更加茂密,也就是单位面积的经济价值将提高。按公司计划安排,可以现在采伐或3年后采伐,无论哪种方案,树林都可供采伐4年,需要的初始投资都为120万元。现在采伐和3年后采伐的现金流量表如表6.8和表6.9所示。该公司资本成本为10%。试决定是现在采伐还是3年后采伐。

表6.8 现在采伐的现金流量表 单位:万元

时间	第0年	第1年	第2年	第3年	第4年
现金流量	-120	100	120	140	170

表6.9 3年后采伐的现金流量表 单位:万元

时间	第4年初	第4年	第5年	第6年	第7年
现金流量	-120	170	200	250	300

现在采伐的净现值为

$$NPV=100\times PVIF_{10\%,1}+120\times PVIF_{10\%,2}+140\times PVIF_{10\%,3}+170\times PVIF_{10\%,4}-120=$$
$$100\times 0.909+120\times 0.826+140\times 0.751+170\times 0.683-120=$$
$$291.27(\text{万元})$$

3年后采伐的净现值为

$$NPV=170\times PVIF_{10\%,4}+200\times PVIF_{10\%,5}+250\times PVIF_{10\%,6}+$$
$$300\times PVIF_{10\%,7}-120\times PVIF_{10\%,3}=$$
$$170\times 0.683+200\times 0.621+250\times 0.564+300\times 0.513-120\times 0.751=$$
$$445.09(\text{万元})$$

由于3年后采伐的净现值大于现在采伐的净现值,所以应该在3年后再采伐。

四、投资期决策

从开始投资至投资结束投入生产所需要的时间称为投资期。缩短投资期,可以使项目提前投入运行,早日获得现金流入量和获得经济效益,若从资金时间价值这方面考虑是合算的。但是,缩短投资期,需要集中施工力量,交叉作业,加班加点,因此往往需要增加投资额,增加项目现金的流出量。因此说,究竟是否缩短建设期,建设期缩短多长时间为宜,应采用一定的方法进行分析,把这笔经济账算清楚,从而决定最佳的投资期。进行投资期决策的方法有两种:

差量分析法和净现值分析法。

1. 差量分析法

根据缩短投资期与正常投资期相比的Δ现金流量来计算Δ净现值。若Δ净现值为正，说明缩短投资期比较有利；若Δ净现值为负，则说明缩短投资期得不偿失。即：

$NPV>0$→有利→缩短投资期；

$NPV<0$→不利→正常投资期；

【例6.7】 某公司投资一个项目，正常投资期为3年，每年投资300万元，项目投产后可使用15年，每年营业现金流量200万元，项目终结时净残值为50万元。如果将投资期缩短为2年，则每年需投入500万元，项目投产后的使用年限、每年营业现金流量和项目终结时的净残值均不变。公司资本成本为10%。试决策公司是否应该缩短投资期。

缩短投资期与正常投资期相比的差量现金流量的计算如表6.10所示。

表6.10　缩短投资期与正常投资期相比的差量现金流量表　　单位：万元

年　份	0	第1年	第2年	第3年	第4~16年	第17年	第18年
缩短投资期的现金流量	-500	-500	0	200	200	250	0
正常投资期的现金流量	-300	-300	-300	0	200	200	250
差量现金流量	-200	-200	300	200	0	50	-250

$$\begin{aligned}\text{差量净现值} &= -200+(-200)\times PVIF_{10\%,1}+300\times PVIF_{10\%,2}+200\times PVIF_{10\%,3}+\\&\quad 50\times PVIF_{10\%,17}+(-250)\times PVIF_{10\%,18}=\\&\quad -200+(-200)\times 0.909+300\times 0.826+200\times 0.751+\\&\quad 50\times 0.198-250\times 0.180=\\&\quad -18.9(\text{万元})\end{aligned}$$

由于缩短投资期于正常投资期相比的差量净现值为负，因此，公司应该按正常投资期即3年进行投资。

2. 净现值分析法

净现值分析法，先分别计算正常投资期和缩短投资期的净现值，然后进行比较分析，若缩短投资期与正常投资期净现值的差额为正值，可采纳缩短投资期的方案；否则，应放弃。

仍以例6.7资料为例，两个方案的净现值计算如下：

正常投资期的净现值为

$$\begin{aligned}NPV &= -300+(-300)\times PVIF_{10\%,1}+(-300)\times PVIF_{10\%,2}+200\times PVIFA_{10\%,15}\times PVIF_{10\%,3}+\\&\quad 50\times PVIF_{10\%,18}=\\&\quad -300-300\times 0.909-300\times 0.826+200\times 7.606\times 0.751+50\times 0.180=\\&\quad 330.921\,2(\text{万元})\end{aligned}$$

缩短投资期的净现值为

$$NPV=-500+(-500)\times PVIF_{10\%,1}+200\times PVIFA_{10\%,15}\times PVIF_{10\%,2}+50\times PVIF_{10\%,18}=$$

$-500-500\times0.909+200\times7.606\times0.826+50\times0.198=$

311.911 2(万元)

缩短投资期与正常投资净现值的差额为

$$311.911\,2-330.921\,2=-19.01(\text{万元})$$

计算结果表明:缩短投资期减少净现值19.01万元,所以应该采纳正常投资期的方案。

【案例分析】

在蓝光集团2001年11月3日的执行委员会大会上,董事长兼总裁江宁要求由营销部副总韩辉和投资部副总李彦负责,认真调查一下市场目前和潜在的需求情况,准备投资开发新的项目,挖掘集团新的利润增长点。

韩辉和李彦散会后与办公室主任王明会晤了一下,讨论怎么办。最后他们决定成立一个项目团队来进行这一工作,团队应由来自研发部、市场部、投资部、财务部的成员组成,并同意由毕业于中国人民大学的工商管理硕士李嘉负责。李嘉已在公司工作了3年,以前在市场部,现在在投资部,对市场和公司情况有深入的了解。韩辉和李彦对此人都很有信心。

一、公司背景及产品介绍

蓝光集团有限公司是一个以高科技产品为龙头,多种产业并存发展,集科工、贸、房地产、教育、文化、服务、运输等为一体的多元化跨国企业集团。集团组建于1994年,总部设在北京,生产基地坐落于天津市经济技术开发区,占地面积27万m^2,建筑面积13万m^2,资产规模超过10亿元人民币。集团的前身是天津蓝光经济发展总公司(1990年创建)和天津生物工程公司(1991年创建)。

蓝光集团以尖端的生物技术为依托,吸收中医学精华,开发具有降低血脂、延缓衰老、抗肿瘤、润肠通便等功能的高品质系列保健品,并从国外引进先进的生产设备和工艺,建立了严格的品质管理体系,公司已通过了国际化标准的ISO 9002质量体系认证。为保证公司长远有序的发展,蓝光集团已在十几个国家办理了商标注册。在美国、加拿大、俄罗斯、韩国、泰国、越南、南非等国家的分公司已相继开业,还有二十多个国家的分公司正在筹备之中,将于近期开业。

为了确保产品品质,满足市场需求,蓝光不断进行技术改造和设备更新,投入巨资兴建现代化生产基地,从意大利、荷兰、英国等地引进具有国际先进水平的生产设备。至今已生产出包括营养补钙为主的系列保健食品、普通食品、医疗器械和生活用品四大系列100多种产品,并在全球十几个国家获得了市场准入资格,部分产品通过了美国FDA检测,而且产品的范围正在不断扩大。

二、市场调研

项目团队组成并明确任务后,首先对市场进行了认真深入的调查。以下是项目团队提供的一份市场调查报告的一部分。

蓝光集团在努力扩大保健品市场份额的同时,不应忽视一个问题,即目前在钙、核酸产品淡出视线,脑白金市场日渐衰落的情况下,中国医药保健品行业出现了市场热点的空缺,而从历史经验来看,新的热点应该很快就会填补这个空缺。项目团队对有可能产生的市场热点进行了分析和预测,对治疗骨关节炎产品的市场很是看好。

项目团队通过搜集的资料发现,我国的骨关节炎患者超过1亿,而且近年来国际上对骨关节炎的重视程度越来越高,1999年世界卫生组织将骨关节炎与心血管疾病及癌症列为威胁人类健康的“三大杀手”,将2000～2010年定为“骨关节十年”。然而,对骨关节炎的治疗手段不能尽如人意,目前通常采用的消炎镇痛类药物,不能从根本上进行治疗。氨基酸葡萄糖硫酸盐作为软骨组织的营养补充剂,被认为是唯一能够根本缓解骨关节炎病症的特异性产品,但早期开发的产品因含有20%以上的钠离子、钾离子、氯离子等杂质,对心血管病及肾病患者有一定影响,因此效果不够理想。由于没有出现真正对其构成威胁的竞争产品,因此这个市场一直是消炎镇痛类药物的天下。

如今,这种局面正面临着被打破的可能,已有两家医药企业开发出氨基酸葡萄糖类的特异产品,利用选择性离子过滤技术,有效地剔除了生产过程中的杂质,生物的利用程度得到大幅度的提高,显著地缓解了骨关节炎的病症。然而,不容忽视的一个问题是,长期以来无论是医生还是患者接触的主要是消炎镇痛类产品,要说服他们使用新的特异性产品尚需一段时日,因此,疾病教育问题对这个市场来说可能是最棘手的。

可喜的是,蓝光集团是以生产壮骨粉起家的,在新产品的研发方面具有一定的技术优势。所以,项目团队认为应该抢抓机遇,进军骨关节炎市场。

三、固定资产投资分析

12月22日,韩辉将李嘉提供的前期市场调研和项目的可行性研究结果向董事长江宁汇报。项目团队的投资建议得到认可。并且为了确保骨关节炎项目的实施,蓝光集团打算进行一系列的固定资产投资,以便为进军骨关节炎市场做好先期准备。蓝光集团的财务人员根据公司的实际情况,提供了如下甲、乙两种可供选择的方案。

甲方案:

(1)原始投资共有1 000万元(全部来源于自有资金),其中包括:固定资产投资750万元,流动资金投资200万元,无形资产投资50万元。

(2)该项目的建设期为2年,经营期为10年。固定资产和无形资产投资分两年平均投入,流动资金投资在项目完工时(第二年年末)投入。

(3)固定资产的寿命期限为10年(考虑预计的净残值)。无形资产投资从该年份起分10年摊销完毕,流动资产于终结点一次收回。

(4)预计项目投产后,每年发生的相关营业收入(不含增值税)和经营成本分别为600万元和200万元,所得税率为33%,该项目不享受减免所得税的待遇。

(5)该行业的基准折现率为14%。

乙方案:比C方案多加80万元的固定资产投资,建设期为1年,固定资产和无形资产在项目开始时一次投入,流动资金在建设期末投放,经营期不变,经营期各年的现金流量为300万元,其他条件不变。

目前,蓝光集团的固定资产已占总资产的15%左右,集团已经形成了企业自己的一套固定资产的管理方法:公司的固定资产折旧方法按平均年限法,净残值率按原值的10%确定,折旧年限分为:房屋建筑物为20年;机器设备、机械和其他生产设备为10年;电子设备、运输工具以及与生产经营有关的器具、工具、家具为5年。

分析提示:

1.骨关节炎市场虽然有可能成为市场的热点,但该市场也有很多的不确定因素,如果你是项目团队的投资分析人员,你认为该市场会有哪些不确定的因素?你是如何看待这些不确定因素的?你的最后决策是什么?

2.假如蓝光集团有能力打入骨关节炎市场,请你对甲、乙两个固定资产投资方案进行财务可行性分析,计算*PB*、*NPV*、*PI*、*IRR*等财务指标。根据计算所得,你会选择哪个方案进行投资?

习　题

一、单选题

1.下列各项中,不属于投资项目现金流出量内容的是(　　)。

A.固定资产投资　　B.折旧与摊销

C.无形资产投资　　D.新增经营成本

2.如果某投资项目的相关评价指标满足以下关系:$NPV>0$,$NPVR>0$,$PI>1$,$IRR>i_c$,$PP>n/2$,则可以得出的结论是(　　)。

A.该项目基本具备财务可行性　　B.该项目完全具备财务可行性

C.该项目基本不具备财务可行性　　D.该项目完全不具备财务可行性

3.将投资区分为实物投资和金融投资所依据的分类标志是(　　)。

A.投资行为的介入程度　　B.投资的对象

C.投资的方向　　D.投资的目标

4.已知某完整工业投资项目的固定资产投资为2 000万元,无形资产投资为200万元,开办费投资为100万元。预计投产后第二年的总成本费用为1 000万元,同年的折旧额为200万元、无形资产摊销额为40万元,计入财务费用的利息支出为60万元,则投产后第二年用于计算净现金流量的经营成本为(　　)万元。

A. 1 300　　B. 760　　C. 700　　D. 300

5. 若某投资项目的建设期为零,则直接利用年金现值系数计算该项目内部收益率指标所要求的前提条件是(　　)。

A. 投产后净现金流量为普通年金形式

B. 投产后净现金流量为递延年金形式

C. 投产后各年的净现金流量不相等

D. 在建设起点没有发生任何投资

6. 已知某完整工业投资项目预计投产第一年的流动资产需用数 100 万元,流动负债可用数为 40 万元;投产第二年的流动资产需用数为 190 万元,流动负债可用数为 100 万元。则投产第二年新增的流动资金额应为(　　)万元。

A. 150　　B. 90　　C. 60　　D. 30

7. 在下列各项中,属于项目资本金现金流量表的流出内容,不属于全部投资现金流量表流出内容的是(　　)。

A. 营业税金及附加　　B. 借款利息支付

C. 维持运营投资　　D. 经营成本

8. 从项目投资的角度看,在计算完整工业投资项目的运营期所得税前净现金流量时,不需要考虑的因素是(　　)。

A. 营业税金及附加　　B. 资本化利息

C. 营业收入　　D. 经营成本

9. 在下列方法中,不能直接用于项目计算期不相同的多个互斥方案比较决策的方法是(　　)。

A. 净现值法　　B. 方案重复法

C. 年等额净回收额法　　D. 最短计算期法

10. 某投资项目运营期某年的总成本费用(不含财务费用)为 1 100 万元,其中,外购原材料、燃料和动力费估算额为 500 万元,工资及福利费的估算额为 300 万元,固定资产折旧额为 200 万元,其他费用为 100 万元。据此计算的该项目当年的经营成本估算额为(　　)万元。

A. 1 000　　B. 900　　C. 800　　D. 300

二、多选题

1. 下列各项中,可用于计算单一方案净现值指标的方法有(　　)。

A. 公式法　　B. 方案重复法　　C. 插入函数法　　D. 逐次测试法

2. 在项目计算期不同的情况下,能够应用于多个互斥投资方案比较决策的方法有(　　)。

A. 差额投资内部收益率法　　B. 年等额净回收额法

C. 最短计算期法　　　　　　　　　　D. 方案重复法

3. 如果某投资项目完全具备财务可行性，且其净现值指标大于零，则可以断定该项目的相关评价指标同时满足以下关系：(　　)。

A. 获利指数大于1

B. 净现值率大于等于零

C. 内部收益率大于基准折现率

D. 包括建设期的静态投资回收期大于项目计算期的一半

三、判断题

1. 在应用差额投资内部收益率法对固定资产更新改造投资项目进行决策时，如果差额内部收益率小于行业基准折现率或资金成本率，就不应当进行更新改造。(　　)

2. 在项目投资决策中，净现金流量是指经营期内每年现金流入量与同年现金流出量之间的差额所形成的序列指标。(　　)

3. 根据项目投资理论，完整工业项目运营期某年的所得税前净现金流量等于该年的自由现金流量。(　　)

4. 根据项目投资的理论，在各类投资项目中，运营期现金流出量中都包括固定资产投资。(　　)

5. 投资项目的所得税前净现金流量不受融资方案和所得税政策变化的影响，它是全面反映投资项目本身财务盈利能力的基础数据。(　　)

四、计算题

1. 甲企业打算在2005年末购置一套不需要安装的新设备，以替换一套尚可使用5年、折余价值为91 000元、变价净收入为80 000元的旧设备。取得新设备的投资额为285 000元。到2010年末，新设备的预计净残值超过继续使用旧设备的预计净残值5 000元。使用新设备可使企业在5年内每年增加营业利润10 000元。新旧设备均采用直线法计提折旧。假设全部资金来源均为自有资金，适用的企业所得税税率为33%，折旧方法和预计净残值的估计均与税法的规定相同。

要求：(1)计算更新设备比继续使用旧设备增加的投资额；

(2)计算经营期因更新设备而每年增加的折旧；

(3)计算经营期每年因营业利润增加而导致的所得税变动额；

(4)计算经营期每年因营业利润增加而增加的净利润；

(5)计算因旧设备提前报废发生的处理固定资产净损失；

(6)计算经营期第1年因旧设备提前报废发生净损失而抵减的所得税额；

(7)计算建设期起点的差量净现金流量 ΔNCF_0；

(8)计算经营期第1年的差量净现金流量 ΔNCF_1；

(9)计算经营期第2~4年每年的差量净现金流量 $\Delta NCF_{2\sim4}$；

(10)计算经营期第5年的差量净现金流量 ΔNCF_5。

2.已知:某企业拟进行一项单纯固定资产投资,现有A、B两个互斥方案可供选择,相关资料如表1所示:

表1　投资项目现金流量表　　价值单位:万元

方案	项目计算期 / 指标	建设期		运营期	
		0	1	2~11	12
A	固定资产投资	*	*		
	新增息税前利润(每年相等)			*	*
	新增的折旧			100	100
	新增的营业税金及附加			1.5	*
	所得税前净现金流量	-1 000	0	200	*
B	固定资产投资	500	500		
	所得税前净现金流量	*	*	200	*

说明:表中"2~11"一列中的数据为每年数,连续10年相等;用" * "表示省略的数据。

要求:

(1)确定或计算A方案的下列数据:

①固定资产投资金额;

②运营期每年新增息税前利润;

③不包括建设期的静态投资回收期。

(2)请判断能否利用净现值法做出最终投资决策。

(3)如果A、B两方案的净现值分别为180.92万元和273.42万元,请按照一定方法做出最终决策,并说明理由。

3.某企业准备投资一个完整工业建设项目,所在的行业基准折现率(资金成本率)为10%,分别有A、B、C三个方案可供选择。

(1)A方案的有关资料如下表(金额单位:元):

表2

计算期	0	1	2	3	4	5	6	合计
净现金流量	-60 000	0	30 000	30 000	20 000	20 000	20 000	—
折现净现金流量	-60 000	0	24 792	22 539	13 660	12 418	16 935	30 344

已知A方案的投资于建设期起点一次投入,建设期为1年,该方案年等额净回收额为6 967元。

(2)B方案的项目计算期为8年,包括建设期的静态投资回收期为3.5年,净现值为

50 000元，年等额净回收额为 9 370 元。

(3)C 方案的项目计算期为 12 年，包括建设期的静态投资回收期为 7 年，净现值为 70 000 元。

要求：(1)计算或指出 A 方案的下列指标：

①包括建设期的静态投资回收期；

②净现值；

(2)评价 A、B、C 三个方案的财务可行性；

(3)计算 C 方案的年等额净回收额；

(4)按计算期统一法的最短计算期法计算 B 方案调整后的净现值(计算结果保留整数)；

(5)分别用年等额净回收额法和最短计算期法做出投资决策(已知最短计算期为 6 年，A、C 方案调整后净现值分别为 30 344 元和 44 755 元)。

4. XYZ 公司拟进行一项完整工业项目投资，现有甲、乙、丙、丁四个可供选择的互斥投资方案。已知相关资料如下：

资料一：已知甲方案的净现金流量为：$NCF_0 = -800$ 万元，$NCF_1 = -200$ 万元，$NCF_2 = 0$ 万元，$NCF_{3\sim11} = 250$ 万元，$NCF_{12} = 280$ 万元。假定经营期不发生追加投资，XYZ 公司所在行业的基准折现率为 16%。

资料二：乙、丙、丁三个方案在不同情况下的各种投资结果及出现概率等资料如表 3 所示：(金额单位：万元)

表 3

		乙方案		丙方案		丁方案	
		概率	净现值	概率	净现值	概率	净现值
投资结果	理想	0.3	100	0.4	200	0.4	200
	一般	0.4	60	0.6	100	0.2	300
	不理想	0.3	10	0	0	(C)	*
净现值的期望值		—	(A)	—	140	—	160
净现值的方差		—	*	—	(B)	—	*
净现值的标准离差		—	*	—	*	—	96.95
净现值的标准离差率		—	61.30%	—	34.99%	—	(D)

资料三：假定市场上的无风险收益率为 9%，通货膨胀因素忽略不计，风险价值系数为 10%，乙方案和丙方案预期的风险收益率分别为 10% 和 8%，丁方案预期的总投资收益率为 22%。

要求：

(1)根据资料一,指出甲方案的建设期、经营期、项目计算期、原始总投资,并说明资金投入方式。

(2)根据资料一,计算甲方案的下列指标:

①不包括建设期的静态投资回收期;

②包括建设期的静态投资回收期;

③净现值(结果保留小数点后一位小数)。

(3)根据资料二,计算表3中用字母"A ~ D"表示的指标数值(不要求列出计算过程)。

(4)根据资料三,计算下列指标:

①乙方案预期的总投资收益率;

②丙方案预期的总投资收益率;

③丁方案预期的风险收益率和投资收益率的标准离差率。

(5)根据净现值指标评价上述四个方案的财务可行性。XYZ公司从规避风险的角度考虑,应优先选择哪个投资项目?

5.已知:甲企业不缴纳营业税和消费税,适用的所得税税率为33%,城建税税率为7%,教育费附加率为3%。所在行业的基准收益率为10%。该企业拟投资建设一条生产线,现有A和B两个方案可供选择。

资料一:A方案投产后某年的预计营业收入为100万元,该年不包括财务费用的总成本费用为80万元,其中,外购原材料、燃料和动力费为40万元,工资及福利费为23万元,折旧费为12万元,无形资产摊销费为0万元,其他费用为5万元,该年预计应交增值税10.2万元。

资料二:B方案的现金流量如表4所示。

表4　现金流量表(全部投资)

单位:万元

项目计算期(第t年)	建设期		运营期							合计
	0	1	2	3	4	5	6	7–10	11	
1.现金流入	0	0	60	120	120	120	120	*	*	1 100
1.1 营业收入			60	120	120	120	120	*		1 400
1.2 回收固定资产余值									10	10
1.3 回收流动资金									*	*
2.现金流出	100	50	54.18	68.36	68.36	68.36	68.36	*	68.36	
2.1 建设投资	100	30								130
2.2 流动资金投资		20	20							40
2.3 经营成本			*	*	*	*	*	*	*	*
2.4 营业税金及附加			*	*	*	*	*	*	*	*

续表 4

项目计算期（第 t 年）	建设期		运营期							合计
	0	1	2	3	4	5	6	7–10	11	
3. 所得税前净现金流量	-100	-50	5.82	51.64	51.64	51.64	51.64	*	101.64	370.58
4. 累计所得税前净现金流量	-100	-150	-144.18	-92.54	-40.9	10.74	62.38	*	370.58	—
5. 调整所得税			0.33	5.60	5.60	5.60	5.60	*	7.25	58.98
6. 所得税后净现金流量	-100	-50	5.49	46.04	46.04	46.04	46.04	*	94.39	311.6
7. 累计所得税后净现金流量	-100	-150	-144.51	-98.47	-52.43	-6.39	39.65	*	311.6	—

该方案建设期发生的固定资产投资为 105 万元，其余为无形资产投资，不发生开办费投资。固定资产的折旧年限为 10 年，期末预计净残值为 10 万元，按直线法计提折旧；无形资产投资的摊销期为 5 年；建设期资本化利息为 5 万元。

要求：

(1)根据资料一计算 A 方案的下列指标：

①该年付现的经营成本；

②该年营业税金及附加；

③该年息税前利润；

④该年调整所得税；

⑤该年所得税前净现金流量。

(2)根据资料二计算 B 方案的下列指标：

①建设投资；

②无形资产投资；

③流动资金投资；

④原始投资；

⑤项目总投资；

⑥固定资产原值；

⑦运营期 1～10 年每年的折旧额；

⑧运营期 1～5 年每年的无形资产摊销额；

⑨运营期末的回收额；

⑩包括建设期的静态投资回收期（所得税后）和不包括建设期的静态投资回收期（所得税后）。

(3)已知 B 方案运营期的第二年和最后一年的息税前利润的数据分别为 36.64 万元和

41.64 万元,请按简化公式计算这两年该方案的所得税前净现金流量和。

(4)假定 A 方案所得税后净现金流量为:$NCF_0 = -120$ 万元,$NCF_1 = 0$,$NCF_{2\sim11} = 24.72$ 万元,据此计算该方案的下列指标:①净现值(所得税后);②不包括建设期的静态投资回收期(所得税后);③包括建设期的静态投资回收期(所得税后)。

(5)已知 B 方案按所得税后净现金流量计算的净现值为 92.21 万元,请按净现值和包括建设期的静态投资回收期指标,对 A 方案和 B 方案做出是否具备财务可行性的评价。

6. E 公司拟投资建设一条生产线,行业基准折现率为 10%,现有六个方案可供选择,相关的净现金流量数据如表 5 所示:

表 5　六个方案净现金流量表

单位:万元

方案	t	0	1	2	3	4	5	…	9	10	11	合计
A	NCF	-1 050	-50	500	450	400	350	…	150	100	50	1 650
B	NCF	-1 100	0	50	100	150	200	…	400	450	500	1 650
C	NCF	-1 100	0	275	275	275	275	…	275	275	275	1 650
D	NCF	-1 100	275	275	275	275	275	…	275	275	—	1 650
E	NCF	-550	-550	275	275	275	275	…	275	275	275	1 650
F	NCF	—	-1100	275	275	275	275	…	275	275	275	1 650

要求:

(1)根据表 5 中数据,分别确定下列数据:

①A 方案和 B 方案的建设期;

②C 方案和 D 方案的运营期;

③E 方案和 F 方案的项目计算期。

(2)根据表中数据,说明 A 方案和 D 方案的资金投入方式。

(3)计算 A 方案包括建设期的静态投资回收期指标。

(4)利用简化方法计算 E 方案不包括建设期的静态投资回收期指标。

(5)利用简化方法计算 C 方案净现值指标。

(6)利用简化方法计算 D 方案内部收益率指标。

第七章

Chapter 7

证券投资决策

【本章要点】

证券投资是企业通过购买证券的形式所进行的投资，它是企业对外投资的重要组成部分。企业通过科学和合理地进行证券投资可以充分地利用企业的闲置资金，增加收益，减少风险，有利于实现企业的财务管理目标。本章主要阐述股票投资、债券投资、基金投资决策问题。通过本章介绍，学习者可了解债券投资、股票投资、基金投资的优缺点，掌握债券、股票、基金的估价方法。

第一节　证券投资概述

一、证券投资的概念及分类

（一）证券投资的概念

提到证券投资，首先应界定证券的概念。证券是指用以证明或设定权力所做成的书面凭证，它表明证券持有人或第三者有权取得该证券拥有的特定权益。

证券投资是指投资者将资金投放于股票、债券、基金及衍生证券等资本而获取收益的一种投资行为。它是企业进行对外投资活动的重要组成部分。证券投资按时间划分，大致可分为短期（1 年以内）证券投资和长期（1 年以上）证券投资。两种投资的目的是不同的，短期证券投资的主要目的是为了充分利用现金资产，满足企业对现金的需求，调解现金余额，使企业持续最佳的现金持有量；长期证券投资的目的主要是为了获得收益或实现控制权。

(二)证券投资的分类

证券投资按其投资的对象不同,可分为以下几种:

1. 债券投资

债券投资是指投资者购买债券以取得利息收益的一种投资活动。企业将资金投向各种各样的债券,例如,企业购买国库券、企业债券和短期筹资券等都属于债券投资。与股票投资相比,债券投资能获得稳定收益,投资风险较低。当然这也就使得债权投资与股票投资相比,其收益也比较低。

2. 股票投资

股票投资是指投资者将资金投资于股票,通过股票的买卖获取收益的投资行为。例如,企业将资金投向其他企业所发行的股票,购买某企业的优先股、普通股等。通常情况下,企业投资于股票,尤其是投资于普通股票,要承担较大风险,但也会取得较高收益。

3. 基金投资

基金投资是指投资者通过购买投资基金股份或受益凭证来获取收益的投资活动。这种投资方式可使投资者享受专家服务,有利于分散风险,获得较大投资收益。

4. 衍生金融工具投资

衍生金融工具投资主要包括期货投资、期权投资等。期货投资是指投资者通过买卖期货合约躲避价格风险或赚取利润的一种投资方式。所谓期货合约是指为在将来一定时期以指定价格买卖一定数量和质量的商品而由商品交易所制定的统一的标准合约。期货投资可以分为商品期货投资和金融期货投资。一般来讲,期货投资有两种方式:一是套期保值;二是投机性交易。与其他投资方式相比,期货投资具有如下一些特点:①期货投资采取交纳保证金的形式,所需资金少、见效快、方便灵活;②期货投资的对象是标准期货合约,对于交易商品的质量和数量、交易地点、方式、环境等都有严格的限制;③期货投资在多数情况下根本无需进行商品的实际交割而是经过“对冲”,进行差额结算;④期货投资可以转移价格波动的风险,起到套期保值的作用,并有利于推动市场竞争,形成商品价格;⑤期货投资具有较大的投机性,且易发生欺诈行为,因此在世界各国都受到严格的法律和规则的限制。

期权投资是指为了实现盈利的目的或避免风险而进行期权买卖的一种投资方式。根据期权买进卖出的性质划分,期权投资可分为看涨期权、看跌期权和双向期权;根据期权合同买卖的对象划分,期权投资又可分为商品期权、股票期权、债券期权、期货期权等投资。

期权投资与期货投资作为两种投资方式,在交易投资方法、特点与作用上都有着许多相似之处,如两者都有套期交易和投机性交易两种方式,都具有套期保值和价格发现的作用等。然而期权投资同期货投资相比,还具有一些自身的特点。主要表现在:①期权投资买卖的是一种特殊权利,而不必一定履行合同。投资者在支付期权费,购买期权合同之后,便获得了买或卖的选择权,即可自行决定是否行使该项权利;②期权投资的风险小于期货投资,期权投资者的损失仅限于期权费;③期权投资可在交易场所内进行,也可在场所外进行;④由于期权合同投资者可以放弃权利,因此其需要真正进行商品交割的比率更低;⑤期权投资可以双向操作,因此其规避风险的范围比期货投资更广泛。

5. 证券组合投资

证券组合投资是指企业将资金同时投资于多种证券。例如,既投资于企业债券,也投资于企业股票,还投资于基金。组合投资可以有效地分散证券投资风险,是企业等法人单位进行证券投资时常用的投资方式。

二、证券投资的目的及特点

(一)证券投资的目的

证券投资是企业通过购买证券的方式进行的对外投资,这种投资比对外直接投资更加灵活、方便。证券投资除了具有对外投资的一般目的外,还有其自身的特殊目的。

1. 暂时存放闲置资金

企业在生产经营过程中,应该拥有一定数量的现金,以满足日常经营的需要。但是现金这种资产不能给企业带来收益,现金余额过多是一种浪费,影响企业的获利能力。因此,企业可以利用闲置的现金进行短期证券投资,以获取一定的收益。当企业某一时期的现金流出量超过现金流入量时,可以随时出售证券,以取得经营所需的现金。这样,短期证券投资实际上就成为现金的替代品,它既能满足企业对现金之需要,又能在一定程度上增加企业的收益。

2. 出于投机的目的

有时企业进行短期证券投资完全是出于投机的目的,以期获取较高的收益。在西方经济学中,投机是通过预期市场行情的变化而赚取收益的经济行为。可以说投机与证券市场是不可分割的,有证券市场必然有证券投机。有的企业为了获取投机利润,也会进行证券投机。因此,短期证券投资从表面上看是一种投资活动,但其实质是一种投机行为。企业出于投机的目的进行证券投资时,一般风险较大,应当用企业较长时期闲置不用的资金进行投资,但也必须要控制风险,不能因此而损伤企业整体的利益。

3. 满足企业未来的财务需求

有时企业为了将来要进行长期投资,或者将来要偿还债务,或者因为季节性经营等原因,会将目前闲置不用的现金用于购买有价证券,进行短期证券投资,以获取一定的收益,待将来需要现金时,再将有价证券出售。这种短期证券投资实际上是为了满足企业未来对现金的需求。

4. 为了获取较高的投资收益

有的企业可能拥有大量闲置的现金。由于企业在较长的时期内没有大量的现金支出,也没有盈利较高的投资项目,因此,就可以利用这笔资金进行长期证券投资,购买风险较小、投资回报较高的有价证券。这样,可以充分利用闲置的资金,获取较高的投资收益。

5. 为了取得被投资企业的控制权

有时企业从长远的利益考虑,要求控制某一企业,这时就应对其进行长期证券投资,取得对该企业的控制权,通常这种投资都是股权性投资。例如,某企业欲取得长期稳定的材料供应,就可以购买为其供应材料的企业的股票。从而取得对该企业的控制权,以保证本企业原材料所需的数量及供应价格的稳定。

(二)证券投资的特点

相对于实际资产投资或项目投资而言,证券投资具有如下特点:

1. 流动性强

证券投资的流动性明显地高于实际资产投资。一项资产被认为是具有流动性的条件有三个:第一,有明显的、大规模的投资交易,而不引起市场价格的上下波动;第二,营业时间内存在连续的买价和卖价;第三,存在"微小"的买卖价差。证券有着十分活跃的二级市场,与实物资产投资相比其转让过程快捷、简便得多,然而实际资产很难找到一个连续的二级市场,变现受到了限制。

2. 价值不稳定

证券投资不涉及人与自然界的关系,只涉及人与人之间的财务交易。由于证券相对于实际资产来说,受人为因素的影响较大,且没有相应的实物作保证,其价值受政治、经济等各种环境因素的影响较大,因而具有价值不稳定、投资风险大的特征。

3. 交易成本低

证券买卖的交易快速、简捷、成本较低,而实际资产的交易过程复杂、手续繁多,通常还需进行调查、咨询等工作,交易成本较高。

三、证券投资的风险

投资收益率的不确定性通常称为风险。投资收益率的不确定性有很多来源,对证券投资来说,主要的风险来源有以下几种:

(一)经营风险

经营风险是指由于企业的经营活动带来的收益率的不确定性,主要是指企业销售收入和经营费用的不确定性。显然,企业的销售收入和经营费用是随着经济波动、企业的经营活动和企业管理状况的变化而变化的。企业经营不利导致销售收入的减少,或企业管理不善导致费用的增加,都会减少企业的经营利润;反之,则会提高企业的经营利润。

(二)财务风险

企业的资本结构,即企业总资本中负债与股本(权益)之比决定了企业财务风险的大小。如果一个企业的资本全部为权益资本,则销售收入的任何变动都会对股东的净收益产生同样的影响。如果一个企业的资本中除普通股权益资本,还有一部分来源于负债或需要支付固定股息的优先股,那么这些负债或优先股便使企业有了财务杠杆效应。这种财务杠杆效应使企业股东的净收入的变化幅度超过企业营业收入的变化幅度。财务杠杆使企业股东的收入除因经营情况变化而变化外,有了一个新的不确定性,这种因企业资本结构而引起的收益不确定性即为财务风险。负债资本在资本总额中占的比例越大,企业的财务杠杆效应也越强,财务风险也随之增加。

(三)流动风险

流动风险是指投资不能立即变现而带来的不确定性。投资者希望其资产需要时能以预期价格迅速出售并取得现金。当投资者考虑出售资产时,有两个不确定性:一是以何种价格成交,二是出售资产要花多长时间。比如,房地产可能几个月甚至几年都无法按预期价格售出,只有在价格上做出让步才有可能增加流动性;相反,政府债券能在市场上立即售出,而且价格通常也与投资者预期相近,这种投资能够随时变现。相比之下,房地产属于流动性很差的资产,或称为非流动资产。政府债券属于流动性很强的资产。投资者投资于流动性差的资产,将要求获得额外的收益以补偿流动风险。

(四)违约风险

违约风险是指部分或全部初始投资不能收回的不确定性。违约风险的大小与企业的财务状况及破产清算时证券的清偿要求的优先次序紧密相关。对财务状况差的企业投资,或清偿顺序靠后的投资其违约风险较大。例如,在企业破产时,债权人(包括债券持有者)对资产清偿的权利要比普通股股东优先。

违约风险属于个别风险,即非系统风险。违约风险只作用于单个证券,如果一种证券发生违约现象,只是这种证券的收益受到影响,其他证券受到的影响很小,或者根本不受影响。

第二节 债券投资

一、债券的概念及分类

(一)债券的概念

债券是发行者为筹集资金,向债权人发行的,在约定时间支付一定比例的利息,并在到期时偿还本金的一种有价证券。债券标有面值、票面利率及到期日。债券面值是指设定的票面金额。它代表发行人借入并且承诺于未来某一特定日期偿付给债券持有人的金额。债券的票面利率是指债券发行者预计 1 年内向投资者支付的利息占票面金额的比率。票面利率不同于实际利率。实际利率通常是指按复利计算的 1 年期利率。债券的计息和付息方式有多种,可能使用单利或复利计息,利息支付可能半年一次、一年一次或到期日一次总付。这就使得票面利率不等于实际利率。偿债的到期日指偿还本金的日期。债券一般都规定到期日,以便到期时归还本金。

(二)债券的分类

(1)按发行主体不同,分为政府债券、金融债券和企业债券。

政府债券是政府作为发行人的债券,它通常由财政部发行,政府担保,我国习惯上把政府债券称为公债或国库券。政府债券有短期债券、中期债券和长期债券。我国从 1981 年开始向社会公民发行国库券,之后陆续发行了国家重点建设债券、财政债券、特种国债和保值公债等,在每年发行的债券总额中,国家发行的政府债券的比例在 60% 以上。

(2)金融债券是经中央银行或其他政府金融管理部门批准,由银行或其他金融机构发行的债务凭证。凭证上通常标有发行机构的名称、利率、还款期、发行日期等。金融债券的期限一般是 1 ~ 5 年,利率略高于同期的定期存款利率,不能提前抽回本金。我国专业银行为筹集某种专门用途的资金曾发行金融债券,例如,中国建设银行发行为国家重点建设筹集资金的金融债券,中国农业银行发行为乡镇企业提供特种贷款而筹措资金的金融债券。

(3)企业债券是公司制企业向外借债的一种债务凭证。发行债券的企业出卖债务凭证,向债券持有人作出承诺和保证,在指定时间,按票面规定还本付息。企业发行的企业债券都有明确的目的和用途,而且利息率要高于公债的利息率。企业债券经股东大会和董事会审议决定,经国务院证券管理部门批准,可以向社会公开间接募集发行。

三种债券比较起来,政府债券风险小,相应的报酬率也较低,而企业债券的报酬率相对高些,但风险大。

(三)按利率是否固定分类

按利率是否固定,债券分为固定利率债券和浮动利率债券。

固定利率债券具有固定的利息率和固定的偿还期,是传统的债券,也叫普通债券,这种债券在市场利率比较稳定的情况下比较流行,但在利率急剧变化时风险大。

浮动利率债券是根据市场利率定期调整的中长期债券。利率按标准利率(同业拆放利率或银行优惠利率)加一定利差确定,或者按固定利率加上保值补贴确定,浮动利率债券可以减少投资人的利率风险。为防止市场利率降得过低时影响投资者的利益,这种债券一般规定有最低的利率。

(四)按期限长短分类

按期限长短,债券分为短期债券、中期债券和长期债券。

短期债券指期限在 1 年以内的债券。有些在市场上流通的中长期债券,其到期日不足 1 年的,也视作短期债券。短期债券具有流动性强、风险低的优点,但它的收益率也低。

中期债券是指期限在 1 年以上 10 年以下的债券。我国财政部发行的各种国债和银行发行的金融债券,多属于中期债券。

长期债券一般是指 10 年以上的债券,但各国政府对债券的期限划分标准不完全相同,长期债券的流动性差，持有人将其转化为现金比较困难。另外，其通货膨胀风险也比较大。因此，作为补偿，其利率比较高。

（五）按是否记名分类

按是否记名，债券分为记名债券和无记名债券。

记名债券是指债券上记载债权人姓名，转让时原持有人要背书，并经金融机构签证方能生效。通常记名债券可以挂失。无记名债券不记载持有人的姓名，谁持有债券，谁就是合法持有人。

（六）按是否上市流通分类

按是否上市流通，债券可分为上市债券和非上市债券。

上市债券指经由政府管理部门批准，在证券交易所内买卖的债券，也叫挂牌券。对投资者来说，上市债券经过严格审查比较可靠，流动性好，并且便于了解债务人的有关经济信息。

非上市的债券不在证券交易所上市。只能在场外交易，流动性差。不记名的债券，无法禁止场外交易。记名债券，要办理手续才能过户，一般来说，不能转让的债券，不具有流动性，持有人在蒙受损失时无能为力，作为补偿要给予较高的利率才能抵清其风险。

（七）按已发行时间分类

按已发行时间，债券分为新上市的债券和已流通在外的债券。新上市的债券是指刚刚发行的债券，例如发行不到一周的债券，其价格等于或非常接近面值，已在市场上流通了一段时间的债券，叫流通在外的债券，其价格会和面值有较大差异并且不稳定。

二、债券的信用等级

债券投资选择的一个重要依据是债券的信用等级，主要通过债券评级来完成。其次要考虑债券的投资价值和收益率，除此之外还要注意债券的到期日、可变现能力等。

投资者在购买债券前一般需要对债券发行单位进行考察、评价以确定其信用等级。通常这项工作由专门的证券评估机构来进行，企业可以此作为债券投资选择的基本出发点。因为一种债券信用级别的高低，直接反映了该发行企业的经济实力、支付能力、盈利能力和偿债能力及在一贯的经营活动中履约守信的程度，因此是一个最综合和客观的评价。按目前国际较常用的标准，企业债券资信级别可分为三等九级，并以英文字母 ABC 加以具体表示，其相应表示的内涵如下：

（一）优质等级

AAA——信用极好，偿债能力最强，投资者安全程度最高。

AA——信用优良。仅次于 AAA 级，大多数情况下投资者的安全程度与 AAA 情况基本相同。

（二）投资等级

A——信用较好，具有相当的投资吸引力，安全性比较好，但无法完全避免不利影响。

BBB——信用一般，中等水平，正常情况下比较安全，在经济不景气时可能受到较大影响。

（三）标准等级

BB——信用欠佳，中下等资信水平，投资吸引力较弱，在严重不利因素下，可能产生偿付危机。

B——信用较差，具有一定投机性，潜在风险大，一遇到不利影响，便可能无法支付利息和本金。

（四）投机等级

CCC——信用很差，下等资信水平，是一种投机性债券，很可能发生偿付危机。

CC——信用太差，是绝对投机性债券，可能以买卖差价收益为主，很少会有利息收益。

C——没有信用，是专指不付利息收益的债券。

在债券的信用等级九类中，被允许上市的只限于前四个等级，所以上市的债券都是信誉较好的，然而，企业经营情况会发生变化，发行或上市时好，并非等于信用永远很好，所以企业在进行债券投资时要有针对性地分析研究。评估信用的级别长期稳定在一个较高的信用等级上，或信用等级呈逐渐上升趋势的债券，其债券资信程度较高，其投资风险也较小。

三、债券的估价

债券未来现金流入的现值，称为债券的价值或债券的内在价值。只有债券的价值大于购买价格时，才值得购买。债券价值是债券投资决策时使用的主要指标之一。

除票面价值、到期日和票面利率外，市场利率、利息支付方式以及债券的信用等级均影响着债券的内在价值。市场利率对债券价值的影响，主要在于市场利率影响债券持有人投资债券的必要收益率。一般来说，市场利率越高，债券持有人的必要收益率就越高，从而降低对债券的估价结果。利息支付方式对债券价值的影响，在于其影响债券的计息次数。支付利息次数增加，会导致复利次数增加，从而债券的价值也会增加。债券信用等级对债券价值的影响在于，债券的信用评级越高，则表明债券的违约风险越小，从而债券投资人的必要收益率也越低，最终提升债券的价值。

在上述因素确定的情况下，债券投资人可以根据不同的债券种类进行具体的债券估价。

（一）基本债券估价模型

所谓基本债券即每年定期一次支付利息，到期还本的债券。这类债券是最常见的债券。其计算公式为

$$V=\sum_{t=1}^{n}\frac{I}{(1+i)^{t}}+\frac{M}{(1+i)^{n}}=I\cdot PVIFA_{i,n}+M\cdot PVIF_{i,n} \tag{7.1}$$

式中 V—— 债券价值；

I—— 每年利息收入；

M—— 到期本金收入；

i—— 债券利率，在评价时可使用市场利率或投资期望率；

n—— 债券到期的年限。

【例7.1】 企业准备投资某债券，面值2 000元，票面利率为8%，期限为5年，每年付息一次，到期一次还本。债券市价为1 840元。企业要求的必要报酬率为10%。是否投资此债券？

$$V = 2\,000 \times 8\% \times PVIFA_{10\%,5} + 2\,000 \times PVIF_{10\%,5} = 2\,000 \times 8\% \times 3.791 + 2\,000 \times 0.621 = 1\,848.56(\text{元})$$

计算结果表明，此债券的价值大于现行市价，如果不考虑其他风险，则可以投资于该债券。因为它可以使企业获取略大于10%的必要报酬率水平的收益。

如果企业要求的期望报酬率为12%，那么此债券是否是其投资的理想对象呢？可按此公式重新计算如下：

$$V = 2\,000 \times 8\% \times PVIFA_{12\%,5} + 2\,000 \times PVIF_{12\%,5} = 2\,000 \times 8\% \times 3.605 + 2\,000 \times 0.567 = 1\,710.8(\text{元})$$

计算可知，如果按12%的贴现率计算，该债券的价值则明显低于现行市价。如投资者期望报酬率为12%，这种债券便没有投资价值，应寻找其他投资方向。

（二）一次还本付息债券估价模型

如果债券不是一年付息一次，而是到期后一次还本付息，则债券估价的计算公式便可变化如下：

$$V = \frac{I \times n + M}{(1+i)^n} = (I \times n + M) \times PVIF_{i,n} \tag{7.2}$$

使用上例说明：

$$V = \frac{2\,000 \times 8\% \times 5 + 2\,000}{(1+10\%)^5} = 2\,800 \times 0.621 = 1\,738.8(\text{元})$$

即债券价格必须低于1 738.8元时，企业才能购买。

（三）零息债券估价模型

有些企业债券以贴现方式发行，没有票面利率，发行价格低于票面金额，期限内不支付利息，到期时按面值偿还。这种债券称为零息债券。购买人通过折价和面值之间的差异获取投资收益。其估价模型为

$$V = \frac{M}{(1+i)^n} = M \times PVIF_{i,n}$$

以上题为例，若设债券无票面利率，以 1 400 元的价格发行。若当时市场利率为 10%，确定企业投资的最高卖价。

$$V=\frac{2\ 000}{(1+10\%)^5}=2\ 000\times PVIF_{10\%,5}=$$
$$2\ 000\times 0.621=1\ 242(\text{元})$$

计算结果表明，该债券的价值为 1 242 元，这是投资者可以出的最高买价，而当前市价为 1 400 元，是不能投资的，因为其收益率远低于 10%。

四、债券收益率的计算

所谓债券收益率是指投资人通过债券投资获取收益的水平。从数学角度说，债券收益率是一个折现利率，利用这个折现利率将债券持有人投资债券获取的现金流入折算到投资期，使得折算现值等于投资本金的比率。

可用债券价值计算公式，根据上述举例来说明。如果债券面值为 2 000 元，购入价格为 1 840 元，期限为 5 年，即可用现行债券价格来代替债券投资价值，计算公式为

$$V(\text{现行价格})=\sum_{t=1}^{n}\frac{1}{(1+i)^t}+\frac{M}{(1+i)^n}=$$
$$I\times PVIFA_{i,n}+M\times PVIF_{i,n}$$

但此公式的运用不是计算 V，而是要计算 i。

如果该债券是面值发行，并且一年付息一次，投资者所获实际报酬率，就是其票面利率。

$$2\ 000=\sum_{t=1}^{5}\frac{160}{(1+i)^t}+\frac{2\ 000}{(1+i)^5}$$

如果用 8% 的利率作为贴现率代入公式，则

$$160\times 3.993+2\ 000\times 0.681=2\ 000.88(\text{元})$$

与其现行购买价格一致，说明实际报酬率为 8%。

如按 1 840 元购买，则

$$1\ 840=\sum_{t=1}^{5}\frac{160}{(1+i)^t}+\frac{2\ 000}{(1+i)^5}$$

要计算 i 为多少时，未来现金流入量的现值为 1 840 元。采用“试误法”来测算，先用 10% 利率测算，得

$$\sum_{t=1}^{5}\frac{160}{(1+10\%)^t}+\frac{2\ 000}{(1+10\%)^5}=160\times 3.791+2\ 000\times 0.621=1\ 848.56(\text{元})$$

这个金额已非常接近 1 840 元，只相差 8.56 元，一般情况下可以此贴现率(10%)作为投资者的实际报酬率。但如果要进一步求其精确值，或所求数值大于 1 840 元许多，则要继续测算。由于用 10% 测算得出的现值大于 1 840 元，则说明投资者的实际报酬率还要大于 10%，故可提高报酬率继续测算，再用 12% 来测算，代入上述公式得

$$V = 2\ 000 \times 8\% \times PVIFA_{12\%,5} + 2\ 000 \times PVIF_{12\%,5} =$$
$$2\ 000 \times 8\% \times 3.605 + 2\ 000 \times 0.567 =$$
$$1\ 710.8(\text{元})$$

可见此金额明显小于债券现行市价，说明投资者的实际报酬率在10%到12%之间。这时便可用插入法求其精确值：

$$\text{债券投资实际报酬率} = 10\% + 2\% \times \frac{1\ 840 - 1\ 848.56}{1\ 710.8 - 1\ 848.56} = 10.12\%$$

可见，债券的实际报酬率大于票面利率，并略大于市场利率，有一定的投资价值。

上述用先测算，后用内插法来计算债券投资的实际报酬率，虽较精确，但却比较麻烦。在对其精确性并不要求十分高的情况下，也可用下述公式来计算其近似值。

$$\text{债券投资实际报酬率} = \frac{I + (M - P)/N}{(M + P)/2} \tag{7.3}$$

式中 I——债券年利息；

M——债券面值；

P——债券发行价；

N——债券期限。

如债券现行价格为1 840元，票面利率8%时，其债券投资实际报酬率约等于

$$\frac{160 + (2\ 000 - 1\ 840) \div 5}{(2\ 000 + 1\ 840) \div 2} = \frac{192}{1\ 920} \times 100\% = 10.00\%$$

如债券价格为2 100时，其债券投资实际报酬率等于

$$\frac{160 + (2\ 000 - 2\ 100) \div 5}{(2\ 000 + 2\ 100) \div 2} = \frac{140}{2\ 050} \times 100\% = 6.83\%$$

如上述举例改为五年后一次还本付息，其实际报酬率计算如下：

$$1\ 840 = \frac{2\ 000 + 2\ 000 \times 8\% \times 5}{(1 + i)^5}$$

所以得出$\frac{1}{(1+i)^5} = \frac{1\ 840}{2\ 800} = 0.657\ 1$，即$PVIF_{i,5} = 0.657\ 1$。

查复利系数表，5年期的8%的系数为0.681，9%的系数为0.650，说明投资实际报酬率在8%～9%之间，用内插法便可计算实际报酬率：

$$\text{债券投资实际报酬率} = 8\% + 1\% \times \frac{0.657\ 1 - 0.681}{0.650 - 0.681} = 8.77\%$$

可见，该债券如在5年后一次付息，其实际报酬率并没有10%，而只有8.77%，这对投资决策有重要影响。

五、债券投资的风险

尽管债券的利率一般是固定的，债券投资依然和其他投资一样是有风险的。债券投资的

风险包括违约风险、利率风险、购买力风险、变现力风险和再投资风险。

(一) 违约风险

违约风险是指借款人无法按时支付债券利息和偿还本金的风险。

财政部发行的国库券,由于有政府作担保,所以没有违约风险。除中央政府以外的地方政府和企业发行的债券则或多或少有违约风险。因此,信用评估机构要对中央政府以外发行的债券进行评价,以反映其违约风险的程度。必要时,投资人也可以对发行债券企业的偿债能力直接进行分析。规避违约风险的方法是购买质量好的债券。

(二) 利率风险

债券的利率风险是由于利率变动而使投资者遭受损失的风险。由于债券价格会随市场利率的变动而变动,所有的债券都会有这种风险,即使没有违约风险的国库券,也会有利率风险。

债券到期时间越长,利率风险越大,但长期债券的利率一般比短期债券高。减少利率风险的办法是分散债券的到期日。

(三) 购买力风险

购买力风险是指由于通货膨胀而使货币购买力下降的风险。

在通货膨胀期间,购买力风险对于投资者相当重要。一般来说,预期报酬率会上升的资产,其购买力风险会低于报酬率固定的资产。例如,房地产、短期负债、普通股等资产受到影响较小,而收益长期固定的债券受到影响较大,前者更适合作为减少通货膨胀损失的避险工具。我国只有国库券几乎没有这种风险,因为一旦发生了通货膨胀政府会给予保值补贴以抵补通货膨胀造成的损失。减少购买力风险的方法是购买短期的政府债券,或有固定资产作保证预期升值的债券。

(四) 变现力风险

变现力风险是指无法在短期内以合理价格来卖掉资产的风险。就是说,如果投资人遇到另一个更好的投资机会,投资者想出售现有资产以便再投资,但短期内找不到愿意出合理价格的买主,要把价格降得很低才能找到买主,或者要找很长时间才能找到买主,投资者不是丧失新投资的机会就是蒙受降价的损失。规避变现力风险的方法是购买信誉好的、知名度高的大企业的债券或国库券。

(五) 再投资风险

购买短期债券,而没有购买长期债券,会有再投资风险。例如,长期债券的利率 14%,短期债券的利率 13%,为减少利率风险投资者买了短期债券。在短期债券到期收回现金时,如果市场利率降低到 10%,投资者欲再投资,却只能找到报酬率大约 10% 的投资机会,不如当初购买长期债券,现在即可获 14% 的收益。规避再投资风险的方法是长、短期债券搭配组合投资。当预计市场会上升时，购买短期债券；当预计市场利率会下降时，购买长期债券。问题是，对于市场利率的走势并不是投资者能准确预测的，最好的办法是将长短期债券有效地组合起来进行投资。

六、债券投资的优缺点

债券投资是投资者通过购买各种债券而获得固定收益的一种对外投资，它是企业证券投资的一个重要内容。债券投资与股票投资相比具有投资风险小、投机能力弱的特点，比较适合基金性质的不冒险的投资。

（一）债券投资的优点

(1) 本金安全性高，与股票投资相比债券投资的风险小。发行债券的企业必须按时付息，到期偿还本金，一般来讲债券是不得展期的，在这一点上债券投资的安全性是最高的，尤其是政府债券由国家财政作保障，其本金的安全性高，正因为如此，通常将其视为无风险投资。而且债券持有者拥有优先求偿权，当企业一旦破产清算时，求偿权在股东之前，其本金的损失性也小。

(2) 收益稳定性强。投资者购买债券所获得的收益就是利息，一般的债券的利息是按票面金额乘以固定利率计算的，而且票面上已标明付息的方式及计息期。债券发行企业有按时支付利息的规定义务，因此在正常的情况下，债券投资的收益是稳定的。

(3) 高质量的债券流动性好。政府债券及大企业发行的债券，由于其信誉好、质量好、公众认可度高，可以在公开市场上迅速出售变现，具有很强的流动性。

（二）债权投资的缺点

(1) 购买力风险大。因为债券的面值和利率在发行时就已经在票面上标明，如果投资者在持券期间，发生了较高的通货膨胀，则固定利率的债券价值就会下降，若此时持券人出售债券，就会遭受损失。即使是政府债券，国家给予保值补贴，投资者虽然名义上有收益，但实际上却有损失，因为保值补贴只保不贬值，若剔除通货膨胀的影响，此时的债券投资几乎无收益而言。

(2) 利率风险大。利率风险是各种债券都要面临的风险，即使政府债券也不例外。在一般的情况下，市场利率与证券价格呈反比例变化，市场利率上升，会引起债券市场价格下跌；反之，上升。期限越长的债券，利率风险越大。虽然债券投资的收益是固定不变的，但同市场利率的变化，其债券的价值及其收益也变得不确定了。

(3) 没有经营管理权。由于债券只是一种债权债务的凭证，而不是股权的证书，投资者投资于债券，只是获得固定收益的一种手段，无权对债券发行企业施以影响和加以控制。所以持券人不能参与企业的生产经营，无表决权和参与权。

第三节　股票投资

一、股票的概念及分类

（一）股票的概念

股票是股份有限公司为筹集自有资金而发行的有价证券，是投资入股并据以取得股利的凭证。股票持有者即为该企业的股东，对该企业有财产要求权。

（二）股票的分类

股票可以按不同的方法和标准分类：按股东所享有的权利，可分为普通股和优先股；按票面是否标明持有者姓名，分为记名股票和无记名股票；按股票票面是否记明入股金额，分为有面值股票和无面值股票；按能否向股份公司赎回自己的财产，分为可赎回股票和不可赎回股票。按照我国现行的《公司法》的规定，目前我国各公司发行的都是不可赎回的、记名的、有面值的普通股票，只有少量企业过去按当时的规定发行过优先股票，《公司法》出台以后，明文规定我国股份制企业发行的股票为普通股，过去发行优先股的公司，按要求均将其优先股转换为普通股。

除此之外，在实际中我国还按是否有外商投资（以外币认购和交易）把股票分为A种股票和B种股票。A种股票是供我国内地个人或法人买卖的、以人民币标明票面价值并以人民币认购和交易的股票；B种股票是指专门供外国和我国港澳台地区的投资者买卖，以人民币标明面值，但以外币认购和交易的股票。另外还有在香港上市的股票称为H股，在美国纽约证券交易所上市的股票称为N股。

二、股票的构成要素

（一）股票的价值

股票通常有以下几种价值：

（1）票面价值。票面价值是指股票票面上标明的金额，亦即股票面额。票面价值主要是用来确定每股在企业股本中所占的份额，还表明股东对企业所承担责任的最高限额。票面价值是企业股票发行价格的基础。根据我国有关法规，股票必须具有面值，企业可以按面值或超面值发行股票，不得低于面值发行股票。

（2）账面价值。账面价值是指在企业账面上的股票总金额，它大体上反映每股所代表的企业净资产。

（3）股票的内在价值，亦称股票的理论价值。投资者购入股票可在预期的未来获得现金流入，现金流入包括两部分：每期预期股利和出售股票时得到的价格收入。股票的内在价值就是指股票预期的未来现金流入的现值。股票的内在价值是投资者决定投资决策的主要依据。

(4) 市场价值。股票的市场价值又称市场价格,就是通常所说的股票市价、股票行市。股票价格是股票在实际交易中所使用的价格,它处于不断波动状态之中。

股票最初发行时,其面值与价格大体保持一致,即使有差异也并不悬殊。一旦进入市场长期交易后,股票的价格与面值相差甚远,有的相差几倍乃至几十倍。欲事先获知股票价格几乎是不可能的。一般来说,与股市升降直接相关的因素是预期股利数额和同期银行存款利息率,股票价格与股利成正比,与利率成反比。用公式表示如下:

$$股票价格 = \frac{预期股利}{同期利率}$$

然而,现实的情形并非如此简单。除了股利和利率两个决定因素之外,股票价格还要受到社会、经济、法律、企业经营状况、投资者预期心理等因素的影响。

股票价值(市价)分为开盘价、收盘价、最高价和最低价等,投资人在进行股票评价时主要使用收盘价。

(二) 股利

股利是股息和红利的总称。股利是股份公司从其税后利润中分配给股东的一种投资报酬。股利是股东所有权在分配上的体现,股份公司的分配问题主要是股利分配的问题,其涉及公司具体实施的股利政策。

(三) 股票的预期报酬率

评价股票使用的报酬率是预期的未来贴现率,而不是过去的实际报酬率。股票的预期报酬率包括两部分:预期股利收益率(预期股利与股票价格之比)和预期资本利得收益率(股票买卖差价与股票买入价之比)。单阶段(持有期为1年)股票预期收益率计算公式为

$$R = \frac{D_1}{P_0} + \frac{P_1 - P_0}{P_0} = \frac{D_1 + P_1 - P_0}{P_0} \tag{7.4}$$

式中 R—— 股票预期报酬率;

D_1—— 预期股利收入(一般指一年以后);

P_0—— 现在股票市价(买入价);

P_1—— 预计股票市价(一般指第一年末的股票市价,也即卖出价)。

【例7.2】 假设投资者以25元购买一只普通股股票,该股票在一期期末的预期股利为1元,股价为27.5元,股票预期报酬率计算如下:

$$R = \left(\frac{1}{25} + \frac{27.5 - 25}{25}\right) = 0.14 \times 100\% = 14\%$$

对于股票投资者来说,只有其预期的投资报酬率高于或等于其期望报酬率,投资者才愿意投资,而投资者的期望报酬率在通常情况下是投资者的机会成本,机会成本的高低可以用市场平均利率来确定。

三、股票的估价

（一）股票估价模型

股票价值的评价指的是股票内在价值的评价。股票价值评价的主要方法是计算其价值，然后和股票市价比较，视其低于、高于或等于市价，决定买入、卖出或继续持有。

1. 股票估价的基本模型

股票的内在价值是股票预期未来现金流入的现值。现金流入包括两部分：出售股票时的资本利得和股利收入。

(1) 短期持有(1年以内)股票投资价值估价。如果投资者持有股票的时期预计为1年，则投资价值比较容易评价。其评价公式为

$$V=\frac{D_1+P_1}{1+R} \tag{7.5}$$

式中　V—— 股票投资价值；

R—— 投资者期望报酬率；

D_1—— 预期第一年末的股利；

P_1—— 第一年末的股票市价。

短期持有(持有期为1年以内)股票预期收益率计算公式为

$$R=(\frac{D_1+P_1}{P_0}-1)\times 100\% \tag{7.6}$$

式中　P_0—— 现行股票市价。

【例7.3】　投资者以24元购入某种股票若干股，预计年末每股股利1元，年底出售价27.5元，投资者的期望报酬率为14%，计算该股票的投资价值。

$$V=\frac{1+27.5}{1+14\%}=25(\text{元})$$

以上计算表明：投资者以25元或低于此价格购入此种股票，便能确保14%的期望报酬率，如果价格高于25元，便不能进行投资。当然此问题也可以通过计算投资报酬率来决定，公式中也可用现行股票价格来代替，然后求出预期报酬率R，看其是否大于14%，如大于或等于则可以投资，小于则不能投资。

【例7.4】　现行股价24元，其他条件不变，则预期报酬率计算公式为

$$R=(\frac{1+27.5}{24}-1)\times 100\%=18.75\%$$

因为18.75%的预期报酬率大于投资者的期望报酬率14%，所以可以投资。

(2) 长期持有股票投资价值估价。如果投资者持有股票并不是1年，而是长期持有许多年，其股票投资价值为

$$V = \sum_{t=1}^{n} \frac{D_t}{(1+R)^t} + \frac{P_n}{(1+R)^n} \tag{7.7}$$

式中 D_t—— 预期每年每股股利收入；

P_n—— 预期几年后的股票市价；

n—— 预计投资年份。

如果投资人准备长期持有该股票，即 $n \to \infty$，则 $\frac{P_n}{(1+R_s)^n} \to 0$，故长期持有股票的投资价值应为

$$V = \sum_{t=1}^{\infty} \frac{D_t}{(1+R)^t} \tag{7.8}$$

此公式便是股票投资价值的基本模型，无论是永久持有，还是限期持有，该公式都是通用的。在实际运用中，最主要的问题是如何来确定每股股利和投资者期望报酬率。

股利的多少，取决于每股盈利和股利支付率两个因素。对其估计的方法是历史资料的统计分析，例如回归分析、时间序列趋势分析等。股票评价的基本模型要求无限期地预计历年的股利(D_t)，实际上不可能做到。因此应用的模型都是各种简化方法，如每年股利相同或股利按固定比率增长等。

期望报酬率的主要作用是把所有未来不同时间的现金流入折算为现在的价值。折算价值的比率应当是投资者所要求的收益率。那么投资者要求的收益率应当是多少呢？一种方法是根据股票历史上长期的平均收益率来确定。有人计算过，美国普通股历史长期收益率为8%～9%。这种方法的缺点是：过去的情况未必符合未来的发展；历史上不同时期的收益率高低不同，不好判断哪一个更适用。另一种方法是参照债券的收益率，加上一定的风险报酬来确定。还有一种更常见的方法是直接使用市场利率。因为投资者要求的收益率一般不低于市场利率，市场利率是投资股票的机会成本，可以当做投资者的期望报酬率。

【例7.5】 仍以例7.2为例。假设投资于该股票，10年内预计每年股利收入均为1元，市场利率为8%，股票的投资价值计算如下：

$$V = \sum_{t=1}^{10} \frac{1}{(1+8\%)^t} = 1 \times 6.710 = 6.71(\text{元})$$

2. 零成长股票的投资价值估价

若投资者长期持有某种股票，而且预期股利不会增长，即预期股利金额每年是固定的。由于这种股票的未来股利是年年相同，即 $D_1 = D_2 = D_3 = D_4 = \cdots = D_n$，所以这种股票可以视为一种永续年金债券。由于任何永续年金债券的价值由其利息除以贴现率来决定，故该种股票的投资价值为

$$V = \frac{D}{R} \tag{7.9}$$

【例7.6】　假设上例投资者投资的股票长期持有，每年固定股利1元／股，投资者期望报酬率为10%，则此股票投资价值为

$$V = 1/10\% = 10(元)$$

计算结果表明，该种每股股利为1元的股票，在期望报酬率为10%时，当股票市价为10元或低于10元便可投资。如当时市场上该种股票市价为8元，投资者购入，便能获得高于10%的实际报酬率，计算如下：

$$R = 1/8 \times 100\% = 12.5\%$$

可见，当市价低于股票投资价值时，股票投资价值越大，其实际报酬率便高于投资者的期望报酬率。

要注意的是，此种零成长的股票投资估价模型，除了普通股之外，也同样适用于优先股，因为优先股每年股利固定，相当于一种零成长的普通股票。

3. 固定成长股票的投资价值估价

若投资者长期持有某种股票，在稳定增长的股利政策下，企业的股利可能会按一定稳定的比例上升。如果企业股利不断稳定增长，并且设每年股利增长率为 g，目前的股利为 D_0，则第 t 年的股利应为

$$D_1 = D_0 \times (1 + g)$$
$$\vdots$$
$$D_t = D_0 \times (1 + g)^t \tag{7.10}$$

【例7.7】　若 $D_0 = 1$ 元，$g = 5\%$，则10年后的股利为

$$D_{10} = 1 \times (1 + 5\%)^{10} = 1 \times 1.629 = 1.629(元)$$

固定成长股票投资价值的计算公式为

$$V = \sum_{t=1}^{t} \frac{D_0 \times (1 + g)^t}{(1 + R)^t} \tag{7.11}$$

由于 g 是固定的，故上述公式可简化为

$$V = \frac{D_0 \times (1 + g)}{R - g} = \frac{D_1}{R - g} \tag{7.12}$$

如果计算预期报酬率，则只要求出上述中的 R 便可

$$R = \frac{D_1}{V} + g \tag{7.13}$$

【例7.8】　某企业股票，$D_0 = 1$ 元，$g = 5\%$，期望报酬率 $R = 10\%$，则股票的投资价值为

$$V = \frac{1 \times (1 + 5\%)}{10\% - 5\%} = \frac{1.05}{5\%} = 21(元)$$

若按此价格购入股票，则下年度预计报酬率为

$$R = 1.05/21 \times 100\% + 5\% = 10\%$$

由于盈利水平和股利政策的不同,各企业的股利增长率各不相同。但就整个股票股利增长的平均值来说应等于国民生产总值的成长率,或者说是真实的国民生产总值增长率加通货膨胀率。

4. 非固定成长股票的投资价值估价

若投资者长期持有某种股票,便会发现任何企业的股利都不可能是绝对固定的,也不可能总是按照一个固定的成长率增长而可能是在一段时间内成长较快,而在另一段时间内成长较慢,甚至固定不变。在这种情况下,要计算股票的投资价值,可以分段计算,进而确定此种股票的投资价值。所以非固定成长股票投资价值的确定,其实是固定成长股票投资价值计算的分段使用。

【例 7.9】 某股票刚刚支付了每年 2 元的股利,预期今后三年股利以每年 20% 的速度增长。在三年后,股利的增长率预期可达到每年 10%。如果要求收益率为每年 12%,计算股票投资价值。

先计算前三年的股利情况:

$$第1年股利 = 2\times(1+20\%) = 2.4(元)$$

$$第2年股利 = 2\times(1+20\%)^2 = 2.88(元)$$

$$第3年股利 = 2\times(1+20\%)^3 = 3.456(元)$$

然后计算第 4 年的股利:

$$第4年股利 = 3.456\times(1+10\%) = 3.8016(元)$$

三年后股票预期价格为

$$V_3 = \frac{D_1}{R-g} = \frac{3.80}{12\% - 10\%} = 190(元)$$

股票的合理现值为

$$V_0 = \frac{D_1}{1+R} + \frac{D_2}{(1+R)^2} + \frac{D_3}{(1+R)^3} + \frac{V_3}{(1+R)^3} =$$

$$\frac{2.4}{1+12\%} + \frac{2.88}{(1+12\%)^2} + \frac{3.456}{(1+12\%)^3} + \frac{190}{(1+12\%)^3} =$$

$$2.14 + 2.30 + 2.46 + 135.24 = 142.14(元)$$

计算结果表明,要保证该股票投资的期望报酬率达到 12%,目前购入的股票价格必须在 142.14 元以下。

上述研究的股票预期股价和报酬率,可能会与日后实际情况有所差异。这是因为所使用的数据都是预计的。同时,股市还受社会各种变动因素的影响,不可能十分精确。但要认识到,此种方法是根据股票投资价值的差别来进行决策的,预测的误差只会影响绝对值,一般不会影响其股票投资的优先次序。因为不可预见的和被忽略的因素对所有股票都是相同的,而不是对个别股票。所以,此类方法对于股票投资的选择决策具有相当大的参考价值。

(二)市盈率分析法

前述股票价值的计算方法,理论上比较健全,计算的结果使用也方便,但未来股利的预计很复杂并要求比较高。一般投资者往往很难办到。有一种粗略衡量股票价值的方法,就是市盈率分析法。它易于掌握,许多投资者都愿意使用。

1. 用市盈率估计股价高低

市盈率是股票市价与每股盈余之比。市盈率可以粗略反映股价高低,表明投资人愿用盈余的多少倍的货币来购买这种股票,是市场对该股票的评价。

因为

$$市盈率=股票市价/每股盈余$$

所以

$$股票价格=该股票市盈率\times该股票每股盈余$$

$$股票价值=行业平均市盈率\times该股票每股盈余$$

根据证券机构或刊物提供的同类股票过去若干年的平均市盈率,乘以当前的每股盈余,可以得出股票的理论价值。用它和当前市价比较,可以看出所付价格是否合理。

【例 7.10】　某企业的股票每股盈余是 2 元,市盈率是 18,行业类似股票的平均市盈率是 20,则

$$股票价值=2\times20=40\ 元$$

$$股票价格=2\times18=36\ 元$$

说明市场对该股票的评价略低,股价基本正常,有一定吸引力。

2. 用市盈率估计股票风险

一般认为,股票的市盈率比较高,表明投资者对企业的未来充满信心,愿意为每 1 元盈利多付买价。这种股票的风险比较小。但是,股市受到不正常因素干扰时,某些股票市价被哄抬到不应有的高位,市盈率会很高。通常认为,超过 20 的市盈率是不正常的,很可能是股价下跌的前兆,风险相当大。

股票的市盈率比较低,表明投资者对企业的未来缺乏信心,不愿意为每 1 元盈余多付买价。这种股票的风险比较大。通常认为,市盈率在 5 以下的股票,其前景比较悲观。

过高或过低的市盈率都不是好兆头,平均的市盈率在 10 ~ 11,市盈率在 5 ~ 20 是比较正常的。应研究拟投资股票市盈率的长期变化,估计其正常值,作为分析的基础。各行业的正常值有区别,预期将发生通货膨胀或提高利率时市盈率会普遍下降,预期企业利润增长时市盈率会上升,债务比重过大的企业市盈率较低。

四、股票投资的优缺点

股票投资是一种高风险、高收益的最具有挑战性的投资活动,投资者在选择股票进行投资一定要有清醒的认识,对此项投资活动要有充分的资金方面的、投资分析技术方面的、股票市

场发展趋势方面的、企业经营状况方面的，以及心理上的准备，才能对某一项具体的股票投资活动做出合理的判断。

（一）股票投资的优点

（1）投资回报率高。股票投资可以获得双重回报，一是企业发放的现金股利，二是当市价上涨时，转让股票的价差收益。虽然普通股票的市场价格变动频繁，但是从长期发展趋势来看，优质股票的市价是看涨的，只要选股得当，而且长期持有，股票投资的收益率远远高于其他证券投资。

（2）降低购买力风险。通货膨胀对股市的影响作用十分明显，而且适度的通货膨胀有利于证券市场的发展。全世界各国证券市场的发展趋势均证明了，当发生通货膨胀时，股价会上涨，通货膨胀率比较高时，由于物价普遍上涨，股市会随之兴旺；当发生通货紧缩时，股市也会随之处于低迷状态。正因为如此，人们才将股市看做是一个国家国民经济发展状态的晴雨表。另外，企业利润增加，当然股利也会增加。因此，与固定收益证券相比，投资于股票能有效地降低购买力风险。

（3）拥有经营管理控制权。股票投资属于权益性投资，股票是代表所有权的凭证，投资者购买了股票就成为发行股票企业的股东，凭其拥有的股份数额，可以参与企业的经营管理决策，拥有选择权和表决权，有权监督和控制企业的生产经营情况。因此，企业想要获得对某家企业的控制权，最好的办法就是收购这家企业发行的股票。

（二）股票投资的缺点

（1）股票投资风险大，安全性差。表现为两个方面，一是股票投资属于股权性投资，投资者购买股票之后，就等于将资金永远注入这家企业，没有权力要求企业偿还本金；二是当企业破产清算时，普通股东的求偿权位于最后，普通股东几乎不能收回全部或部分投资，甚至会血本无归。因此，股票投资与其他证券投资相比，风险可以说是最大的。

（2）股票价格波动性大，难以把握。由于股票市场价格受宏观和微观多种因素的影响，几乎时时处于变化之中，表现出一种随机游走的模式，基本没有规律可以遵循。这一特点决定了股票投资具有很大的投机性，运气好的投资者可以获得高额收益，运气不好可能会损失惨重。正因如此，企业资金没有更多富裕，没有冒险资金储备时，或是企业正处于激烈的市场竞争之中，努力求生存时，不宜从事股票投资。

（3）股票投资不稳定。股票投资的主要收益是股利收入和资本利得，其稳定性较差。一方面，由于股利直接与企业当期经营成果，即税后净利挂钩。企业当年盈利多，有可能多发股利；企业盈利少，就有可能不发或者少发股利；当企业下期有重大投资时，即使当年盈利较高，也有可能不发股利。另一方面，由于股票可获得价差收益。市场行情不好，转让股票不但得不到价差收益，反而会遭受损失。因此，从事股票投资要有充分的心理准备。

第四节　基金投资

基金投资从 19 世纪发展到今天,在全球经济活动中的地位越来越重要,尤其是在金融领域。基金不但在欧美发达国家成为非常重要的金融投资品种,而且在一些新兴的工业国家和地区得到了迅猛的发展,投资基金的蓬勃发展是和基金投资的优越性紧密联系的。

一、基金的概念及分类

(一)基金的概念

投资基金是指一种利益共享、风险共担的集合投资方式,即通过发行基金单位集中投资者的资金,交由专业性投资机构管理,投资机构根据与客户商定的最佳投资收益目标和最小风险,将资金适度并主要投资于股票、债券等金融工具,获得收益后按投资基金持有比例进行分配的一种间接投资方式。投资基金可以通过发行基金股份的形式成立,也可以通过基金管理人、基金托管人和投资人三方通过基金契约设立,由此形成的基金通常称为契约式基金。

(二)基金的分类

基金可以按照不同的标准进行分类,随着证券投资基金业的发展,其类型也在不断创新,目前常见的分类主要有以下几种:

1. 根据组织形态不同

根据组织形态不同,基金可分为契约型基金和公司型基金。契约型投资基金也称信托投资基金,是指基金发起人依据其与基金管理人、基金托管人订立的基金契约,发行受益凭证而设立的一种基金,其组织结构如图 7.1 所示;公司型基金由具有共同投资目标的投资者组成以盈利为目的的股份制投资企业,并将资产投资于特定对象的投资基金,其组织结构如图 7.2 所示。

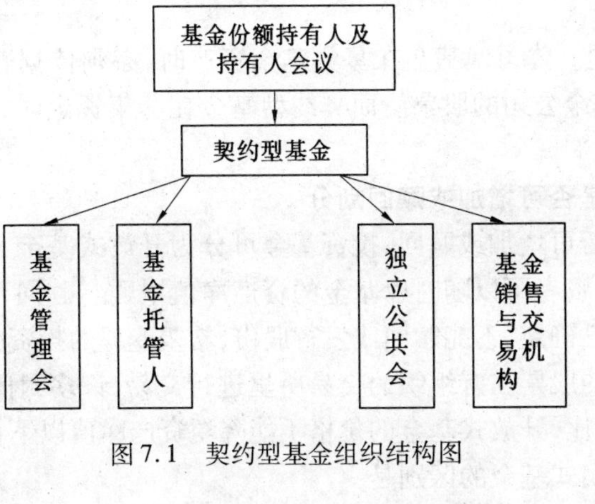

图 7.1　契约型基金组织结构图

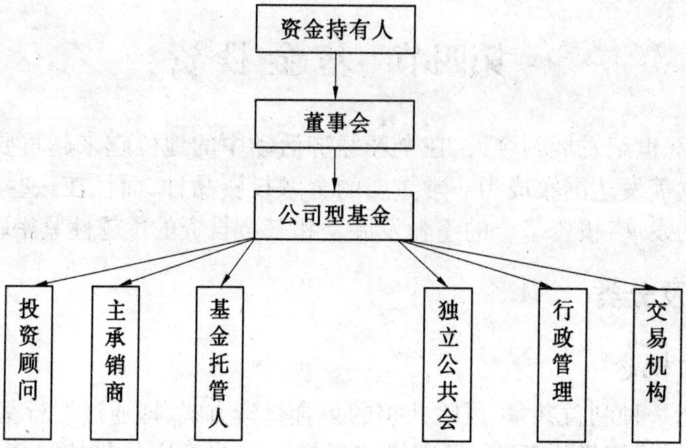

图 7.2　企业型基金组织结构图

公司型基金和契约型投资基金的不同点在于：

(1)资金的性质不同。公司型基金的资金为企业法人的资本,而契约型投资基金的资金是信托资产。

(2)投资者的地位不同。公司型基金的投资者购买基金企业的股票后成为该企业的股东,以股息或红利形式取得收益。而契约型投资基金的投资者购买受益凭证后成为基金契约的受益人。

(3)基金的运营依据不同。公司基金依据基金公司章程运营基金,而契约型投资基金依据基金契约运营基金。

(4)法律依据不同。公司型基金必须有自己的章程,基金公司及其股东之间的权利与义务、基金的运作等必须遵守公司法和公司章程的要求。而契约型基金除依据基金立法外,还必须遵守基金信托契约和信托法的规定。当然,不论是契约型还是公司型基金都要遵照证券法等相关法律的规范。

(5)发行凭证不同。公司型基金在募集基金资产时,必须依据普通股股票发行的条件及程序,其发行凭证是基金公司的股票。而契约型基金在募集资金时,必须依据基金契约,发行的是基金受益凭证。

2. 根据基金单位是否可增加或赎回划分

根据基金单位是否可增加或赎回,投资基金可分为开放式基金和封闭式基金。开放式基金是指基金设立后,投资者可以随时以基金的资产净值申购与赎回基金单位。封闭式基金是指基金规模在发行前已确定,不能赎回或发行股份,希望变现的投资者必须将股票出售给其他投资者。封闭式基金的股票在有组织的交易所里进行交易,许多封闭式基金按资产净值打折出售,与封闭式基金相比,开放式基金的价格不能降至资产净值以下,基金规模不确定。

开放式基金与封闭式基金的区别是：

(1)期限不同。开放式基金没有固定期限,投资者可随时向基金管理人赎回,而封闭式基金通常有固定的封闭期。

(2)基金单位的发行规模要求不同。开放式基金没有发行规模限制,而封闭式基金在招募说明书中列明其基金规模。

(3)基金单位转让方式不同。开放式基金的投资者可以在首次发行结束一段时间(多为3个月)后,随时向基金管理人或中介机构提出购买或赎回申请。封闭式基金的基金单位在封闭期限内不能要求基金企业赎回,只能寻求在证券交易场所出售或柜台市场上出售给第三者。

(4)基金单位的交易价格计算标准不同。开放式基金的交易价格取决于基金的每单位资产净值的大小,其卖出价一般是基金单位资产净值加5%左右的首次购买费,买入价即赎回价是基金券所代表的资产净值减去一定的赎回费,基本不受市场供求影响。封闭式基金的买卖价格受市场供求关系的影响,并不必然反映企业的净资产。

(5)投资策略不同。开放式基金因基金单位可随时赎回,为应付投资者随时赎回兑现,基金资产不能全部用来投资,更不能把全部资本用来进行长线投资,必须保持基金的流动性,在投资组合上需保留一部分现金和可随时兑现的金融商品。封闭式基金的基金单位数不变,资本不会减少,因此基金可进行长期投资,基金资产的投资组合能有效地在预定计划内进行。

3. 根据投资风险与收益的不同划分

根据投资风险与收益的不同,投资基金可分为成长型投资基金、收入型投资基金和平衡型投资基金。成长型投资基金是指把追求资本的长期成长作为其投资目的的投资基金;收入型投资基金是指以能为投资者带来高水平的当期收入为目的的投资基金;平衡型投资基金是指以支付当期收入和追求资本的长期成长为目的的投资基金。

4. 根据投资对象的不同划分

根据投资对象的不同,投资基金可分为股票基金、债券基金、货币市场基金、期货基金、期权基金、认股权证基金和风险投资基金等。

(1)股票基金。股票基金是指以股票为投资对象的投资基金,其投资对象通常包括普通股和优先股,其风险程度较个人投资股票市场要低得多,且具有较强的变现性和流动性。

(2)债券基金。债券基金是指以长期债券为投资对象的投资基金,债券基金一般情况下定期派息,其风险和收益水平较股票基金低。

(3)货币市场基金。货币市场基金是指以国库券、大额银行可转让存单、商业票据、企业债券等货币市场短期有价证券为投资对象的投资基金,其投资工具包括银行短期存款、国库券、政府公债、企业债券、银行承兑票据及商业票据等。这类基金的投资风险小,投资成本低,安全性和流动性较高,在整个基金市场属于低风险的安全基金。

(4)期货基金。期货基金是指以各类期货品种为主要投资对象的投资基金,由于期货市场具有高风险和高回报的特点,因此投资期货基金既能获得较高的投资收益,同时投资者也面临着较大的投资风险。

(5)期权基金。期权基金是指以能分配股利的股票期权为投资对象的,以期权作为主要投资对象的基金。期权交易就是期权购买者向期权出售者支付一定费用后,取得在规定时期内的任何时候,以事先确定好的协定价格,向期权出售者购买或出售一定数量的某种商品合约的权利的一种买卖。

(6)认股权证基金。认股权证基金是指以认股权证为投资对象的投资基金。认股权证是指由股份有限公司发行的、能够按照特定的价格、在特定的时间内购买一定数量该企业股票的选择权凭证。由于认股权证的价格是由企业的股价决定的,一般来说,认股权证的投资风险较通常的股票要大得多,因此,认股权证基金属于高风险基金。

(7)风险投资基金。风险投资基金是以风险企业为主要投资对象,通过组合投资降低风险,通过退出战略实现盈利,也成为创业投资基金。

5. 根据投资货币种类不同划分

根据投资货币种类不同,投资基金可分为美元基金、日元基金和欧元基金等。美元基金是指投资于美元市场的投资基金;日元基金是指投资于日元市场的投资基金;欧元基金是指投资于欧元市场的投资基金。

6. 根据资本来源和运用地域的不同划分

根据资本来源和运用地域的不同,投资基金可分为国际基金、海外基金、国内基金、国家基金。国际基金是对国际资本市场上大量存在的公募、私募性质的基金管理公司的泛称;海外基金也称离岸基金,是指资本来源于国外,并投资于国外的投资基金; 国内基金是指资本来源于国内,并投资于国内市场的投资基金;国家基金是指资本来源于国外,并投资于某一特定国家的投资基金。

二、基金的估价

基金也是一种证券,与其他证券一样,基金的内在价值也是指在基金投资上所能带来的现金净流量。但是,基金内在价值的具体确定依据与股票、债券等其他证券又有很大的区别。

基金的价值取决于基金净资产的现在价值。其原因在于,股票的未来收益是可以预测的,而基金投资的未来收益是不可预测的。由于投资基金不断变换投资组合对象,再加上基金投资者对于资本利得的追求,变幻莫测的证券价格波动,使得对投资基金未来收益的预测变得困难。因此基金的投资者关注的是基金资产的现有市场价值。

(一)基金单位净值

基金单位净值,也称为单位净资产值或单位资产净值。基金的价值取决于基金净资产的现在价值,因此基金单位净值是评价基金业绩最基本和最直观的指标,也是开放型基金申购价格、赎回价格以及封闭型基金上市交易价格确定的重要依据。

基金单位净值是在某一时点每一基金单位(或基金股份)具有的市场价值,计算公式为

$$基金单位净值=\frac{基金净资产价值}{基金单位总份额}$$

式中
$$基金净资产价值=基金资产总额-基金负债总额$$

在基金净资产价值的计算中，基金的负债除了以基金名义对外的融资借款以外，还包括应付投资者的分红、应付给基金托管人或管理人的报酬的费用等各项费用。相对来说，基金的负债金额是固定的，基金净资产的价值主要取决于基金总资产的价值，此处，基金总资产的价值并不是指资产总额的账面价值，而是指资产总额的市场价值。

（二）基金收益率

基金收益率是用以反映基金增值的，通过基金净资产的价值变化来衡量。基金收益率的计算公式为

$$基金收益率=\frac{年末持有份数\times年末基金单位净值-年初持有份数\times年初基金单位净值}{年初持有份数\times年初基金单位净值}$$

式中　持有份数——基金单位的持有份数。

（三）基金的报价

从理论上说，基金的价值决定了基金的价格，基金的交易价格是以基金单位净值为基础的，基金单位净值高，基金的交易价格也高。封闭型基金在二级市场上竞价交易，交易价格由供求关系和基金业绩决定，围绕着基金单位净值上下波动。开放型基金的柜台交易价格则完全以基金单位净值为基础，其计算公式为

$$基金认购价=基金单位净值+首次认购费$$

$$基金赎回价=基金单位净值-基金赎回费$$

基金认购价即基金管理公司的卖出价，首次认购费是支付给基金管理企业的发行佣金。基金赎回价即基金管理公司的买入价，基金赎回费是基金赎回时的各种费用，以此提高赎回成本，防止投资者的赎回，保持基金资产的稳定性。

三、基金投资的优缺点

（一）基金投资的优点

基金投资主要有以下优点：

1. 有利于小额资金持有者的资金投资

普通投资者由于自身的资金量有限，直接投资于证券市场会受到制约。比如期货、期权市场和货币市场，市场本身对参与者的资金量要求很高，普通投资者凭借单独的资金不可能投资该类市场。但是投资基金所要求的资金起点一般都较低，投资者用少量的资金就可以投资于基金，然后基金再将大量投资者的资金集中起来投入证券市场或其他市场，投资者通过基金的分红来享有投资的收益。所以，投资基金是方便小额资金进行投资活动的工具。

2. 提高投资效率

如果一个投资者直接投资于证券市场,他必须不断地搜集市场信息,对信息进行整理分析,选择出合适的股票进行投资,并需要经常地关注市场情况的变化,根据市场情况的改变来调整自己的投资组合,必须花费很多的时间和精力。同时,个人投资者由于信息渠道有限,不能及时了解有价值的信息,会丧失投资机会或作出错误的投资决策。而投资者如果通过基金投资,不但可以在很大程度上免除上述的繁重劳动,也能充分利用基金管理人的信息优势,大大提高投资的效率。

3. 发挥专家理财作用

证券投资是一项对专业技术要求较高的业务,特别是投资于一些复杂的衍生金融产品对专业知识的要求更高。基金的操作一般都是由熟悉专业的基金经理或投资顾问来进行,他们相对一般投资者而言,实际操作经验丰富,对国内外的宏观经济形势、产业发展和政策、上市企业的基本情况都较为了解。同时,信息渠道比较广泛,并能够利用研究方面的优势,及时对信息进行分析处理,把握最佳的投资机会,获得较好的投资回报。所以,投资者通过基金投资,能享受到基金专家理财的好处。

4. 控制投资风险

任何投资都是有风险的。基金管理人凭借自身的专业知识,能够较为准确地判断投资面临风险的种类、性质、大小,采取相应的风险控制措施,并且法规也都要求基金在投资时采取分散投资的原则来控制投资风险。而大多数普通投资者不能对风险有正确的认识,即使意识到风险的存在,也可能因为资金量的限制或风险控制工具的欠缺,不能采取分散投资或其他适当的风险控制措施。

5. 投资的规模效益

投资基金汇集众多小投资者的资金,形成一定规模的大额资金,在参与证券投资时能享有规模效益。首先在信息资料的搜集和处理方面,这部分成本可以说是相对固定的,与投资金额关系不大,通过基金的大规模投资,能降低单位资金量的研究成本,获得规模经济。同时,国外一些市场买卖证券的佣金是可变佣金制,交易量越大,交易佣金费率越低,因而通过基金买卖证券时的佣金支出比投资者直接买卖证券所付出的要少,减少了投资的成本。

(二)基金投资的缺点

(1)无法获得很高的投资收益。投资基金在其投资组合过程中,在降低风险的同时,也丧失了获得巨大收益的机会。

(2)在大盘整体大幅度下跌的情况下,进行基金投资也可能会损失很多,投资者可能承担较大的风险。

【案例分析】

购买力风险,又称为通货膨胀风险,是指由于物价上涨、货币贬值而使投资者遭受损失、实际收益水平下降的风险。对购买力风险的衡量,主要看投资者实际收益率的变化情况。因为实际收益率等于名义收益率和通货膨胀率之差,所以说,在名义收益率保持不变的情况下,通货膨胀率越高,投资者的实际收益率将会越低。

假设一投资者按照面值购买了一张票面利率为6%的债券,那么其名义收益率就为6%。若一年中的通货膨胀率为4%,则投资者的实际收益率为6%－4%＝2%;但是,由于经济过热,通货膨胀率上升,第二年的通货膨胀率达到6%,那么对投资者来说,虽然其仍有6%的名义收益率,但是其实际收益率已经下降到0。

分析提示:

(1)购买力风险是一种系统风险,不能通过构造投资组合进行分散。你认为应如何防范购买力风险?

(2)一般说来,购买力风险对不同投资品种的影响是不相同的。请讨论一下,当通货膨胀率上升时,其对普通股、优先股、债券和不动产的影响。如果你要在通货膨胀率水平比较高的情况下进行投资,你会如何选择投资的品种?

习　题

一、单选题

1. 某公司拟发行面值为1 000元,不计复利,5年后一次还本付息,票面利率为10%的债券。已知发行时市场的利率为12%,$(P/F,10\%,5)=0.6209$,$(P/F,12\%,5)=0.5674$,则该公司债券的发行价格为(　　)元。

A. 851.10　B. 907.84　C. 931.35　D. 993.44

2. 低风险、低收益证券所占比重较小,高风险、高收益证券所占比重较高的投资组合属于(　　)。

A. 冒险型投资组合　B. 适中型投资组合

C. 保守型投资组合　D. 随机型投资组合

3. 下列各种证券中,属于变动收益证券的是(　　)。

A. 国库券　B. 无息债券　C. 普通股股票　D. 不参加分红的优先股股票

4. 下列各项中,不能通过证券组合分散的风险是(　　)。

A. 非系统性风险　B. 公司特别风险　C. 可分散风险　D. 市场风险

5. 一般而言,下列已上市流通的证券中,流动性风险相对较小的是(　　)。

A. 可转换债券　B. 普通股股票　C. 公司债券　D. 国库券

6. 下列各项中,属于企业短期证券投资直接目的的是(　　)。

A. 获取财务杠杆利益　B. 降低企业经营风险

C. 扩大本企业的生产能力　D. 暂时存放闲置资金

7. 下列证券中,能够更好地避免购买力风险的是(　　)。

A. 普通股　　B. 优先股　　C. 公司债券　　D. 国库券

8. 下列因素引起的风险中,投资者可以通过证券投资组合予以消减的是(　　)。

A. 宏观经济状况变化　　B. 世界能源状况变化

C. 发生经济危机　　D. 被投资企业出现经营失误

二、多选题

1. 在下列各项中,属于证券投资风险的有(　　)。

A. 违约风险　　B. 购买力风险　　C. 流动性风险　　D. 期限性风险

2. 与股票投资相比,债券投资的优点有(　　)。

A. 本金安全性好　B. 投资收益率高　C. 购买力风险低　D. 收入稳定性强

3. 下列有关证券投资风险的表述中,正确的有(　　)。

A. 证券投资组合的风险有公司特别风险和市场风险两种

B. 公司特别风险是不可分散风险

C. 股票的市场风险不能通过证券投资组合加以消除

D. 当投资组合中股票的种类特别多时,非系统性风险几乎可全部分散掉

三、判断题

1. 一般情况下,股票市场价格会随着市场利率的上升而下降,随着市场利率的下降而上升。(　　)

2. 人们在进行财务决策时,之所以选择低风险的方案,是因为低风险会带来高收益而高风险的方案则往往收益偏低。(　　)

3. 由两种完全正相关的股票组成的证券组合不能抵消任何风险。(　　)

4. 按投资基金能否赎回,可将其分为封闭型投资基金和开放型投资基金两种。(　　)

四、计算题

1. 2007 年 7 月 1 日发行的某债券面值 100 元,期限 3 年,票面年利率为 8%,每半年付息一次,付息日为 6 月 30 日和 12 月 31 日。

要求:

(1)假设等风险证券的市场利率为 8%,计算该债券的实际年利率和单利计息下全部利息在 2007 年 7 月 1 日的现值。

(2)假设等风险证券的市场利率为 10%,计算 2007 年 7 月 1 日该债券的价值。

(3)假设等风险证券的市场利率为 12%,2008 年 7 月 1 日该债券的市价是 85 元,试问该债券当时是否值得购买?

(4)假设某投资者 2009 年 7 月 1 日以 97 元购入该债券,试问该投资者持有该债券至到期日的收益率是多少?

2. 甲公司持有 A、B、C 三种股票,在由上述股票组成的证券投资组合中,各股票所占的比重分别为 50%、30% 和 20%,其 β 系数分别为 2.0、1.0 和 0.5。市场收益率为 15%,无风险收

益率为10%。

A股票当前每股市价为12元,刚收到上一年度派发的每股1.2元的现金股利,预计股利以后每年将增长8%。

要求:

(1)计算以下指标:

①甲公司证券组合的β系数;

②甲公司证券组合的风险收益率(R_p);

③甲公司证券组合的必要投资收益率(K);

④投资A股票的必要投资收益率。

(2)利用股票估价模型分析当前出售A股票是否对甲公司有利。

第八章

Chapter 8

营运资本管理

【本章要点】

营运资本是企业日常生产经营活动的重要基础。营运资本的管理目标是要在风险和收益之间进行权衡,将营运资本的持有量控制在适当的范围内,降低资金使用成本的同时,提高资金的周转效率。本章主要介绍了现金、应收账款和存货这三种流动资产的相关理论知识和管理方法。通过本章介绍,学习者可了解营运资金的概念、特点以及营运资金的管理原则和管理策略;熟悉和掌握现金,应收账款,存货管理的目标、内容及具体的管理方法。

第一节 营运资本概述

一、营运资本的概念及特点

(一)营运资本的概念

营运资本,又称营运资金,是指在企业正常生产经营活动中用在流动资产上的资金。营运资本有广义和狭义之分,广义的营运资本是指一个企业流动资产的总额;狭义的营运资本是指流动资产减流动负债后的余额。通常所说的营运资本多指狭义,一般用来衡量企业避免发生流动性问题的程度。从财务管理角度看,营运资本的管理既包括流动资产的管理,也包括流动负债的管理。

所谓流动资产,是指可以在一年内或长于一年的一个营业周期内变现的资产。按照流动资产的变现速度(速度越快,流动性越高,反之亦然)划分,流动性最高的资产属货币资金;其次是短期投资;再次是应收账款;最后是存货。同样地,流动负债是指需要在一年或者超过一年的一个营业周期内偿还的债务。流动负债又称短期融资，主要包括以下几类项目：短期借款、应付账款、应付票据、预收账款、其他应付款以及应计费用等。

总之，营运资本是企业日常生产经营活动的重要基础，持有过少，不能满足生产经营的需要，持有过多又会降低企业的总体收益。营运资本的管理应主要解决两个问题：一是如何确定流动资产的最佳持有量；二是如何筹措短期资金。

（二）营运资本的特点

营运资本的特点主要体现在流动资产和流动负债上。

1. 流动资产的特点

(1)流动性。短期投资、金融性资产、应收账款、存货等流动资产一般具有较强的变现能力，如果企业急需资金用于支付，以应付突发事件，或是企业出现资金周转不灵、现金短缺时，便可迅速变卖这些资产，以获取现金，帮助企业渡过难关。

(2)短期性。企业占用流动资产上的资金，周转一次所需时间较短。通常会在一年内收回或一年内多次收回，每一次周转的时间以及对企业影响的时间比较短。

(3)波动性。一个企业拥有的流动资产的数量是处在不断变化之中的，当企业理财的外部环境发生变化，如市场利率上扬或是供应商货源不足等，以及企业内部资产结构调整，都会引起流动资产数量的变动。季节性生产的企业变动更大。

(4)循环性。企业流动资产的实物形态往往是随着企业生产经营活动的变动而变动的，在企业组织生产经营活动的过程中，有两股资金流在同时流动，一方面表现为不断地支出现金，购买原材料；另一方面不断地销售产成品，收回现金。于是就出现了“G—W…—P…—W′—G′”商品运动的形式，在这一运动形式中，流动资产的实物形态不断变化，在一般的情况下，在现金、原材料、在制品、产成品、应收账款与现金之间顺序转化、不断循环。

2. 流动负债的特点

(1)速度快。短期融资由于期限较短，往往比长期融资更容易、更便捷，融资的速度也相对较快。

(2)成本低。短期负债利息和筹资费用通常比长期负债低，因此资金成本较低。而应付税金、应计费用等“自然性融资”项目则无利息负担，无需考虑资金成本。

(3)风险大。一方面，短期借款利率不稳定，它会随着市场利率的变动而变动，这对企业融资必然产生一定的影响。另一方面，短期借款的偿还期短，需要企业在短时期内还本付息，因此，如果企业筹集短期负债过多，短期偿付现金的压力必然过大，这会使企业面临较大的融资风险。

(4)来源渠道广、方式多。企业筹集短期资金，可以通过多种渠道、采用多种方式，如政府财政、银行信贷、非银行金融机构、法人企业、社会公众乃至企业内部等多种渠道筹集所需的营运资本；而且可以有银行短期借款、短期融资券、商业信用、应交税金、应交利润、应付工资、应付费用、预收货款、应计款项、预提款项及各类直接借款等方式。且限制条件通常比长期融资少,具有更大的灵活性。

二、营运资本的管理原则

企业的营运资本不仅周转期短,形态易变,而且在全部资金中占有相当大的比重,所以是企业财务管理工作的一项重要内容,企业若要对营运资本进行科学有效的管理,必须遵循以下原则:

(一)根据企业生产经营状况,合理预测及确定营运资产的需要数量

企业营运资本的需要数量与企业生产经营活动有直接关系,当企业产销两旺时,流动资产会不断增加,流动负债也会相应增加;而当企业产销量不断减少时,流动资产和流动负债也会相应减少,因此,企业财务人员应认真分析生产经营状况,采用一定的方法预测营运资本的需要数量,以便合理使用营运资本。

(二)在保证生产经营持续进行的前提下,有效地节约使用营运资本

在营运资本管理中,必须正确处理保证生产经营持续进行和节约使用资金二者之间的关系,要在保证生产经营需要的前提下,遵守勤俭节约的原则,挖掘资金潜力,精打细算地使用资金。

(三)合理安排流动比率、速动比率与现金比率,保证企业的短期偿债能力

流动资产与流动负债,速动资产与流动负债,现金资产与流动负债之间的关系能较好地反映企业的短期偿债能力。流动负债是在短期内需要偿还的债务,而流动资产和速动资产则是在短期内可以转化为现金的资产,现金资产是可以立即用于支付的资产。因此,如果一个企业的上述三种资产比较多,流动负债比较少,企业就会拥有较强的短期偿债能力;反之,则短期偿债能力较弱。但如果企业上述三项资产太多,流动负债太少,也并不是正常现象,这可能是因为该三项资产闲置,流动负债利用不足所致,会严重地影响企业的获利能力。因此,在营运资金管理中,要合理安排它们和流动负债的比例关系,以便既节约使用资金,又保证企业有足够的偿债能力。

(四)加速营运资本的周转,提高资金利用效率

当企业的生产经营规模一定时,流动资产的周转速度与流动资金的需要量成反比。适当加快存货周转、缩短应收账款的收账期,延长应付账款的付款期,可以减少营运资本的需要量,从而提高资金的利用效率。

三、营运资本的管理策略

企业生存与发展在很大程度上取决于营运资本管理策略制定的好坏。只有实施符合企业自身发展要求的营运资金管理策略,企业才能得以生存和发展,企业的财务管理目标才能得以实现。

(一)影响营运资本管理策略的因素

营运资本管理千头万绪,涉及生产经营的方方面面,如现金管理、信用管理、营销管理、生产管理等。理财人员应努力协调好各方面的关系,认真分析影响营运资金策略的因素,为选择切实可行的营运资本策略打下基础。影响营运资本策略的主要因素有:

1. 销售收入水平及增长趋势

一般地讲,营运资本规模会随着销售额的增长而增长,但两者之间呈非线性关系。随着销售水平的提高,营运资本将以递减的速度增加,特别是现金和存货。即随着销售水平的提高,现金和存货所占用的资金因时间、数量的不一致而可以相互调剂使用,使占用于流动资产的资金增加速度小于销售额的增长速度。因此,当销售额快速增长时,企业可选择风险较高的营运资本策略,以争取获得较高的收益。

2. 现金流入、流出量的不确定性和时间上的非衔接程度

在市场经济条件下,企业的生产经营活动日趋复杂,企业的材料采购、产品销售都广泛地以商业信用为媒介来实现,很难对现金流量进行准确的预测。企业的现金流入与流出量不确定程度越高,企业保持在流动资产上的营运资金就越多,现金流入和流出在时间上的协调程度就越差。因此,企业应保持较大的营运资本规模,以备偿付当期的到期债务。而如果企业现金流入量和流出量的确定性程度越高,并且在时间上保持衔接一致,就可选择激进的营运资本策略。

3. 理财人员对待风险的态度和对收益的预期

风险是指企业陷入无力偿付到期债务而导致的技术性无力清偿的可能性。如果企业敢冒风险,则宜采用低的流动资产比率或较高的流动负债比率,反之,则采用较高的流动资产比率或较低的流动负债比率。

风险与收益的权衡是确定营运资金策略的基本前提。一个稳健型的企业通常会选择低风险、低收益的营运资金策略,而一个冒险型的企业则会选择高风险、高收益的营运资金策略。由于理财人员普遍是担心风险的,又预期能获得比较理想的收益能力,因此,理想的营运资金策略应恰到好处地处于两者之间,适度的风险、适度的收益将是企业确定营运资本策略的基本原则。流动负债策略与流动资产策略的有效的搭配组合,可以使企业的风险程度与获利水平在一个合理的范围内变动,有利于企业的长远发展。

除此之外,影响企业营运资本策略的因素还有经营杠杆、财务杠杆、企业所处的行业特点、产品结构等。

(二)营运资本管理策略的类型及评价

在企业财务管理活动中,企业应根据自身的具体条件选择相应的营运资本管理策略,灵活地运用管理好营运资金。营运资本管理策略的主要类型及其评价如下:

1. 自动清偿策略

自动清偿策略,也称配合策略。在企业全部资产中,短期资金来源满足流动资产中的临时需要部分,长期筹资来源于股本,长期负债则满足流动资产中的长期需要部分和固定资产的资金需要。这一策略较适合于具有季节性变化的企业,即流动资产的临时需要部分同经营活动的季节性紧密相关。只要企业的短期融资计划做得好,实际现金流动与预期的安排相一致,在季节性低谷时,由于存货减少、应收账款减少而余出的现金将会偿还全部短期负债。但这一策略的不足是:①临时性资金需要可能会超过计划;②在季节性淡季,存货、应收账款的减少如果预计失误,将导致更多的永久性流动资产;③短期负债的利息成本的未知性,会造成企业税后利润的波动。显然,自动清偿营运资金策略适用于预计误差较小的情况,仅是一种理想融资模式,较难于在现实工作中实施。

2. 保守策略

实行这种策略,无论是固定资产还是永久性流动资产或临时性流动资产的资金需求,都通过长期筹资来满足。在资金需求旺季,全部资金需求将由长期筹资来满足;在资金需求淡季,超过资金需求的、暂时闲置的资金将投资于有价证券。

其优点是财务风险低。因为全部资金来源都属于长期,不至于导致清算资产以偿还到期债务,同时也没有短期负债利率变动的风险。其缺点如下:①许多中小型企业没有足够的信用基础在资本市场上筹集全部所需的长期资金,甚至部分大企业也难以做到:②将导致较高的资金成本。因此这一政策在实践中很难被普遍采用。

3. 激进策略

这一策略要点是,短期资金不仅用于满足临时性流动资产需要,而且用于满足永久性流动资产需要。其优点是,可通过降低债务资金的成本来提高权益资本报酬率。其缺点是,企业用短期负债方式形成永久性流动资产,必须在借款到期时展延还款期限或重新借款,其中隐含着两种风险:一是借款不能展延或企业借不到新债致使偿债能力丧失;二是利息成本的不确定性会带来企业盈利变动。当货币政策收紧时,利息成本就会偏高,短期负债的低成本优势也就随之消失。

4. 平衡策略

这一策略要求企业保持足够多的净营运资金,运用长期资金来满足永久性流动资产和一部分临时性流动资产的需要。在用资高峰时,可筹集短期资金来满足,但短期资金可能满足不了企业的全部需要。季节性需求降低之后,首先应归还短期债务。随着资金需求量的进一步降低,可以将闲置资金投资于有价证券。这一策略实际上是介于自动清偿策略与保守策略之间的一种营运资金策略,并吸取了它们各自的优点。

通过对以上四种类型的营运资金策略的评析,可以发现,它们各有利弊,直接得到营运资金管理的最佳策略并非易事,但它们却向理财人员展示了各种可供选择策略的风险与收益共存的特征。

有关营运资本的具体管理内容本应涉及流动资产和流动负债两方面的管理,但是由于有关流动负债的内容已在第四章融资管理中述及,因此本章主要介绍流动资产的管理问题,其中重点介绍对现金、应收账款和存货的管理。

第二节　现金管理

一、现金的概念及其管理目标

关于现金的概念有狭义与广义之分。狭义的现金仅指库存现金，而广义的现金除了库存现金以外，还包括各种现金等价物，即指随时可以根据需要转换成现金的货币性资产，如银行存款、外埠存款和在途现金。本章所指的现金是广义的现金。

现金是流动性最强的一种货币性资产，是指在企业的生产经营过程中以货币形态存在的那部分资产，是企业流动资产的重要组成部分。现金包括一切可以自由流通与转让的交易媒介，如库存现金、银行存款、外埠存款、银行本票存款、银行汇票存款、在途现金等。

现金代表着企业的现实购买力，并且这种现实购买力能够在社会经济生活中极易得到实现，具有流动性强的特点。企业为了进行正常的生产经营活动，必须拥有一定数额的现金，用于材料采购、支付工资、交纳税金、支付利息及进行其他投资活动。同时，一个企业拥有现金的多少，又标志着其偿债能力与支付能力的大小，是企业投资人、债权人等分析判断企业财务状况好坏的重要标志。

现金管理的目标在于如何在现金的流动性和收益性之间进行合理选择，即在保证正常业务经营需要的同时，尽可能降低现金的占用量，并从暂时闲置的现金中获得最大的投资收益。

二、现金的持有动机及成本

（一）现金的持有动机

尽管货币资金通常被称为“非盈利资产”，然而任何企业都必须持有一定数量的现金，具体来说，企业持有货币资金的动机可归纳如下：

1. 交易动机

交易动机是指企业为满足日常业务的现金支付，必须持有一定数额的货币资金。尽管企业经常会收到现金，但现金的收支在时间及数额上往往是不同的，若不维持适当的现金余额，就难以保证企业的业务活动正常进行下去。一般说来，企业为满足交易动机所持有的现金余额主要取决于销售水平。企业销售量扩大，销售额增加，所需现金余额也会随之增加。

2. 预防动机

预防动机是指企业置存现金以防发生意外的支付。这种需求的大小与现金预算的准确性、突发事件发生的可能性及企业取得短期借款的难易程度有关。现金预算越准确，突发事件发生的概率越小，企业取得短期借款越容易，则所需预防性现金余额越小；反之，所需预防性现金余额越大。

3. 投机动机

投机动机是指企业为了抓住各种瞬息即逝的市场机会，获取较大的利益而准备的现金余额。比如遇有廉价原材料或其他资产供应的机会，便可用手头现金大量购入；再比如在适当时机购入价格有利的股票和其他有价证券，等等。当然，除了金融和投资企业外，一般地讲，其他企业专为投机性需要而特殊置存现金的不多，遇到不寻常的购买机会，也常设法临时筹集资金。但拥有相当数额的现金，确实为突然的大批采购提供了方便。

企业除以上三种原因持有现金外，也会基于满足将来某一特定要求或者为在银行维持补偿性余额等其他原因而持有现金。企业在确定现金余额时，一般应综合考虑各方面的持有动机。但要注意的是，由于各种动机所需的现金可以调节使用，企业持有的现金总额并不等于各种动机所需现金余额的简单相加，前者通常小于后者。另外，上述各种动机所需保持的现金，并不要求必须是货币形态，也可以是能够随时变现的有价证券以及能够随时转换成现金的其他各种存在形态，如可随时借入的银行信贷资金等。

(二)现金的成本

现金的成本通常由以下四部分组成：

1. 机会成本

现金机会成本是指企业不能同时用该现金进行有价证券投资而放弃的再投资收益。这种成本在数额上等同于资金成本，它与现金持有量成正比例关系。

2. 管理成本

管理成本是指企业保留现金并对现金进行管理所发生的管理费用，如管理人员工资及必要的安全措施费用等。这部分费用具有固定成本的性质，它在一定范围内与现金持有量的多少关系不大，是现金决策无关成本。

3. 转换成本

转换成本是指企业用现金购买有价证券以及转让有价证券换取现金时付出的交易费用，即现金同有价证券之间相互转换的成本，如委托买卖佣金、委托手续费、证券过户费、实物交割费等。其中委托买卖佣金和委托手续费是按照委托成交金额计算的，在证券总额既定的条件下，无论变现次数怎样变动，所需支付的委托成本金额是固定的，因此属于决策无关成本。与证券变现次数密切相关的转换成本便只包括其中的固定性交易费用。固定性转换成本与现金持有量成反比例关系。

4. 短缺成本

现金短缺成本是指在现金持有量不足而又无法及时通过有价证券变现加以补充而给企业造成的损失，包括直接损失和间接损失。例如丧失购买机会、造成信用损失和得不到折扣的好处等，其中因不能按期支付有关款项而造成信用损失的后果是无法用货币来计量的。现金的短缺成本与现金持有量成反方向变动关系。

三、现金持有量决策

现金管理的目的是提高现金的使用效率,这就需要确定出最佳现金持有量。确定最佳现金持有量的方法很多,本节主要介绍成本分析模式、存货模式和随机模式。

(一)成本分析模型

成本分析模式是通过分析持有现金的成本,寻找使持有成本最低的现金持有量的一种方法。与现金持有量最为密切的成本是机会成本和短缺成本,即

现金管理相关总成本=机会成本+短缺成本

1. 机会成本

机会成本是指企业因保留一定的现金余额而丧失的投资收益。这种投资收益是企业不能用该现金进行其他投资获得的收益,与现金持有量呈正相关。机会成本可以用现金持有量乘以有价证券利率来计算。

2. 短缺成本

现金的短缺成本,是指企业因缺乏必要的现金,不能应付业务开支所需,而使企业蒙受的损失或为此付出的代价。现金的短缺成本随着现金持有量的增加而下降,随着现金持有量的减少而上升,即与现金持有量负相关。

成本分析模型的计算步骤为:

(1)根据不同的现金持有量测算各备选方案的有关成本数值;

(2)按照不同现金持有量及其有关部门的成本资料,计算各方案的持有成本和短缺成本;

(3)找出现金管理相关总成本最低时的现金持有量,即最佳现金持有量。

【例8.1】 某企业有四种现金持有方案,它们各自的现金持有量、机会成本率、短缺成本如表8.1所示。

表8.1　备选现金持有方案　　单位:元

项目＼方案	1	2	3	4
现金持有量	70 000	80 000	90 000	100 000
机会成本率	10%	10%	10%	10%
短缺成本	5 000	2 500	1 000	500
现金持有总成本	12 000	10 500	10 000	10 500

通过对上述各方案总成本比较,第三个方案的现金持有成本最低,因此,该企业的最佳现金持有量为90 000元。

(二)存货模型

存货模型来源于存货经济批量模型,这一模型最早由美国学者Baumol提出。

存货模型假设企业的现金收入每隔一段时间发生一次,而现金支出则是在一定时期内均匀发生。在此期间,企业可以通过销售有价证券获得现金。

在存货模型下,持有现金的总成本包括两个方面:

1. 持有成本

持有成本即持有现金所发生的机会成本,通常用有价证券的利息率来反映。一般包括企业因保留一定的现金余额而增加的管理费用及丧失的投资收益,其中,管理费用具有固定成本的性质,与现金持有量的关系不大;而放弃的投资收益,也就是机会成本,则属于变动成本,与现金持有量同方向变化。因此,总体来说,企业保持的现金数量越大,现金持有成本也越高。

2. 转换成本

转换成本即现金与有价证券转换的固定成本,如发生交易费用、管理费用等。这些费用中,固定性的交易费用与交易的次数密切相关,因此,在现金需求量一定的情况下,每次现金持有量越少,变现次数越多,转换成本就越大;反之,每次现金持有量越多,变现次数越少,转换成本就越小。可见,现金转换成本与交易的次数成正比,而与现金持有量成反比。

通过上述分析可以得出:企业保留的现金余额越大,现金的持有成本越高,但是现金的转换成本会相对较小;反之,企业保留的现金余额越小,现金的持有成本越低,但是现金的转换成本会变大。两种成本合计最低条件下的现金余额即为最佳现金持有量。存货模型的目的就是求出这一最佳现金余额。

假设:TC 为现金管理相关总成本,b 为现金和有价证券的单位转换成本,T 为特定时间内的现金需求总额,N 为最佳现金持有量,i 为短期有价证券的利息率。则有存货模式下的现金持有量和现金管理总成本的函数关系如下

$$TC = \frac{N}{2}i + \frac{Tb}{N} \tag{8.1}$$

式中,机会成本是按现金持有量的一半来计算的,因为随着生产经营活动的不断进行,现金持有量逐步减少,它不可能始终保持在最高持有水平上,因此对其进行平均计算较为合理。

对其进行求导

$$TC' = \frac{i}{2} - \frac{Tb}{N^2}$$

令 $TC' = 0$,则

$$\frac{i}{2} = \frac{Tb}{N^2}$$

最佳现金持有量

$$N = \sqrt{\frac{2Tb}{i}} \tag{8.2}$$

【例 8.2】 某企业预计一定时期需要现金 800 000 元,现金与有价证券转换成本为每次

100 元,有价证券的利息率为 10%,则最佳现金持有量为

$$N = \sqrt{\frac{2 \times 800\ 000 \times 100}{10\%}} = 40\ 000(\text{元})$$

$$TC = \sqrt{2 \times 800\ 000 \times 100 \times 10\%} = 4\ 000(\text{元})$$

存货模式可以精确地计算出最佳现金持有量和现金管理总成本。但是,运用该模式计算最佳持有量是在一定的前提和条件下来进行的,即:① 现金流出是均匀发生的,且不允许出现现金短缺;② 现金的持有成本和转换成本都比较容易确定;③ 预期内现金总量可以预测;④ 企业所需现金可以通过证券变现取得,且证券变现的不确定性很小。只有满足了上述条件,才可以使用存货模型来确定最佳现金持有量。

(三) 随机模型

随机模型又称米勒 - 奥模型,它是由美国经济学家 Mertton Mill 和 Deniel Orr 首先提出来的。该模型假设企业无法确切地预知每日的现金实际收支状况,现金流量服从正态分布,而且现金与有价证券之间能够自由兑换。该模型适用于现金需求量难以预知的情况下进行现金持有量的控制。

如图8.1所示,该模型假设企业的现金余额在上限 H 与下限 L 之间随即波动。当现金余额降到下限时,企业应当出售部分有价证券补充现金;当现金余额升到上限水平时,企业则应当适当投资有价证券,降低现金的实际持有水平。R 为最佳现金持有量,也是现金余额随机波动的均衡点和目标水平。根据米勒 - 奥模型,最佳现金持有量的计算公式为

$$R = L + \sqrt[3]{\frac{3b\delta^2}{4i}} \tag{8.3}$$

式中　R—— 最优现金返回线(最佳现金持有量);

b—— 每次有价证券转换的固定转换成本;

i—— 有价证券的日利息率;

δ—— 预期每日现金余额变化的标准差;

L—— 现金持有额下限。

下限 L 的确定受到企业每日的最低现金需要、管理人员的风险承受倾向等因素影响,最低可确定为零。上限的计算公式为

$$H = L + 3 \times \sqrt[3]{\frac{3b\delta^2}{4i}} \tag{8.4}$$

或

$$H = 3R - 2L \tag{8.5}$$

【例8.3】　某企业有价证券的年利率为9%,固定转换成本为50元,该企业的现金持有量的下限为2 500元,根据以往经验测算得出的每日现金余额变化的标准差为800元。试计算最佳现金返回线 R 和现金持有上限 H。

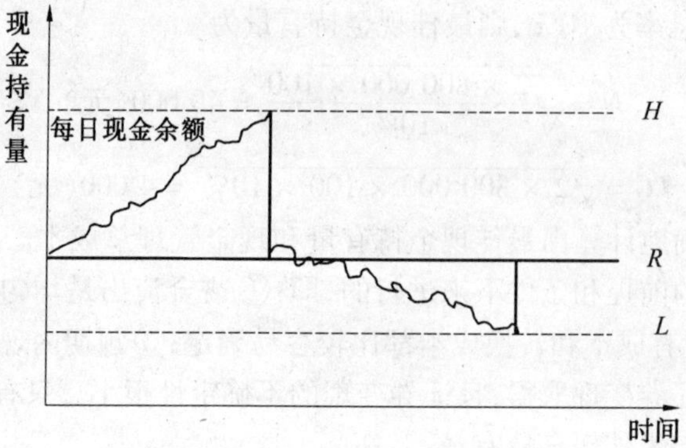

图 8.1　随机模式下的最佳现金持有量

$$\text{有价证券的日利率} = 9\%/360 = 0.025\%$$

$$R = 2\,500 + \sqrt[3]{\frac{3 \times 50 \times 800^2}{4 \times 0.025\%}} = 7\,079(\text{元})$$

$$H = 2\,500 + 3 \times \sqrt[3]{\frac{3 \times 50 \times 800^2}{4 \times 0.025\%}} = 2\,500 + 3 \times 4\,579 = 16\,237(\text{元})$$

四、现金的日常管理

现金日常管理的目的在于提高现金的使用效率，为达到这一目的，不仅要从总体上对现金进行有效的控制与管理，还要进一步加强现金的回收和支出的日常管理。

(一)现金的总体管理

(1)遵守对现金使用和管理的规定。国家相关部门对现金使用和管理有以下规定：①明确现钞的使用范围：支付职工工资、津贴，根据国家规定颁发给个人的科学技术、文化艺术、体育等各种奖金，支付各种劳保、福利费用以及国家规定的对个人的其他支出；向个人收购农副产品和其他物资的价款，出差人员必须随身携带的差旅费；结算起点(1 000 元)以下的零星支出，中国人民银行确定的需要支付现金的其他支出。②规定库存现金限额。企业库存现金，由其开户银行根据企业的实际需要核定限额，一般以 3~5 天的零星开支额为限。③不得坐支现金。即企业不得从本单位的人民币现钞收入中直接支付交易款。现钞收入应于当日终了送存开户银行。④不得出租、出借银行账户。⑤不得签发空头支票和远期支票。⑥不得套取银行信用。⑦不得保存账外公款，包括将公款以个人名义存入银行和保存账外现钞等各种形式的账外公款。

(2)加强对现金收支的内部控制。既然现金的风险隐患较大，就应该加强其内部控制。主要应做好以下几方面的工作：①现金收支与记账岗位分离；②现金收入、支出要有合理、合法的凭证；③全部收支要及时、准确地入账，并且支出要有核准手续；④控制现金坐支，当日收入现金及时送存银行；⑤按月盘点现金，编制银行存款余额调节表，以做到账实相符；⑥加强对现金收支业务的内部审计。

(3)力争现金流量同步。如果企业能尽量使它的现金流入与现金流出发生的时间趋于一致，就可以使其所持有的交易性现金余额降到最低水平。从而达到降低整个企业现金持有量、提高经营效益的目的。这应是每个企业努力实现的理想化现金管理状态。

(二)现金的回收管理

企业在日常的生产经营活动中，应及时回收应收账款，使企业支付能力增强。为了加速现金的回收，必须尽可能缩短应收账款的平均收现期。企业在制定销售政策和赊销政策时，要权衡增加应收账款投资和延长收账期乃至发生坏账的利弊，采取合理的现金折扣政策；采用适当的信用标准、信用条件、信用额度，建立销售回款责任制，制定合理的信用政策；另一方面是加速收款与票据交换，尽量避免由于票据传递而延误收取货款的时间。具体可采用以下方法。

1. 邮政信箱法

邮政信箱法又称锁箱法，是西方企业加速现金流转的一种常用方法。企业可以在客户分布地区的邮局设置加锁信箱，让客户将支票汇至当地的这种信箱，然后由当地指定的银行每天数次收取信箱中的支票并存入特别的活期账户。由银行将这些支票在当地交换后以电汇方式存入该企业的银行账户。这种方法的优点是不但缩短了票据邮寄时间，还免除了企业办理收账、货款存入银行等手续，因而缩短了票据邮寄及在企业的停留时间。但采用这种方法成本较高，因为被授权开启邮箱的当地银行除了要求扣除相应的补偿性余额外，还要收取额外服务的劳务费，导致现金成本增加。因此，是否采用邮政信箱法，需视提前回笼现金产生的收益与增加的成本的大小而定。

2. 银行业务集中法

银行业务集中法即在客户较为集中的若干地区分设“收款中心”，并指定一个收款中心的开户银行(通常是企业总部所在地)为“集中银行”。各收款中心的客户在收到付款通知后，就近将货款交至收款中心；收款中心每天将收到的款项存入指定的当地银行；当地银行在进行票据交换后立即转给企业总部所在银行。这种方法可以缩短客户邮寄票据所需的时间和票据托收所需时间，但是采用这种方法须设立多个收账中心，从而增加了相应的费用支出。因此，企业应在权衡利弊得失的基础上，做出是否采用银行业务集中法的决策。

除上述方法外，还可以采取电汇、大额款项专人处理、企业内部往来多边结算、减少不必要的银行账户等方法加快现金回收。

(三)现金支出的管理

(1)使用现金浮游量。现金浮游量是指企业存款账户上存款余额和银行账簿上企业存款账户余额之间的差额，也就是企业和银行之间的未达账项。充分利用浮游量是西方企业广泛采用的一种提高现金利用效率、节约现金支出总量的有效手段。可从收款方和付款方两个角度加强浮游量的管理。

收款方:①设立多个收款中心来代替设在总部的单一收款中心;②承租邮政信箱并授权当地开户行每天数次收取信箱内汇款,存入企业账户;③对于金额较大的货款可直接派人前往收取并及时送存银行;④对企业内部各部门间的现金往来要严加控制,防止现金滞留;⑤保证支票即时处理并当日送存银行;⑥将支付渠道通知付款方。

付款方:付款方在处理浮游量中处于优势地位,应在短期效益和长期信誉之间作出权衡,确定合理的浮游量。①加速收款。主要指缩短应收账款的时间。发生应收账款会增加企业资金的占用,但它又是必要的,因为它可以扩大销售规模,增加销售收入。问题是如何在吸引顾客和缩短收款时间之间找出平衡点,需要制订出合理的信用政策和妥善的收账策略。②推迟应付款的支付。企业在不影响自己信誉的前提下,尽可能地推迟应付款的支付期,充分运用供货方所提供的信用期限。③确定最佳现金持有量,做好现金的管理工作除了做好上述日常收支控制、预测等管理外,还需控制好现金持有规模,即确定适当的现金持有量,以从实质上实现企业现金管理的目标,即在资产的流动性和盈利能力之间做出抉择,以获取最大的长期利润。

(2)控制现金支出,推迟应付款的支付。企业应在不影响本身信誉的前提下,尽可能地推迟应付款的支付期,充分运用供货方提供的信用优惠。如果货币资金很紧,也可以放弃供货方的折扣优惠,在信用期的最后一天付货款。推迟应付款的支付日期,要权衡折扣优惠与急需现金之间的利弊得失而定。或者利用汇票付款,充分利用汇票的付款期间来延缓货币的支付。

第三节 应收账款管理

一、应收账款的概念及其管理目标

(一)应收账款的概念

应收账款是指企业因对外销售产品、材料、供应劳务及其他原因,应向购货单位或接受劳务的单位及其他单位收取的款项,包括应收赊销货款、其他应收款、应收票据等。

应收款项产生的原因如下。

1.市场竞争

在社会主义市场经济条件下,存在着激烈的市场竞争。市场竞争迫使企业以各种手段扩大销售。企业除了依靠产品质量、价格、服务等手段促销外,赊销也是扩大销售的重要手段。对于同等质量的产品,相同的价格,一样的售后服务,实行赊销的产品的销售额将大于现金销售的产品销售额。实行赊销,无疑给客户购买产品带来了更多的机会;实行赊销,相当于给客户一笔无息或低息贷款,所以对客户的吸引力极大。正因为如此,许多企业都广泛采取赊销方式进行产品销售,同时应收款项便应运而生。市场竞争是应收款项产生的根本原因,应收款项又反过来加剧了市场竞争。

2. **销售与收款的时间差**

销售时间与应收时间常常不一致,因为货款结算需要一定的时间。结算手段越是落后,需要的时间越长,应收款项收回所需的时间就越长,销售企业垫支的资金占用期限就越长,这是本质意义上的应收款项。本章所要研究的作为竞争手段的,属于商业信用的应收款项。

(二)应收账款的管理目标

应收账款是企业流动资产中的一个非常重要的项目。随着社会商品经济的发展,商业信用在商业往来中日益重要。企业提供商业信用,在销售收入增加的同时,由于应收账款的数额大大增加,必然会增加相关的成本费用,如机会成本、管理成本和坏账成本等。因此,应收账款的管理目标是:在应收账款增加的收益与增加的成本之间进行权衡,对企业是否提供商业信用作出科学合理的选择;同时尽量加速应收账款回收,降低应收账款的相关成本。

二、应收账款的持有动机及成本

(一)应收账款的持有动机

(1)扩大销售,提高市场竞争力。赊销实际上相当于在向客户提供商品或劳务的同时,也向客户提供了一笔无息贷款,从而有利于吸引客户,扩大企业市场份额。

(2)降低存货占用,加速资本周转。赊销使得持有产成品存货变为持有应收账款,可以降低存货的仓储费用、保险费用和管理费用等,加速产品销售的实现。同时,存货的减少还将增大企业的速动资产,修饰企业短期偿债能力。

(二)应收账款的成本

企业在采取赊销方式促进销售,减少存货的同时,也会因为持有应收账款而付出一定的代价,这种代价就是持有应收账款的成本。其内容包括:

1. **机会成本**

应收账款的机会成本指企业的资金由于投放应收款项而丧失的其他投资收益。这种成本一般按有价证券的利率确定。通常,机会成本与应收账款占用资金成正比例关系,应收账款占用资金越多,机会成本就越大。其计算公式为

$$\text{应收账款的机会成本}=\text{应收账款占用资金}\times\text{资金成本率}$$

$$\text{应收账款占用资金}=\text{应收账款平均余额}\times\text{变动成本率}$$

$$\text{应收账款平均余额}=\text{每日赊销额}\times\text{平均收账期}$$

式中,资金成本率可按有价证券利息率表示;变动成本率为变动成本总额与销售收入的比例;每日赊销额为年赊销总额除以 360 天;平均收账期按已经享受和不享受折扣的客户比例为权数加权平均计算。如果企业不提供现金折扣,则平均收账期即为信用期。因此,上述公式也可表达为

$$应收账款机会成本=\frac{年赊销额}{360}\times平均收账期\times变动成本率\times资金成本率$$

2.管理成本

应收账款的管理成本是指管理应收款项而付出的费用,包括客户信用情况调查所需的费用、收集客户各种信息的费用、账簿的记录费用、收账费用等。

3.坏账成本

应收账款的坏账成本是指应收账款收不回来而造成的损失。这项成本一般与应收账款发生的数量成正比。

三、应收款项的信用政策

应收款项的信用政策是企业对应收款项进行规划和控制的一些原则性规定,它主要包括信用标准、信用条件和收账政策三部分。

(一)信用标准

信用标准是指企业提供信用时要求客户达到的最低信用水平。如果客户达不到企业的信用标准,便不能享受企业提供的商业信用。为了有效地控制应收款项,通常采用的评估方法有:

1.信用的“5C”分析法

信用的“5C”,是指品行(Character)、能力(Capacity)、资本(Capital)、担保品(Collateral)和条件(Condition)。

(1)品行(Character)。即客户履行偿还其债务的可能性。这是衡量客户是否信守契约的重要标准,也是企业决定是否赊销给客户产品的首要条件。

(2)能力(Capacity)。即考察客户按期付款的能力,主要通过了解企业的经营手段、偿债记录和获利情况等做出判断,或进行实地考察。

(3)资本(Capital)。即通过分析客户的资产负债比率、流动比率等了解其财务状况,分析客户的资产、负债、所有者权益的情况。

(4)担保品(Collateral)。即客户为获得信用所能提供担保的资产,这是企业提供给客户信用的可靠保证。这对于不知底细或信用状况有争议的客户尤为重要。

(5)条件(Condition)。即可以影响到客户偿债能力的一般经济趋势和某些地区或经济领域的特殊因素。

以上五个方面的资料,可由以下途径取得:

①企业以往与客户交易的经验;

②客户与其他债权人交往的情报;

③企业间的证明,即由其他有声望的客户证明某客户的信用品质;

④银行的证明;

⑤诚信调查机构所提供的客户信用品质及其信用等级的资料；

⑥客户的财务报表。

2. 信用评分法

信用评分法是根据有关指标和情况计算出客户的信用分数，然后与既定的标准比较，确定其信用等级的方法。

对客户信用进行评分的指标体系主要包括流动比率、速动比率、销售利润率、负债比率、应收账款周转率等指标，此外还要考虑其赊购支付历史及企业未来发展状况等情况。在进行信用评定时，要先将上述各因素打分，然后再乘上一个权数（按重要性而定）确定其信用分数。计算公式为

$$某客户信用分数=\sum（某项指标或情况分数\times权数）$$

在采用信用评分法时，企业应先确定一个最低信用分数，若某客户信用分数低于该分数，则不给予信用。分数越高，则表明信用品质越好，信用等级越高。通常分数在 80 分以上者，表明其信用状况良好；分数在 60 ~ 80 分者，表明其信用状况一般；分数在 60 分以下者则信用情况较差。

【例 8.4】 某客户信用评分情况如表 8.2 所示。

表 8.2 信用评分情况表

项　目	财务比率或有关情况 ①	分数 ②	预计权数 ③	加权平均数 ④=②×③
流动比率	1.8	85	0.1	8.5
速动比率	0.9	90	0.2	18
销售利润率	20%	80	0.1	8
负债比率	60%	70	0.15	10.5
应收账款周转率	12 次	85	0.15	12.75
赊购支付历史	尚好	75	0.25	18.75
未来发展预计	好	85	0.05	4.25
合　计			1	80.75

由计算结果可知，该客户信用状况较好，可以考虑提供信用。

（二）信用条件

信用条件是指企业要求客户支付赊销款项的条件，包括信用期限、现金折扣和折扣期限。

1. 信用期限

信用期限是指企业给予客户的最长付款时间。一般来说，企业给予客户信用期限越长，所能增加的销售额也越多，但同时企业在应收款项上的投资也越大，出现坏账损失的可能性也越大。所以企业应当在延长信用期产生的收益与成本之间做出比较，从而确定最佳信用期限。

【例 8.5】 某企业现行信用期限 20 天，为了扩大销售额，该企业预将信用期延长至 30

天,销售额将增长20%。企业目前年销售额400万元(赊销额),收账费用2万元,坏账损失率为1%。扩大信用期后,收账费用将增至5万元,坏账损失率2%。企业资金成本15%,变动成本率为60%。试判断该企业是否应该延长信用期。

(1)收益的增加。

销售额的增加×边际贡献率=400×20%×(1-60%)=32(万元)

20天信用期占用资金的成本=400/360×20×60%×15%=2(万元)

30天信用期占用资金的成本=400×(1+20%)/360×30×60%×15%=3.6(万元)

占用资金成本的增加额=3.6-2=1.6(万元)

(2)收账费用和坏账损失的增加。

收账费用的增加=5-2=3(万元)

坏账损失的增加=400×(1+20%)×2%-400×1%=9.6-4=5.6(万元)

(3)改变收益期的净收益=32-1.6-3-5.6=21.8(万元)

所以,企业应该延长信用期。

2. 现金折扣和折扣期限

现金折扣是指企业对客户在商业价格上所做的扣减。折扣期限,即客户能够享受某一现金折扣的优惠期限。企业向客户提供这种价格上和期限上的优惠,主要目的是在于吸引客户为享受优惠而提前付款,缩短企业的平均收款期。另外,现金折扣也能招揽一些视折扣为减价出售的客户前来购买,企业借此扩大销售。企业在对是否提供现金折扣做出决策时应该充分考虑现金折扣所带来的收益和成本的增加额,若前者大于后者,则企业就应该提供折扣,否则企业应维持原来的价格,不予提供现金折扣。

【例8.6】 某企业的资料如下:

赊销收入为3 000万元,变动成本率为70%,资本成本率为12%。该企业为了完成增加销售收入10%的目标,拟采用以下信用条件,“2/10,1/20,*N*/60”。若采用该信用条件,预计将有60%的客户选择享受2%的现金折扣,15%的客户选择享受1%的现金折扣,余下部分的坏账损失率将会达到2%,收账费用达到58.78万元,试确定该方案是否可行。

(1)扣除信用成本之前的收益。

①年销售收入=3 000×(1+10%)=3 300(万元);

②现金折扣=(60%×2%+15%×1%)×3 300=44.55(万元);

③变动成本额=3 300×70%=2 310(万元);

④收益=3 300-44.55-2 310=945.45(万元)。

(2)信用成本。

①机会成本=3 300/360×(60%×10+15%×20+25%×60)×70%×12%=18.48(万元);

②坏账损失=3 300×2%=66(万元);

③收账费用=58.78(万元);

④信用成本 = 18.48+66+58.78 = 143.26(万元);

(3)扣除信用成本之后的收益 = 945.45−143.26 = 802.19(万元)。

因此,该方案可行。

关于多个方法的比较选优,也可用该方法,但需要对最终的收益进行比较,以选择收益最大的方案作为决策的标准。

(三)收账政策

收账政策是指当信用条件被违反时,企业应采取的收账策略。若企业采取积极的收账政策,就会增加企业应收款项的投资,反之,企业就会增加应收款项的收账费用。一般企业为了扩大产品的销售量,增强竞争能力,往往在客户的逾期未付款项发生时,规定一个允许拖欠的期限,超过规定的期限,企业就将进行各种形式的催还。如果企业制定的收款政策过宽,会导致逾期未付款的客户拖延时间更长,对企业不利;收款政策过严,催款过急,又可能伤害无意拖欠的客户,影响企业未来的销售和利润。因此企业在制定收款政策时必须十分谨慎,掌握好宽严程度。

企业对不同的过期账款应采取不同的收款方式。企业对账款过期较短的客户,应不给予过多地打扰,以免将来失去这一市场;对过期稍长的客户,可措辞婉转地写信催款;对过期很长的客户,频繁地信件催款并电话催询,可在催款过程中措辞严厉,必要时提请有关部门仲裁或提起诉讼,等等。

催款要发生费用,某些催款方式的费用(如诉讼费)还会很高。一般来说,收账的费用越大,坏账措施越有力,可收回的账款就越大,坏账损失也就越小。因此制定收账政策,应在收账费用和所减少的坏账损失之间做出权衡。如果增加的收账费用高于减少的坏账损失,说明此收账措施是不合适的;如果增加的收账费用低于减少的坏账损失,可继续催款,这时若有不同的收账方案可供选择的话,可根据应收账款总成本进行比较选择,制定有效、得当的收账政策。

四、应收款项的日常管理

应收款项的日常管理与控制主要采取以下措施:

(一)加强对客户偿还能力与信用状况的调查研究和分析

收集和整理反映客户信用状况的有关资料,掌握客户的财务状况和盈利状况,了解客户的信用状况;根据信用调查得到的有关资料,运用特定方法,对客户的信用水平进行分析和评价,确定各客户的信用等级;制定给予客户相应的信用条件,确定给予客户的信用期限、现金折扣、折扣期限和信用额度(企业允许客户赊购货物的最高限额)。

(二)做好应收账款的日常核算工作

企业应在总分类中设置“应收账款”、“其他应收款”、“坏账损失”等账户,汇总记载企业所有销售产品给客户的账款增减变动情况;同时,另设“应收账款明细分类账”,分别详细地记载各销售产品给客户的账款增减数额，以全面反映客户所赊欠账款多少变动状况，以便及时催款。

(三)加强应收账款监督

企业已经发生的应收账款时间有长有短，有的尚未超过信用期限，已经超过信用期限的时间长短也不一样。一般来说，拖欠的时间越长，收回欠款的可能性越小，形成坏账的可能性越大，因此，企业必须采取一定的管理方法，对应收账款的收回情况进行监督，加速应收账款的收回。常用的方法有账龄分析法和应收账款收现保证率分析法。

1. 账龄分析法

账龄分析法是指就将所有赊销客户的应收账款的实际归还期编制成表，汇总反映其信用分类、账龄、比重、损失金额和百分比情况。账龄分析表是一张能显示应收账款在外天数(账龄)长短的报告，其格式如表 8.3 所示。

表 8.3　应收账款账龄分析表

应收账款账龄	账户数量	金额/万元	百分率/%
信用期内	200	120	60
超过信用期 1~20 天	100	20	10
超过信用期 21~40 天	40	12	6
超过信用期 41~60 天	20	8	4
超过信用期 61~80 天	30	14	7
超过信用期 81~100 天	24	10	5
超过信用期 101~120 天	16	4	2
超过信用期 120 天以上的	32	12	6
合　计	—	200	100

利用账龄分析表，企业可以了解到以下情况：

(1)有多少欠款尚在信用期内。表 8.3 显示，有价值 120 万元的应收账款处在信用期内，占全部应收账款的 60%。这些款项未到偿付期，欠款是正常的；但到期后能否收回，还要待时再定，故及时的监督是必要的。

(2)有多少欠款超过了信用期，超过时间长短的款项各占多少，有多少欠款会因拖欠时间太久而可能成为坏账。表 8.3 显示，有价值 80 万元的应收账款已超过了信用期，占全部应收账款的 40%。不过，其中拖欠时间较短的(20 天内)有 20 万元，占全部应收账款的 10%，这部分欠款收回的可能性很大；拖欠时间较长的(21~120 天)有 48 万元，占全部应收账款的 24%，这部分欠款的回收有一定难度；拖欠时间很长的(120 天以上)有 12 万元，占全部应收账款的 6%，这部分欠款有可能成为坏账。对不同拖欠时间的欠款，企业应采取不同的收账方法，制定出经济、可行的收账政策；对可能发生的坏账损失，应提前作出准备，充分估计这一因素对损益的影响。

通过应收账款账龄分析，不仅能提示财务管理人员应把过期款项视为工作重点，而且有助于促进企业进一步研究和制定新的信用政策。

2. 应收账款收现保证率分析法

由于企业当期现金支付需要量与当期应收账款收现额之间存在着非对称性矛盾，并呈现出预付性与滞后性的差异特征（如企业必须用现金支付与赊销收入有关的增值税和所得税，弥补应收账款资金占用等），这就决定了企业必须对应收账款收现水平制定必要的控制标准，即应收账款收现保证率。

应收账款收现保证率是为适应企业现金收支匹配关系的需要，所确定出的有效收现的账款应占全部应收账款的百分比，是二者应当保持的最低比例。公式为

$$\text{应收账款收现保证率}=\frac{\text{当期必要现金支付总额}-\text{当期其他稳定可靠的现金流入总额}}{\text{当期应收账款总额}}$$

式中的其他稳定可靠现金流入总额，是指从应收账款收现以外的途径可以取得的各种稳定可靠的现金流入数额，包括短期有价证券变现净额、可随时取得的银行贷款额等。

应收账款收现保证率指标反映了企业既定会计期间预期现金支付数量扣除各种可靠、稳定性来源后的差额，必须通过应收账款有效收现予以弥补的最低保证程度，其意义在于：应收款项未来是否可能发生坏账损失对企业并非最为重要，更为关键的是实际收现的款项能否满足同期必需的现金支付要求，特别是满足具有刚性约束的纳税债务及偿付不得展期或调换的到期债务的需要。

企业应定期计算应收账款实际收现率，看其是否达到了既定的控制标准，如果发现实际收现率低于应收账款收现保证率，应查明原因，采取相应措施，确保企业有足够的现金满足同期必需的现金支付要求。

第四节　存 货 管 理

一、存货的概念及其管理目标

（一）存货的概念

存货是指企业在生产经营过程中为销售或者耗用而储备的各种资产。工业企业的存货包括原料、辅助材料、燃料、包装物、低值易耗品、在产品、自制半成品、外购商品、产成品等。商业企业的存货包括商品和非商品物资。

存货是企业流动资产的重要组成部分，是随着企业生产经营过程的连续进行而循环周转的，它具有以下特点：

1. 流动性

存货作为流动资产分别表现为原材料存货、在产品存货、产成品存货等各种不同的占有形

态。它既是依次不断地从一个阶段过渡到另一个阶段,又同时在空间上并列地处在循环的各个不同阶段上,存货的流动性很强。

2. 周转期较短

存货的周转期短,通常是在一年内或者在超过一年的一个营业周期内,在生产和销售中耗用,其价值在销售后一次收回。存货的周转期一般在一年或一个营业周期内。

(二)存货的管理目标

一般来说,存货在企业流动资产中所占比重比较大。企业持有充足的存货,不仅有利于生产过程的顺利进行和销售的实现,而且避免了因存货不足而带来的损失。但存货的增加必然要占用更多的资金,使企业的储存成本和管理费用增加,从而影响企业的收益。存货管理的目标就是以最少资金占用和最低的存货成本来保证企业生产经营的正常进行,实现企业经营管理的目标,获得最大经济效益。

二、存货的持有动机及成本

(一)存货的持有动机

(1)维持生产的连续性。生产过程中所需要的原材料,是生产中必须的物质资料。为了保证生产顺利进行,必须适当地储备一些材料。存货在生产不均衡和商品供求波动时,可起到缓和矛盾的作用。即使生产能按事先规定好的程序来进行,但要每天都采购原材料也不现实,经济上也不一定合算。所以为了保证生产正常进行,储存适当的原材料是必须的。在产品也因同样原因需要保持一定的储备。

(2)适应市场的变化。企业的产品,一般不是生产一件出售一件,而是要组织成批生产、成批销售才经济合算。这是因为:一方面,顾客为节约采购成本和其他费用,一般要成批采购;另一方面,为了达到运输上所需要的最低批量也应组织成批发运。此外,为了应付市场上突然到来的需求,也应适当储存一些产成品。

(3)维持均衡生产。有的企业生产的产品属于季节性产品,有的企业产品需求很不稳定。如果根据需求状况时高时低地进行生产,有时生产能力可能得不到充分利用,有时又会出现超负荷生产,这些情况都会使生产成本提高。为了降低生产成本,实行均衡生产,就要储备一定的产成品存货,也要相应地保持一定的原材料存货。

(4)防止意外损失。采购、运输、生产和销售过程中,都可能发生意外事故,保持必要的存货保险储备,可避免或减少损失。

(二)存货的成本

企业为销售和耗用而储存的一定数量的存货,必然会发生一定的成本支出,与存货管理有关的成本有:

(1)采购成本。采购成本由买价、运杂费等构成。为降低采购成本,企业应研究材料的供应情况，货比三家，价比三家，争取采购质量好、价格低的物资。采购成本等于采购数量和单位存货采购成本的乘积。由于采购数量是根据生产经营部门的需求决定的，所以，一定时期在采购数量和采购单价既定的情况下，企业每次采购的数量多少并不影响存货的采购总成本（假设无数量折扣）。因而，在不存在数量折扣的情况下，该成本为决策无关成本，反之，则是相关成本。

(2)订货成本。订货成本是指为订购材料、商品而发生的成本，如办公费、差旅费、邮资、电报电话费等支出。订货成本中有一部分与订货次数无关，如常设采购机构的基本支出等，称为订货的固定成本，另一部分与订货次数有关，如差旅费、邮资等，称为订货的变动成本。若企业想降低订货成本，需要大批量采购以减少订货次数。

(3)储存成本。储存成本是指在物资存储过程中发生的仓储费、搬运费、保险费、占用资金支付的利息费等。一定时期内的储存成本总额，等于该时期内平均存货量与单位储存成本之积。企业欲降低储存成本，则需要小批量采购，减少存储数量。

(4)缺货成本。缺货成本是指企业由于存货供应中断而造成的损失，包括材料供应中断而造成的停工损失、产成品库存缺货造成的拖欠发货损失和丧失销售机会的损失、企业商誉的损失；如果生产企业以紧急采购代用材料解决库存材料中断之急，则缺货成本表现为紧急额外购入成本，这时的紧急额外购入成本会大于正常采购成本。

短缺成本是否作为存货管理决策的相关成本，应取决于企业是否允许存货短缺。若企业允许缺货，则短缺成本属决策相关成本，与存货数量负相关。

三、存货订货时间及经济订货量决策

存货管理所要解决的主要问题包括两个方面：一是企业应当何时开始订货才合适；二是企业应当订购多少货才合理。进行有效的存货管理决策对于维持正常的生产经营，合理控制资金占用水平，降低营运成本具有重要的意义。

（一）存货订货时间决策

为了保证生产和销售的正常进行，工业企业必须在材料用完之前订货，商品流通企业必须在商品销售完之前订货。那么，究竟在上一批购入的存货还有多少时，订购下一批货物呢？这就是再订货点的决策问题。

所谓再订货点，就是订购下一批存货时本批存货的储存量。要确定订货点，必须考虑如下因素：① 平均每天的耗用量，以 n 表示；② 从发出订单到货物验收完毕所用的时间，以 t 表示。

再订货点 R 可用下式计算，即

$$R = nt \tag{8.6}$$

【例 8.7】　某企业每天正常耗用某材料 100 千克，订货的提前期为 30 天，则

再订货点 $R = 100 \times 30 = 3\ 000$（千克）

因此，该企业的存货储备量降到 3 000 千克时，应当开始进行存货采购。

有时,为了防止存货使用量突然增加或者交货期延误等不确定情况,还需进行存货储备。这种存货储备称为保险储备或安全储备,用 S 表示。保险储备的水平由企业预计的最大日消耗量和最长收货时间确定,可能的日消耗量越大,收货时间越长,企业应当持有的保险储备水平也就越大。保险储备的计算公式为

$$S=(mr-nt)/2 \tag{8.7}$$

式中 m——预计的最大日消耗量;

r——预计最长收货时间。

保险储备的存在会影响再订货点的确定。考虑保险储备情况下的再订货点计算公式为

$$R=nt+S \tag{8.8}$$

接上例 8.7,若预计该企业的最大日消耗量为 200 千克,预计最长收货时间为 40 天,则

$$\text{保险储备 } S=(200\times 40-3\ 000)/2=2\ 500(\text{千克})$$

$$\text{再订货点 } R=3\ 000+2\ 500=5\ 500(\text{千克})$$

假设企业订货数量为 5 000 千克,则

$$\text{提前订货时间} \in \left[\frac{2\ 500+5\ 000-5\ 500}{100},\frac{2\ 500+5\ 000-2\ 500}{100}\right]$$

即提前订货时间在 20 ~ 50 天这个范围内,20 天到达再订货点,50 天到达保险储备。

(二) 存货经济订货量决策

经济订货量也称经济进货批量,是指能够使一定时期存货的相关总成本达到最低点的进货数量。

通过对存货成本构成的分析可知,存货管理决策相关成本包括变动性订货成本、变动性储存成本和允许缺货的缺货成本。订购批量越大,企业储存的存货就越多,这会使存货储存成本上升;与此同时,由于订货次数减少,总订货成本将会降低,由于订货量增加,缺货成本会下降。可见,随着订购批量的变化,这三种成本此消彼长。确定经济订货量的目的,就是为了寻找使这三种成本之和最小的订购批量。经济订货量的确定方法有以下几种。

1. 存货经济订货量基本模型

经济订货量基本模型需要设立的假设条件是:

(1) 企业能够及时补充存货,即需要订货时便可立即取得存货;

(2) 所订的全部存货能够集中一次到货,而不是陆续入库;

(3) 不允许缺货,即无缺货成本,这是因为良好的存货管理本来就不应该出现缺货成本;

(4) 存货的价格稳定,无商业折扣;

(5) 一定时期的进货总量可以较为准确地预测;

(6) 企业现金充足,不会因现金短缺而影响进货;

(7) 所需存货市场供应充足,不会因买不到需要的存货而影响其他。

根据上述假设,在经济订货量基本模式下,存货管理相关总成本只包括变动性订货成本和

变动性储存成本。令 A 表示全年存货需求量，Q 表示每批订货量（即经济订货量），F 表示每批订货成本，C 表示每件存货的年储存成本。则有订购批数 = A/Q，平均库存量 = $Q/2$，订货成本 = FA/Q，储存成本 = $CQ/2$，总成本为

$$T = F \times \frac{A}{Q} + C\frac{Q}{2} \tag{8.9}$$

对(8.9)求导，得

$$T' = \frac{C}{2} - \frac{AF}{Q^2}$$

求极值可得

$$\text{经济批量}(Q) = \sqrt{\frac{2AF}{C}}$$

$$\text{总成本}(T) = \sqrt{2AFC}$$

【例 8.8】　某企业本年度需耗用某材料 36 000 千克，该材料采购成本为 200 元／千克，年度储存成本为 16 元／千克，平均每次进货费用为 20 元。则：

$$\text{经济批量}(Q) = \sqrt{\frac{2 \times 36\ 000 \times 20}{16}} = 300(\text{千克})$$

$$\text{总成本}(T) = \sqrt{2 \times 36\ 000 \times 20 \times 16} = 4\ 800(\text{元})$$

$$\text{经济批量下的平均资金占用额} = 300/2 \times 200 = 30\ 000(\text{元})$$

$$\text{最佳进货批次} = 36\ 000/300 = 120(\text{次})$$

$$\text{最佳订货周期} = 360/120 = 3(\text{天})$$

2. 存在数量折扣的经济订货量模型

销售企业为鼓励客户更多地购买商品，往往会给予不同程度的数量折扣，即当客户的一次订货量达到某一数值时，就可能给予价格上的优惠。每次订货数量越多，给予的价格优惠越大。在这种情况下，存货的采购成本就成为存货管理决策的相关成本。

在经济订货量基本模型其他各种假设条件均具备的前提下，同时存在数量折扣的存货管理决策相关成本可按下式计算，即

$$T = A \cdot P + F \cdot A/Q + C \cdot Q/2 \tag{8.10}$$

式中　P—— 存货单位采购成本。

【例 8.9】　某企业全年需要甲零件 16 000 件，每件标准单价为 20 元。销售企业规定：客户每批购买不足 1 000 件的，按照标准价计算；每批购买数量在 1 000 件以上，2 000 件以下的，价格优惠2%；每批购买量2 000 件以上的，价格优惠3%。已知该企业每次订货成本为600元，每件年储存成本为 30 元，则：

按基本模型确定的经济订货量为

$$经济批量(Q) = \sqrt{\frac{2 \times 16\ 000 \times 600}{30}} = 800(件)$$

$$总成本(T) = 16\ 000 \times 20 + 600 \times 16\ 000/800 + 30 \times 800/2 = 344\ 000(元)$$

每次进货1 000件时的存货管理相关总成本为

$$总成本(T) = 16\ 000 \times 20 \times (1 - 2\%) + 600 \times 16\ 000/1\ 000 + 30 \times 1\ 000/2 = 338\ 200(元)$$

每次订货2 000件时的存货管理相关总成本为

$$总成本(T) = 16\ 000 \times 20 \times (1 - 3\%) + 600 \times 16\ 000/2\ 000 + 30 \times 2\ 000/2 = 345\ 200(元)$$

通过对上述结果进行比较,每次订货为1 000件时存货管理相关总成本最小,所以此时的1 000件即为该企业的经济订货量。

3. 存货陆续到货和使用的经济订货量模型

在建立基本模型时,假设存货一次全部到货,但事实上,各批存货可能陆续到达,使存货总量陆续增加。特别是产成品入库和在产品转移,几乎总是陆续供应和陆续耗用的。

设每批订货数为 Q。由于每日送货量为 L,故该批货全部送达所需日数则为 Q/P,称之为送货期。

因每日耗用量为 d,故送货期内的全部耗用量为

$$\frac{Q}{L} \cdot d$$

由于边送边用,所以每批送完时,最高库存量为

$$Q - \frac{Q}{L} \cdot d$$

平均存量则为 $\frac{1}{2}(Q - \frac{Q}{L} \cdot d)$

这样,与批量有关的总成本为

$$T(Q) = \frac{A}{Q} \cdot F + \frac{1}{2}(Q - \frac{Q}{L} \cdot d) \cdot C = \frac{A}{Q} \cdot F + \frac{Q}{2}(1 - \frac{d}{L}) \cdot C \tag{8.11}$$

对(8.9)求极值,得存货陆续供应和使用的经济订货量公式为

$$Q = \sqrt{\frac{2AF}{C} \cdot \frac{L}{L - d}} \tag{8.12}$$

将这一公式代入上述 $T(Q)$ 公式,得到存货陆续到货和使用的经济订货量总成本公式为

$$T(Q) = \sqrt{2AFC(1 - \frac{d}{L})} \tag{8.13}$$

【例8.10】 某零件全年需要量4 900件,每日送货量为60件,每日耗用量40件,每次订货成本25元,单位储存变动成本为4元。该零件陆续供应和使用,其经济订货量和相关总成本计

算如下：

$$Q=\sqrt{\frac{2\times 4\,900\times 25}{4}\times\frac{60}{60-40}}=429(\text{件})$$

$$T(Q)=\sqrt{2\times 4\,900\times 25\times 4\times\left(1-\frac{40}{60}\right)}=571.6(\text{元})$$

此模型还可应用于自制和外购存货的选择决策。如果要在自制和外购存货之间做出选择，就要全面衡量它们各自的总成本，才能得出正确结果。

【例 8.11】　某企业生产使用某零件，既可自制又可外购。如自制，单位成本 6 元，每次生产准备成本 600 元，每日产量 50 件；如外购，单价 15 元，一次订货成本 150 元。零件的全年需求量为 3 600 件，储存变动成本为零件价值的 20%，每日平均需求量为 30 件。

分别计算零件外购和自制的总成本，以选择较优的方案。

(1) 自制零件

$$Q=\sqrt{\frac{2\times 600\times 3\,600}{6\times 0.2}\times\frac{50}{50-30}}=3\,000(\text{件})$$

$$T(Q)=\sqrt{2\times 3\,600\times 600\times 6\times 0.2\times\left(1-\frac{30}{50}\right)}=1\,440(\text{元})$$

$$T_{\text{总}}=3\,600\times 6+1\,440=23\,040(\text{元})$$

(2) 外购零件

$$Q=\sqrt{\frac{2\times 600\times 3\,600}{15\times 0.2}}=1\,200(\text{件})$$

$$T(Q)=\sqrt{2\times 150\times 3\,600\times 15\times 0.2}=1\,800(\text{元})$$

$$T_{\text{总}}=3\,600\times 15+1\,800=55\,800(\text{元})$$

由于自制零件的总成本 23 040 元低于外购零件的总成本 55 800 元，故自制为宜。

4. 允许缺货时的经济订货量模型

由于企业的生产经营中往往存在一定的不确定性，企业的年度存货成本除了订货成本和储存成本外，还包括缺货成本，这样，企业总存货成本就等于以上三种成本之和，即

$$\text{相关总成本}=\text{订货成本}+\text{储存成本}+\text{缺货成本}(D)$$

缺货成本可以根据存货中断的概率和相应的存货中断造成的损失计算。保险储备的存在虽然可以减少缺货成本，但是增加了储备成本，最优的存货政策就要在这些成本之间权衡，选择使总成本最低的再订货点和保险储备量。

【例 8.12】　某企业每年需要某零件 10 000 件，订货成本为每次 200 元，储备成本为每件 25 元。企业在交货期内的平均需求量是 40 件。为避免可能的缺货成本，企业准备持有 0 ~ 30 件的保险储备，并对不同保险储备量下的缺货成本进行了估算，如表 8.4 所示。

表 8.4　允许缺货情况下相关指标计算表

S/件 ①	R/件 ②	Q/件 ③	$(S+Q/2)$/件 ④	(AF/Q)/元 ⑤	$(S+Q/2)C$/元 ⑥	D/元 ⑦	T/元 ⑧
0	40	400	200	5 000	5 000	2 500	12 500
5	45	400	205	5 000	5 125	1 250	11 375
10	50	400	210	5 000	5 250	600	10 850
15	55	400	215	5 000	5375	250	10 625
20	60	400	220	5 000	5 500	120	10 620
25	65	400	225	5 000	5 625	50	10 675
30	70	400	230	5 000	5 750	0	10 750

上表中，②=40+①；③=$(2\times100\ 00\times200/25)^{1/2}$；⑦由企业根据相关资料估算；⑧=⑤+⑥+⑦。

从表 8.4 可以看出，当保险储备为 0 时，预计缺货成本很高，但随着保险储备的增加迅速减小。当保险储备增加所带来的缺货成本下降的幅度大于储存成本上升的幅度时，增加保险储备是有利的，可降低总成本。通过逐步测算发现，该企业最小总成本为 10 620 元，最优保险储备为 20 件，最佳再订货点位 60 件。

四、存货的日常管理

存货的日常管理是指在日常生产经营过程中，以存货计划为依据，对存货的日常使用及周转情况进行组织、协调及监督。存货日常管理方法主要有：

（一）存货的归口分级控制

1. 实行资金的归口管理

根据使用资金和管理资金相吻合，物资管理和资金管理相结合的原则，每项资金由哪个部门使用，就归哪个部门管理。各项资金归口管理的分工一般如下：

（1）原材料、燃料、包装物等资金归供应部门管理。

（2）在产品和自制半成品占用资金归生产部门管理。

（3）产成品资金归销售部门管理。

（4）工具用具占用资金归工具部门管理。

（5）修理用备件占用资金归设备动力部门管理。

2. 实行资金的分级管理

各归口的管理部门要根据具体情况将资金计划指标进行分解，分配给所属单位或个人层层落实，实行分解管理。具体分解过程可按如下方式进行：

（1）原材料资金计划指标可分配给供应计划、材料采购、仓库保管、整理准备各业务组管理。

（2）在产品资金计划指标可分配给各车间、半成品库管理。

(3)成品资金计划指标可分配给销售、仓库保管、成品发运各业务组管理。

(二)ABC 控制法

ABC 控制法是指按照一定的标准将企业的存货划分为 A、B、C 三类，分别实行分品种重点管理、分类别一般控制和按总额灵活掌握的存货管理方法。

大中型企业存货项目都很多，在这些项目中，有的价格昂贵，有的价值低廉；有的数量庞大，有的种类稀少。如果对每一种存货都进行周密的规划，严格的控制，就抓不住重点，不能有效控制主要存货资金。ABC 控制法正是针对这一问题而提出来的重点管理方法。运用 ABC 控制法控制存货资金，一般分如下几个步骤：

(1)计算每一种存货在一定时间内(一般 1 年)的资金占额。

(2)计算每一种存货资金占用额占全部资金占用额的百分比，并按大小顺序排列，编成表格。

(3)根据事先测定好的标准，把最重要的存货划为 A 类，把一般存货划为 B 类，把不重要的存货划为 C 类，并画图表示出来。

(4)对 A 类存货进行重点规划和控制，对 B 类存货进行次重点管理，对 C 类存货只进行一般管理。

在划出的存货类别中，A 类存货种类虽少，但占用的资金多，应集中主要力量管理，对其收发要进行严格管理和控制；C 类存货虽然种类繁多，但占用的资金不多，这类存货的经济订货量可凭经验进行总量管理；B 类存货介于 A 类和 C 类之间，也应给予相当的重视，但不必像 A 那样进行非常严格的控制，一般管理即可。

【案例分析】

目前我国国有企业相互拖欠行为严重，企业应收账款总量逐年递增。据报道，2008 年 191 家上市公司年报中，超过 60% 的上市公司应收账款余额均有不同幅度的增长，其中近 15% 的上市公司应收账款增加了 1 倍。产生这一现象的原因是多方面的，但从企业微观层面分析，主要有以下几方面：

(1)企业缺乏风险意识。企业为片面扩大销路、提升市场占有率，在事先未对付款人资信度作深入调查、对应收账款风险进行正确评估的情况下，盲目地采用赊销策略去争夺市场，只重视账面的高利润，忽视了大量被客户拖欠占用的流动资金不能及时收回的问题。

(2)管理无章，放任自流。有些企业对应收账款的管理缺乏规章制度，或有章不循，形同虚设。财务部门不及时与业务部门核对，销售与核算脱节，问题不能及时暴露，一些企业应收账款居高不下，账龄老化，却任其发展，无人问津。

(3)企业内部激励机制不健全。在某些企业中，为调动销售人员的积极性，往往只将工资报酬与销售任务挂钩，而忽略了产生坏账的可能性，未将应收账款纳入考核体系。因此销售人员为了个人利益，只关心销售任务的完成，采取赊销、回扣等手段强销商品，导致应收账款大幅度上升。而对这部分应收账款,企业并没有采取有效措施要求相关部门和经销人员全权负责追款,应收账款大量沉积下来,给企业经营背上了沉重的包袱。

(4)弄虚作假。一些单位和个人,为达到谋求小集体或个人的利益的目的,往往有意造成企业应收账款失真、增大等现象。

神彩药业股份公司年销售收入为1.2亿元,经济效益综合指标居全省同行业第一位,跻身全国中成药工业重点企业50强。由于管理到位,该公司应收账款的回笼率节节高升,2005年为66%,2006年达到80%,2007年为95%,2008年则高达99%,在完成了当年的资金回笼任务基础上,还收回了过去遗留的账款200多万元。该公司经过多年的实践和探索,建立了一套切合该企业实际的应收账款核算办法和管理制度。归纳起来,其成功做法主要有:

1. 建立与完善应收账款控制制度

(1)强化财务部门的管理与监控职能。按财务管理内部牵制原则,该公司在财务部下设立财务监察小组,由财务总监领导,配置专职会计人员,负责对有关营销往来的核算和监控,对每一笔应收账款都进行分析和核算,保证应收账款账账相符。同时规范各经营环节要求和操作程序,使经营活动系统化、规范化。

(2)改进内部核算办法。针对不同的销售业务,如公司与购货经销商直接的销售业务,办事处及销售网点的销售业务,公司供应部门和贸易公司与欠公司货款往来单位发生的兑销业务、产品退货等,分别采用不同的核算方法与程序,以示区别并采取相应的管理对策。

(3)对应收账款实行终身负责制和第一责任人制。谁经手的业务发生坏账,无论责任人是否调离本公司,都要追究有关责任。同时对相关人员的责任进行了明确界定,并作为业绩总结考评依据。

(4)定期或不定期对营销网点进行巡视、监察和内部审计,防范因管理不严而出现的挪用、贪污及资金体外循环等问题,降低风险。

(5)建立健全公司机构内部监控制度。针对应收账款在赊销业务中的每一环节,健全应收账款的内部控制制度,努力形成一整套规范化的对应收账款的事前控制、事中控制、事后控制程序。

2. 对往来客户资信程度进行科学的内部评估

该公司非常重视对往来客户资信程度的评估,并利用计算机建立有关档案管理系统。主要选择重点客户、长期往来客户作为内部评估对象,通过各种渠道了解和确定客户的信用等级,然后决定是否向客户提供商业信用及赊销限额。评估客户的资信资料包括客户的品质、商业信誉、经营作风及与公司业务往来历史客户的资本实力,资金运转情况尤其是流动资金周转情况;客户的经营性质、历史、经营规模、营销能力;客户的经济效益、资产、负债比率等。

在进行内部资信评估时,通常以预期的坏账损失率作为信用判别标准。对长期积压的滞销品,采取较为宽松的信用标准;对资信状况差的企业,信用标准从严;同时采取正确的信用条件,主要包括信用期限和现金折扣等。企业提供的信用条件越优越,越能刺激客户的购买欲望,吸引更多的客户,扩大销售规模,增加企业盈利,丧失收益的机会成本低,但会使企业占用大量的应收账款资金,增加信用成本核算,影响企业资金周转,同时加大坏账损失的风险;建立恰当的信用额度,即企业愿意对某一客户承担的最大风险额,能有效地防止由于过度赊销超过客户的实际支付能力而使企业蒙受损失。根据市场情况及客户信用情况的变化,企业对其进行必要的动态调整,使其始终保持在自身所能承受的风险范围之内;对于不同信用等级的客户制定不同的信用政策,有效地减少信用风险带来的坏账损失。

3. 加强销售合同管理,完善赊销手续

该公司设计了一种"四联赊销单",载明欠款人有关详细信息。若是送货或自提,由购货单经手人验收后在"四联单"上签章;若是发运,则在"四联单"上注明发货单号码,以便查对。四联单的"随货同行联"连同发票交给购货方,"记账联"交财务部门登记入账,"存根联"留销售部门登记存货账;"结账联"作为收取货款的对账依据。以后,每收回一笔货款,销售业务员都开具有本单位公章的收据作为双方销账的依据,收据上注明了此款是偿还哪年哪号赊销单。销售人员领用的内部收据统一编号,财务部门定期进行检查,防止销售人员挪用和截留货款。

4. 加强赊销业务的审批、稽核监督制度

为降低赊销业务带来的风险,预防营销人员随意赊销,该公司规定销售网点的赊销业务必须遵循以下原则:

(1)赊销往来客户,必须是经过资信程度内部评估确认为信誉良好等级以上的单位。

(2)赊销业务需经有关领导和部门经理的审批和同意,且根据赊销业务量确定不同的审批权限,在严格赊销审批手续的基础上,加强赊销余额管理。

(3)赊销业务发生坏账损失,根据不同情况由销售人员、部门经理及有关领导各自承担责任。

(4)财务监察人员定期检查应收账款是否规范,定期召开应收账款分析会,发现问题,及时提出整改意见。

(5)加强账目的核对制度。根据各销售网点报表,监察人员对网点报表进行全面分析、核对,发现偏差,查明原因,及时调整,保证应收账款的真实性。

(6)加强信息反馈。跟踪分析、考核每笔应收账款的账龄和回收情况,对应收账款超过2个月的,及时通知、提醒销售人员及时催收,以保资金及时回笼。

5. 采用合理的清对和催收办法

根据市场经济环境和公司应收账款现状,该公司科学地设计和实施清对、催收方法:针对各营销网点,建立以业务人员为主,财务监察人员为辅的催收欠款责任中心,将收回远期陈欠和控制坏账作为考核绩效标准,纳入销售人员与有关管理人员的业绩考核之中,增强销售人员对清理和催收陈账的主动积极性;对远期、近期应收账款清理回收缓慢或清收陈账未动的区域,限制发货或拒绝发货,并大力催债;对一些有偿债能力客户人为赖账,不履行偿债义务,采取法律手段;对欠款对方确无支付能力,则在了解其抵款药品的价格、质量和销售情况下,采取药材、药品及其他物资抵款。

6. 加强应收账款风险管理

(1)谨慎选择贷款结算方式,尽量采用汇票、支票、本票、信用卡等对企业有利的结算方式。

(2)采用折扣、折让方式,促进应收账款的收回。在应收账款的回收工作中,采用灵活的折扣、折让政策,对能在约定期限内偿还货款的客户,给予一定的折扣优惠,鼓励客户及早偿还货款,同时还可吸引一批视折扣为减价销售的新客户前来购货。

(3)与银行密切合作,使银行积极帮助清欠,有效防止企业的货款拖欠和继续攀升。

思考题:

1. 你认为应收账款该如何管理,其关键点是什么?

2. 试简述神彩药业股份公司应收账款管理的经验。

习　题

一、单选题

1. 下列各项中,属于现金支出管理方法的是(　　)。

A. 银行业务集中法　　B. 合理运用"浮游量"

C. 账龄分析法　　D. 邮政信箱法

2. 假设某企业预测的年赊销额为2 000万元,应收账款平均收账天数为45天,变动成本率60%,资金成本率8%,一年按360天计算,则应收账款的机会成本为(　　)万元。

A. 250　　B. 200　　C. 15　　D. 12

3. 以下各项与存货有关的成本费用中,不影响经济进货批量的是(　　)。

A. 专设采购机构的基本开支　　B. 采购员的差旅费

C. 存货资金占用费　　D. 存货的保险费

4. 根据营运资金管理理论,下列各项中不属于企业应收账款成本内容的是(　　)。

A. 机会成本　　B. 管理成本　　C. 短缺成本　　D. 坏账成本

5. 在营运资金管理中,企业将"从收到尚未付款的材料开始,到以现金支付该货款之间所用的时间"称为(　　)。

A. 现金周转期　　B. 应付账款周转期　　C. 存货周转期　　D. 应收账款周转期

6. 企业评价客户等级,决定给予或拒绝客户信用的依据是(　　)。

A. 信用标准　　B. 收账政策　　C. 信用条件　　D. 信用政策

7. 某企业全年必要现金支付额2 000万元,除银行同意在10月份贷款500万元外,其他稳定可靠的现金流入为500万元,企业应收账款总额为2 000万元,则应收账款收现保证率为(　　)。

A. 25%　　B. 50%　　C. 75%　　D. 100%

8. 下列各项中,可用于计算营运资金的算式是(　　)。

A. 资产总额－负债总额　　B. 流动资产总额－负债总额

C. 流动资产总额－流动负债总额　　D. 速动资产总额－流动负债总额

9. 信用标准是客户获得企业商业信用所具备的最低条件，通常表示为（　　）。

A. 预期的现金折扣率　　B. 预期的坏账损失率

C. 现金折扣期限　　D. 信用期限

10. 下列各项中，不直接影响保险储备量计算的是（　　）。

A. 平均每天正常耗用量　　B. 预计最长订货提前期

C. 预计每天最小耗用量　　D. 正常订货提前期

二、多选题

1. 赊销在企业生产经营中所发挥的作用有（　　）。

A. 增加现金　　B. 减少存货　　C. 促进销售　　D. 减少借款

2. 运用成本分析模式确定最佳现金持有量时，持有现金的相关成本包括（　　）。

A. 机会成本　　B. 转换成本　　C. 短缺成本　　D. 管理成本

3. 企业如果延长信用期限，可能导致的结果有（　　）。

A. 扩大当期销售　B. 延长平均收账期　C. 增加坏账损失　D. 增加收账费用

三、判断题

1. 企业之所以持有一定数量的现金，主要是出于交易动机、预防动机和投机动机。（　　）

2. 与银行业务集中法相比较，邮政信箱法不仅可以加快现金回收，而且还可以降低收账成本。（　　）

3. 利用存货模式确定最佳现金持有量，必须考虑机会成本、转换成本和短缺成本。（　　）

四、计算题

1. 某企业预测 2005 年度销售收入净额为 4 500 万元，现销与赊销比例为 1 : 4，应收账款平均收账天数为 60 天，变动成本率为 50%，企业的资金成本率为 10%。一年按 360 天计算。

要求：(1) 计算 2005 年度赊销额。

(2) 计算 2005 年度应收账款的平均余额。

(3) 计算 2005 年度维持赊销业务所需要的资金额。

(4) 计算 2005 年度应收账款的机会成本额。

(5) 若 2005 年应收账款需控制在 400 万元，在其他因素不变的条件下，应收账款平均收账天数应调整为多少天?

2. 某企业每年需耗用 A 材料 45 000 件，单位材料年存储成本 20 元，平均每次进货费用为 180 元，A 材料全年平均单价为 240 元。假定不存在数量折扣，不会出现陆续到货和缺货的现象。

要求：

(1) 计算 A 材料的经济进货批量。

(2) 计算A材料年度最佳进货批数。

(3) 计算A材料的相关进货成本。

(4) 计算A材料的相关存储成本。

(5) 计算A材料经济进货批量平均占用资金。

3. 已知:某公司现金收支平稳,预计全年(按360天计算)现金需要量为360 000元,现金与有价证券的转换成本为每次300元,有价证券年均报酬率为6%。

要求:

(1) 运用存货模式计算最佳现金持有量。

(2) 计算最佳现金持有量下的最低现金管理相关总成本、全年现金转换成本和全年现金持有机会成本。

(3) 计算最佳现金持有量下的全年有价证券交易次数和有价证券交易间隔期。

第九章

Chapter 9

利润分配管理

【本章要点】

企业利润按法定程序进行分配,分配合理与否关系到投资者的切身利益,涉及企业长远利益与近期利益、整体利益与局部利益等关系的处理与协调。因此对利润分配,必须做出财务上的系统安排,以平衡相关各方的利益。本章主要介绍利润的分配、股利分配政策决策等内容。通过介绍,学习者可了解利润分配的基本原则和程序;理解股利的种类及发放程序,影响股利分配政策的因素;在掌握各种基本的股利分配政策要点的基础上,进行股利分配决策。

第一节　利润分配概述

一、利润分配的概念

利润分配是对企业所实现的经营成果进行分割与派发的活动。企业利润分配的基础是净利润,即企业缴纳所得税后的利润。利润分配既是对股东投资回报的一种形式,也是企业内部融资的一种方式,对企业的财务状况会产生重要影响。

二、利润分配的原则

在企业利润分配过程中,要正确处理好国家、企业、个人三者之间的利益关系,正确处理好责、权、利之间的关系。因此,企业在利润分配过程中必须遵循下列基本原则:

(一)依法分配原则

利润分配涉及国家、企业、个人等各种利益关系,是一项十分敏感的工作,因此,必须遵守国家的有关法律、法规、制度,确保国家的利益不受侵犯。第一,企业在进行利润分配之前,必须按国家税法的规定交纳所得税,对于影响国家税收的各种项目的计算,必须严格遵守国家规定的财务制度和有关法规要求,才能保证国家财政收入的稳定性。计算出税后利润额后,才能进行税后利润的分配。第二,企业税后利润的分配必须遵守国家规定的税后利润分配顺序和指定的分配比例,按规定的比例提取法定盈余公积金、公益金等。

(二)兼顾各方利益原则

企业的净利润归投资者所有,是企业的基本制度,也是企业所有者投资于企业的根本动力所在。但企业的利润离不开全体职工的工作,职工作为利润的直接创造者,除了获得工资及奖金等劳务报酬外,还应当以适当方式参与净利润的分配。在进行利润分配时,应统筹兼顾,合理安排,维护投资者、企业与职工的合法权益。

(三)分配与积累并重原则

企业进行利润分配应处理好长远利益和近期利益的辩证关系,将两者有机结合起来,坚持分配与积累并重的原则。考虑未来发展需要,可适当留存一部分利润作为积累。这部分留存收益虽暂时未予以分配,但仍归企业所有者所有。而且,这部分积累不仅为企业扩大再生产筹措了资金,同时也增强了企业抵抗风险的能力,有利于增加所有者的回报。通过正确处理分配和积累的关系,留存一部分利润以供未来分配之需,还可以达到以丰补亏、协调不同年度之间的收益分配关系的效果。

(四)投资与收益对等原则

企业分配收益应当体现"谁投资、谁受益"、收益大小与投资比例相适应的原则。只有这样才能从根本上保护现有投资者和潜在投资者的利益,鼓励投资者进行投资。

三、利润分配的程序

企业实现的当期利润总额需要在国家、企业所有者、企业法人和企业职工等利益相关者之间进行分配。通常所说的利润分配包括两个层面:一个层面所说的利润分配包括企业税前利润的分配和税后利润的分配,另一个层面所说的利润分配认为税收具有强制性和无偿性,企业无法对其施加影响,因此,利润分配仅指企业税后利润的分配。本章所述的利润分配是指后一个层面上的利润分配。企业利润分配应该按照一定的顺序进行,企业必须严格按照国家有关法律、法规的规定程序对利润进行分配。除国家另有规定外,企业的利润分配顺序如下:

(一)弥补企业以前年度的亏损

现有法律规定,企业以前年度内的亏损,若未能在5年内用税前利润弥补完,需要用税后净利弥补,而不能在税前弥补。以前年度亏损未弥补完之前,企业不能提取公积金和公益金,也不能向投资者分配利润。

（二）提取法定公积金

法定公积金是指根据法律的强制性规定而提取的公积金。公积金是指法律规定提留备用，不作为股利分配的部分所得和收益。企业在分配当年税后利润时，经股东大会决议，可按照一定比例提取法定盈余公积金。法定公积金的提取比例为10%，主要用于弥补企业的亏损、扩大企业生产经营以及转增企业的资本金。当企业积累的法定盈余公积金达到本企业注册资本的50%以后，企业可以根据自身的需要不再继续提取。企业的公积金可用于弥补亏损、扩大生产经营或转为增加资本。法定公积金转为资本时，所留存的该项公积金不得少于转增前企业注册资本的25%。

（三）提取任意公积金

对任意盈余公积金的提取，企业有较大自主权。其主要是为企业的自身生产经营和生存发展服务的。在经过上述利润分配之后，企业可以根据企业的自身情况、经营战略，按照企业权力机构如股东大会、董事会等的决议在剩余可分配利润中以任意比例提取。该公积金的用途与法定盈余公积金的用途相同。

（四）支付股利

在经过上述利润分配的过程之后，如果还有可供分配的利润即可向企业的所有者分配。向所有者分配利润的原则是：有利则分，无利不分。但是在亏损的年度，如果企业年初有较多未分配利润，并且已经用合法的途径弥补了亏损，为了维持企业形象和分配政策，企业仍然可以进行利润分配。

对于发放优先股的股份企业，应在提取任意盈余公积金之前分配优先股股利。目前，我国尚不允许发行优先股，因此不存在此程序。

企业如违反上述利润分配程序，在弥补亏损和提取法定公积金、公益金之前向投资者分配利润的，必须将违反规定分配的利润退还给企业。

【例9.1】 某股份有限公司2009年有关资料如下：

2009年实现利润总额1 000万元，所得税税率25%；企业前两年累计亏损500万元；法定公积金提取比例为10%，任意公积金的提取比例为10%；支付100万股普通股股利，每股0.1元。

根据上述资料，该企业利润分配的程序如下：

弥补亏损、计缴所得税后的净利润=(1 000−500)×(1−25%)=375(万元)；

提取法定公积金=375×10%=37.5(万元)；

提取任意公积金=375×10%=37.5(万元)；

可用于支付股利的利润=375−37.5−37.5=300(万元)；

实际支付普通股股利=100×0.1=10(万元)；

年末未分配利润=300-10=290(万元)。

第二节　股利及其分配

一、股利的概念及种类

股利是指股份企业从净利润中派发给股东的那一部分。股利是股东投资于股份企业的收益的一部分,是付给资本的报酬。股份有限公司分派股利的形式一般有现金股利、股票股利、财产股利和负债股利。

1. 现金股利

现金股利是股份有限公司以现金的形式从企业净利润中分配给股东的投资报酬,也称“红利”、“股息”。现金股利是股份有限公司最常用的股利分配形式。优先股通常有固定的股息率,在企业经营正常并有足够利润的情况下,优先股的年股利额是固定的。普通股没有固定的股息率,发放现金股利的次数和金额主要取决于企业的股利政策和经营业绩等因素。西方国家的许多企业按季度发放现金股利,一年发放四次。我国企业一般半年或一年发放一次现金股利。由于现金股利是从企业实现的净利润中支付给股东的,支付现金股利会导致企业现金流出,减少企业的留存收益,因此发放现金股利不会增加股东的财富总额。但是支付现金股利可以向市场传递积极信息,有利于支撑和刺激企业的股价,增强投资者的信心。另外,企业在支付现金股利前必须做好财务上的充分准备,以便有足够的现金支付股利。因为一旦向股东宣告发放现金股利,就对股东承担了支付的责任,形成了股东和企业之间的债权债务关系。

总之,支付现金股利将减少企业的资产和留存收益规模,降低企业内部融资的总量,并影响企业整体的投资和融资决策。所以,企业在发放现金股利前,应当权衡各方面的因素。

2. 股票股利

股票股利是股份企业以股票形式从企业净利润中分配给股东的股利。股份有限公司发放股票股利,须经股东大会表决通过,根据股权登记日的股东持股比例将可供分配利润转为股本,并按持股比例向各股东分派股票,增加股东的持股数量。发放股票股利不会改变企业的股东权益,只是企业的股东权益结构发生了变化,未分配利润转为股本。

【例 9.2】　某企业发行在外的普通股数为 2 000 万股,每股面值 1 元,每股市价为 5 元。现决定发放 10% 的股票股利,即每持股 100 股,可获得 10 股增发的新股票。该企业发放股票股利前后的股东权益结构如表 9.1 所示。

表 9.1　股票股利发放前后股东权益内部结构变化情况　　单位：万元

项　　目	发放股票股利前	发放股票股利后
股　　本	2 000	2 200
资本公积	750	1 550
盈余公积	1 680	1 680
未分配利润	3 200	2 200
股东权益合计	7 630	7 630

从表 9.1 中可看出，公司发放 10% 的股票股利，实际上意味着将 2 000×10% ×5 = 1 000（万元）的留存盈余转成了资本，其中相当于面值的部分 2 000×10% ×1 = 200（万元）增加股本，溢价部分 1000−200 = 800（万元）增加资本公积，公司的净资产总额在股票股利发放前后是一致的，均为 7 630 万元。

此外，发放股票股利后，如果盈利总额不变，会由于普通股股数增加而引起每股收益和每股市价的下降；但又由于股东所持股份的比例不变，每位股东所持股票的市场价值总额仍保持不变。这可从例 9.3 中得到说明。

【例 9.3】　假定上述企业本年盈余为 1 100 万元，某股东持有 200 万股普通股，发放股票股利对该股东的影响如表 9.2 所示。

表 9.2　发放股票股利对该股东的影响表

项　　目	发放前	发放后
每股收益（EPS）	1 100/2 000 = 0.55（元/股）	0.55÷(1+10%) = 0.5（元/股）
每股市价	5 元/股	5÷(1+10%) = 4.55（元/股）
持股比例	200÷2 000×100% = 10%	200×(1+10%)÷2 200 = 10%
所持股总价值	5×2 000 = 10 000（万元）	4.55×2 200 = 10 000（万元）

发放股票股利对每股收益和每股市价的影响，可以通过对每股收益、每股市价的调整直接算出：

$$\text{发放股票股利后的每股收益} = \frac{E_0}{1+D_s}$$

式中　E_0——发放股票股利前的每股收益；

　　　D_s——股票股利发放率。

假设，发放股票股利前后，股票的总价值不受影响，则：

$$\text{发放股票股利后的每股市价} = \frac{M}{1+D_s}$$

式中　M——股利分配权转移日的每股市价；

　　　D_s——股票股利发放率。

发放股票股利对企业和股东都有好处:

(1)对企业的意义。

①发放股票股利不会增加其现金流出量,如果企业现金紧张或者需要大量的资本进行投资,可考虑采用股票股利的形式。

②发放股票股利可以传递企业发展信息,稳定股价。

③发放股票股利后,若再配股可以多融资。

(2)对股东的意义。

①如果企业在发放股票股利后又发放现金股利,股东会因持有股数的增加而得到更多的现金股利。

②股东出售股票股利,税法规定暂不征税;而获得现金股利要缴纳所得税。

③股价走出填权行情,股东财富也会随之增加。

发放股票股利的不利之处在于:

①可能掩盖企业经营恶化的现象,使部分投资者产生企业资金周转不利的猜疑,降低对企业追加投资的信心。

②发放股票股利的费用远高于发放现金股利的费用,会增加企业的负担。

3. 财产股利

财产股利是以现金以外的资产支付的股利,主要是以公司所拥有的产品或拥有的其他企业的有价证券,如债券、股票,作为股利支付给股东。

4. 负债股利

负债股利是公司以负债支付的股利,通常以公司的应付票据支付给股东,不得已情况下也有发行公司债券抵付股利的。

财产股利和负债股利实际上是现金股利的替代。这两种股利方式目前在我国企业实务中很少使用,但也并非法律所禁止。

二、股利发放程序

企业向股东支付股利,要经历一定的程序。这一程序主要包括宣告日、股权登记日、除息日和股利支付日等重要日期。

(1)宣告日。宣告日是由董事会提出利润分配方案,股东大会决议通过并由董事会宣布发放股利的日期。在宣布股利分配方案时,应明确股利分配的年度、分配的范围、分配的形式、分配的数量,并公布股权登记日、除息日和股利发放日。

(2)股权登记日。股权登记日是有权领取本期股利的股东资格登记截止日期。因为股票是经常流动的,所以规定股权登记日是为了确定股东能否领取本期股利的日期界限。凡是在股权登记日这一天登记在册的股东才有资格领取本期股利,而在这一天没有登记在册,即使是在股利发放日之前买入股票的股东,也无权领取本次分配的股利。

(3)除息日。也称除权日,是指从股价中除去股利的日期,即领取股利的权利与股票分开的日期。在除息日之前的股票价格中包含了本次股利,在除息日之后的股票价格中不再包含本次股利。因此投资者在除息日之前购买股票,才能领取本次股利,在除息日当天或以后购买股票,则不能领取本次股利。除息日对股票价格有重要影响,除息日股票价格因除权而相应下降,除息日股票的开盘参考价为前一交易日的收盘价减去每股股利。在西方国家,除息日一般确定在股权登记日的前两个工作日,之所以如此规定,是因为股票交易之后,办理过户登记手续需要几天时间,为了保证在股权登记日办完手续,投资者必须在除息日之前买入股票。而在除息日之后,股权登记日之前购买,企业不能保证及时地得到股票所有权已经转让的通知,可能无法在股权登记日办理过户手续。但是,目前的计算机结算系统非常快捷,除息日可确定为股权登记日的下一个工作日。

(4)股利支付日。股利支付日也称股利发放日,是企业将股利正式支付给股东的日期。在这一天,企业应通过邮寄等方式将股利支付给股东。在我国,上市公司在支付日这一天直接将股利打入股东在证券公司开立的保证金账户。

第三节　股利分配政策决策

企业的净利润主要用途有两个方面,或者作为股利发放给股东,或者留在企业进行再投资。股利分配政策是以企业发展为目标,以股价稳定为核心,在平衡企业内外部相关者利益的基础上,对于净利润在提取了各种公积金后如何分配而采取的基本态度和方针政策。股利政策是财务管理的一项重要政策,涉及企业对其收益是进行分配或是留存,还是再投资的决策问题,它不仅影响企业未来的发展,同时也影响股票的市场价格。因此,企业在制定股利政策时,既要兼顾未来发展对资金的需求,又要兼顾股东对本期收益的要求。

一、影响股利分配政策的因素

(一)法律因素

股利分配政策的确定,受到企业所在国家企业法、税法、商法等关于企业股利分配规定的影响。只有在不违反法律强制性规定的前提下,企业才能自主确定股利分配政策。同时,为了保护债权人和股东的利益,国家有关法律法规对企业股利分配予以一定的硬性限制,这些限制主要体现在以下几个方面:

1.资本保全约束

资本保全约束是企业财务管理应遵循的一项重要原则。它要求企业发放的股利或投资分红不得来源于原始投资(或股本),而只能来源于企业当期利润或留存收益。其目的是为了防止企业任意减少资本结构中所有者权益的比例,以维护债权人利益。

2. **资本积累约束**

资本积累约束要求企立在分配收益时，必须按一定的比例和基数提取各种公积金。另外，当企业出现年度亏损时，一般不得分配股利。

3. **偿债能力约束**

偿债能力是指企业按时足额偿付各种到期债务的能力。当其支付现金股利后会影响企业偿还债务和正常经营时，企业发放现金股利的数额就要受到限制。

4. **超额累计利润约束**

由于投资者接受股利缴纳的所得税要高于进行股票交易的资本利得所缴纳的税金，因此许多企业通过积累利润使股价上涨的方式来帮助股东避税。西方许多国家都注意到这一点，并在法律上明确规定企业不得超额累计利润，一旦企业留存收益超过法律认可的水平，将被征收额外税款。

(二)股东因素

1. **稳定的收入和避税**

在美国、英国、加拿大等成熟的资本市场中，由于股权比较分散，企业经理层出于外部的压力而满足股东对某一股利形式的偏好。而在我国，由于特殊的股权结构，使权利不对称的情况比较明显，上市企业经理层则有利用某种股利形式满足自身效用的内在动机。另外，一些高股利收入的股东又出于避税的考虑(股利收入的所得税高于股票交易的资本利得税)，往往反对企业发放较多的股利。

2. **控制权的稀释或争夺**

一方面，当企业支付了较高的股利，就会导致留存收益的减少，这就意味着将来发行新股的可能性加大，如果企业的控股股东没有或者不能认购增发的新股，其控制权就会被稀释，这时控股股东就可能采取低支付率的股利政策。这种股利政策不可能使全部股东的财富最大化，但却对具有控制权的股东有最大的利益。另一方面，当一个企业面临被其他企业或投资者收购的危险时，低股利支付率可能有助于“外来者”取得控制权。外来者可以游说企业的股东使他们相信企业不能使股东财富最大化，而他们(外来者)却可以做得更好。这样会导致面临被收购的企业不得不支付较高的股利来吸引其股东。

3. **风险的规避**

在某些股东看来，通过增加留存收益引起股价上涨而获得的资本利得是有风险的，而目前所得到的股利是确定的，是真正的现金收入，即便是现在较少的股利，也强于未来较多但存在较大风险的资本利得，因此往往要求较多的股利。

(三)企业的因素

1. **盈余的稳定性**

盈余的稳定性即企业的持久盈利性，企业是否能获得长期稳定的盈余，是其股利决策的重要基础。因此企业的管理当局在制定股利政策时，不仅要考虑当期的盈利状况，而且还要预测未来的盈利水平。当企业当期盈利受到暂时的冲击时，持久盈利变动不大，企业经理通常不会改变股利政策；当盈利受到持久冲击或预期冲击时，持久盈利的变动与冲击的幅度大致相当，企业经理倾向于调整股利政策。对于不同的企业来说，盈余相对稳定持久的企业能够较好地把握自己，有可能支付较高的股利；而盈余不稳定持久的企业一般采用低股利政策。因为低股利政策可以减少因盈余下降而造成的股利无法支付、股价急剧下降的风险，还可以将更多的盈余再投资，以提高企业权益资本比重，减少财务风险。

2. 企业资产的流动性

企业资产的流动性是指企业资产转化为现金的难易程度。如果企业发放现金股利，股利的分配就代表现金的流出。因此，一方面，企业的现金流量与资产整体流动性越好，其支付股利的能力就强；另一方面，较多地支付现金股利，会减少企业的现金持有量，使资产的流动性降低。

3. 企业的投资机会

企业的股利政策在很大程度上受投资机会左右。如果企业有着良好的投资机会，往往采用低股利、高留存收益的政策，将大部分盈余留存下来用于投资；反之，如果企业缺乏良好投资机会，就可能采用高股利政策。因此，对于那些处于发展中的企业，往往支付较少的现金股利；陷于经营收缩的企业大多采用高股利政策。

4. 企业的举债能力

企业的举债能力强，能够及时地从资金市场筹措到所需的资金，则有可能采取较宽松的利润分配政策；而如果企业举债能力弱，宜保留较多的盈余，因而往往采取较紧的股利分配政策。

5. 企业的资金成本

企业将税后利润用于再投资，有利于降低筹资的外在成本，包括再筹资费用和资本的实际支出成本。因此，很多企业在考虑投资分红时，首先将企业的净利润作为筹资的第一选择渠道，特别是在企业承包负债资金较多、资本结构欠佳的时期。

6. 其他因素

(1)债务合同因素。企业的债务合同，特别是长期债务合同，往往有限制企业现金支付程度的条款，以保护债权人的利益。通常包括：未来的股利只能以签订合同之后的收益来发放，也就是说不能以过去的留存收益来发放；营运资金低于某一特定金额时不得发放股利；将利润的一部分以偿债基金的形式留存下来；利息保障倍数低于一定水平时不得支付股利。企业出于方便未来负债筹资的考虑，一般都能自觉恪守与债权人事先签订的有关合同的限制性条款，以协调企业与债权人之间的关系。

(2)通货膨胀。通货膨胀会带来货币实际购买力水平的下降，固定资产重置资金来源不足，此时企业往往必须考虑留用一定的利润，以便弥补由于货币购买力水平下降而造成的固定资产重置成本的缺口。因此，在通货膨胀时期，企业一般采取偏紧的股利分配政策。

二、股利分配政策的类型

股利分配政策受多种因素的影响，同时因股利政策不同，也会对公司的股票价格产生不同影响。因此，对于股份公司来说，制定一个合理的股利政策非常重要。股利政策有以下几种类型。

（一）剩余股利政策

股利分配与企业的资本结构相关，而资本结构又是由投资所需资金决定的，因此实际上股利政策要受到投资机会及其资金成本的双重影响。剩余股利政策就是在企业有着良好的投资机会时，根据一定的目标资本结构（最佳资本结构），确定投资所需的权益资本，先从盈余中留用，再将剩余盈余作为股利发放。采用剩余股利分配政策时，应遵循下列步骤：

（1）设定目标资本结构，即确定权益资本与债务资本的比率，在此资本结构下，加权平均资本成本将达到最低水平。

（2）确定投资方案中所需要的权益资本数额。

（3）最大限度地使用保留盈余满足投资方案所需的权益资本数额。

（4）投资方案所需权益资本已经满足后若有剩余盈余，再将其作为股利发放给股东。施行剩余股利政策，意味着企业只将剩余的盈余用于发放股利。这样做的根本理由是为了保持理想的资本结构，使加权平均资本成本最低。如果企业不按剩余股利政策发放股利，将可向股东分配的股利全部留用于投资或全部作为股利发放给股东，然后再去筹借债务，这两种做法都会破坏目标资本结构，导致加权平均资本成本的提高，不利于提高企业的价值（股票价格）。因此，剩余股利政策比较适合于新成立或处于高速成长期的企业。

【例9.4】 某企业2009年提取了公积金后的税后净利为800万元，2010年投资计划所需资金1 000万元，企业的资本结构中权益资本占60%，债务资本占40%。

企业投资方案中所需的权益资本数额为

$$1\ 000\times60\% = 600（万元）$$

企业2009年可用于分配股利的盈余为800万元，满足投资方案中所需的权益资本数额后还有剩余为

$$800-600=200（万元）$$

200万元作为股利发放。

假设该企业2009年流通的普通股有100万股，每股股利为

$$200/100=2（元）$$

（二）固定股利支付率政策

固定股利支付率政策认为股利必须依据当期企业的盈利的变化而进行调整，其具体方法是预先就股利占收益的比重确定一个股利支付率，并加以固定，当企业盈余有波动时，每股股

利便随之产生上下波动。也就是说,股利与每股收益呈正比例关系,即

$$Y=aX$$

式中　Y——每股股利;

X——每股收益;

a——固定股利支付率。

在这一股利政策下,各年股利额随企业经营效益的好坏而上下波动,获得较高盈余的年份股利额高,获得盈余少的年份股利额低。

主张实行固定股利支付率的观点认为,这样做能使股利与企业盈余紧密结合起来,以体现"多盈多分,少盈少分,无盈不分"的原则,才算真正公平地对待了每一位股东。但是,在这种政策下各年的股利变化较大,极易造成企业不稳定的感觉,对于稳定股票价格不利。变动的股利政策比较适合于新兴及正处于成长期的上市企业。影响这类企业的因素太多,而且企业自身处于不稳定的发展期、上升期,所以每年的利润都不稳定,上升、下跌幅度都很大,稳定的股利政策难以适应其特点。另外这种股利政策还可适用于内部职工、高管层持股比例较高的企业,采用这种股利政策,便可将职工和高管层的个人利益与企业的利益紧密结合起来。

(三)稳定或稳定增长的股利政策

稳定的股利政策是指企业股利的发放,不因企业盈利多少而变化,一直维持一定数额的股利,并在一段时间里保持不变。这里所说的稳定性是指企业的股利支付呈线性趋势,尤其是向上倾斜的趋势。这一政策的显著特点是:先确定每股的年股利额,并保持不变。如果企业的未来收益可以维持更高的股利,也可增加每股固定年股利额,这便成为稳定增长的股利政策。采取稳定或稳定增长的股利政策,有利于树立企业良好形象,增强投资者对企业的信心,稳定股票的价格。该政策的缺点是股利的支付与盈余相脱节,当企业的盈余较低时仍要支付固定的股利,这样会导致企业资金短缺,财务状况恶化,同时不能像剩余股利政策那样保持较低的资金成本和最优的资本结构。

(四)低正常股利加额外股利政策

低正常股利加额外股利政策是企业每年只支付数额较低的正常股利,在企业净利较多的年份,企业再向股东发放额外的股利。但额外股利并不固定化,不意味着企业永久地提高了股利率,可以用以下公式表示

$$Y=aX+b$$

式中　Y——每股股利;

X——每股收益;

a——股利支付率;

b——低正常股利。

采取这种股利政策,使企业股利支付具有较大的灵活性。当企业盈余较少或投资需要较

多资金时可维持既定的较低的正常股利，股东不会有股利跌落感；当企业盈余有较大幅度增长时，则适度增发股利，把经济繁荣的部分利益分配给股东，使他们增强对企业的信心，这有利于稳定股票的价格。这种股利政策可使那些依靠股利度日的股东每年至少可以得到虽然较低，但比较稳定的股利收入，从而吸引住这部分股东。这种股利政策只要使用得当，可以适用于各种发展期间的上市企业，当然低正常股利的确定需要决策层对各种因素权衡之后，慎重决定。股份企业采取何种股利政策需要由企业董事会负责制定，并由股东大会讨论批准。

综上所述，受各种因素的影响形成了不同的股利分配政策。不同的股利分配政策各有利弊，企业应根据自身的实际情况加以选择。因股利分配政策所依据的理论不同，各股东的要求以及心态各异，故无论采取何种股利分配政策，都难以同时满足企业所有股东的要求。股东既希望分红，也希望每股盈余在未来得到不断地增长。前者是当前利益，后者是长远利益，两者相矛盾，协调两者的关系还要加以综合权衡。股东投资需要得到回报，当这种对于眼前利益的追求实现会导致长远利益实现产生否定性结果的时候，就应暂时减少甚至放弃眼前的利益，服从长远可持续发展的财务政策。脱离财务政策，盲目地过分强调当前红利的分配，会导致经营者无所适从，引发企业财务活动的紊乱。

三、股利分配政策的制定程序

股利分配政策的制定，应遵循一定的程序，主要有如下几个步骤：

（一）确定股利支付率

股利政策的核心是股利支付率。股份企业应如何确定股利支付率，是否存在影响股利支付率的重要因素，在股东财富最大化的基本框架下股利发放的基本原则是十分明确的。那就是，当企业的投资报酬率高于股东个人投资报酬率时，应将利润留存在企业，少分甚至不分股利，反之则多分。企业进行股利决策时，首先要清楚企业在满足未来发展所需和营运资本需求后，有多少现金可用于发放股利，然后考察企业所能获得的投资项目的效益如何。在确定了企业项目的投资收益以后，企业应正确地处理好股利分配与企业成长性之间的关系。如果企业现金充裕，投资项目的效益又很好，则应少发或不发股利；如果现金充裕但投资项目效益较差，则应多发股利。为此，应做好以下工作：

1. 确定发放股利的现金需要量

一般用股权自由资金流量指标来衡量企业可以发给股东的现金数额。所谓股权自由现金流量是指满足所有需要（包括债务清偿、资本支出和营运资本）之后剩下的可作为股利发放的现金流量。为了估算股权自由现金流量，从净利润开始，并按下列方法将之转化成现金流量。

首先，任何资本支出都必须从净利润中扣除，因为资本支出意味着现金流出。同时，折旧必须加入，因为折旧在计算净利润时将其扣除了而实际上并不会引起现金流出。资本支出和折旧的差额称为净资本支出，一般是企业成长性特征的函数。高成长企业的净资本支出水平较高，低成长的资本支出水平较低。其次，营运资本的增加会减少企业的现金流量，营运资本的减少则会增加企业的现金流量。最后,企业还必须考虑债务水平的变化对现金流量的影响。偿还现有债务会导致现金的减少,发行新债则会增加企业的现金流量。考虑到净资本支出、营运资本的变化以及债务水平的变化对股东现金流量的影响,可以计算出可用于发放股利的股权自由现金流量。其计算公式为

股权自由现金流量=净利润-(资本支出-折旧)-
非现金营运资本的变化+(发行的新债-清偿的债务)

2. 评价企业投资项目的效益

企业的股权自由现金流量是否全部都发放给股东,取决于企业拥有的投资项目收益的高低。在其他条件一样的情况下,企业投资项目的经济效益越好,它在确定股利政策、反对股东要求更多股利方面就具有更多的灵活性。当现金流量根据股权估计时,最低可接受收益率等于股权资本;当现金流量是在清偿债务前的基础上进行估计时,最低可接受收益率等于资本成本。

同样,也可以估计企业能进行投资的每一项目的预期现金流量,并计算出每一项目的内部收益率或净现值,以此来评估项目质量的好坏。不过,对于企业外部分析者来说,要获得评估所需的信息是十分不容易的。

衡量投资项目效益好坏的另一种方法是利用过去项目投资收益的会计指标。将投资收益的会计指标与股权成本或资本成本进行比较,以决定投资项目的收益是否高于最低可接受收益率。

当然,利用项目投资收益的历史数据实际上是十分不可靠的,特别是当企业正从生命周期的一个阶段过渡到另一阶段,或者正进行重组时。此时,新项目的投资收益率完全有可能与过去的历史数据有很大的差异,因此,有必要仔细审查过去的收益率并分析将来的可能趋势。

3. 正确处理股利分配与成长性的关系

在确定了企业项目的投资收益以后,企业应正确地处理好股利分配与企业成长性之间的关系。计算企业的成长性(增长率)最简单的方法就是使用留存比率(企业留存收益占总收益的百分比=1-股利支付率)和项目的股权资本收益率(股权收益率=净收益/股权资本的账面值)进行计算。为得到计算公式,我们进行如下推导:

$$g_t = (NI_t - NI_{t-1}) / NI_{t-1}$$

其中　g_t——t 年的净收益增长率;

NI_t——t 年的净收益。

根据净资产收益率,即股权资本收益率的定义,$t-1$ 年的净收益可以写成:

$$NI_{t-1} = \text{股权资本账面值}_{t-1} \times ROE_{t-1}$$

其中　ROE_{t-1}——$t-1$ 年的净资产收益率。

t 年的净收益表示为

$$NI_t = (\text{股权资本账面值}_{t-1} + \text{留存收益}_{t-1}) \times ROE_t$$

假设股权资本收益率保持不变，即

$$ROE_t = ROE_{t-1} = ROE$$

$$g_t = 留存收益_{t-1}/NI_{t-1} \times ROE = 留存比率 \times ROE$$

在这一公式中，收益的增长率与留存比率和股权资本收益率是成正比例关系的，计算增长率时假定股权资本收益率不随时间而改变。如果股权资本收益率随时间而改变，t 年的增长率可以表示为

$$g_t = [股权资本账面值_{t-1}(ROE_t - ROE_{t-1})/NI_{t-1}] + 留存比率 \times ROE_t$$

公式的右边第二项反映了在已有的股权资本收益率的基础上，留存比率的改变对增长率 g_t 的影响。留存比率的提高（或减少）将导致股权资本具有更高（或更低）的盈利能力，进而导致一个更高（或更低）的增长率。企业可根据上述关系式以及企业目前所处的发展阶段，合理确定企业的留存比率，进而协调好企业的成长性和股东需求之间的矛盾。

（二）选择股利支付的具体形式

根据企业实际情况，选择具体的股利支付形式，即现金股利、股票股利，还是其他形式。

（三）选择股利分配政策

即采取剩余股利政策，还是固定股利政策。

（四）确定股利发放的程序

由于现金股利的发放会导致大量现金流出企业，所以何时发放对企业的财务状况会产生较大影响。企业应根据其经营预算、投资项目进展和现金流量状况合理地安排股利发放的频率、股利宣布日、登记日、除息日和发放日。

【案例分析】

1989 年以前，IBM 公司的股利每年以 7% 的速度增长。从 1989～1991 年，IBM 公司的每股股利稳定在 4.89 美元/年股，即平均每季度 1.22 美元/股。1992 年 1 月 26 日上午 9 时 2 分，《财务新闻直线》公布了 IBM 公司新的股利政策，季度每股股利从 1.21 美元调整为 0.54 美元，下降超过 50%。维持多年的稳定的股利政策终于发生了变化。

IBM 公司董事会指出：这个决定是在慎重考虑 IBM 的盈利和公司未来的长期发展的基础上做出的，同时也考虑到了给广大股东一个合适的回报率。这是一个为了维护股东和公司未来最好的长期利益，维持公司稳健的财务状况，综合考虑多种影响因素之后做出的决定。1993 年，IBM 的问题累积成堆，股利不得不从 2.16 美元再次削减到 1.00 美元。

在此之前，许多投资者和分析人士已经预计到 IBM 将削减其股利，因为它没有充分估计到微型计算机的巨大市场，没有尽快从大型计算机市场转向微型计算机市场。IBM 的大量资源被套在销路不好的产品上。同时，在 20 世纪 80 年代，IBM 将一些有利可图的项目，如软件开发、芯片等拱手让给微软和英特尔，使得他们后来获得丰厚的、创纪录的利润。结果是：IBM

公司在1992年创造了美国企业历史上最大的年度亏损，股票价格下跌60%，股利削减53%。

面对IBM的问题，老的管理层不得不辞职。到了1994年，新的管理层推行的改革开始奏效，公司从1993年的亏损转为盈利，1994年的EPS达到4.92美元，1995年EPS则高达11美元。因为IBM公司恢复了盈利，股利政策又重新提到议事日程上来……。最后，IBM董事会批准了一个庞大的股票回购计划——回购50亿美元，使得股东的股利达到1.4美元/股。1993年是IBM股价最为低迷的时候，最低价格是40.75美元/股；最高价格是1987年，176美元/股。股利政策调整后，IBM的股价上升到128美元。

分析提示：

(1)在上述案例中IBM分别采用了哪几种类型的股利政策？

(2)分析IBM每次调整股利政策的原因及其合理性。

(3)在本案例中，你认为股票回购计划的作用是什么？

习　　题

一、单选题

1. 相对于其他股利政策而言，既可以维持股利的稳定性，又有利于优化资本结构的股利政策是(　　)。

A. 剩余股利政策　　B. 固定股利政策

C. 固定股利支付率政策　　D. 低正常股利加额外股利政策

2. 下列各项中，不属于股票回购方式的是(　　)。

A. 用本公司普通股股票换回优先股

B. 与少数大股东协商购买本公司普通股股票

C. 在市场上直接购买本公司普通股股票

D. 向股东回购本公司普通股股票

3. 某企业在选择股利政策时，以代理成本和外部融资成本之和最小化为标准。该企业所依据的股利理论是(　　)。

A. "在手之鸟"理论　　B. 信号传递理论

C. MM论　　D. 代理理论

4. 在下列股利分配政策中，能保持股利与收益之间一定的比例关系，并体现多盈多分、少盈少分、无盈不分原则的是(　　)。

A. 剩余股利政策　　B. 固定或稳定增长股利政策

C. 固定股利支付率政策　　D. 低正常股利加额外股利政策

5. 在确定企业的收益分配政策时，应当考虑相关因素的影响，其中"资本保全约束"属于(　　)。

A. 股东因素　　B. 公司因素　　C. 法律因素　　D. 债务契约因素

6. 如果上市公司以其应付票据作为股利支付给股东，则这种股利的方式称为(　　)。

A. 现金股利　B. 股票股利　C. 财产股利　D. 负债股利

7. “为充分保护投资者的利益，企业必须在有可供分配留存收益的情况下才进行收益分配”所体现的分配原则是(　　)。

A. 资本保全原则　B. 利益兼顾原则

C. 依法理财原则　D. 投资与收益对等原则

8. 某公司近年来经营业务不断拓展，目前处于成长阶段，预计现有的生产经营能力能够满足未来10年稳定增长的需要，公司希望其股利与公司盈余紧密配合。基于以上条件，最为适宜该公司的股利政策是(　　)。

A. 剩余股利政策　B. 固定股利政策

C. 固定股利支付率政策　D. 低正常股利加额外股利政策

二、多选题

1. 公司在制定利润分配政策时应考虑的因素有(　　)。

A. 通货膨胀因素　B. 股东因素　C. 法律因素　D. 公司因素

2. 在下列各项中，属于企业进行收益分配应遵循的原则有(　　)。

A. 依法分配原则　B. 资本保全原则

C. 分配与积累并重原则　D. 投资与收益对等原则

3. 企业在确定股利支付率水平时，应当考虑的因素有(　　)。

A. 投资机会　B. 筹资成本　C. 资本结构　D. 股东偏好

4. 下列各项中，属于上市公司股票回购动机的有(　　)。

A. 替代现金股利　B. 提高每股收益

C. 规避经营风险　D. 稳定公司股价

5. 股东从保护自身利益的角度出发，在确定股利分配政策时应考虑的因素有(　　)。

A. 避税　B. 控制权　C. 稳定收入　D. 规避风险

三、判断题

1. 股票分割不仅有利于促进股票流通和交易，而且还有助于公司并购政策的实施。(　　)

2. 与发放现金股利相比，股票回购可以提高每股收益，使股价上升或将股价维持在一个合理的水平上。(　　)

3. 在除息日之前，股利权利从属于股票。从除息日开始，新购入股票的投资者不能分享本次已宣告发放的股利。(　　)

4. 代理理论认为，高支付率的股利政策有助于降低企业的代理成本，但同时也会增加企业的外部融资成本。(　　)

5. 在其他条件不变的情况下，股票分割会使发行在外的股票总数增加，进而降低公司资产

负债率。（　　）

四、计算题

1. 某公司成立于2003年1月1日，2003年度实现的净利润为1 000万元，分配现金股利550万元，提取盈余公积450万元（所提盈余公积均已指定用途）。2004年度实现的净利润为900万元（不考虑计提法定盈余公积的因素）。2005年计划增加投资，所需资金为700万元。假定公司目标资本结构为自有资金占60%，借入资金占40%。

要求：

（1）在保持目标资本结构的前提下，计算2005年投资方案所需的自有资金额和需要从外部借入的资金额。

（2）在保持目标资本结构的前提下，如果公司执行剩余股利政策。计算2004年度应分配的现金股利。

（3）在不考虑目标资本结构的前提下，如果公司执行固定股利政策，计算2004年度应分配的现金股利，可用于2005年投资的留存收益和需要额外筹集的资金额。

（5）在不考虑目标资本结构的前提下，如果公司执行固定股利支付政策，计算该公司的股利支付率和2004年度应分配的现金股利。

（5）假定公司2005年面临着从外部筹资的困难，只能从内部筹资，不考虑目标资本结构，计算在此情况下2004年度应分配的现金股利。

2. （综合题）甲公司是一家上市公司，有关资料如下：

资料一：2008年3月31日甲公司股票每股市价25元，每股收益2元；股东权益项目构成如下：普通股4 000万股，每股面值1元，计4 000万元；资本公积500万元；留存收益9 500万元。公司实行稳定增长的股利政策，股利年增长率为5%。目前一年期国债利息率为4%，市场组合风险收益率为6%，不考虑通货膨胀因素。

资料二：2008年4月1日，甲公司公布的2007年度分红方案为：凡在2008年4月15日前登记在册的本公司股东，有权享有每股1.15元的现金股息分红，除息日是2008年4月16日，享有本次股息分红的股东可于5月16日领取股息。

资料三：2008年4月20日，甲公司股票市价为每股25元，董事会会议决定，根据公司投资计划拟增发股票1 000万股，并规定原股东享有优先认股权，每股认购价格为18元。

要求：

（1）根据资料一：

①计算甲公司股票的市盈率；

②若甲公司股票所含系统风险与市场组合的风险一致，确定甲公司股票的贝塔系数；

③若甲公司股票的贝塔系数为1.05，运用资本资产定价模型计算其必要收益率。

（2）根据资料一和资料三计算下列指标：

①原股东购买1股新发行股票所需要的认股权数；

②登记日前的附权优先认股权价值；

③无优先认股权的股票价格。

(3)假定目前普通股每股市价为23元，根据资料一和资料二，运用股利折现模型计算留存收益筹资成本。

(4)假定甲公司发放10%的股票股利替代现金分红，并于2008年4月16日完成该分配方案，结合资料一计算完成分红方案后的下列指标：

①普通股股数；

②股东权益各项目的数额。

(5)假定2008年3月31日甲公司准备用现金按照每股市价25元回购800万股股票，且公司净利润与市盈率保持不变，结合资料一计算下列指标：

①净利润；

②股票回购之后的每股收益；

③股票回购之后的每股市价。

第十章

Chapter 10

财务预算

【本章要点】

预算管理是企业管理的核心内容之一，也是被现代企业证明行之有效的财务管理系统。从机制的角度分析，财务预算管理决不是财务部门的事情，而是企业综合的、全面的管理。财务预算是企业全面预算的一部分，它和企业其他预算是联系在一起的，整个财务预算是一个相互衔接的整体。它既是财务决策的具体化，又是控制在企业生产经营过程中与物流并行的资金流的依据。

第一节　财务预算概述

一、财务预算的概念

财务预算有广义和狭义之分，广义的财务预算是指全面预算。全面预算是企业在一定时期内（一般为一年或一个既定的期间内）与经营、财务、投资等价值流相关的总体计划，是公司总体战略目标和年度计划的细化。预算包括业务方面的预算（如销售收入预算、采购预算、费用预算等）和财务方面的预算（如资金预算、利润预算、现金流量预算等），预算的编制与执行涉及公司所有下属单位的业务和经营活动。因此全面预算是企业管理系统中的重要程序之一。

狭义的财务预算作为全面预算的一部分，是与业务预算密切相关的，是在业务预算的基础上，用货币的形式反映出企业未来某一特定时期内有关现金收支、资金需求、资金融通、营业收入、成本及财务状况和经营成果等方面的详细计划，即用货币单位表示的企业财务计划。

本书讨论的是广义的财务预算。

二、财务预算的内容体系

财务预算是由一系列预算构成的完整体系，各预算间相互联系，相互影响，它们之间的关系如图 10.1 所示。

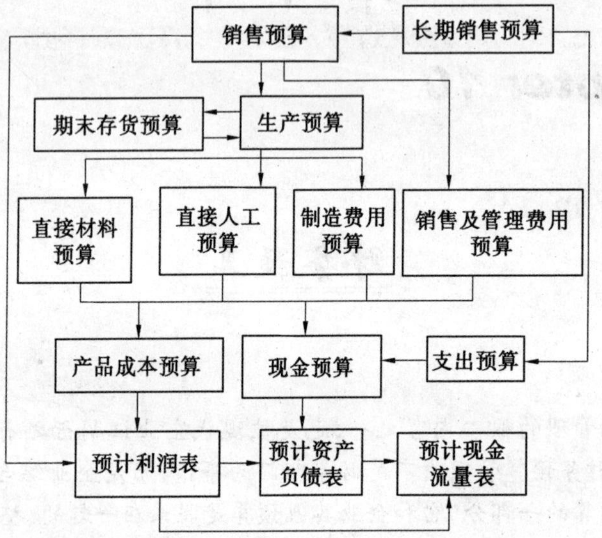

图 10.1　财务预算内部关系图

企业根据其对长期市场预测的经验与结果，编制长期销售预算，依据企业生产能力，确定企业资本支出预算，并编制年度销售预算。销售预算是编制年度预算的起点，据以确定所需的销售费用，同时，根据“以销定产”的经营思想编制生产预算，再根据生产预算编制直接材料、直接人工和制造费用预算以及现金汇总预算。预计利润表、预计资产负债表和预计现金流量表是各种专门预算的综合。

三、财务预算的功能

(1)合理配置企业资源。企业管理的重要特征之一就是优化配置企业资源，节约交易成本，发挥规模经济效益。如何发挥这一效益，需要借助于各种管理机制与手段，其中预算管理具有重要的作用。预算管理能将企业资源加以整合优化，达到资源浪费最小化而利用效率最大化。

(2)明确企业各部门的目标。财务预算是企业财务目标的具体化，企业财务总目标通过财务预算分解各部门的具体目标，有助于各部门主管和职工了解本部门、本人在实现企业总目标中的具体地位、作用和职责，促使他们为实现各自目标而奋斗，从而保障企业财务总目标的实现。

(3)管理协调各方力量。企业集团各子企业之间、母企业与子企业之间以及企业内部各部门之间,各部门和企业整体之间的经营活动必须协调一致,才能保证企业总体目标的实现。但由于各部门各司其职,矛盾冲突则不可避免。例如,各部门都做出对自己最为有利的计划,可企业是一个各部门相互联系的整体,这个计划在其他部门可能行不通,对企业整体财务目标的实现也未必有利。而预算管理作为一种机制,通过预算本身的制订、执行与监督,来保证各利益主体之间的管理协调。从这一角度出发,预算管理是一种制度化的程序,它通过制度的运行来代替管理,是一种制度管理而不是人的管理。

(4)实行有效控制。计划已经完成,便开始进入执行阶段,管理工作的重心就转为控制。控制是执行计划的手段,预算则是控制的重要依据,是衡量其合理性的主要标准,预算管理是一种控制机制。当实际情况与预算有较大出入时,就要进行分析与调查,纠正偏差,使其按既定目标发展。预算管理对于企业管理总部而言,既是对执行主体的行为过程控制,同时也是对其行为结果控制的一种机制。

(5)业绩考核的依据。业绩考核是调动企业员工积极性的一个重要因素,以预算作为考核的依据往往比过去实绩效果更好,过去实绩只能说明是否有进步,而不能说明进步所应达的水平,而预算是根据客观实际编制的,考虑了各种历史因素的变化情况,以其作为业绩考核的标准,往往能发挥企业的最大潜能。但其具体应用也要根据实际情况灵活掌握。

(6)战略支持功能。预算管理从本质上是对未来的一种管理,它通过规划未来的发展来指导现在的实践,具有战略性,对集团战略起着全方位的支撑作用。战略支持功能最充分地体现在预算的动态性上,它通过滚动预算和弹性预算形式,将未来置于现实之中。

四、财务预算的分类

1. 按预算的期限不同

按预算的期限不同,财务预算可分为长期预算和短期预算。长期预算主要指预算期为一年以上的预算,长期销售预算和资本支出预算属于长期预算,长期预算在实施过程中必须编制详细具体的年度预算、季度预算或月度预算,即短期预算,如销售预算、生产预算、直接材料预算、直接人工预算、现金预算等都属于短期预算。

2. 按预算的编制方法不同

按预算的编制的方法,财务预算可分为固定预算、弹性预算、零基预算和滚动预算等。固定预算又称静态预算,就是根据未来既定的业务量水平,不考虑预算期生产经营活动可能发生的变动而编制的预算;弹性预算是指随着企业内外部经营环境的变化和业务量的变动,编制不同水平的预算的编制方法;零基预算是指不受过去实际收支情况的约束,一切从零开始重新编制计划和预算的方法;滚动预算也叫“永续预算”或“连续预算”,与一般预算的区别在于其预算期不是固定在某一期间,而是每执行完1个月后,就将这个月的经营成果与预算相对比,找出差异及原因,并据此对剩余 11 个月的预算进行调整,同时自动增加 1 个月的预算,使新的预算仍旧保持为 1 年。

为了方便起见,本节财务预算的编制是以调整预算为基础的,在企业现实操作中,应根据企业的实际情况,选择适应本企业生产经营特点的财务预算编制方法。

3. 按预算涉及的内容不同

按预算涉及的内容,可分为专门预算、汇总预算和综合预算。专门预算是反映企业某一方面经济活动的预算,如销售预算、生产预算、直接材料预算、制造费用预算、销售及管理费用预算都是专门预算;汇总预算是以上有关专门预算的汇总,主要包括产品成本预算和现金预算;综合预算反映企业的总体状况,是全部预算的综合,又称总预算,主要包括预计利润表、预计资产负债表和预计现金流量表。

下面在此分类的基础上,具体介绍财务预算的编制。

第二节　财务预算的编制

一、财务预算的编制

固定预算是一种最基本的预算编制方法,该方法所涉及的各项预定指标均为固定数据。所以也称做静态预算。现以固定预算的编制过程为例说明财务预算编制过程。

【例】　假设××公司只生产一种产品,销售单价 200 元,预算年度内 4 个季度的销售量根据市场预测计划如表 10.1 所示。

1. 销售预算

销售预算是编制整个财务预算的起点,其他预算均以销售预算为基础编制。销售预算中通常还包含预计现金收入表,为现金预算的编制准备材料。

表 10.1 是××公司的销售预算,其中,设每季销售收入中,60% 于本季收到现金,40% 于下季收现,上年应收账款为 120 000 元。

表 10.1　××公司销售预算表　　单位:元

	第一季度	第二季度	第三季度	第四季度	合计
预计销售量/件	1 500	3 000	2 000	2 200	8 700
单位销售价	200	200	200	200	200
预计销售收入	300 000	600 000	400 000	440 000	1 740 000

表 10.2　××公司现金收入情况表　　单位:元

	第一季度	第二季度	第三季度	第四季度	全年
第一季度（销售收入 300 000）	180 000①	120 000②			300 000
第二季度（销售收入 600 000）		360 000	240 000		600 000
第三季度（销售收入 400 000）			240 000	160 000	400 000
第四季度（销售收入 440 000）				264 000	264 000
现金收入合计:1 740 000	300 000③	480 000	480 000	424 000	1 684 000

注:①180 000＝300 000×60%；

②120 000＝300 000×40%；

③300 000＝本季 180 000+上季 120 000。

表中,销量根据市场预测、销售合同结合生产能力确定,单价由价格决策确定。

$$销售收入＝单价×销量$$

$$本季现金收入＝上季销售本季收现+本季销售本季收现$$

2. 生产预算

根据以销定产的原则,生产预算是以销售预算为基础编制的。

表 10.3 是××公司的生产预算。其中,设期末存货为下季销售量的 10%,预计年初存货为 150 件,年末存货为 200 件。

表 10.3　××公司的生产预算　　单位:件

	第一季度	第二季度	第三季度	第四季度	合计
预计销售量	1 500	3 000	2 000	2 200	8 700
加:预计期末存货	300	200	220	200	200
减:预计期初存货	150	300	200	220	150
预计生产量	1 650	2 900	2 020	2 180	8 750

表中,预计销售量来自销售预算:

$$预计期末存货＝下季销售量×10\%$$

$$预计期初存货＝上季期末存货$$

$$预计生产量＝(预计销售量+预计期末存货)-预计期初存货$$

3. 直接材料预算

直接材料预算是在生产预算的基础上,同时兼顾企业材料的存货政策编制的。为了便于现金预算的编制,直接材料预算通常还包括现金支出表。假设××公司所生产的产品只需要一种原材料,单位产品材料耗用量为 5 千克,材料每千克单价 10 元。

表 10.4 是××公司直接材料采购预算表。其中,设期末存量按下季材料耗用量的 10% 确定,预计年初材料存量为 800 千克,年末材料存量为 1 000 千克,每季采购的材料中,40% 货款于当季支付,60% 于下季支付,上年应付款 54 000 元。

表 10.4　××公司直接材料采购预算表　　单位:千克

	第一季度	第二季度	第三季度	第四季度	合　计
预计生产量	1 650	2 900	2 020	2 180	8 750
单位产品材料耗用量	5	5	5	5	5
生产需耗材料量	8 250	14 500	10 100	10 900	43 750
加:预计期末存量	1 450	1 010	1 090	1 000	1 000
减:预计期初存量	800	1 450	1 010	1 090	800
预计材料采购量	8 900	14 060	10 180	10 810	43 950
材料单价/元	10	10	10	10	10
预计采购金额/元	89 000	140 600	101 800	108 100	439 500

表中:预计生产量来自生产预算;

生产需耗材料量=预计生产量×单位产品材料耗用量

预计期末存量=下季生产耗用量×10%

预计期初存量=上季期末存量

预计材料采购量=(生产需耗用材料量+预计期末存量)-预计期初存量

预计采购金额=预计材料采购量×材料单价

表 10.5　××公司材料采购预计现金支出表　　单位:元

季　　度	1	2	3	4	全年
材料预计采购金额	89 000	140 600	101 800	108 100	439 500
应付上季赊购款额	54 000	53 400	84 360	61 080	252 840
应付本季现购款额	35 600	56 240	40 720	43 240	175 800
现金支出合计	89 600	109 640	125 080	104 320	428 640

表中:

现金支出合计=应付上季赊购款额+应付本季现购款额

应付上季赊购款额=上季材料采购金额×60%

应付本季现购款额=本季材料预计采购金额×40%

4. 直接人工预算

直接人工预算也是在生产预算的基础上编制的,由于工人工资全部以现金支付,所以直接人工预算编制完毕,就可直接参加现金预算的汇总。依据前述资料,假设××公司单位产品定额工时为 4 小时,每小时人工成本 6 元。

表 10.6 是××公司直接人工预算表,设企业采用计时工资制。

表 10.6　××公司直接人工预算表

	第一季度	第二季度	第三季度	第四季度	合　计
预计生产量/件	1 650	2 900	2 020	2 180	8 750
单位产品工时/小时	4	4	4	4	4
预计人工总工时/小时	6 600	11 600	8 080	8 720	35 000
每小时人工成本/元	6	6	6	6	6
预计人工总成本/元	39 600	69 600	48 480	52 320	210 000

表中:预计生产量来自生产预算;单位产品工时和每小时人工成本来自标准成本资料。

预计工人总工时=预计生产量×单位产品工时

预计人工总成本=预计人工总工时×每小时人工成本

5. 制造费用预算

制造费用预算的编制基础也是生产预算。它通常分为变动制造费用和固定制造费用。变动制造费用是以生产预算为基础编制的,固定制造费用通常与本期产量无关,需按实际需要的支付额预计。由于制造费用中,除折旧外都需要支付现金,所以每季制造费用扣除折旧后,即可得现金支出的费用。

表 10.7 是××公司的制造费用预算表。

表 10.7　××公司制造费用预算表　　单位:元

		第一季	第二季	第三季	第四季	合计
变动制造费用	预计生产量/件	1 650	2 900	2 020	2 180	8 750
	单位标准工时/小时	4	4	4	4	4
	预算工时/小时	6 600	11 600	8 080	8 720	35 000
	标准分配率/(元·小时$^{-1}$)	4	4	4	4	4
	合计	26 400	46 400	32 320	34 880	140 000
固定制造费用		30 000	30 000	30 000	30 000	120 000
制造费用合计		56 400	76 400	62 320	64 880	260 000
减:折旧		10 000	10 000	10 000	10 000	40 000
现金支出费用		46 400	66 400	52 320	54 880	220 000

表中:预计生产量来自生产预算;单位标准工时和标准分配率来自标准成本资料。

预算工时=预计生产量×单位标准工时

变动制造费用=预算工时×标准分配率=预计生产量×单位标准工时×标准分配率

现金支出费用=制造费用合计-折旧

6. 销售及管理费用预算

销售费用预算以销售预算为基础,结合本量利分析法,对每项销售费用支出数额和效果进行合理预计,力争各项费用支出的收益最大化。管理费用预算随企业规模的扩大而日益增加,编制时一般以过去的实际开支为基础,按可预见企业的变化进行调整,力求管理费用合理化。销售及管理费用都以现金支付无需另外预计支出。

表10.8是××公司销售及管理费用预算表。

表10.8　××公司销售及管理费用预算表　　单位:元

销售费用:	
销售人员工资	32 000
广告费	54 000
运输费	28 000
保管费	22 000
合计	136 000
管理费用:	
管理人员工资	37 000
保险费	9 000
办公费	18 000
合计	64 000
合计	200 000
每季支付现金(200 000÷4)	50 000

7. 其他现金支出预算

企业除了生产经营过程发生的现金支出外,其他业务也有现金支出,如购买设备、支付股利、支付所得税等,这些支出也应编制预算,进行合理规划,它们可直接汇总到现金预算中。表10.9是××公司的其他现金支出预算表。

表10.9　××公司的其他现金支出预算表　　单位:元

	第一季度	第二季度	第三季度	第四季度	合计
购买设备	220 000				220 000
支付股利		60 000		60 000	120 000
支付所得税	40 000	40 000	40 000	40 000	160 000
合　　计	260 000	100 000	40 000	100 000	500 000

8. 销售成本及期末产成品存货预算

销售成本预算是在生产预算的基础上,将产品成本进行归集,计算出产品的单位成本。产品成本包含直接材料、直接人工、制造费用等。得出产品的单位成本就可得出销售成本的预算和期末产成品存货的预算,即

销售成本预算=产品单位成本×预计销售量

期末产成品存货预算=产品单位成本×预计期末产成品存货

表 10.10　产品单位成本及期末存货预算表

单位:元

成本项目	资料来源	用量定额	价格标准	合计金额
直接材料	表 10.4	5 千克	10 元/千克	50
直接人工	表 10.6	4 工时	6 元/工时	24
制造费用	表 10.7　260 000÷8 750			29.714 3
产品单位成本				103.714 3
产品期末存货量/件				200
产品期末存货成本				20 742

二、现金预算的编制

现金预算是其他专门预算有关现金收支部分的汇总,以及由此产生的收支差额的调剂计划。现金预算的基本结构可分为现金收入、现金支出、期末现金净流量、资金融通与调剂四个组成部分。

现金收入的主要来源是销售现金收入再加上期初现金余额,即为可供使用现金。

现金支出包括预算期内各项现金支出:直接材料、直接人工、制造费用、销售及管理费用的现金支出和其他现金支出。

期末现金净流量反映现金多余或不足,列示现金收入与现金支出的差额。差额为正,说明收大于支,现金有多余,企业可根据需要和可能来偿还银行借款或进行短期投资;差额为负,说明收小于支,现金不足,需向银行借款。

资金融通与调剂列示预算期内预计向银行借款和偿还,以及利息支出的详细资料。

根据前述资料,可编制现金预算表。表 10.11 是××公司的现金预算,其中,设借款利息按利率 10% 计算,企业要求保留的最低现金余额为 80 000 元,银行借款的金额要求是 10 000 元的倍数,预计年初的现金余额为 92 000 元。表 10.11 中大部分项目的数据来源已注明。

表 10.11　××公司的现金预算

单位:元

	第一季	第二季	第三季	第四季	年合计
期初现金余额	92 000	86 400	170 760	334 880	92 000
加销售现金收入(表 10.2)	300 000	480 000	480 000	424 000	1 684 000
可供使用现金	392 000	566 400	650 760	758 880	1 776 000
减各项现金支出					
直接材料(表 10.5)	896 00	109 640	125 080	104 320	428 640
直接人工(表 10.6)	39 600	69 600	48 480	52 320	210 000
制造费用(表 10.7)	46 400	66 400	52 320	54 880	220 000

续表 10.11

	第一季	第二季	第三季	第四季	年合计
销售及管理费用(表 10.8)	50 000	50 000	50 000	50 000	200 000
所得税(表 10.9)	40 000	40 000	40 000	40 000	160 000
购买设备(表 10.9)	220 000	0	0	0	220 000
股利(表 10.9)	0	60 000	0	60 000	120 000
现金支出合计	485 600	395 640	315 880	361 520	1 558 640
现金多余或不足	-93 600	170 760	334 880	397 360	217 360
向银行借款	180 000①				180 000
偿还银行借款				180 000	180 000
借款利息(年利率 10%)				18 000	18 000②
期末现金余额	864 00③	170 760	334 880	199 360	199 360

表中：

期初现金余额=上季期末现金余额

现金多余或不足=可使用现金-现金支出合计

①93 600+80 000=173 600→180 000 为 10 000 的倍数；

②18 000=180 000×10%；

③86 400=-93 600+180 000。

三、综合预算的编制

综合预算是指预计财务报表,主要包括预计利润表和预计资产负债表。预计财务报表一般不对外报送,它主要为企业内部财务管理服务,是企业控制资金、成本和利润的重要手段。

1. 预计利润表

预计利润表反映预算期内企业的经营成果。

表 10.12 是××公司的预计利润表。表中大部分项目的数据来源已注明。其中,预计所得税 160 000 元,因为有诸多调整事项存在,所得税不是按利润和所得税率计算出来的。

表 10.12　××公司的预计利润表　　单位:元

销售收入(表 10.1)	1 740 000
减:销售成本(表 10.1、表 10.10)	902 314.41
销售毛利	837 685.59
减:销售及管理费用(表 10.8)	200 000
财务费用(表 10.11)	18 000
税前利润总额	619 685.59
减:所得税	160 000
税后利润	459 685.59

表中：

$$销售成本=产品单位成本\times产品销量=103.714\ 3\times8\ 700=902\ 314.41(元)$$

$$销售毛利=销售收入-产品销售成本$$

$$税前利润总额=销售毛利-产品销售费用-管理费用-财务费用$$

2. 预计资产负债表

预计资产负债表是以本期期初的资产负债表为基础，按照销售、生产、直接材料等预算的有关数据加以调整编制的，主要反映企业预算期末的财务状况。该公司年初固定资产净值400 000元，表10.13是××公司的预计资产负债表。表中大部分项目的数据来源已注明。

表10.13　××公司的预计资产负债表　　单位：元

资产			权益		
项目	年初	年末	项目	年初	年末
货币资金(表10.11)	92 000	199 360	应付账款(表10.5)	54 000	64 860④
应收账款(表10.2)	120 000	176 000①	流动负债小计	54 000	64 860
原料存货(表10.4)	8 000	10 000			
产成品存货(表10.3)	15 556.5	20 742②			
流动资产合计	235 556.5	406 102			
固定资产原值	430 000	620 000③	普通股	400 000	400 000
减：累计折旧(表10.7)	30 000	40 000	未分配利润	181 556.5	521 242.09⑤
固定资产净值	400 000	580 000	所有者权益小计	581 556.5	921 242.09
资产合计	635 556.5	986 102	负债及权益总计	635 556.5	986 102.09⑥

注：①176 000=440 000×40%；

②20 742=200×103.71；

③620 000=400 000+220 000；

④64 860=108 100×60%；

⑤521 242.09=459 685.59+181 556.5-120 000；

⑥有小数是因为产品单位成本不能整除，致使公司净利润有误差。如果取五位以上有效数字，则资产合计等于负债及权益合计。

表中：年初各项数据来自本期期初资产负债表。

$$固定资产净值=固定资产原值-折旧$$

（存货包括材料和产品，普通股本年度没有变化）

$$期末未分配利润=期初未分配利润+本期利润-本期股利$$

【案例分析】

以下是ABC公司财务预算管理制度,请仔细阅读,并回答后面的思考题。

第一章　预算管理的目的和组织

第一条　年度经营财务预算的目的:将战略规划的当年经营思路转化为一个详细的经营计划和财务计划,作为公司最高领导和各中心、子公司、业务部门领导之间的"年度经营责任合同",总公司通过对各中心、子公司、业务部经营财务预算的严格质询和考核,指导各中心子公司、业务部的经营运作,保证公司健康的发展。

第二条　大华公司预算管理的决策机构是总公司总裁办公会,预算日常管理机构是总公司预算委员会,预算委员会办公室设在总公司财务部。

第三条　ABC办公会在预算管理中的职责是根据公司战略规划制定公司业绩的期望目标,并由总裁和高层领导通过各中心、子公司、业务部经营财务预算的严格质询,以保证业绩期望指标尽量得以实现。

第四条　总公司预算委员会及其办事机构在预算管理中的职责是根据总裁办公会的要求,具体组织和下达年度预算编制要求,进行初步的审核和调整措施,做出公司年度预算方案并提交总裁办公会批准后批复预算:预算委员会还负责向总裁办公会提交年度预算调整方案和月度、季度、年度业绩质询会议分析报告。

第五条　总公司预算委员会设主任一名,由负责财务的副总裁担任。预算委员会成员由财务部、战略规划部、投资管理部、资产管理部、审计监督部、风险管理部、人力资源部、行政事务部组成。各部门在预算委员会的工作侧重点不同:总公司财务部为公司预算委员会的具体办事机构,负责执行公司预算委员会交办的工作,战略规划部负责三年规划和年度预算目标的衔接,投资管理部负责投资预算,资产管理部负责清欠预算,审计监督部和风险管理部负责经营计划的控制和评价,人力资源部负责激励机制下人员成本的测算,行政事务部负责固定资产和部分递延资产的预算管理。

第六条　各中心负责人、各中心所属子公司总经理、总公司职能部门负责人、海外集团总经理、其他总公司拥有控股权的项目总经理直接负责预算编制,各级财务计划部门提供技术支持及汇总。

第二章　预算管理的原则

第七条　发展增长原则。预算目标须反映公司的发展目标,各预算单位的年度预算要以总公司长期规划的要求为编制基本目标,在预算中体现经营规模和经济效益的不断增长,特别是注重主营业务增长水平。

第八条　素质改善原则。预算管理要结合风险管理并关注企业财务结构的优化,包括严密跟踪新生业务的不良资产,将原有不良资产的消化和清理、债务结构的优化、资本结构的优化纳入预算体系。

第九条　上下结合原则。公司决策机构在年度预算编制之初,根据战略规划制定年度业绩期望目标，预算委员会分解各中心的期望值和编制要求，各预算单位再根据总公司对下一预算期间提出的目标和任务要求，对下一个预算期间的业务量、成本（费用）和利润进行重新预测和估算，并在此基础上编制预算。预算委员会汇总后，要将决策机构的质询意见和各预算单位的建议重新调整反复结合，最终达成一致的预算指标。

第十条　各有侧重原则。经营性公司编制预算时应以利润预算为核心；各职能部门、集团本部等成本中心编制预算时以费用预算为核心；资产管理部门及清整公司编制预算时以现金净流量和费用控制为核心。

第十一条　目标管理原则。总公司决策机构应按季度检查各预算单位的预算执行情况，并对执行偏差进行分析和纠正，指导督促各单位完成年度预算指标。

第十二条　绩效考核原则。预算指标与业绩考核挂钩，总公司根据各预算单位每年预算执行情况结合其他考核指标来考核各单位经营业绩。

第三章　预算的编制范围

第十三条　各经营中心及其所属子公司、各海外集团本部、外贸信托公司、总公司本部及各职能部门、其他全资子公司是预算编制的基本单位。预算基本单位所属子公司的预算纳入该单位预算内合并上报。

第十四条　总公司直接或间接拥有50%以上控股权的子公司的预算由该公司董事会审批后，报总公司预算委员会批复并汇总至总公司的预算中。各预算基本单位控股子公司也按此原则编制相应的合并预算。

第十五条　对总公司直接或间接控股低于50%（含50%）的子公司不要求向总公司编报全套预算报表，但其投资收益纳入总公司预算中。各预算基本单位非控股子公司也按此原则编制相应预算。

第十六条　公司编制预算单位须编制预算体系中的各项预算，总公司职能部门及其他非经营性单位（各海外集团、驻外代表处）仅编制管理费用预算和固定资产预算。投资管理部代表总公司负责下属投资项目的预算编制和汇总上报，并负责编制总公司的投资预算。总公司财务部负责编制总公司本部的资金预算和财务费用预算，以及其他收支的预算。

第十七条　预算编制的基本种类包括营业额预算、损益表预算、资产负债表预算、现金流量预算、费用预算、固定资产购置预算、投资及收益预算、资产质量控制预算、信用额度预算。根据不同时期的管理重点，总公司可以要求补充其他预算种类。

第四章　营业额预算

第十八条　进口营业额预算编制要求。编制口径为进口到货数，国内企业按商务部业务统计制度规定的口径编制；海外企业既要包括自行在国内承揽货单、签订合同直接与国内单位结算交货的进口到货额，也要包括与ABC系统内各公司共同运作的进口到货额，并须对此部分进口到货额注明“共营”。按实际执行的合同金额（CIF）编制预算。进口业务分为自营进口业务和代理进口业务。自营进口业务是指由外经贸企业用自有外汇、自借自用外汇借款等办理进口，并自行组织销售和承担盈亏的进口业务。代理进口是指外贸企业接受委托方的委托代办进口业务，包括对外洽谈成交，办理开证、运输、付汇等全过程，并按代理作价原则向委托方办理结算，外贸企业仅收取代理手续费，不承担盈亏的进口业务。

第十九条 出口营业额预算编制要求。国内企业按商务部业务统计制度的口径编制：海外企业既要包括自行在国内寻找货源、签订合同直接与国内单位结算收货的实际出口额，也要包括与 ABC 系统内各公司共同运作的实际出口额并须对此部分实际出口额注明“共营”。按实际执行的合同金额(FOB)统计，出口业务分为自营出口业务和代理出口业务。自营出口业务是指由外贸企业组织货源、承担盈亏责任的出口业务。代理出口业务是指外贸企业受委托方的委托办理出口，包括开拓国际市场、代办出口成交及向银行交单结汇工作，或者同时也代办制单、出口发运等工作。委托方承担出口盈亏和履约责任，外贸企业收取代理手续费，承担相应的服务责任，负担一般管理费用开支。

第二十条 期货销售额。统计各种通过国内、国外期货交易市场以纸面交易方式卖出的期货交易额。只统计卖出金额，不统计买入金额。

第二十一条 转口贸易销售额。统计三国之间实物商品转口交易的销售额，即从国外购买的商品不直接运回国内，直接销往第三国的销售额。ABC 总公司各驻外公司无论在哪个国家其国别属性均为中国，只统计卖出金额，不统计买进金额。

第二十二条 委托加工产品销售额。指海外机构购进原料，委托国内、国外厂家加工成成品后再销售。这部分只统计加工成品的销售额。

第二十三条 内贸销售额。包括预算单位自营进口物资在国内的销售额以及预算单位直接用人民币在国内购进商品，再以人民币结算卖出该商品的销售额。

第二十四条 代洽成交进出口额。代洽成交出口指各业务承担者只负责代委托方对外洽谈成交，并向委托方收取佣金，不承担制单、向银行交单结汇、出口发运等业务。代洽成交进口指各业务承担者只负责代委托方对外洽谈成交，并向委托方收取佣金，不承担开证付汇等业务。以上均按合同金额统计。

第二十五条 生产企业销售额。指各业务承担者在境内或境外购置或投资建成的物质生产企业，在报告期内向本企业之外销售各种产品(含中间产品)的销售额。

第二十六条 金融业务收入。指各预算单位从事的金融业务在报告期内全部收入总和。其中包括利息收入、金融业务往来收入、租赁收益、手续费收入、证券销售收入、汇兑收益、其他营业收入等。

第二十七条 保险收入营业额。统计保险费收入(保险费收入=保险费+佣金收入)。

第二十八条 仓储运输收入。指国内外各企业或公司开展仓储运输业务的营业收入，需列明承运或承储的主要商品以及仓储、运输量。

第二十九条 房地产收入。指出售商品房屋和出租房屋的实际收入(投资建房应列为固定资产)。

第三十条 服务收入。分三部分:① 旅馆收入;② 餐饮收入，宾馆附设的餐饮业营业收入在旅馆收入中统计;③ 其他,指各预算单位经营的出租车、加油站、汽车租赁、美容美发、保健等的营业收入。

第三十一条 广告信息收入。指各预算单位从事商业性的广告业务、展览业务(含展销、交易会)、信息服务(含软件开发、硬件服务、期刊销售)等的收入总额。但凡属为 ABC 总公司服务并向总公司据实报销开支的职能服务不统计。

第三十二条 劳务收入。指劳务承包工程合同金额和外派劳务收入。

第三十三条 其他收入。指以上各项指标未包含的其他各类经营业务收入,填报时请做业务说明。

第三十四条 以上各项指标全资企业按全额进行统计;合资企业按我方投资比例分割计算。

第五章 损益表预算

第三十五条 按行业会计制度规定的销售(营业)收入、销售(营业)成本、销售(营业)费用及其他损益科目计算口径编制损益表预算。

第三十六条 损益表预算应按会计合并报表口径编制,将占股 50% 以上的子公司或实际控股以及满足合并报表条件的投资企业合并填列。对不满足合并报表条件的投资项目,只作投资收益预算。

第三十七条 损益表预算的编制重点是收入类和成本类项目。费用和投资收益等项目来自于其他预算表,损益表预算须对占本预算单位总营业额 70% 的重点经营商品,或占总营业额 70% 且单位商品经营额在 100 万美元以上的经营商品单项列明,按单项商品或类别编制损益表预算;其余 30% 的非重点经营商品按总金额编制损益表预算。

第三十八条 损益表预算应将当期经营及非当期经营对损益的影响分开反映,当期经营按具体业务类型反映本年正常经营业绩。非当期经营反映期初不良资产和潜盈对当期损益的影响及其他非当期正常经营损益，其中期初不良资产对损益的影响包括坏账报损、库存报损、不良资产项下库存销售、固定资产及长期投资处理损失等,期初不良资产占用资金成本等。期初潜盈对损益的影响包括将以前年度账内外应转而未转的收益转为当年收入等。

第六章 费用预算

第三十九条 各子公司、职能部门根据预算期的营业额水平、资金使用水平和管理费用控制标准,按会计制度所规定的经营费用、管理费用和财务费用项目编制费用预算。各子公司、职能部门编制费用预算时,须对各项费用的预算依据、测算基础和费用控制措施进行详细说明。

第四十条 各项费用口径严格按《ABC 公司财务会计制度》执行特殊行业的费用,参考《ABC 公司财务会计制度》的费用标准进行换算。

第四十一条 业务招待费、邮电通讯费、差旅费以及经营费用实行弹性预算的考核办法，即以上费用的预算水平随当期经营利润的增长而增长，但前者的增长水平不高于后者。

第七章　投资预算

第四十二条　投资预算编制的基本原则是投资项目必须符合公司重点发展战略的需要，并根据自身实力，量入为出，对投资项目不得留有资金缺口。

第四十三条　项目已由投资委员会讨论通过、计划在下一预算期进行投资的各公司须上报投资预算。投资期超过1年的投资项目，须同时提交长期预算和年度预算。长期预算须对完整投资期(包括筹建期、在建期和运营期)进行综合预算；年度预算须配合长期预算，就下一预算年度的投资进度、投资项目收支及资金安排做出预算。长期预算的内容必须包括投资项目名称及类型，投资总额，计划回收期，计划投资收益，审批机构及审批文件投资资金来源，筹建期、在建期和运营期的资金需求，融资安排建议等。

第四十四条　各公司完成投资预算后，须如期上报总公司预算委员会及投资管理部，投资管理部会同有关部门对其预算进行综合审核。总公司的项目投资预算由投资管理部负责编制。

第八章　固定资产预算

第四十五条　各公司计划在下一预算期内购置固定资产，须先向总公司上报固定资产预算。在固定资产预算内须对计划购置的固定资产名称、计划购置价格、数量及金额详细列明。

第四十六条　在固定资产预算中，国内预算单位须对单价1万元人民币(海外预算单位3000美元)以上的项目逐项说明购置原因。

第九章　资金需求及现金流量预算

第四十七条　各公司须在综合经营预算、流动资金周转率测算、投资预算、固定资产预算的基础上，并参照所有者权益的水平编制资金需求预算。在总公司风险管理部对各中心及子公司年度业务进行评价，并建立经营风险控制性预算的基础上，总公司财务部对各中心及子公司的年度资金需求进行确定季度的调整和临时的资金需求也遵循这个原则。资金部门根据资金需求量，确定资金供应计划的结构、种类、方式。在现有资金供应资源与需求量出现缺口时，判定弥补缺口能力的可能性及采用的方式、结构、种类、主体，包括挖掘现有可利用资源的潜力。

第四十八条　资金预算包括贷款信用预算和贸易信用预算。贷款信用包括短期贷款、长期贷款、出口打包贷款OD等额度，贸易信用包括承兑汇票、免保开证、贴现等信用形式。

第四十九条　各公司须按规定认真编制现金流量预算。

第十章　预算的编制程序

第五十条　预算编制按如下步骤进行：

(1)每年第四季度，总裁办公会和总公司预算委员会讨论和下达下年预算工作指导方针和主要预算目标(包括经营方针、利润目标、重点投资、成本和费用、控制目标和主要措施、资金管理目标)。

(2)各预算单位在每年11月底前完成下年度预算，并上报总公司财务部；财务部根据各预算单位预算进行汇总和编制综合预算草案。

(3)总公司预算委员会于每年12月对下年度各单位预算和总公司综合预算草案进行评审及质询,并对预算进行综合平衡。

(4)总裁办公会于次年初对预算白皮书做出批复。

第十一章　预算执行分析

第五十一条　预算单位按月上报预算完成情况月报,并在每季度末及年度末上报总结,还需提出完成下期预算的工作措施。

第五十二条　总公司财务部每月向总裁办公会提交经营财务预算月报。

第五十三条　预算委员会每季度召开一次预算检查会议(业绩考核会),检查预算执行情况,并向总裁办公会提交预算检查综合报告。

第五十四条　总公司财务部在年度结束后1个月内,向总裁办公会和预算委员会呈交上年全公司预算完成综合情况报告。

第十二章　预算的年中调整

第五十五条　为保证预算的严肃性,预算单位不得对已批复的预算随意调整。在预算执行过程中,预算单位如因特殊情况,须对现行预算进行调整时,必须向总公司预算委员会提出书面预算修改申请,就预算调整内容和原因做出详细说明。预算委员会审核预算修改申请,结合总体预算完成情况,报总裁办公会批准后,预算单位方可调整预算。

第五十六条　各预算单位的预算调整须在预算年度的第三季度进行。总公司预算委员会于每年8月就预算调整召开专门会议,检查预算上半年执行情况,审核预算调整申请,并将审核通过的预算调整申请转报总裁办公会批准。

分析提示:

1. 什么是预算?你认为财务预算与整体预算的关系是什么?

2. 结合ABC公司的资料谈谈预算的意义?

3. 请评价ABC公司的经营财务预算管理制度,并提出你的改进意见。

习　题

一、单选题

1. 下列项目中,原本属于日常业务预算,但因其需要根据现金预算的相关数据来编制,因此被纳入财务预算的是(　　)。

A. 财务费用预算　　B. 预计利润表

C. 销售费用预算　　D. 预计资产负债表

2. 某企业按百分比法编制弹性利润预算表,预算销售收入为100万元,变动成本为60万元,固定成本为30万元,利润总额为10万元;如果预算销售收入达到110万元,则预算利润总额为(　　)万元。

A. 14　　B. 11　　C. 4　　D. 1

3. 不受现有费用项目和开支水平限制，能够克服增量预算方法缺点的预算方法是(　　)。

A. 弹性预算方法　　B. 固定预算方法

C. 零基预算方法　　D. 滚动预算方法

4. 在下列预算方法中，能够适应多种业务量水平并能克服固定预算方法缺点的是(　　)。

A. 弹性预算方法　　B. 增量预算方法

C. 零基预算方法　　D. 流动预算方法

5. 某期现金预算中假定出现了正值的现金收支差额，且超过额定的期末现金余额时，单纯从财务预算调剂现金余缺的角度看，该期不宜采用的措施是(　　)。

A. 偿还部分借款利息　　B. 偿还部分借款本金

C. 抛售短期有价证券　　D. 购入短期有价证券

6. 在下列各项中，不属于财务预算内容的是(　　)。

A. 预计资产负债表　　B. 现金预算

C. 预计利润表　　D. 销售预算

7. 在下列各项中，不属于滚动预算方法的滚动方式的是(　　)。

A. 逐年滚动方式　　B. 逐季滚动方式

C. 逐月滚动方式　　D. 混合滚动方式

8. 在下列各项中，不能纳入企业现金预算范围的是(　　)。

A. 经营性现金支出　　B. 资本化借款利息

C. 经营性现金收入　　D. 资本性现金支出

9. 与传统定期预算方法相比，属于滚动预算方法缺点的是(　　)。

A. 预算工作量大　　B. 透明度低

C. 及时性差　　D. 连续性弱

10. 根据全面预算体系的分类，下列预算中，属于财务预算的是(　　)。

A. 销售预算　　B. 现金预算

C. 直接材料预算　　D. 直接人工预算

二、多选题

1. 在编制现金预算的过程中，可作为其编制依据的有(　　)。

A. 日常业务预算　　B. 预计利润表

C. 预计资产负债表　　D. 特种决策预算

2. 在下列各项预算中，属于财务预算内容的有(　　)。

A. 销售预算　　B. 生产预算

C. 现金预算　　D. 预计利润表

3. 在下列各项中，属于日常业务预算的有(　　)。

A. 销售预算　　B. 现金预算

C. 生产预算　　D. 销售费用预算

4. 在编制生产预算时,计算某种产品预计生产量应考虑的因素包括(　　)。

A. 预计材料采购量　　B. 预计产品销售量

C. 预计期初产品存货量　　D. 预计期末产品存货量

5. 在编制现金预算时,计算某期现金余缺必须考虑的因素有(　　)。

A. 期初现金余额　　B. 期末现金余额

C. 当期现金支出　　D. 当期现金收入

三、判断题

1. 特种决策预算包括经营决策预算和投资决策预算,一般情况下,特种决策预算的数据要纳入日常业务预算和现金预算。(　　)

2. 在编制预计资产负债表时,对表中的年初项目和年末项目均需根据各种日常业务预算和专门决策预算的预计数据分析填列。(　　)

3. 在财务预算的编制过程中,编制预计财务报表的正确程序是:先编制预计资产负债表,然后再编制预计利润表。(　　)

4. 零基预算是为克服固定预算的缺点而设计的一种先进预算方法。(　　)

四、计算题

1. ABC 公司 2006 年度设定的每季末预算现金余额的额定范围为 50 ~ 60 万元,其中,年末余额已预定为 60 万元。假定当前银行约定的单笔短期借款必须为 10 万元的倍数,年利息率为 6%,借款发生在相关季度的期初,每季末计算并支付借款利息,还款发生在相关季度的期末。2006 年该公司无其他融资计划。

ABC 公司编制的 2006 年度现金预算的部分数据如表 1 所示:

表 1　2006 年度 ABC 公司现金预算　　金额单位:万元

项　　目	第一季度	第二季度	第三季度	第四季度	全　年
①期初现金余额	40	*	*	*	(*H*)
②经营现金收入	1 010	*	*	*	5 516.3
③可运用现金合计	*	1 396.3	1 549	*	(*I*)
④经营现金支出	800	*	*	1 302	4 353.7
⑤资本性现金支出	*	300	400	300	1 200
⑥现金支出合计	1 000	1 365	*	1 602	5 553.7
⑦现金余缺	(*A*)	31.3	-37.7	132.3	*
⑧资金筹措及运用	0	19.7	(*F*)	-72.3	*
加:短期借款	0	(*C*)	0	-20	0
减:支付短期借款利息	0	(*D*)	0.3	0.3	*
购买有价证券	0	0	-90	(G)	*
⑨期末现金余额	(*B*)	(*E*)	*	60	(*J*)

说明:表中用“ * ”表示省略的数据。

要求:计算表11中用字母“$A \sim J$”表示的项目数值(除“H”和“J”项外,其余各项必须列出计算过程)。

2. C公司为一般纳税人,购销业务适用的增值税税率为17%,只生产一种产品。相关预算资料如下:

资料一:预计每个季度实现的销售收入(含增值税)均以赊销方式售出,其中60%在本季度内收到现金,其余40%要到下一季度收讫,假定不考虑坏账因素。部分与销售预算有关的数据如表2所示:

表2　与销售预算有关的数据　　金额单位:元

季　度	1	2	3	4
预计销售收入	*	100 000	110 000	*
增值税销项税额	*	17 000	(*D*)	*
预计含税销售收入	117 000	(*B*)	*	128 700
期初应收账款	208 00	*	*	*
第一季度销售当期收现额	(*A*)			
第二季度销售当期收现额		(*C*)		
第三季度销售当期收现额			*	
第四季度销售当期收现额				(*E*)
经营现金收入合计	*	117 000	124 020	128 700

说明:上表中“ * ”表示省略的数据。

资料二:预计每个季度所需要的直接材料(含增值税)均以赊购方式采购,其中50%于本季度内支付现金,其余50%需要到下个季度付讫,假定不存在应付账款到期现金支付能力不足的问题。部分与直接材料采购预算有关的数据如表3所示:

表3　部分与直接材料采购预算有关的数据　　金额单位:元

季　度	1	2	3	4
预计材料采购成本	60 000	*	65 000	*
增值税进项税额	*	(*G*)	11 050	*
预计含税采购金额合计	(*F*)		76 050	77 220
期初应付账款	10 000	35 100	(*H*)	*
第一季度采购当期支出额	*			
第二季度采购当期支出额		*		
第三季度采购当期支出额			38 025	
第四季度采购当期支出额				*
材料采购现金支出合计	45 100	*	*	*

说明:上表中“ * ”表示省略的数据。

要求:

(1)根据资料一确定表 2 中用字母表示的数值(不需要列示计算过程)。

(2)根据资料二确定表 3 中用字母表示的数值(不需要列示计算过程)。

(3)根据资料一和资料二,计算预算年度应收账款和应付账款的年末余额。

第十一章

Chapter 11

财务分析

【本章要点】

财务分析是以企业财务报表等有关会计核算资料为依据，对企业财务活动过程及结果进行分析和评价，可以了解企业偿债能力、营运能力、盈利能力和增长能力，便于企业管理当局及其他报表使用人了解企业财务状况和经营成果，将影响财务状况和经营成果的主观因素与客观因素、微观因素和宏观因素区分开来，以划清经济责任，合理评价经营者的工作实绩，并据此奖优罚劣，以促使经营者不断改进工作。

第一节　财务分析概述

一、财务分析的概念及作用

（一）财务分析的概念

财务分析是以会计核算和报表资料及其他相关资料为依据，采用一系列专门的分析技术和方法，对企业等经济组织过去和现在的有关筹资活动、投资活动、经营活动的偿债能力、盈利能力和营运能力状况等进行分析与评价，为企业的投资者、债权人、经营者及其他关心企业的组织或个人了解企业过去、评价企业现状、预测企业未来，作出正确决策、提供准确的信息或依据的一种财务管理方法。

（二）财务分析的作用

财务分析在财务管理工作中有着重要的作用，主要表现在以下几个方面：

1. 为企业管理者提供财务分析信息，促进企业加强内部管理

通过财务分析可以评价企业财务状况的好坏，从而揭示企业财务活动中存在的矛盾，检查企业内部各职能部门和单位对各项指标的执行情况，考核工作业绩，总结经验教训，采取措施，挖掘潜力，制定正确的投资和经营策略，实现企业的理财目标。

2. 为企业外部投资和贷款人提供决策依据

作为企业外部投资者，需要通过对企业财务活动的分析来评价企业经营管理人员的业绩，考核他们作为资产的经营者是否称职，评价资本的盈利能力，各种投资的发展前景，投资的风险程度等方面，以便作为进行投资决策的依据。作为企业的债权人，也需要通过对企业的财务活动的分析来考核企业的财务状况、偿债能力、资产的流动性及资产负债率等，只有详细地掌握了企业经营成果及财务状况等各方面的信息并加以分析评价，才能作出正确的投资决策。

3. 有助于国家制定经济政策，促进社会资源的合理分配

通过财务分析，既可以评价一个企业为社会和国家所作贡献的大小，完成任务的好坏，又可以综合评价各行业的投资状况、收益状况、资金结构、资源流向及其发展趋势，从而有助于国家及时制定经济政策，调整经济结构，促使资金从低效益企业向高效益企业流动，实现社会资源的最佳配置。

二、财务分析的方法

财务分析的方法较多，常用的方法主要有比较分析法、比率分析法、趋势比率分析法和因素分析法等几种。现介绍如下：

（一）比较分析法

比较分析法是将报告期的某一项实际经济指标同某些选定的基准指标进行数量上的比较，确定其增减差异，用以评价企业财务状况及经营成果的方法。比较分析法是财务分析最基本的方法，通过经济指标的对比，揭示财务活动中的数量关系和存在的差距，从中发现存在的问题，为进一步分析原因、挖掘潜力指明方向。在实际工作中，根据分析的目的和要求不同，比较分析法有以下几种形式：

（1）实际指标与计划指标比较。可以考虑企业实际完成计划的程度，通过分析实际与计划的差异，肯定成绩，发现不足，以利于进一步的深入分析。

（2）本期指标与上期、基期或历史最高水平比较。通过纵向指标的对比，可以考查企业经营状况，掌握财务活动发展变化的趋势，了解企业财务管理工作的改进情况，促进企业加强管理，不断提高经营管理水平。

（3）本企业指标与国内外同行业先进指标对比。通过横向指标的比较，找出差距，弥补不足，明确目标，扬长避短，不断地学习先进的管理经验，迅速赶超先进水平。

比较分析法具有简便、明了的优点，但在实际使用中，应注意比较指标的可比性，即比较指标之间要求口径相同，主要包括指标内容、计算方法、评价标准、时间单位等方面要求一致性。

也可以对指标进行适当的调整后再进行比较，以达到公正合理的目的。

（二）比率分析法

比率分析法是通过经济指标之间的对比，求出比率来确定各经济指标间的关系及变动程度，以评价企业财务状况的一种方法。运用比率分析法，能够把在某些条件下的不可比指标变为可比指标来加以比较。例如，在评价同行业盈利能力时，因为各企业的规模、地理位置、技术条件等因素各不相同，因此不能简单地以盈利总额进行对比，而应当用净资产收益率等相对指标进行对比说明，才能公正地评价企业经营管理水平及盈利能力的高低。比率分析法分为以下三种形式：

（1）相关比率分析法。相关比率分析法是指同一时期两个相关的指标进行对比求出比率，用以反映有关经济活动、经济指标之间的相互关系的一种分析方法。如用流动资产与流动负债的比率来表明每一元流动负债有多少流动资产作为偿还的保证，用销售收入与流动资产平均占用额的比率来表明企业流动资产的周转速度，用利润额与资本金的比率来反映企业资金的盈利能力等。

（2）构成比率分析法。又称结构比率分析法，结构是指某一部分占总体的比重。计算公式为

$$构成比率=\frac{某个组成部分数额}{总体数额}\times 100\%$$

总体经济指标中各个组成部分安排得是否合理，结构比例是否协调，直接关系到企业经营活动的正常运转，如总体资金中短期资金与长期资金应保持适当比例。短期资金过多会影响企业长远发展，短期资金过少又会使周转陷入困境。再如企业的利润总额中，产品销售利润与其他销售利润的比例应适当合理，如果其他销售利润的比例增大，则说明企业主营业务受阻，前景不宜乐观。

（3）效率比率。效率比率是某项经济活动中所费与所得的比率，反映投入与产出的关系。利用效率比率指标，可以进行得失比较，考察经营成果，评价经济效益。如将利润项目与营业收入、营业成本、资本等项目加以对比，可以计算出成本利润率、营业利润率以及资本利润率等利润率指标，可以从不同角度观察比较企业获利能力的高低及其增减变化情况。

（三）趋势比率分析法

趋势比率分析法又称为动态比率分析法，是将不同时期相同指标进行对比求出比率以考查其增减变动及发展趋势的一种方法。通常采用发展速度、增长速度等指标来加以分析。

运用财务比率能揭示企业财务活动各指标之间的内在联系，反映企业目前的实际情况，但要判明指标的优劣还须依据一定的标准。在分析中，常用的标准主要有预定标准、公认标准、历史标准、行业标准等，通过与标准指标进行比较才能找出差距，发现问题，查明原因加以改进。

(四)因素分析法

因素分析法也称因素替代法,是用来确定几个相互联系的因素对分析对象——某个经济指标的影响程度的一种分析方法。某个总体指标的变动往往是受很多个相互联系的因素共同变动所引起的,要弄清某个因素对总体指标的影响程度,必须假定其他因素不变,而只有该因素发生变化的情况下才有可能。因此采用因素分析法首先要将总体指标分解成若干个小指标并列出关系式,然后依次顺序地用实际数去替代标准数,逐项确定各个因素对总体的影响程度。因素分析法的具体应用可以采用不同的形式。差额计算法是其中常用的一种,它利用各个因素实际数同标准数的差额,来计算某因素发生差异对总体指标的影响,是因素分析法的简化形式。

四、财务分析的基础

财务分析一般是建立在会计核算的基础上的,通过核算编制的企业财务报告可以较全面地反映经营情况和财务状况。将这些报告反映的内容进一步的加工整理,采取科学的分析方法,进行比较分析和评价。在财务分析中涉及财务报告的主要报表包括资产负债表、利润表和现金流量表等。

(一)资产负债表

资产负债表是反映企业一定日期全部资产、负债和所有者权益状况的会计报表。它以"资产=负债+所有者权益"会计恒等式为依据,按照资产流动性的大小为顺序,反映企业在某一时点上的财务状况。该表的基本结构和内容如表 11.1 所示。通过该表的分析可以了解企业的偿债能力、资金营运能力等财务状况,为各相关信息使用者提供决策依据。

表 11.1　资产负债表

编制单位:　　　　　　　　　　　　年　月　日　　　　　　　　　　　　单位:万元

资　　产	期末余额	年初余额	负债和股东权益	期末余额	年初余额
流动资产:			流动负债:		
货币资金			短期借款		
交易性金融资产			交易性金融负债		
应收票据			应付票据		
应收账款			应付账款		
预付款项			预收款项		
应收利息			应付职工薪酬		
应收股利			应交税费		

续表 11.1

资　产	期末余额	年初余额	负债和股东权益	期末余额	年初余额
其他应收款			应付利息		
存货			应付股利		
一年内到期非流动资产			其他应付款		
其他流动资产			一年内到期非流动负债		
流动资产合计			其他流动负债		
非流动资产：			流动负债合计		
可供出售金融资产			非流动负债：		
持有至到期投资			长期借款		
长期应收款			应付债券		
长期股权投资			长期应付款		
投资性房地产			专项应付款		
固定资产			预计负债		
在建工程			递延所得税负债		
工程物资			其他非流动负债		
固定资产清理			非流动负债合计		
生产性生物资产			负债合计		
油气资产			股东权益：		
无形资产			股本		
开发支出			资本公积		
商誉			减:库存股		
长期待摊费用			盈余公积		
递延所得税资产			未分配利润		
其他非流动资产			股东权益合计		
非流动资产合计					
资产总计			权益总计		

(二)利润表

利润表是反映企业在一定会计期间经营成果的报表。利润表是以“利润=收入-费用”这一会计等式为依据编制的报表,其格式如表 11.2 所示。通过对利润表的分析可以了解企业一定会计期间的收入实现情况,成本和费用的耗用情况。一个经营过程结束,企业取得的经营成果如何,是盈利还是亏损。如果盈利,企业的是怎样形成的,利润形成的主要渠道是什么,如果亏损,其原因是什么等。通过这些信息不但了解了一定会计期间的生产经营成果和获利能力等情况,还可以对企业的经营管理者的业绩作出评价,为报表使用者了解企业的经营情况提供较全面的信息。

表 11.2　利润表

编制单位:　　　　　　　　　　　年　月　日　　　　　　　　　　　单位:万元

项　　目	本期金额	上期金额
一、营业收入		
减:营业成本		
营业税金及附加		
销售费用		
管理费用		
财务费用		
资产减值损失		
加:公允价值变动收益(损失以"-"号填列)		
投资收益(损失以"-"号填列)		
其中:对联营企业和合营企业的投资收益		
二、营业利润(亏损以"-"号填列)		
加:营业外收入		
减:营业外支出		
其中:非流动资产处置损失		
三、利润总额(亏损总额以"-"号填列)		
减:所得税费用		
四、净利润(净亏损以"-"号填列)		
五、每股收益:		
(一)基本每股收益		
(二)稀释每股收益		

(三)现金流量表

现金流量表是根据企业在一定时期内各种资产和权益项目的增减变化,来分析反映资金的取得来源和资金的流出用途,说明财务变动的会计报表,其格式如表11.3所示。通过对现金流量表的分析,可以判断企业资金的来源与运用的合理性,弄清企业现金增减变动的具体原因,揭示利润形成与分配同资金来源与运用的关系,为改善企业资金管理指明方向。总之,对现金流量表的分析对研究企业总体经营与财务状况有着重要的作用。

表11.3　现金流量表

编制单位:　　　　　　　　　　年　月　日　　　　　　　　　　单位:万元

项　目	本期金额	上期金额
一、经营活动产生的现金流量:		
销售商品、提供劳务收到的现金		
收到的税费返还		
收到其他与经营活动有关的现金		
经营活动现金流入小计		
购买商品、接受劳务支付的现金		
支付给职工以及为职工支付的现金		
支付的各项税费		
支付其他与经营活动有关的现金		
经营活动现金流出小计		
经营活动产生的现金流量净额		
二、投资活动产生的现金流量:		
收回投资收到的现金		
取得投资收益收到的现金		
处置固定资产、无形资产和其他长期资产收回的现金净额		
处置子公司及其他营业单位收到的现金净额		
收到其他与投资活动有关的现金		
投资活动现金流入小计		
购建固定资产、无形资产和其他长期资产支付的现金		
投资支付的现金		

续表 11.3

项　　目	本期金额	上期金额
取得子公司及其他营业单位支付的现金净额		
支付其他与投资活动有关的现金		
投资活动现金流出小计		
投资活动产生的现金流量净额		
三、筹资活动产生的现金流量:		
吸收投资收到的现金		
取得借款收到的现金		
收到其他与筹资活动有关的现金		
筹资活动现金流入小计		
偿还债务支付的现金		
分配股利、利润或偿付利息支付的现金		
支付其他与筹资活动有关的现金		
筹资活动现金流出小计		
筹资活动产生的现金流量净额		
四、汇率变动对现金及现金等价物的影响		
五、现金及现金等价物净增加额		
加:期初现金及现金等价物余额		
六、期末现金及现金等价物余额		

第二节　比 率 分 析

一、偿债能力分析

偿债能力是指企业偿还本身所欠债务的能力。偿债能力的高低直接表明企业财务风险的大小,所以作为企业投资者、债权人及企业财务管理人员都非常重视对偿债能力的分析,偿债能力分析包括短期偿债能力和长期偿债能力两个方面。

(一)短期偿债能力分析

短期偿债能力是企业以流动资产偿还流动负债的能力,它反映企业偿付日常到期债务的实力。如果短期偿债能力不足,企业则无法偿付到期债务及各种应付账款,如此下去,就会引起企业信誉下降,经营周转资金短缺,经营管理困难,甚至导致企业破产,因此,短期偿债能力的分析是财务分析中非常重要的一个方面,是反映企业财务状况是否良好的一个重要标志。

反映企业短期偿债能力的指标主要有:

1. 流动比率

流动比率是流动资产与流动负债的比率,其计算公式为

$$流动比率=\frac{流动资产}{流动负债}\times 100\%$$

上式中的流动资产是指可以在一年内或超过一年的一个营业周期内变现或运用的资产,主要包括现金、交易性金融资产、应收及预付款项和存货。流动负债是指在一年内或超过一年的一个营业周期内偿还的债务,主要包括短期借款、应付及预收款、应付票据、应交税金、应交利润、应付股利以及短期内到期的长期负债。流动资产与流动负债对比,反映流动资产抵偿流动负债的程度,流动比率越高,说明流动资产抵偿流动负债的程度越高,债权人遭受损失的风险越小,但流动比率过高,则往往意味着企业存货积压或滞销,企业现金利用不足,没有很好地利用负债,降低了资金的使用效率,丧失了企业获利的机会。适中的流动比率标准为2,但实际上各行业以及各个企业发展阶段有很大差异,所以,在分析时应根据具体情况来加以分析判断,以得出正确结论。

运用流动比率时,必须注意以下几个问题:

(1)虽然流动比率越高,企业偿还短期债务的流动资产保证程度越强,但这并不等于说企业已有足够的现金或存款用来偿债。流动比率高也可能是存货积压、应收账款增多且收账期延长,以及待摊费用和待处理财产损失增加所致,而真正可用来偿债的现金和存款却严重短缺。所以,企业应在分析流动比率的基础上,进一步对现金流量加以考察。

(2)从短期债权人的角度看,自然希望流动比率越高越好。但从企业经营角度看,过高的流动比率通常意味着企业闲置的现金持有量过多,必然造成企业机会成本的增加和获利能力的降低。因此,企业应尽可能将流动比率维持在不使货币资金闲置的水平上。

(3)流动比率是否合理,不同的企业以及同一企业不同时期的评价标准是不同的,因此,不应用统一的标准来评价企业流动比率合理与否。

(4)在分析流动比率时应剔除一些虚假因素的影响。

2. 速动比率

速动比率是企业速动资产与流动负债的比率。速动资产是指能迅速转化为现金的资产,是流动资产扣除存货、预付账款和待摊费用的余额。其计算公式为

$$速动比率=\frac{速动资产}{流动负债}\times 100\%$$

速动比率作为流动比率的必要补充是分析企业短期偿债能力的重要指标,因为如果流动

资产的流动性很差，即使其流动比率很高，也不能说明企业的短期偿债能力强。在流动资产中，存货的变现能力最差，它通常要经过产品的售出和账款的收回两个过程才能变为现金，存货中还可能包括呆滞积压的产品，难于变现。至于待摊费用和预付账款只能节约现金支出，而不能直接用来偿还流动负债或变现。所以把流动资产中的货币资金、交易性金融资产、应收票据、应收账款、其他应收款项等变现能力较强的项目作为速动资产，更能体现出企业短期偿债能力的强弱。一般认为，企业速动比率为1或稍大一些较为合适。它表明企业每一元短期负债，都有一元或一元以上易于变现的资产作为抵偿。如果速动比率过低，说明企业短期偿债能力差；但如果速动比率过高，则又说明企业货币资金利用效率低，没有充分利用投资及获利的机会。在分析时，应结合行业特点及本企业历史资料来加以判断，不能简单地一概而论。

3. 现金流动负债比率

现金流动负债比率是企业一定时期的经营现金净流量与流动负债的比率，它可以从现金流量角度反映企业当期偿付短期负债的能力。其计算公式为

$$现金流动负债比率=\frac{年经营净现金流量}{流动负债}\times 100\%$$

其中，年经营现金净流量指一定时期内，企业经营活动所产生的现金及现金等价物流入量与流出量的差额。

现金流动负债比率从现金流入和流出的动态角度对企业的实际偿债能力进行考察。由于有利润的年份不一定有足够的现金（含现金等价物）来偿还债务，所以利用以收付实现制为基础计量的现金流动负债比率指标，能充分体现企业经营活动所产生的现金净流量可以在多大程度上保证当期流动负债的偿还，直观地反映出企业偿还流动负债的实际能力。该指标越大，表明企业经营活动产生的现金净流量越多，越能保障企业按期偿还到期债务，但也并不是越大越好，该指标过大则表明企业流动资金利用不充分，获力能力不强。

【例11.1】 L企业相关资料及短期偿债能力指标计算如下：

表11.4　L企业相关资料及短期偿债能力指标计算表　　单位：万元

项　　目	2008年	2009年
流动资产	500	700
流动负债	300	400
预付款项	20	20
存　　货	300	400
速动资产	180	280
经营净现金流量	100	150
流动比率	167%	175%
速动比率	60%	70%
现金流动负债比率	33%	38%

由表11.4分析可知，虽然该企业的短期偿债能力2009年较2008年有所提高，但是均未超过经验水平，而且该企业的速动比率和现金流动负债比率连续两年低于1，说明：一方面企业存货所占比重较大，流动资产变现能力相对较差；另一方面，生产经营活动产生的现金流量远远满足不了偿债的需要，公司必须采取其他方式获得现金，才能保证债务及时清偿。综合评价：该企业的短期偿债能力较差，财务风险较高。

（二）长期偿债能力分析

企业长期偿债能力是指企业支付长期债务的能力。企业的长期负债包括长期借款、应付长期债券等。企业长期偿债能力与企业的盈利能力、资金结构关系十分密切，因此，衡量企业偿债能力的强弱主要看企业资金结构是否合理、稳定以及企业长期盈利的大小。反映企业长期偿债能力的指标主要有：

1. 资产负债率

资产负债率也称负债比率，是企业负债总额与资产总额的比率。它表明企业资产总额中，债权人提供资金所占的比重，以及企业资产对债权人权益的保障程度。其计算公式为

$$资产负债率=\frac{负债总额}{资产总额}\times 100\%$$

如果资产负债率过高，则说明企业负债过多，偿债能力较弱，债权人的权益得不到保证，财务风险大，影响企业再度举债。如果资产负债率大于1，则表明企业资不抵债，将使企业面临破产的威胁，债权人就会遭到更大的损失。但这并不意味着该比率越低越好，如果该比率过低，则只能说明企业在筹资上比较保守，没有很好的利用财务杠杆来提高企业的自有资金利用率。一般认为，负债比率在50%～70%较合适。在分析时，应根据企业自身经营状况及投资项目的预期收益来决定企业的负债比率，以达到提高经济效益的目的。

从稳健原则出发，特别是考虑到企业在清算时的偿债能力，该指标可以保守些计算，即从资产中扣除无形资产，计算有形资产负债率。

2. 权益乘数

权益乘数是资产总额与所有者权益的比率，反映企业资产总额相对于所有者权益的倍数关系，在财务中，将这种倍数关系称之为“乘数”。其计算公式为

$$权益乘数=资产总额/所有者权益$$

权益乘数越高，企业的长期偿债能力越弱，财务风险越大，说明企业资产总额是股东权益的多少倍。

同时通过公式的推导，能得出

$$权益乘数=1+产权比率=1/(1-资产负债率)$$

因此，产权比率升高，权益乘数就会上升，反之则会下降，所以提高所有者权益比率就会增加企业的偿债能力，降低财务风险。

3. 产权比率

产权比率又称负债权益比率，是企业负债总额与所有者权益之间的比率。它表明债权人投入资本受所有者权益的保障程度，这一比率越低，说明企业的长期偿债能力越强，债权人权益的保障程度越高，承担的风险越小，企业的举债能力也就越强；反之，则表明企业长期偿债能力较弱，财务风险较大。其计算公式为

$$产权比率=\frac{负债总额}{所有者权益总额}\times 100\%$$

4. 利息保障倍数

利息保障倍数也称已获利息倍数，是企业税前利润加利息费用之和与利息费用的比率，表明企业偿付负债利息能力的强弱。其计算公式为

$$利息保障倍数=\frac{税前利润+利息}{利息}$$

利息保障倍数越大，说明企业支付未来所付利息费用的能力就越强，债权人的安全程度就越高；相反，企业支付利息费用的能力就越弱，企业财务风险就越大。

当企业处于高速成长期，息税前利润和经营活动净现金流量相差很大时，使用利息现金流量保障倍数指标更能说明企业实际偿付负债利息的能力。因为，一般来讲，长期负债利息的偿还是要在经营活动的进行中以偿付现金的形式进行的。该指标的计算公式为

$$利息现金流量保障倍数=\frac{经营活动现金流量净额}{利息}$$

5. 现金净流量全部债务比率

现金净流量全部债务比率，是企业当年现金及现金等价物的净增加额与全部负债的比率。其计算公式为

$$现金净流量全部债务比率=\frac{现金净流量}{负债总额}\times 100\%$$

该指标能够反映企业每年净现金流量用于偿还全部债务的能力。其数值越高，说明企业偿债能力越大；数值越低则说明企业偿还债务的保证程度低，从长远角度，应从现有现金以外的角度考虑其他偿还债务的渠道。

【例 11.2】 某企业相关资料及长期偿债能力指标计算如下：

表 11.5 L企业相关资料及长期偿债能力指标计算表 单位:万元

项目	2008 年	2009 年
资产总额	600	900
负债总额	400	500
股东权益	200	400
利润总额	32	54
利息费用	10	20
经营活动现金净流量	100	150
现金净流量	10	20
资产负债率	67%	56%
所有者权益比率	33%	44%
产权比率	200%	125%
利息保障倍数	4.2	3.7
利息现金流量保障倍数	10	7.5
现金净流量全部债务比率	2.5%	4%

由表 11.5 分析可知,该企业的资产负债率 2009 年比 2008 年有所下降,表明长期偿债能力有所上升,而且两年的资产负债率都处于经验值范围内,说明企业适中地利用了财务杠杆。产权比率 2009 年较 2008 年下降了近一倍,且均大于 100%,说明企业的股东权益对债权人的保障程度很低,但是由于企业进行了增资扩股,这种情况正在改善。利息保障倍数和利息现金流量保障倍数指标均有所下降,但是从数值来看,企业偿付利息费用的能力较强。现金净流量全部债务比率虽有微幅上升,但是比率非常低,且远低于 100%,说明企业用现金偿还全部债务的能力非常差,还应从长远角度考虑其他偿还债务的渠道,比如变卖不需用的长期资产或举新债还旧债。综上,该企业的长期偿债能力一般。

二、营运能力分析

营运能力是指通过企业生产经营资金周转速度的有关指标所反映出来的企业资金利用的效率,表明企业管理人员经营管理运用资金的能力。营运能力指标是以各种周转率为计算主体,企业营运能力的强弱,直接影响着企业的偿债能力和获利能力,因此,经营资金周转速度越快,表明企业运用资金的能力越强,资金利用效果越好,企业的偿债能力和盈利能力才能得以保证。营运能力分析的内容主要包括流动资产营运能力分析、固定资产营运能力分析和总资产营运能力分析。

(一)流动资产营运能力分析

1. 流动资产周转率

流动资产周转率是流动资产在一定时期所完成的周转额与流动资产平均占有额的比率。

这里的周转额通常用营业收入来表示。流动资产周转率有两种表示方式,即周转次数和周转天数,它们的计算公式分别为

$$流动资产周转次数=\frac{营业收入}{流动资产平均占用额}$$

$$流动资产周转天数=\frac{计算期天数}{流动资产周转次数}=\frac{流动资产平均占有额\times计算期天数}{营业收入}$$

流动资产周转次数,指在一定时期内流动资产完成了几次周转。周转次数越多,说明流动资产周转速度越快,则资金利用效果就越好。流动资产周转天数是指流动资产完成一次周转需要多少天。周转一次所用天数越少,表明流动资产周转速度越快,反之则慢。因此,可以看出流动资产周转天数和次数是从两个角度来反映企业流动资金周转速度的指标,在实际中,由于周转天数指标更简洁明了,所以应用更为广泛。

2. 存货周转率

存货周转率是指一定时期内企业营业成本与存货平均余额的比率。由于存货在流动资产中的比例最大,所以存货周转速度的快慢,直接影响着企业流动资产的周转速度,是企业衡量存货管理水平及销售能力的重要指标,其计算公式为

$$存货周转次数=\frac{营业成本}{存货平均余额}$$

$$存货周转天数=\frac{计算期天数}{存货周转次数}=\frac{存货平均余额\times计算期天数}{营业成本}$$

企业在一定期间内存货周转次数多,存货周转一次所用的天数少则表明企业存货周转速度快,存货结构比较合理,生产和销售均都正常、顺利,企业短期偿债能力能够得到保证。但存货周转速度过快也可能是企业管理方面存在的问题造成的,如存货水平过低或库存经常不足带来的,这样可能导致缺货损失或者采购次数过多,相应增加存货管理成本。另外,需要说明的是,存货周转率指标与企业经营性质有关,不同行业没有可比性。所以在对存货周转率进行分析时,应结合同行业平均水平及本企业以往该指标的正常水平客观地做出评价。

3. 应收账款周转率

应收账款周转率是企业一定时期的营业收入(或销售收入)对平均应收账款余额的比率。应收账款周转率是反映企业应收账款周转速度的指标,它直接反映了企业销售管理工作的效率,其计算公式为

$$应收账款周转次数=\frac{营业收入}{应收账款平均余额}$$

$$应收账款周转天数=\frac{计算期天数}{应收账款周转次数}=\frac{应收账款平均余额\times计算期天数}{营业收入}$$

应收账款周转率次数表明,一定时期内应收账款周转了几次,周转次数越多,应收账款回笼的就越快,企业管理的效率也就越高,这样就会既减少和避免了坏账损失,又提高了企业资产的流动性及短期的偿债能力。应收账款周转天数是指企业从产品销售开始到应收账款收回为止所需要的时间。周转天数越少,说明企业应收账款回收的越快,反之则慢。

4.营运资金周转率

营运资金周转率是企业一定时期营业收入与营运资金的比率,表明企业营运资本运用的效率。计算公式为

$$营运资金周转率=\frac{营业收入}{平均营运资金}$$

公式中的营运资金是指企业流动资产减去流动负债后的余额,营运资金周转率越高,说明企业运用每元营运资金所取得的营业收入就越多,资金运用效果就越好。

(二)固定资产营运能力分析

固定资产营运能力分析采用固定资产周转率指标。固定资产周转率是指企业年营业收入净额与固定资产净值的比率。它是衡量固定资产周转情况,评价固定资产利用效率的一项指标。其计算公式为

$$固定资产周转率=\frac{主营业务收入净额}{固定资产平均净值}$$

固定资产净值是指固定资产原值扣除累计折旧的余额,因此在分析固定资产周转率指标时,应考虑固定资产新旧程度,固定资产更新速度以及不同的折旧方法对该指标的影响。一般来讲,固定资产周转率越高,表明企业固定资产利用越充分,固定资产管理工作做得越好;反之,则表明企业固定资产利用效率低,营运能力差。

(三)总资产营运能力分析

总资产营运能力分析采用总资产周转率指标。总资产周转率是反映企业总资产周转速度的指标,是企业一定时期营业收入与资产总额的比率。其计算公式为

$$总资产周转率=\frac{营业收入}{资产平均余额}$$

总资产周转率越高,说明企业全部资产运用的效率越好,取得的销售收入越多;相反,总资产周转率越低,说明企业对各项资产的利用能力较差,资产结构不合理。

【例11.3】 L企业相关资料及营运能力指标计算如下:

表 11.6　L 企业相关资料及营运能力指标计算表　　单位:万元

项　目	2008 年	2009 年
平均流动资产	500	700
平均流动负债	300	400
平均应收账款	60	120
平均存货	300	400
平均固定资产	60	90
平均资产总额	600	900
营业收入	450	900
营业成本	300	600
流动资产周转率	0.90	1.29
营运资金周转率	2.25	3.00
应收账款周转率	7.50	7.50
存货周转率	1.00	1.50
固定资产周转率	7.50	10.00
总资产周转率	0.75	1.00

由表 11.6 分析可知,该企业的各类资产周转速度都有所提高,说明该企业的资金利用效率在不断提高。其中,应收账款周转率较高,且没有变化,说明可能企业的收账政策比较稳定;存货周转水平虽有小幅增长,但是整体看来还比较低,可能是由产品滞销造成的,企业应进一步扩大销售,加速存货的周转;另外,流动资产和总资产的周转速度也过慢。综上,L 企业的营运能力较差。

三、盈利能力分析

盈利能力是指企业获取利润的能力。利润是企业最终的财务成果,是实现理财目标的根本保证,是评价企业业绩的综合性指标。因此,不论是企业的投资者、债权人,还是企业的经营者都非常重视企业的获利能力,也十分重视对企业获利能力的分析。反映盈利能力的指标有很多,大体可以分为五大类,具体介绍如下:

(一)资产经营盈利能力分析

资产经营盈利能力是指企业运营资产产生利润的能力。反映资产经营盈利能力的指标是总资产报酬率。总资产报酬率是企业一定时期内报酬总额与投资总额之间的比率,是反映企业资产综合利用效率的指标,也是衡量企业利用债权人和所有者权益总额所取得盈利的主要指标。其计算公式为

$$\text{总资产报酬率}=\frac{\text{投资报酬额}}{\text{资产平均总额}}\times 100\%$$

投资报酬额是指企业息税前利润总额,即税前利润加利息支出。总资产报酬率越高,说明

企业资产利用的效益越好,获利能力越强,企业的整体水平就越高。

(二)资本经营盈利能力分析

资本经营盈利能力是指企业的所有者通过投入资本经营取得利润的能力。反映资本经营盈利能力的基本指标是净资产收益率。净资产收益率是企业税后净利润与净资产之比,净资产即股东权益。净资产收益率的高低直接关系到投资者的权益,是评价企业投资获利能力的重要指标。其计算公式为

$$净资产收益率=\frac{净利润}{平均净资产}\times 100\%$$

净资产收益率的高低直接取决于投资报酬率的高低,投资报酬率越高,净资产收益率也就越高,反之,则越低。当投资报酬率大于银行利息率时,适当提高财务杠杆系数,增加负债比例,则可在投资报酬率不变的情况下,提高净资产收益率,反之,净资产收益率就会降低。因此,净资产收益率的高低直接反映了企业财务管理水平的高低。

(三)商品经营盈利能力分析

商品经营是相对资产经营和资本经营而言的。商品经营盈利能力不考虑企业的筹资或投资问题,只研究利润与收入或成本之间的比率关系。因此,反映商品经营盈利能力的指标可分为以下两类:

1. 营业利润率

营业利润率是企业营业利润与企业营业收入净额的比率。用来衡量企业营业收入的收益水平。营业利润率越高,表明企业获利能力越强,营业收入水平就越高,反之,则越低。其计算公式为

$$营业利润率=\frac{营业利润}{营业收入}\times 100\%$$

需要说明的是,从利润表来看,企业的利润包括营业利润、利润总额和净利润三种形式。而营业收入包括主营业务收入和其他业务收入,收入来源有商品销售收入、提供劳务收入和资产使用权让渡收入等。因此,在实务中也经常使用销售净利率、销售毛利率等指标(计算公式如下)来分析企业经营业务的获利水平。此外,通过考察营业利润占整个利润总额比重的升降,可以发现企业经营理财状况的稳定性、面临的危险或者可能出现的转机迹象。

$$销售净利率=\frac{净利润}{销售收入}\times 100\%$$

$$销售毛利率=\frac{销售收入-销售成本}{销售收入}\times 100\%$$

2. 成本费用利润率

成本费用利润率是指企业利润额与成本费用总额的比率。用以反映企业在生产经营活动过程中所费与所得之间的关系。其计算公式为

$$成本费用利润率=\frac{利润额}{成本费用总额}\times100\%$$

其中　　成本费用总额=营业成本+营业税金及附加+销售费用+管理费用+财务费用

成本费用利润率越高，说明企业耗费所取得的收益越高，增收节支的工作做得越好。

（四）上市公司盈利能力分析

由于上市公司的自身特点决定，上市公司可进行一些特殊指标分析。主要包括：

1.每股收益

每股收益也称每股盈余，是由企业的税后净利扣除优先股股利后的余额与普通股流通在外股数进行对比所确定的普通股每股收益额。用以评价企业发行在外的每一普通股的盈利能力。在投资分析中，每股盈利的数字是非常重要的，因为投资者可以把本年度的每股收益和企业以往年度的每股收益相比较，预测每股盈利的变动趋势及股价的变动趋势。每股收益的计算公式为

$$每股收益=\frac{净利-优先股股利}{发行在外的普通股股数}$$

每股收益是分析上市企业获利能力的一个综合性较强的财务指标，可以分解为若干个相互联系的财务指标。因此，在对每股收益进行分析时，可以运用连环替代法来分析各个要素对该指标的影响。下面是一个简化的分解公式，只是为了说明各财务指标之间的关系，并不是精确的计算公式为

$$\begin{aligned}每股收益&=\frac{净利润}{普通股平均股数}=\\&\frac{净利润}{平均股东权益}\times\frac{平均股东权益}{普通股平均股数}=\\&股东权益收益率\times平均每股净资产=\\&\frac{净利润}{资产平均总额}\times\frac{资产平均总额}{平均股东权益}\times\frac{平均股东权益}{普通股平均股数}=\\&总资产收益率\times权益乘数\times平均每股净资产=\\&\frac{净利润}{营业收入}\times\frac{营业收入}{资产平均总额}\times\frac{资产平均总额}{平均股东权益}\times\frac{平均股东权益}{普通股平均股数}=\\&营业净利润\times总资产周转率\times权益乘数\times平均每股净资产\end{aligned}$$

2.市盈率

市盈率也称价格盈余比例，是普通股每股市场价格与每股收益的比率。反映投资者为从某种股票获得1元收益所愿支付的价格，其计算公式为

$$市盈率=\frac{每股市价}{每股收益}$$

市盈率反映投资者对企业未来盈利的预期。市盈率越高，说明投资者预期的企业未来盈

利越大，反之，就越小。一般来讲，那些快速发展的行业或企业股份盈利比例大，而平稳发展的行业或企业市盈率较小。市盈率越大，往往意味着投资风险越大，投资价值越低。

3. 每股股利

每股股利是企业股利总额与流通股数的比率。用以反映股份企业每一普通股获得股利的多少，是评价普通股报酬情况的重要指标，其计算公式为

$$每股股利=\frac{支付给普通股的现金股利}{普通股流通在外的股数}$$

企业每股股利的高低，一般取决于两个因素：一方面企业获利能力的强弱，是否需要提高企业股票市场交易价格直接决定了每股股利的高低；另一方面，企业是否需要增量资金参加经营周转，是否有更好的投资机会，也影响着每股股利的发放。企业获利水平高，资金周转充裕，则每股股利就会高些，反之，则会少些。

（五）盈利质量分析

盈利质量分析是在盈利能力分析评价的基础上，通过现金流量指标的计算，对盈利能力的进一步修复与检验。通过修正和补充的指标可以反映企业获取利润的品质。主要有以下指标：

1. 全部资产现金回收率

全部资产现金回收率是指经营活动产生的净现金流量与平均总资产之间的比率。该指标可以作为对资产报酬率的补充，反映企业利用资产获取现金的能力，可以衡量企业资产获现能力的强弱。其计算公式为

$$全部资产现金回收率=\frac{经营活动净现金流量}{资产平均总额}\times 100\%$$

2. 净资产现金回收率

净资产现金回收率是经营活动净现金流量与平均净资产之间的比率。该指标是对净资产收益率的有效补充，对那些提前确认收益，而长期未收现的企业，可以用来与净资产收益率进行对比，从而补充观察净资产收益率的盈利质量。其计算公式为

$$净资产现金回收率=\frac{经营活动净现金流量}{平均净资产}\times 100\%$$

3. 盈余现金保障倍数

盈余现金保障倍数是企业一定时期经营现金净流量与净利润的比值，反映了企业当期净利润中现金收益的保障程度，真实反映了企业盈余的质量，是评价企业盈利状况的辅助指标。其计算公式为

$$盈余现金保障倍数=\frac{经营现金净流量}{净利润}\times 100\%$$

在一般情况下该指标越大，企业的盈利质量就越高。如果该比率小于1，说明本期净利润

中存在尚未实现现金的收入。在这种情况下,即使企业盈利,也可能发生现金短缺。在对该指标进行分析时,仅靠一年的数据未必能说明问题,需要进行连续的比较。若该指标一直小于1甚至为负数,则说明企业盈利质量相当低下,严重会导致公司破产。

【例11.4】 L企业相关资料及盈利能力指标计算如下:

表11.7 L企业相关资料及盈利能力指标计算表 单位:万元

项目	2008年	2009年
平均资产总额	600	900
平均股东权益	200	400
营业收入	450	900
营业成本	300	600
营业税金及附加	0	10
销售费用	60	100
管理费用	70	150
财务费用	10	20
营业利润	30	50
利润总额	32	54
净利润	24	40.5
经营活动现金净流量	100	150
总资产报酬率	7%	8%
净资产收益率	12%	10%
营业利润率	7%	6%
销售净利率	5%	5%
成本费用率	7%	6%
全部资产现金回收率	17%	17%
净资产现金回收率	50%	38%
盈余现金保障倍数	417%	370%

由表11.7分析可知,2009年企业的总体获利能力较2008年变弱,只有总资产报酬率指标略有提升。具体分析如下:

(1)资产获利能力小幅上升,主要是由于新增固定资产扩充了企业的生产能力,同时固定资产周转速度增加所致。但是资产的获利能力被利用的有限,应该在此方面加强。

(2)资本获利能力小幅下降,主要是由于股东权益增加,即增资扩股所致,其获利能力也有待进一步挖掘。

(3)商品经营盈利能力下降,是由营业利润率、销售净利率以及成本利润率同时下降所致。这主要是因为企业成本费用控制不好,导致其上升所致。企业应加强成本控制。

(4)盈利质量下降,说明企业利用资产和资本获取现金的能力在减弱,主要还是增资扩股的问题。而盈余现金保障系数大于1,说明企业盈利质量较高。

综上所述L企业的盈利能力一般。

四、发展能力分析

企业发展能力分析，主要是对企业经营规模、资本增值、生产经营成果、财务成果的变动趋势，综合评价企业未来的营运能力及盈利能力，看是否能够达到财富最大化的理财目标。

（一）营运资金增长率

营运资金增长率是指企业年度营运资金增长额与年初营运资金的比率，反映企业营运能力及支付能力的加强程度，其计算公式为

$$营运资金增长率=\frac{营运资金增长额}{年初营运资金额}\times 100\%$$

（二）固定资产增长率

固定资产增长率是指企业一定时期固定资产净增加额与期初固定资产总额的比率，反映企业固定资产更新的速度。其计算公式为

$$固定资产增长率=\frac{期末固定资产原值-期初固定资产原值}{期初固定资产原值}\times 100\%$$

固定资产增长率越高说明企业固定资产规模越大，竞争能力越强。

（三）总资产增长率

总资产增长率是指企业一定时期资产净值增加额与期初资产总额的比率。这一比率可反映企业一定时期内资产规模扩大的情况，其计算公式为

$$总资产增长率=\frac{期末资产总额-期初资产总额}{期初资产总额}\times 100\%$$

资产增长率是用来考核企业资产投入增长幅度的财务指标，它的值越大，说明资产规模增加幅度越大。反之，则说明资产规模缩减。

对资产增长率的分析，应注意以下几点：

(1)资产增长率过高并不意味着资产规模增长就一定适当，评价一个企业资产规模的增加是否适当，必须与销售增长、利润增长的情况结合分析。只有在销售增长、利润增长超过资产规模增长的情况下，资产规模增长才属于效益型增长。

(2)需要正确分析资产增长的来源。因为企业资产一般来源于负债和所有者权益，如果一个企业资产增长完全依赖于负债的增长，而所有者权益项目在年度里都没发生变动或者变动不大，则说明企业不具备良好的发展潜力。从企业自身角度看，企业资产的增长应该主要取决于企业盈利的增加，即盈余公积的增加。

（四）资本积累率

资本积累率是指企业本年所有者权益增长额与年初所有者权益的比率。它反映企业当年

资本的积累能力,是评价企业发展潜力的重要指标。其计算公式为

$$资本积累率=\frac{本年所有者权益增长额}{年初所有者权益}\times 100\%$$

(五)营业收入增长率

营业收入增长率是企业一定时期销售增长额与上期销售额的比率。用以反映企业产品所处的市场寿命周期阶段及产品的市场竞争能力,其计算公式为

$$营业收入增长率=\frac{本年营业收入增长额}{上年营业收入额}\times 100\%$$

(六)利润增长率

利润增长率是企业一定时期实现利润增长额与前期利润额的比率。这一比率综合反映企业财务成果的增长速度。其计算公式为

$$利润增长率=\frac{本期利润总额-上期利润总额}{上期利润总额}\times 100\%$$

(七)净利润增长率

净利润增长率是指企业本期净利润增长额与上期净利润额的比率。用以反映企业投资者利益的增长速度。其计算公式为

$$净利润增长率=\frac{本期净利润增长额}{上期净利润}\times 100\%$$

要全面认识企业净利润的发展能力,还需结合企业的营业利润增长情况进行分析。如果企业的净利润主要来源于营业利润,则表明企业产品获利能力较强,具有良好的发展能力;相反,如果企业的净利润不是主要来源于正常业务,而是来自于营业外收入或其他项目,说明企业的持续发展能力不强。

要分析营业利润增长情况,应结合企业的营业收入增长情况分析。如果企业的营业利润增长率高于销售增长率,说明企业正处于成长期,业务不断拓展,盈利能力不断增强;反之,则反映企业成本费用的上升超过了营业收入的增长,说明企业的盈利能力不强,发展潜力值得怀疑。

【例 11.5】 L 企业相关资料及发展能力指标计算如下:

表 11.8　L 企业相关资料及发展能力指标计算表　　单位:万元

项　目	2008 年	2009 年
流动资产	500	700
流动负债	300	400
营运资金	200	300
固定资产	60	90
资产总额	600	900

续表 11.8

项　　目	2008 年	2009 年
股东权益	200	400
其中:		
股本	50	40
资本公积	200	60
盈余公积	50	20
未分配利润	100	80
营业收入	450	900
营业利润	30	50
利润总额	32	54
净利润	24	40.5
营运资金增长率		50%
固定资产增长率		50%
总资产增长率		50%
资本积累率		100%
营业收入增长率		100%
营业利润增长率		67%
利润增长率		69%
净利润增长率		69%

由表 11.8 分析可知:

(1)营运资金增长率为 50%,说明企业的营运能力增强,提高了偿债能力。

(2)固定资产增长率为 50%,说明企业的固定资产规模在扩大,生产能力增强。

(3)总资产增长率为 50%,低于营业收入增长率、利润增长率、净利润增长率,说明企业资产的增加是适当的、有效益的。但是资产的增长主要来源于负债和资本公积的增长,说明企业资产的增长是依靠举债和投资者投入实现的,并非靠自身经营所得。

(4)资本积累率为 100%,说明企业的资本积累增加,抵御风险的能力增强,但是资本积累的增长主要来自于投资者的新增投资,而不是自身净利的增加。

(5)营业收入增长率远高于营业利润增长率,说明企业成本控制不佳,成本在攀升,如保持这种情况,则其未来的发展能力将受到制约。

综上所述,L 企业的发展潜力有待于进一步挖掘,目前不是很理想。

第三节　因 素 分 析

因素分析法是依据分析指标与其影响因素之间的关系,按照一定的程序和方法,确定各因素对分析指标差异影响程度的一种技术方法。根据其分析特点可分为连环替代法和差额分析法两种。

一、连环替代法

(一)连环替代法的程序

以例 11.6 介绍连环替代法的程序。

【例 11.6】 某企业相关资料如表 11.9 所示。

表 11.9　总资产报酬率因素分析计算表　　单位:%

指　　标	报告期	基　　期
总资产产值率	80	82
产品销售率	98	94
销售利润率	30	22
总资产报酬率	23.52	16.96

要求:分析各因素变动对总资产报酬率的影响程度。

(1)确定分析指标与其影响因素之间的关系(指标分解)。

$$总资产报酬率=\frac{息税前利润}{平均总资产}=\frac{息税前利润}{营业收入}\times\frac{营业收入}{平均总资产}=$$

$$\frac{总产值}{平均总资产}\times\frac{营业收入}{总产值}\times\frac{息税前利润}{营业收入}=$$

总资产产值率×产品销售率×销售(息税前)利润率

需注意的是,分析指标与影响因素之间的关系式,既说明哪些因素影响分析指标,又说明这些因素与分析指标之间的关系及顺序。如上式中影响总资产报酬率的有总资产产值率、产品销售率和销售利润率三个因素。他们都与总资产报酬率成正比例关系。他们的排列顺序是总资产产值率在先,其次是产品销售率,最后是销售利润率。

(2)根据报告期数值与基期数值列出两个关系式,并确定分析对象。

$$基期总资产报酬率=82\%\times94\%\times22\%=16.96\%$$

$$报告期总资产报酬率=80\%\times98\%\times30\%=23.52\%$$

$$分析对象=报告期总资产报酬率-基期总资产报酬率=23.52\%-16.96\%=6.56\%$$

(3)连环顺序替代,计算替代结果。连环替代:以基期指标体系为计算基础,用报告期指标体系中的每一个因素的实际数顺序地替代其相应的基期数,每次替代一个因素,替代后的因素被保留下来。计算替代结果,就是在每次替代后,按关系式计算其结果。有几个因素就替代几次,并相应确定计算结果。

$$基期总资产报酬率=82\%\times94\%\times22\%=16.96\%$$

$$替代第一因素=80\%\times94\%\times22\%=16.54\%$$

$$替代第二因素=80\%\times98\%\times22\%=17.25\%$$

替代第三因素 = 80% ×98% ×30% = 23.52%

(4)比较各因素替代结果,确定各因素对分析指标的影响程度。

总资产产值率的影响:16.54% -16.96% = -0.42%

产品销售率的影响;17.25% -16.54% = 0.71%

销售利润率的影响 = 23.52% -17.25% = 6.27%

(5)检验分析结果。

-0.42% +0.71% +6.27% = 6.56%(分析对象)

(6)根据因素分析结果,进行具体的文字分析。

(二)应用连环替代法应注意的问题

连环替代法,作为因素分析方法的主要形式,在实践中应用比较广泛。但是应用连环替代法过程中必须注意以下几个问题:

(1)因素分解的相关性问题。所谓因素分解的相关性,是指分析指标与其影响因素之间必须真正相关,即有实际经济意义,各影响因素的变动确实能说明分析指标差异产生的原因。这就是说,经济意义上的因素分解与数学上的因素分解不同,不是在数学算式上相等就行,而要看经济意义。例如,将影响材料费用的因素分解为下面两个等式从数学上都是成立的:

材料费用 = 产品产量×单位产品材料费用

材料费用 = 工人人数×每人消耗材料费用

但是从经济意义上说,只有前一个因素分解式是正确的,后一因素分解式在经济上没有任何意义。因为工人人数和每人消耗材料费用到底是增加有利还是减少有利,无法从这个式子说清楚。当然,有经济意义的因素分解式并不是唯一的,一个经济指标从不同角度看,可分解为不同的有经济意义的因素分解式。这就需要我们在因素分解时,根据分析的目的和要求,确定合适的因素分解式,以找出分析指标变动的真正原因。

(2)分析前提的假定性。所谓分析前提的假定性是指分析某一因素对经济指标差异的影响时,必须假定其他因素不变,否则就不能分清各单一因素对分析对象的影响程度。但是实际上,有些因素对经济指标的影响是共同作用的结果,如果共同影响的因素越多,那么这种假定的准确性就越差,分析结果的准确性也就会降低。因此,在因素分解时,并非分解的因素越多越好,而应根据实际情况,具体问题具体分析,尽量减少对相互影响较大的因素再分解,使之与分析前提的假设基本相符。否则,因素分解过细,从表面看有利于分清原因和责任,但是在共同影响因素较多时,反而影响了分析结果的正确性。

(3)因素替代的顺序性。前面谈到,因素分解不仅要因素确定准确,而且因素排列顺序也不能交换,这里特别要强调的是不存在乘法交换律问题。因为分析前提假定性的原因,按不同顺序计算的结果是不同的。那么,如何确定正确的替代顺序呢?这是一个理论上和实践中都没有很好解决的问题。传统的方法是依据数量指标在前,质量指标在后的原则进行排列;现在也有人提出依据重要性原则排列,即主要的影响因素排在前面,次要因素排在后面。但是无论何种排列方法,都缺少坚实的理论基础。正因为如此,许多人对连环替代法提出异议,并试图加以改善,但至今仍无人们公认的好的解决方法。一般地说,替代顺序在前的因素对经济指标影响的程度不受其他因素影响或影响较小,因素排列在后的因素中含有其他因素共同作用的成分,从这个角度看问题,为分清责任,将对分析指标影响较大的、并能明确责任的因素放在前面可能要好一些。

(4)顺序替代的连环性。连环性是指在确定各因素变动对分析对象影响时,都是将某因素替代后的结果与该因素替代前的结果对比,一环套一环。这样才既能保证各因素对分析对象影响结果的可分性,又便于检验分析结果的准确性。因为只有连环替代并确定各因素影响额,才能保证各因素对经济指标的影响之和与分析对象相等。

【例 11.7】 某企业相关资料如表 11.10 所示:

表 11.10 某企业产品总成本因素分析计算表 单位:万元

项 目	上 年	本 年
产品产量	1 000	1 200
单位变动成本	12	11
固定总成本	9 000	10 000
产品总成本	21 000	23 200

进行因素分析,分析各因素变动对产品总成本的影响。

产品总成本=产品产量×单位变动成本+固定成本

分析对象=23 200-21 000=2 200(万元)

因素分析:

上年总成本=1 000×12+9 000=21 000(万元)

替代 1:1 200×12+9 000=23 400(万元)

替代 2:1 200×11+9 000=22 200(万元)

本年总成本=1 200×11+10 000=23 200(万元)

产品产量变动影响=23 400-21 000=2 400(万元)

单位变动成本影响=22 200-23 400=-1 200(万元)

固定成本影响=23 200-22 200=1 000(万元)

检验:各因素影响之和=2 400-1 200+1 000=2 200,与分析对象相同

二、差额分析法

差额分析法是连环替代法的一种简化形式,其原理与连环替代法是相同的。区别在于分析程序上,差额计算法可直接利用各影响因素的实际数与基期数的差额,在其他因素不变的假定条件下,计算各该因素对分析指标的影响程度。

例 11.6 采用差额分析法分析如下:

分析对象=23.52%-16.96%=6.56%

因素分析：

总资产产值率的影响=(80%-82%)×94%×22%=-0.42%

产品销售率的影响=80%×(98%-94%)×22%=0.71%

销售利润率的影响=80%×98%×(30%-22%)=6.27%

检验分析结果=-0.42%+0.71%+6.27%=6.56%(分析对象)

例11.7采用差额分析法分析如下：

产品变动影响=(1 200-1 000)×12+9 000=11 400

单位变动成本影响=1 200×(11-12)+9 000=7 800

固定成本变动影响=1 200×11+(10 000-9 000)=14 200

各因素影响之和=11 400+7 800+14 200=33 400≠2 200(分析对象)

所以，注意差额分析法只能应用于连乘关系式中，在因式分解中存在加减、除法的情况下不适用。

【例11.8】 某企业2008年和2009年的有关资料如表11.11所示。

表11.11 某企业2008、2009年相关数据表

	平均总资产	息税前利润	营业收入
2009年	216 806万元	21 188万元	97 861万元
2008年	173 433万元	19 899万元	88 555万元

采用差额分析法对该企业的资产经营盈利能力进行因素分析如下：

$$总资产报酬率=\frac{息税前利润}{平均总资产}=\frac{营业收入}{平均总资产}\times\frac{息税前利润}{营业收入}=$$

$$总资产周转率\times销售息税前利润率$$

计算相关指标数值如表11.12所示。

表11.12 某企业总资产报酬率因素分析计算表

	总资产周转率	销售息税前利润率	总资产报酬率
2009年	45.14%	21.65%	9.77%
2008年	51.06%	22.47%	11.47%

(1)总资产报酬率变动=9.77%-11.47%=-1.7%；

(2)总资产周转率变动的影响=(45.14%-51.06%)×22.47%=-1.33%；

(3)销售息税前利润率变动影响=45.14%×(21.65%-22.47%)=-0.37%；

(4)该企业总资产报酬率2008年为11.47%，2009年为9.77%，2009年比2008年降低了1.7%。总资产报酬率降低是由于总资产周转率降低和销售息税前利润降低共同作用的结果。其中，总资产周转率降低导致总资产报酬率降低了1.33%，销售息税前利润降低导致其降低了0.37%。该公司资产经营盈利能力下降的主要原因是资产规模增速过快和商品经营盈利能力下降。

第四节　趋势分析

企业财务状况的趋势分析就是利用一系列数据,观察变动趋势,以便对企业现实情况和未来发展趋势进行分析和预测的方法。比如将不同年份的流动资产比较,分析企业持有流动资产的变动情况及原因;也可以分析企业不同年份的流动比率,分析企业短期偿债能力的变动情况;还可以分析不同年份各个报表的结构变化情况,如流动资产占总资产的比率,负债占总资产的比率等。这些都属于趋势分析。采取这种分析方法,可以分析企业财务状况的发展变化趋势,以对企业现在和将来的情况进行更深入的分析。

一、水平比较分析

报表项目的水平比较分析就是将两期或数期财务报表上的相同项目分别列示,分析增减变化的幅度和原因,判断变动的趋势,以便会计信息使用者使用。主要会用到两种分析方法:定基百分比分析法和环比百分比分析法。

(一)定基百分比分析

定基百分比是对多期相关资料进行分析,选择其中一期为基础,其他期与其比较,以此来分析各期的变化情况和整个分析期间的变化趋势。因此定基百分比的关键是选择基期,基期的选择要符合代表性或正常性的条件。定基百分比分析的计算公式为

定基百分比=比较期的数据/基期的数据×100%

【例 11.9】　某企业简易比较利润表如表 11.13 所示。

表 11.13　某企业简易比较利润表　　单位:万元

项　　目	第一年	第二年	第三年
主营业务收入	10 000	15 000	20 000
减:主营业务成本	5 000	7 000	19 000
主营业务利润	5 000	8 000	1 000

采用定基百分比计算如表 11.14 所示。

表 11.14　定基百分比计算表

项　　目	第一年	第二年	第三年
主营业务收入	100%	150%	200%
主营业务成本	100%	140%	380%
主营业务利润	100%	160%	20%

该企业主营业务收入稳定增长,但主营业务成本在第三年出现了过多的上涨,导致主营业务利润大幅度下降。说明该企业净利润波动很大,进而可以通过对主营业务成本的专门分析

找出主营业务成本上涨的原因,提出解决问题的方案。

(二)环比百分比分析

除定基百分比分析外,也可以采用环比百分比分析,即分析期的数据与其前一期的数据进行比较,可以比较每期之间的变化情况。计算公式为

环比百分比=比较期的数据/前一期的数据×100%

二、垂直比较分析

垂直比较分析就是在报表项目多期比较的基础上,应用每个报表项目在构成总额中所占的百分比来表示每个项目的情况。该法既可以用于同一企业不同时期的纵向比较,也可以同行业之间进行横向比较。下面仅就利润表的有关项目加以分析说明。表 11.15 即甲公司 2007 年至 2009 年简化的利润表垂直分析表。

表 11.15　利润表垂直分析表　　单位:%

项　目	2007 年	2008 年	2009 年
一、营业收入	100	100	100
减:营业成本	45	43	41
营业税金及附加	5.5	6	7
销售费用	12	11	13
管理费用	15	16	17
财务费用	5.5	6	7
加:投资收益	10	11	12
二、营业利润	27	29	27
加:营业外收入	5	4	6
减:营业外支出	2	1	3
三、利润总额	30	32	30
减:应缴所得税	7.5	8	7.5
四、净利润	22.5	24	22.5

从甲公司利润表垂直分析表可知,营业成本在逐年下降;营业费用不稳定,从 2007 年的 12% 到 2008 年的 11% 有所降低,但 2009 年又增加到 13%;管理费用一直呈上升趋势,从 2007 年的 15% 到 2008 年、2009 年的 16% 和 17%;财务费用也逐年上升。由于期间费用都在逐年增加,虽然营业成本下降以及对外投资收益的增加,并没有使得甲公司的利润总额和净利润有所增长。因此甲公司要加强期间费用的控制,不能仅对生产环节(或采购环节)重视,期间费

用对企业利润的影响力很大,并且可控制性也较强,甲公司应针对其制定具体的控制办法,最终实现成本费用双降,达到增加利润的目的。

第五节 综合分析

以上各节分别对企业的偿债能力、营运能力及盈利能力等情况进行了分析,尽管这些分析能够从不同的侧面来反映企业的经营状况及经营成果,但要对企业有一个总的评价,还必须对各项指标进行相互关联的分析,采用适当的标准进行综合性的评价,因此,对企业财务状况进行综合分析是非常必要的。综合分析的方法很多,本节主要介绍以下两种方法。

一、杜邦分析法

杜邦分析法是利用各个主要财务比率指标之间的内在联系,来综合分析企业财务状况的方法。这种方法是由美国杜邦企业最先采用的,利用这种方法可将各种财务指标间的关系绘制成杜邦分析图,可以很容易地看出每项财务指标变动的原因及方向,及时发现问题所在,并加以解决。杜邦分析图如图 11.1 所示。

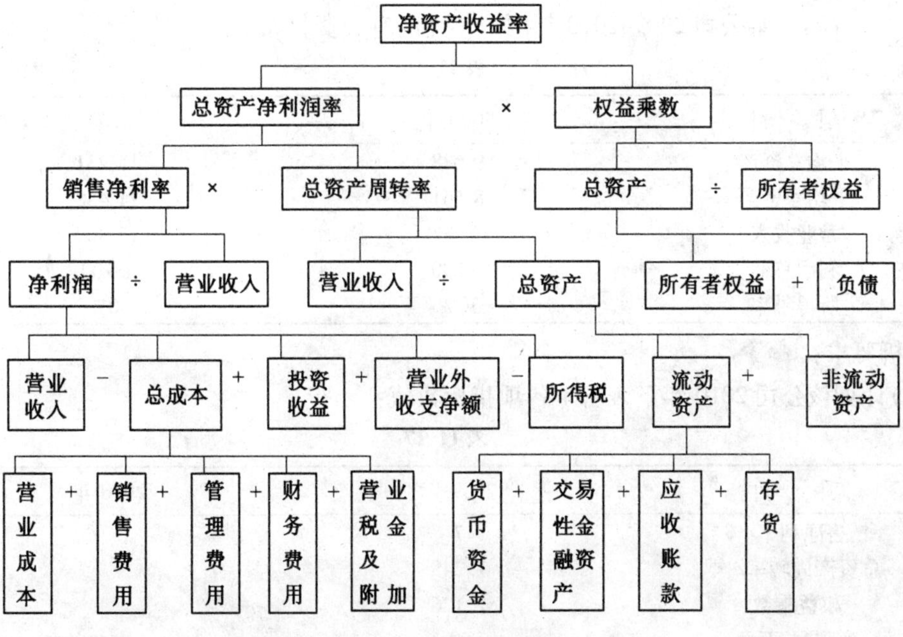

图 11.1 杜邦分析图

从图 11.1 可以看出,杜邦分析是对企业财务状况的综合分析。它通过几种主要财务指标之间的关系,全面系统地反映出企业的财务状况。通过杜邦分析图,可以了解以下一些主要的财务信息。

(1)净资产收益率是一个综合性最强的财务比率,它反映的是企业所有者权益的获利能力,表明企业筹资、投资、资产运营的活动效率。净资产收益率受总资产利润率和权益总资产率的影响,净资产收益率越高,企业财富越大,因此,该指标是财务分析的核心。

(2)销售净利率反映企业利润净额与销售收入的关系,企业盈利能力的高低主要取决于销售利润率的高低,而销售利润率的高低又取决于销售收入、资金周转及成本水平,只有不断地扩大收入,加速资金周转,降低产品成本,才能增强企业的获利能力,从杜邦分析图中所列各因素之间的关系能够了解企业收入及利润的变动情况及变动原因。

(3)企业总资产由流动资产和非流动资产构成。通过总资产构成和周转情况的分析,可以了解企业资产的营运能力。通过下面的明细项目可以查明影响企业营运能力强弱的原因。

(4)企业总资金由所有者权益和负债两部分构成,通过对总资金结构的分析能了解企业的资金结构是否合理以及财务风险的大小。在总资金一定的情况下,适当提高负债比例,可以提高净资产收益率,可以及时发现企业资产管理中存在的问题与不足,采取措施加以改进。

因此,通过杜邦分析图,可以判断企业筹资结构是否合理,是否有效地利用了财务杠杆,避免了财务风险,使企业财富达到了最大化。

【例 11.10】 某公司 2009、2010 年两个年度的有关资料如下:

表 11.16

单位:千元

项　目	2009 年	2010 年
平均总资产	9 638	15 231
平均净资产	8 561	11 458
营业收入	12 000	15 867
利润总额	1 200	1 700
所得税率	30%	30%

分析要求:

(1)计算该公司 2010 年下表所示各项指标数值:

表 11.17

项　目	2009 年	2010 年
销售净利率/%	7	
总资产周转率/次	1.245	
权益乘数	1.126	
净利润/万元	84	
净资产收益率/%	9.81	

(2)用杜邦分析法计算各因素变动对净资产收益率的影响程度,并进行因素分析(用差额分析法)。

(3)简单评述企业综合财务状况。

①

表 11.18

项目	2009 年	2010 年
销售净利率/%	7	7.5
总资产周转率/次	1.245	1.042
权益乘数	1.126	1.329
净利润/万元	84	119
净资产收益率/%	9.81	10.39

②

净资产收益率变动:10.39%－9.81%＝0.57%;

销售净利率变动的影响为:(7.5%－7%)×1.245×1.126＝0.7%;

总资产周转率变动的影响为:7.5%×(1.042－1.245)×1.126＝－1.71%;

权益乘数变动的影响为:7.5%×1.042×(1.329－1.126)＝1.59%。

该公司净资产收益率 2009 年为 9.81%,2010 年为 10.39%,2010 年比 2009 年增长了 0.57%。净资产收益率增长是由于销售净利率增长、总资产周转率降低及权益乘数提高共同作用的结果。其中:销售净利率增长带动净资产收益率增长 0.7%;总资产周转率下降导致净资产收益率下降－1.71%;权益乘数提高带动净资产收益率增加 1.59%。

③该公司 2010 年与 2009 年相比,资本经营盈利能力有所提高;对资本结构的调整也起到了良好的杠杆作用,但是公司整体的营运能力却降低了。公司在下一年度里,应加强对资产的运营。

二、沃尔比重评分法

为了评价企业在市场竞争中的优劣地位,把若干财务比率用线性关系结合起来,并分别给定各自的分数比重,然后通过与标准比率进行比较,确定各项指标得分及总体指标累计分数,从而对企业财务综合水平做出评价的方法被称为沃尔比重评分法。

累计分数如高于标准值,说明企业财务状况比较理想;相反,则为不理想。具体计算程序如下:

1. 选择具有代表性的财务指标

由于财务指标繁多,故在计算时应选择那些能够说明问题的重要指标。选择那些能从不同侧面反映企业财务状况的典型指标如流动比率、投资报酬率、存货周转率等。

2. 按照各项财务指标的重要程度,确定各自分数值

企业应根据不同时期的管理要求及经营状况,按照企业有关各方的意向,来确定选定指标的重要程度,重要的财务指标分数应高些,反之,则应低些,所有指标的分数之和应等于100。

3. 确定各项财务指标的标准值

标准值一般是指公认标准或行业理想标准。

4. 求出关系比率

关系比率是指实际值与标准值的比率,其计算公式为

$$关系比率=\frac{指标的实际值}{指标的标准值}$$

5. 计算综合分数

综合分数是指各指标的实际得分值的总和。各指标的实际的分值的计算公式为

$$实际得分值=指标的标准评分值\times关系比率$$

现根据本章所举L企业2009年的主要财务指标及有关资料,编制综合分析表如下:

表11.19 财务比率综合分析表

指 标	评分值	标准值	实际值	关系比率	实际得分值
流动比率	10	200%	175%	0.875	8.75
速动比率	12	1	70%	0.70	8.40
负债比率	14	40%	56%	1.4	19.6
应收账款周转率	8	9	7.50	0.83	6.67
存货周转率/次	8	7.7	1.50	0.195	1.56
总资产周转率/次	6	1.2	1.00	0.83	5.00
总资产报酬率	8	9%	8%	0.89	7.1
净资产收益率	8	15%	10%	0.667	5.33
销售净利率	8	8%	5%	0.625	5
成本费用利润率	8	10%	6%	0.6	4.8
净利率增长率	5	15%	69%	4.6	23
资本积累率	5	120%	100%	0.83	4.17
合 计	100				99.39

6. 作出综合评价

一般而言,综合得分值如果为100或接近于100,说明企业财务状况基本符合标准要求,如果与100有较大的差距,则表明企业财务状况偏离标准要求。在表11.19中各项比率指标的综合分数为99.24,说明该企业财务状况基本符合标准要求。

【案例分析】

假如你在一家享有盛誉的经纪公司应聘做股票分析师的面试，早上你通过了部门经理和主管股权分析与投资的副总裁的面试。一切进展顺利，他们还想测试一下你作为一名分析师的能力。你坐在一个有电脑的房间里，纸上列示了青岛海尔（股票代码600690）和伊利股份（股票代码600887）两家上市公司的名字。给你两个小时的时间完成下面的任务：

1. 登录财经类网站，如网易财经股票网站（http://money.163.com/stock/），下载这两家公司最近4个财年的利润表、资产负债表和现金流量表，并查找对下列问题有帮助的相关数据。

2. 根据这两家公司过去4年里每一年的报表，分别计算下列财务比率：

（1）盈利能力分析：总资产报酬率、营业利润率、销售净利率、净资产收益率、每股收益、市盈率、市净率。

（2）营运能力分析：流动资产周转率、存货周转率、应收账款周转率。

（3）偿债能力分析：流动比率、速动比率、现金流动负债比率、资产负债率、产权比率、权益乘数、利息保障倍数。

（4）增长能力分析：总资产增长率、固定资产增长率、资本保值增值率、营业收入增长率、净利润增长率。

（5）财务状况综合分析（采用杜邦分析法）。

3. 将每家公司的财务比率与最近几年相应的行业平均比率进行比较。

4. 将每家公司的业绩与行业对比，评价每家公司的业绩发展趋势，指出每家公司的优势和弱势。

5. 比较两家公司的财务比率，怎么解释它们之间的差别？

习　题

一、单选题

1. 如果流动负债小于流动资产，则期末以现金偿付一笔短期借款所导致的结果是（　　）。

A. 营运资金减少　　　　B. 营运资金增加

C. 流动比率降低　　　　D. 流动比率提高

2. 下列各项展开式中不等于每股收益的是（　　）。

A. 总资产收益率×平均每股净资产

B. 股东权益收益率×平均每股净资产

C. 总资产收益率×权益乘数×平均每股净资产

D. 主营业务收入净利率×总资产周转率×权益乘数×平均每股净资产

3. 在下列各项中，计算结果等于股利支付率的是（　　）。

A. 每股收益除以每股股利　　B. 每股股利除以每股收益

C. 每股股利除以每股市价　　D. 每股收益除以每股市价

4. 在下列财务分析主体中,必须对企业营运能力、偿债能力、盈利能力及发展能力的全部信息予以详尽了解和掌握的是(　　)。

A. 短期投资者　B. 企业债权人　C. 企业经营者　D. 税务机关

5. 在下列各项指标中,能够从动态角度反映企业偿债能力的是(　　)。

A. 现金流动负债比率　B. 资产负债率　C. 流动比率　D. 速动比率

6. 在下列关于资产负债率、权益乘数和产权比率之间关系的表达式中,正确的是(　　)。

A. 资产负债率+权益乘数=产权比率　　B. 资产负债率-权益乘数=产权比率

C. 资产负债率×权益乘数=产权比率　　D. 资产负债率÷权益乘数=产权比率

7. 在下列各项指标中,其算式的分子、分母均使用本年数据的是(　　)。

A. 资本保值增值率　　B. 技术投入比率

C. 总资产增长率　　D. 资本积累率

8. 在下列财务业绩评价指标中,属于企业获利能力基本指标的是(　　)。

A. 营业利润增长率　　B. 总资产报酬率

C. 总资产周转率　　D. 资本保值增值率

9. 下列各项中,不属于速动资产的是(　　)。

A. 应收账款　B. 预付账款　C. 应收票据　D. 货币资金

10. 下列各项中,不属于财务业绩定量评价指标的是(　　)。

A. 获利能力　B. 资产质量指标　C. 经营增长指标　D. 人力资源指标

11. 下列指标中,其数值大小与偿债能力大小同方向变动的是(　　)。

A. 产权比率　B. 资产负债率　C. 已获利息倍数　D. 带息负债比率

12. 某企业 2007 年和 2008 年的营业净利润分别为 7% 和 8%,资产周转率分别为 2 和 1.5,两年的资产负债率相同,与 2007 年相比,2008 年的净资产收益率变动趋势为(　　)。

A. 上升　B. 下降　C. 不变　D. 无法确定

13. 某公司 2004 年度销售收入净额为 6 000 万元,年初应收账款余额为 300 万元,年末应收账款余额为 500 万元,坏账准备按应收账款余额的 10% 计提,每年按 360 天计算,则该公司的应收账款周转天数为(　　)。

A. 15 天　B. 17 天　C. 22 天　D. 24 天

二、多选题

1. 下列各项中,与净资产收益率密切相关的有(　　)。

A. 主营业务净利率　　B. 总资产周转率

C. 总资产增长率　　D. 权益乘数

2. 一个健全有效的企业综合财务指标体系必须具备的基本要素包括(　　)。

A. 指标数量多　　B. 指标要素齐全适当

C. 主辅指标功能匹配　　D. 满足多方信息需要

3. 企业计算稀释每股收益时，应当考虑的稀释性潜在的普通股包括(　　)。

A. 股票期权　　B. 认股权证　　C. 可转换公司债券　　D. 不可转换公司债券

4. 计算下列各项指标时，其分母需要采用平均数的有(　　)。

A. 劳动效率　　B. 应收账款周转次数

C. 总资产报酬率　　D. 应收账款周转天数

三、判断题

1. 市盈率是评价上市公司盈利能力的指标，它反映投资者愿意对公司每股净利润支付的价格。(　　)

2. 在财务分析中，将通过对比两期或连续数期财务报告中的相同指标，以说明企业财务状况或经营成果变动趋势的方法称为水平分析法。(　　)

3. 资本保值增值率是企业年末所有者权益总额与年初所有者权益总额的比值，可以反映企业当年资本的实际增减变动情况。(　　)

4. 负债比率越高，则权益乘数越低，财务风险越大。(　　)

5. 由杜邦财务分析体系可知，权益净利率等于资产净利率乘以权益乘数。因此，企业的负债程度越高，权益净利率就越大。(　　)

6. 企业财务综合评价的主要内容是评价企业的盈利能力、偿债能力和成长能力，其中盈利能力是最重要的方面。(　　)

7. 两家商业企业本期销售收入、存货平均余额相同，但毛利率不同，则毛利率高的企业存货周转率(以销售成本为基础计算)也高。(　　)

8. 在有效市场中，按照市价以现金回购本公司股票，如果回购前后净资产收益率和市盈率不变，则股价不变。(　　)

四、计算题

1. 某企业2006年末产权比率为80%，流动资产占总资产的40%。有关负债的资料如下：

资料一：该企业资产负债表中的负债项目如表1所示：

表1

负债项目	金额
流动负债：	
短期借款	2 000
应付账款	3 000
预收账款	2 500

续表 1

负债项目	金额
其他应付款	4 500
一年内到期的长期负债	4 000
流动负债合计	16 000
非流动负债:	
长期借款	12 000
应付债券	20 000
非流动负债合计	32 000
负债合计	48 000

资料二:该企业报表附注中的或有负债信息如下:已贴现承兑汇票 500 万元,对外担保 2 000万元,未决诉讼 200 万元,其他或有负债 300 万元。

要求计算下列指标:

(1)所有者权益总额。

(2)流动资产和流动比率。

(3)资产负债率。

(4)或有负债金额和或有负债比率。

(5)带息负债金额和带息负债比率。

2. 资料:

(1)A 公司 2006 年的资产负债表和利润表如表 2 所示。

表 2　资产负债表

编制单位:A 公司　　2006 年 12 月 31 日　　单位:万元

资　产	期末余额	年初余额	负债及股东权益	期末余额	年初余额
流动资产:			流动负债:		
货币资金	10	7	短期借款	30	14
交易性金融资产	5	9	交易性金融负债	0	0
应收票据	7	27	应付票据	2	11
应收账款	100	72	应付账款	22	46
其他应收款	10	0	应付职工薪酬	1	1
存货	40	85	应交税费	3	4
其他流动资产	28	11	应付利息	5	4

续表 2

资　　产	期末余额	年初余额	负债及股东权益	期末余额	年初余额
流动资产合计	200	211	应付股利	10	5
			其他应付款	9	14
			其他流动负债	8	0
			流动负债合计	90	99
非流动资产:			非流动负债:		
可供出售金融资产	0	15	长期借款	105	69
持有至到期投资	0	0	应付债券	80	48
长期股权投资	15	0	长期应付款	40	15
长期应收款	0	0	预计负债	0	0
固定资产	270	187	递延所得税负债	0	0
在建工程	12	8	其他非流动负债	0	0
固定资产清理	0	0	非流动负债合计	225	132
无形资产	9	0	负债合计	315	231
长期待摊费用	4	6	股东权益:		
递延所得税资产	0	0	股本	30	30
其他非流动资产	5	4	资本公积	3	3
非流动资产合计	315	220	盈余公积	30	12
资产合计	515	431	未分配利润	137	155
			股东权益合计	200	200
			负债及股东权益合计	515	431

表 3　利润表

编制单位:A 公司　　2006 年 12 月 31 日　　单位:万元

项　　目	本 期 金 额	上 期 金 额
一、营业收入	750	700
减:营业成本	640	585
营业税金及附加	27	25
销售费用	12	13
管理费用	8.23	10.3
财务费用	22.86	12.86
资产减值损失	0	5

续表 3

项　　目	本 期 金 额	上 期 金 额
加:公允价值变动收益	0	0
投资收益	1	0
二、营业利润	40.91	48.84
加:营业外收入	16.23	11.16
减:营业外支出	0	0
三、利润总额	57.14	60
减:所得税费用	17.14	18.00
四、净利润	40	42

(2)A 公司2005 年的相关指标如表4 所示。表中各项指标是根据当年资产负债表中有关项目的期末数与利润表中有关项目的当期数计算的。

表4　2005 年的相关指标

指　　标	2005 年实际值/%
净经营支出利润率	17
税后利息率	9
净财务杠杆	50
杠杆贡献率	4
权益净利率	21

(3)计算财务比率时假设:“货币资金”全部为金融资产;“应收票据”、“应收账款”、“其他应收款”不收取利息;“应付票据”等短期应付项目不支付利息;“长期应付款”不支付利息;财务费用全部为利息费用。

要求:

①计算 2006 年的净经营资产、净金融负债和税后经营利润。

②计算 2006 年的净经营资产利润率、净利息率、净财务杠杆、杠杆贡献率和权益净利率。

按①、②的要求计算各项指标时,均以 2006 年资产负债表中有关项目的期末数与利润表中有关项目的当期数为依据。

③对 2006 年权益净利率较上年变动的差异进行因素分解,依次计算净经营资产利润率、净利息率和净财务杠杆的变动对 2006 年权益净利率变动的影响。

④如果企业 2007 年要实现权益净利率为 21% 的目标,在不改变净利率和净财务杠杆的情况下,净经营资产利润率应该达到什么水平?

习题答案及解析

第一章

一、单选题

1.【答案】A

【解析】限制性借债、收回借款或停止借款是协调所有者与债权人矛盾的方式。

2.【答案】A

【解析】广义的投资是指企业将筹集的资金投入使用的过程,包括企业内部使用资金的过程和对外投放资金的过程;狭义的投资仅指对外投资。

3.【答案】D

【解析】甲公司和乙公司、丙公司是债权债务关系,和丁公司是投资与受资的关系,和戊公司是债务债权关系。

4.【答案】D

【解析】企业财务是指企业在生产经营活动过程中客观存在的资金运动及其所体现的经济利益关系。

5.【答案】A

【解析】甲公司购买乙公司发行的债券,则乙公司是甲公司的债务人,所以A形成的是“本企业与债务人之间财务关系”;选项B、C、D形成的是企业与债权人之间的财务关系。

6.【答案】B

【解析】企业价值最大化目标的优点包括:考虑了资金的时间价值和投资的风险价值;反映了对企业资产保值增值的要求;有利于克服管理上的片面性和短期行为;有利于社会资源的合理配置。

7.【答案】A

【解析】狭义的分配仅指对企业净利润的分配。企业与投资者之间的财务关系,主要是企业的投资者向企业投入资金,企业向其投资者支付报酬所形成的经济关系。

8.【答案】D

【解析】为协调所有者与债权人的矛盾,通常可以采用的方式包括:限制性借债、收回借款或停止借款。

9.【答案】D

【解析】企业价值最大化同时考虑了资金的时间价值与投资风险因素。

二、多选题

1.【答案】ACD

【解析】以“企业价值最大化”作为财务管理目标的优点表现在:①考虑了资金时间价值和

投资的风险价值,有利于统筹规划、合理选择投资方案;②反映了对企业资产保值增值的要求;③有利于克服短期行为和管理的片面性;④有利于社会资源的合理配置。

2.【答案】ABC

【解析】选项A是企业投资活动发生的,选项B是企业筹资活动所产生的,选项C属于分配活动,均符合题意。而职工作为劳动要素之一,直接参与本企业的营运活动,所以应该选择ABC。

3.【答案】ABCD

三、判断题

1.【答案】√

【解析】公司治理是有关公司控制权和剩余索取权分配的一套法律、制度以及文化的安排,涉及所有者、董事会和高级执行人员等之间的权力分配和制衡关系,这些安排决定了公司的目标和行为,决定了公司在什么状态下由谁来实施控制、如何控制、风险和收益如何分配等一系列重大问题。

2.【答案】×

【解析】财务预测环节是在前一个财务管理循环的基础上进行的,既是两个管理循环的联接点,又是财务决策环节的必要前提,不能单独进行。

第二章

一、单选题

1.【答案】D

【解析】纯利率是指没有风险和通货膨胀情况下的均衡点利率。

2.【答案】C

二、多选题

1.【答案】AC

【解析】影响财务管理的主要金融环境因素有金融机构、金融工具、金融市场和利息率等;公司法和税收法规属于企业财务管理法律环境的内容。

2.【答案】ABC

【解析】影响财务管理的经济环境因素主要包括:经济周期、经济发展水平、宏观经济政策。公司治理结构属于法律环境中公司治理和财务监控的内容。

三、判断题

1.【答案】×

【解析】财务管理环境又称理财环境,是指对企业财务活动和财务管理产生影响作用的企业内外各种条件的统称。

2.【答案】√

第三章

一、单选题

1. 【答案】B

【解析】标准差是一个绝对数,不便于比较两个不同规模项目的风险大小,因此只有在两个方案预期值相同的情况下,才能根据标准差的大小比较其风险大小。根据题意,甲、乙两个投资项目的预期报酬率相等,而甲项目标准差小于乙项目的标准差,由此判定甲项目的风险小于乙项目的风险;风险是指未来预期结果的不确定性,风险越大,其波动幅度就越大,则 B 正确,其他均错。

2. 【答案】D

【解析】一般情况下,随着更多的证券加入到投资组合中,非系统风险几乎被完全分散,系统风险无法通过投资组合分散,使得整体风险降低的速度越来越慢,即风险降低的速度递减。

3. 【答案】D

【解析】对于分期付息债券来讲,如果债券溢价发行,则发行后债券价值随着到期时间的缩短而从总体上呈现下降趋势,至到期日债券价值等于其面值;如果债券折价发行,则发行后债券价值随着到期时间的缩短而从总体上呈现上升趋势,至到期日债券价值等于其面值;债券按面值发行,则发行后债券价值并不在任何一个时点总是等于其面值的。债券价值在两个付息日之间呈现周期性波动。

4. 【答案】D

【解析】由于平价发行的分期付息债券的票面周期利率等于到期收益率的周期利率,所以周期利率为 4%,则实际年利率等于$(1+4\%)^2-1=8.16\%$。

5. 【答案】B

【解析】普通年金终值系数与偿债基金系数互为倒数。

6. 【答案】A

【解析】即付年金终值系数与普通年金终值系数二者的关系为:在普通年金终值系数的基础上期数加 1,系数减 1,即为即付年金终值系数。

二、多选题

1. 【答案】BD

【解析】β 值仅能测度系统风险,而不能测度非系统风险(特有风险);标准差测度整体风险,既能测度系统风险,也能测度非系统风险。

2. 【答案】ABCD

【解析】每半年付息一次的债券,给出的年利率就是名义利率,半年的实际周期利率应是名义利率的一半,平价发行的平息债券名义利率与名义必要报酬率相等,根据年实际必要报酬率和名义必要报酬率之间的关系,实际必要报酬率$=(1+3\%)^2-1=6.09\%$。

该题考查的是债券各种利率之间的关系,注意名义必要报酬率与实际必要报酬率之间的关系。

3.【答案】ABC

【解析】投资于两种证券组合的机会集是一条曲线，有效边界与机会集重合，表明两种证券预期报酬率的正相关系数较高，接近完全正相关，风险分散效应较弱；机会集较直，接近一条直线，在两个端点分别表示最小风险最小报酬的全部投资于A证券和最大风险最大报酬的全部投资于B证券；有效集曲线上的任何一点所表示的投资组合，均体现了风险与收益的对等原则，所以，在有效集曲线上找不到风险最小、期望值和报酬率最高的投资组合。

该题考查的是两种证券组合的机会集和有效集的含义。

4.【答案】BD

【解析】对于平息债券（即分期付息债券），当债券的面值和票面利率相同，票面利率高于必要报酬率，即在溢价发行的情形下，如果债券的必要报酬率的利息支付频率不变，随着到期日的临近，债券的价值逐渐向面值回归（即降低）；在溢价发行的情形下，如果两债券的偿还期限和必要报酬率相同，利息支付频率高的债券价值大；如果两债券的偿还期限和利息支付频率相同，则必要报酬率与票面利率差额越大（即票面利率一定的情形下，必要报酬率降低），必要报酬率（即折现率）与债券价值反向变动。

该题考查的是平息债券价值与其主要影响因素之间的关系。

5.【答案】ABC

【解析】投资组合的预期报酬率等于单项资产预期报酬率的加权平均数，由此可知，选项A、B的说法正确；如果相关系数小于1，则投资组合会产生风险分散化效应，并且相关系数越小，风险分散化效应越强，投资组合最低的标准差越小。本题的相关系数接近于零，因此，投资组合最低的标准差一定低于单项资产的最低标准差（10%），所以，选项D不是答案。由于投资组合不可能增加风险，所以，选项C正确。

该题考查的是投资组合预期收益率和标准差的相互关系。

三、判断题

1.【答案】√

【解析】相关系数为1时，组合的标准差为各证券标准差的简单算术平均数，组合标准差$=(12\%+8\%)/2=10\%$；相关系数为-1时，组合标准差$=[0.5\times0.5\times1\times0.12\times0.12+2\times0.5\times0.5\times(-1)\times0.12\times0.08+0.5\times0.5\times1\times0.08\times0.08]^{1/2}=0.02$。

该题考查的是相关系数的计算。

2.【答案】×

【解析】货币时间价值在没有风险和没有通货膨胀的条件下，可以用社会平均资金利润率来计量。

该题考查的是货币时间价值的含义。

3.【答案】×

【解析】在运用资本资产定价模型时,某资产的β值小于1,说明该资产系统性风险(不是全部风险)小于市场组合的平均风险。

该题考查的是β值的含义。

4.【答案】√

【解析】市场组合的β系数为1,而证券的市场组合可以理解为市场上所有证券所构成的投资组合。所以,在证券的市场组合中,所有证券的β系数加权平均数等于1。

该题考查的是市场组合的含义。

5.【答案】√

【解析】某一股票的β值的大小反映了这种股票收益的变动与整个股票市场收益变动之间的相关关系,计算β值就是确定这种股票与整个股市收益变动的影响的相关性及其程度,进而判定其市场风险,即系统性风险的大小。

该题考查的是β值的含义。

6.【答案】×

【解析】从无风险资产的收益率开始作有效边界的切线,切点为M,该直线被称为资本市场线。由此可知,原题的说法不正确;原题的正确说法应该是:预计通货膨胀率提高时,无风险利率会随之提高,进而导致“证券市场线”向上平移。风险厌恶感的加强,会提高“证券市场线”的斜率。

该题考核的是对于“资本市场线”和“证券市场线”的区分与理解。

四、计算题

1.【答案】

(1)2012年年初甲设备投资额的终值为:$50\ 000\times(1+10\%)^2=60\ 500$(元)。

(2)2012年年初各年预期收益的现值之和为

$$10\ 000\times(1+10\%)^{-1}+15\ 000\times(1+10\%)^{-2}+25\ 000\times(1+10\%)^{-3}=$$
$$10\ 000\times0.909\ 1+15\ 000\times0.826\ 4+25\ 000\times0.751\ 3=$$
$$0.909\ 1+12\ 396+18\ 782.50=$$
$$40\ 269.50(元)$$

2.【答案】

(1)分别计算A、B两个项目净现值的期望值。

A项目的期望值:$200\times0.2+100\times0.6+50\times0.2=110$(万元)

B项目的期望值:$300\times0.2+100\times0.6+(-50)\times0.2=110$(万元)

(2)分别计算A、B两个项目期望值的标准离差。

$$\sigma_A=\sqrt{(200-110)^2\times0.2+(100-110)^2\times0.6+(50-110)^2\times0.2}=48.99(万元)$$

$$\sigma_B=\sqrt{(300-110)^2\times0.2+(100-110)^2\times0.6+(-50-110)^2\times0.2}=111.36(万元)$$

(3)判断 A、B 两个投资项目的优劣。

因为 A、B 两个项目投资额相同,期望收益(净现值)也相同,但 A 项目风险相对较小(其标准离差小于 B 项目标准离差),故 A 项目优于 B 项目。

第四章

一、单选题

1.【答案】C

【解析】按照资金来源渠道不同,筹资分为权益筹资和负债筹资。

2.【答案】C

【解析】补偿性余额贷款实际利率 = 名义利率/1 - 补偿性余额比率 = 5.8%/(1-15%) = 6.8%。

3.【答案】A

【解析】表外筹资是指不会引起资产负债表中负债与所有者权益发生变动的筹资。经营租赁租入的固定资产不影响负债与所有者权益,所以属于表外筹资。其他三项筹资方式都会对资产负债表的负债或所有者权益有影响,属于表内筹资。

4.【答案】D

【解析】等级筹资理论认为,从成熟的证券市场来看,企业的筹资优序模式首先是内部筹资,其次是借款、发行债券、可转换债券,最后是发行新股筹资。但是本题中由于企业是在 2009 年年底才设立的,所以企业无法利用内部筹资方式。所以此时优先考虑的是向银行借款。

5.【答案】C

【解析】短期融资券筹资的优点主要有:筹资成本较低,筹资数额比较大,可以提高企业信誉和知名度。短期融资券筹资的缺点主要有:风险比较大,弹性比较小,发行条件比较严格。

6.【答案】B

【解析】认股权证按允许购买股票的期限可分为长期认股权证和短期认股权证,其中长期认股权证期限通常在 90 天以上,更有长达数年或永久。

7.【答案】C

【解析】贴现法是银行向企业发放贷款时,先从本金中扣除利息部分,在贷款到期时借款企业偿还全部本金的一种计息方法。

8.【答案】A

【解析】因为借款金额 = 申请贷款的数额×(1-补偿性余额比率),所以,本题中需要向银行申请的贷款数额 = 60/(1-20%) = 75(万元),选项 A 是正确答案。

9.【答案】D

【解析】丧失现金折扣的机会成本 = 现金折扣率/(1-现金折扣率)×360/(信用期-折扣期),可以看出,现金折扣率、折扣期和丧失的机会成本呈正向变动,信用标准和丧失的机会成本无关，信用期和丧失的机会成本呈反向变动，所以本题应该选择 D。

10.【答案】C

【解析】约束性固定成本属于企业“经营能力”成本，是企业为维持一定的业务量必须负担的最低成本。

二、多选题

1.【答案】ABCD

【解析】认股权证的基本要素包括：认购数量、认购价格、认购期限、赎回条款。

2.【答案】ABD

【解析】企业筹资动机可分为四种：设立性筹资动机、扩张性筹资动机、调整性筹资动机（偿还债务）、混合性筹资动机。

3.【答案】ABC

【解析】留存收益的资本成本是不需要考虑筹资费用的。

三、判断题

1.【答案】×

【解析】从成熟的证券市场来看，企业的筹资优序模式首先是内部筹资，其次是借款、发行债券、可转换债券，最后是发行新股筹资。

2.【答案】√

【解析】比率预测法是依据有关财务比率与资金需要量之间的关系，预测资金需要量的方法。

3.【答案】×

【解析】筹资渠道解决的是资金来源问题，筹资方式解决的是通过何种方式取得资金的问题，它们之间存在一定的对应关系。

4.【答案】√

【解析】预测年利息率下降时，如果提前赎回债券，而后以较低的利率来发行新债券，可以降低利息费用，对企业有利。

5.【答案】√

【解析】如果销售具有较强的周期性，则企业将冒较大的财务风险，所以，不宜过多采取负债筹资。

6.【答案】×

【解析】企业采用不附加追索权的应收账款转让方式筹资时，如果应收账款发生坏账，其坏账风险由银行承担。

四、计算题

【解析】

(1)变动资产销售百分比=(300+9 00+1 800)/6 000=50%。

变动负债销售百分比=(300+600)/6 000=15%。

2005 年需要增加的营运资金额=6000×25%×(50%-15%)=525(万元)。

(2)2005 年需要增加对外筹集的资金额=525+200+100-6 000×(1+25%)×10%×(1-50%)=450(万元)。

第五章

一、单选题

1.【答案】C

【解析】优先股成本=优先股每年股利/[发行优先股总额×(1-优先股筹资费率)],其中并未涉及 C 项。

2.【答案】A

【解析】运用普通股每股利润无差别点确定最佳资金结构时,需计算息税前利润。

3.【答案】C

【解析】债转股、增发新股偿还债务属于存量调整;发行新债属于增量调整。

4.【答案】D

【解析】根据权益资金和负债资金的比例可以看出企业存在负债,所以存在财务风险;只要企业经营,就存在经营风险。但是无法根据权益资金和负债资金的比例判断出财务风险和经营风险谁大谁小。

5.【答案】A

【解析】整体来说,权益资金的资金成本大于负债资金的资金成本,对于权益资金来说,由于普通股筹资方式在计算资金成本时还需要考虑筹资费用,所以其资金成本高于留存收益的资金成本,即发行普通股的资金成本应是最高的。

6.【答案】D

【解析】在确定各种资金在总资金中所占的比重时,各种资金价值的确定基础包括三种:账面价值、市场价值和目标价值。

7.【答案】D

【解析】根据财务杠杆系数定义公式可知:财务杠杆系数=每股收益增长率/息税前利润增长率=每股收益增长率/10%=2.5,所以每股收益增长率等于 25%。

8.【答案】C

【解析】支付现金股利不能增加发行在外的普通股股数;增发普通股能增加发行在外的普通股股数,但是也会改变公司资本结构;股票分割会增加发行在外的普通股股数,而且不会改变公司资本结构;股票回购会减少发行在外的普通股股数。

9.【答案】C

【解析】筹资总额分界点=20 000/40%=50 000,本题是对筹资总额分界点公式的考查。

10.【答案】B

【解析】本题是对各个资本结构理论所持观点的考查。净收益理论认为，利用债务可以降低企业的综合资金成本。因此，负债程度越高，加权资金成本就越低。当负债达到100%时，企业价值将达到最大。

11.【答案】B

【解析】负债占总资产的比重 = 4/(5+4) = 4/9，筹资总额分界点 = 100/(4/9) = 225(万元)，所以本题应该选择B。

12.【答案】D

【解析】在一系列假设之下，MM理论有两个重要的命题，其中之一是：利用财务杠杆的公司，其股权资金成本率随筹资额的增加而提高。因为便宜的债务给公司带来的财务杠杆利益会被股权资金成本率的上升而抵消，所以，公司的价值与其资本结构无关。

二、多选题

1.【答案】BD

【解析】净收益理论认为负债程度越高，加权平均资金成本就越低，当负债比率达到100%时，企业价值达到最大，企业的资金结构最优；修正的MM理论认为由于存在税额庇护利益，企业价值会随着负债程度的提高而增加，于是负债越多，企业价值越大。

2.【答案】ABC

【解析】影响资本结构的因素包括：①企业财务状况；②企业资产结构；③企业产品销售情况；④投资者和管理人员的态度；⑤贷款人和信用评级机构的影响；⑥行业因素；⑦所得税税率的高低；⑧利率水平的变动趋势。

三、判断题

1.【答案】√

【解析】引起企业经营风险的主要原因是市场需求和成本等因素的不确定性，经营杠杆本身并不是利润不稳定的根源。但是，经营杠杆扩大了市场和生产等不确定性因素对利润变动的影响。

2.【答案】×

【解析】资金成本 = 资金占用费/筹资净额。

3.【答案】×

【解析】留存收益为企业将未分派的税后利润留存于企业形成。实际相当于股东对企业追加的投资，这种投资是要求有一定报酬的，因此其也有成本。

4.【答案】×

【解析】经营杠杆是指固定成本对企业息税前利润的放大作用。

四、计算题

1.【解析】

(1)2009年的财务杠杆系数 =

2008 年的息税前利润/(2008 年的息税前利润-2008 年的利息费用)=

5 000/(5 000-1 200)=1.32

(2)$A=1\ 800$,$B=0.30$

(3)设甲、乙两个方案的每股收益无差别点息税前利润为 W 万元,则

$$(W-1\ 800)\times(1-25\%)/10\ 000=(W-1\ 200)\times(1-25\%)/(10\ 000+2\ 000)$$

$$(W-1\ 800)/10\ 000=(W-1\ 200)/12\ 000$$

解得 $W=(12\ 000\times1\ 800-10\ 000\times1\ 200)/(12\ 000-10\ 000)=4\ 800$(万元)

(4)由于筹资后的息税前利润为 6 000 万元高于 4 800 万元,所以,应该采取发行债券的筹资方案,理由是这个方案的每股收益高。

2.【解析】

(1)①新增长期借款不超过 40 000 万元时的资金成本=6%×(1-33%)=4.02%

②新增长期借款超过 40 000 万元时的资金成本=9%×(1-33%)=6.03%

③增发普通股不超过 120 000 万元时的成本=2/[20×(1-4%)]+5%≈15.42%

④增发普通股超过 120 000 万元时的成本=2/[16×(1-4%)]+5%≈18.02%

(2)第一个筹资总额分界点=40 000/40%=100 000(万元)

第二个筹资总额分界点=120 000/60%=200 000(万元)

(3)2008 年 A 公司最大筹资额=100 000/40%=250 000(万元)

(4)编制的资金边际成本计算表如下:

边际成本计算表

序号	筹资总额的范围/万元	筹资方式	目标资金结构	个别资金成本	资金边际成本
1	0~100 000	长期负债	40%	4.02%	1.61%
		普通股	60%	15.42%	9.25%
		第一个范围的资金成本			10.86%
2	100 000~200 000	长期负债	40%	6.03%	2.41%
		普通股	60%	15.42%	9.25%
		第二个范围的资金成本			11.66%
3	200 000~250 000	长期负债	40%	6.03%	2.41%
		普通股	60%	18.02%	10.81%
		第三个范围的资金成本			13.22%

或:

第一个筹资范围为 0~100 000 万元

第二个筹资范围为 100 000~200 000 万元

第三个筹资范围为 200 000~250 000 万元

第一个筹资范围内的资金边际成本=40%×4.02%+60%×15.42%=10.86%

第二个筹资范围内的资金边际成本=40%×6.03%+60%×15.42%=11.66%

第三个筹资范围内的资金边际成本=40%×6.03%+60%×18.02%=13.22%

(5)因为投资额180 000万元处于第二个筹资范围,所以资金边际成本为11.66%,而项目的内部收益率13%高于资本成本11.66%,所以应当进行投资。

3.【解析】

(1)首先判断高低点,因为本题中2009年的销售收入最高,2005年的销售收入最低,所以高点是2009年,低点是2005年。

①每元销售收入占用现金=(750-700)/(12 000-10 000)=0.025

②销售收入占用不变现金总额=700-0.025×10 000=450(万元)

或

=750-0.025×12 000=450(万元)

(2)总资金需求模型。

①根据表中列示的资料可以计算总资金需求模型中:

$$A=1\ 000+570+1\ 500+4\ 500-300-390=6\ 880$$

$$B=0.05+0.14+0.25-0.1-0.03=0.31$$

所以总资金需求模型为:$y=6\ 880+0.31x$。

②2010年资金需求总量=6 880+0.31×20 000=13 080(万元)

③2010年需要增加的资金=6 880+0.31×20 000-12 000=1 080(万元)

2010年外部筹资量=1 080-100=980(万元)

(3)①2010年预计息税前利润=15 000×12%=1 800(万元)

②增发普通股方式下的股数=300+100=400(万股)

增发普通股方式下的利息=500(万元)

增发债券方式下的股数=300(万股)

增发债券方式下的利息=500+850×10%=585(万元)

每股收益无差别点的$EBIT$=(400×585-300×500)/(400-300)=840(万元)

或者可以通过列式解方程计算,即

$$(EBIT-500)\times(1-33\%)/400=(EBIT-585)\times(1-33\%)/300$$

解得:$EBIT$=840(万元)

③由于2010年息税前利润1 800万元大于每股收益无差别点的息税前利润840万元,故应选择方案二(发行债券)筹集资金,因为此时选择债券筹资方式可以提高企业的每股收益。

④增发新股的资金成本=0.5×(1+5%)/8.5+5%=11.18%

4.【解析】

(1)①2008年的净利润=10 000×15%=1 500(万元)

②$A=1\ 500$(万元),$B=2\ 000$(万元),$C=4\ 000$(万元),$E=2\ 000$(万元),$D=2\ 000$(万元)

③$P=20\%$,$G=45\%$

④2009 年预计留存收益=10 000×(1+100%)×15%×(1-1/3)=2 000(万元)

⑤2009 年需要增加的资金数额=10 000×(45%-20%)=2 500(万元)

⑥2009 年需要增加的外部筹资数据=2 500-2 000=500(万元)

(2)① 发行时每张公司债券的内在价值=

1 000×5%×(P/A,6%,3)+1 000×(P/F,6%,3)=

50×2.673+1 000×0.8396=

973.25(元)

②新发行公司债券的资金成本=1 000×5%(1-25%)/970×100%=3.87%

第六章

一、单选题

1.【答案】B

【解析】折旧与摊销属于非付现成本,不会引起现金流出企业,所以不属于投资项目现金流出量内容。

2.【答案】A

【解析】主要指标处于可行区间($NPV\geqslant 0$,$NPVR\geqslant 0$,$PI\geqslant 1$,$IRR\geqslant i_c$),但是次要或者辅助指标处于不可行区间($PP>n/2$,$PP'>P/2$ 或 $ROI<i$),则可以判定项目基本上具备财务可行性。

3.【答案】B

【解析】按照投资的对象不同,投资可以分为实物投资和金融投资;按照投资行为介入程度,投资可以分为直接投资和间接投资;按照投资的方向不同,投资可以分为对内投资和对外投资;按照经营目标的不同,投资可以分为盈利性投资和政策性投资。

4.【答案】C

【解析】某年经营成本=该年的总成本费用(含期间费用)-该年折旧额、无形资产和开办费的摊销额-该年计入财务费用的利息支出=1 000-200-40-60=700(万元)。

5.【答案】A

【解析】采用题干中的方法计算内部收益率的前提条件是:项目的全部投资均于建设起点一次投入,建设期为零,建设起点第 0 期净现金流量等于原始投资的负值;投产后每年净现金流量相等,第 1 至 N 期每期净现金流量为普通年金形式。

6.【答案】D

【解析】第一年流动资金投资额=100-40=60(万元);

第二年流动资金需用数=190-100=90(万元);

第二年流动资金投资额=90-60=30(万元)。

7.【答案】B

【解析】与全部投资现金流量表相比，项目资本金现金流量表的现金流入项目相同，但是现金流出项目不同，在项目资本金现金流量表的现金流出项目中包括借款归还和借款利息支付，但是在全部投资的现金流量表中没有这两项。

8.【答案】B

【解析】完整工业投资项目的现金流入量包括营业收入、补贴收入、回收固定资产余值和回收流动资金；现金流出量包括建设投资、流动资金投资、经营成本、营业税金及附加、维持运营投资和调整所得税。

9.【答案】A

【解析】净现值法适用于原始投资相同且项目计算期相等的多方案比较决策。

10.【答案】B

【解析】经营成本=不含财务费用的总成本费用-折旧=1 100-200=900（万元）；或者经营成本=外购原材料+燃料和动力费+工资及福利费+其他费用=500+300+100=900（万元）。

二、多选题

1.【答案】AC

【解析】计算净现值指标可以通过公式法、列表法、特殊方法、插入函数法来完成。

2.【答案】BCD

【解析】差额投资内部收益率法不能用于项目计算期不同的方案的比较决策。

3.【答案】AC

【解析】净现值指标大于零，则对应的评价指标应为：获利指数大于1；净现值率大于零（注意，不包括等于零）；内部收益率大于基准收益率。另外，包括建设期的静态投资回收期应小于或等于项目计算期的一半。

三、判断题

1.【答案】√

【解析】在差额投资内部收益率法下，对固定资产更新改造投资项目进行决策时，若差额投资内部收益率指标大于或等于基准折现率或设定折现率时，应当进行更新改造；反之，不应当进行更新改造。

2.【答案】×

【解析】净现金流量是指在项目计算期内每年现金流入量与同年现金流出量之间的差额所形成的序列指标。

3.【答案】×

【解析】完整工业投资项目的运营期某年所得税后净现金流量=该年息税前利润×(1-所得税税率)+该年折旧+该年摊销+该年回收额-该年维持运营投资=该年自由现金流量。

4.【答案】×

【解析】本题需要对单纯固定资产投资、完整工业投资项目以及更新改造项目投资的现金流出量熟练掌握。

5.【答案】√

【解析】根据项目投资假设,在分析投资项目现金流量的时候,不受企业融资方案的影响;由于税前净现金流量并不涉及所得税现金流出,所得税政策也不会影响所得税前现金流量,本命题是正确的。

四、计算题

1.【解析】

(1)更新设备比继续使用旧设备增加的投资额=285 000-80 000=205 000(元);

(2)经营期因更新设备而每年增加的折旧=(205 000-5 000)/5=40 000(元);

(3)经营期每年因营业利润增加而导致的所得税变动额=10 000×33%=3 300(元);

(4)经营期每年因营业利润增加而增加的净利润=10 000-3 300=6 700(元);

(5)因旧设备提前报废发生的处理固定资产净损失=91 000-80 000=11 000(元);

(6)经营期第1年因旧设备提前报废发生净损失而抵减的所得税额=11 000×33%=3 630(元);

(7)建设期起点的差量净现金流量为

$$\Delta NCF_0=-(285\,000-80\,000)=-205\,000(\text{元});$$

(8)经营期第1年的差量净现金流量为

$$\Delta NCF_1=6\,700+40\,000+3\,630=50\,330(\text{元});$$

(9)经营期第2~4年每年的差量净现金流量为

$$\Delta NCF_{2\sim4}=6\,700+40\,000=46\,700(\text{元});$$

(10)计算经营期第5年的差量净现金流量:

$$\Delta NCF_5=6\,700+40\,000+5\,000=51\,700(\text{元})$$

2.【解析】

(1)①固定资产投资金额=1 000(万元)。

②运营期每年新增息税前利润=所得税前净现金流量-新增折旧=200-100=100(万元)。

③不包括建设期的静态投资回收期=1 000/200=5(年)。

(2)可以通过净现值法来进行投资决策,净现值法适用于原始投资相同且项目计算期相等的多方案比较决策,本题中A方案的原始投资额是1 000万元,B方案的原始投资额也是1 000万元,所以可以使用净现值法进行决策。

(3)本题可以使用净现值法进行决策,因为B方案的净现值273.42万元大于A方案的净现值180.92万元,因此应该选择B方案。

(本题主要考核的是多个互斥方案决策的"净现值法"的使用条件;唯一的疑问是B方案原始投资额的计算,计算投资额时并不需要折现,B方案的投资额=500+500=1 000(万元)。)

3.【解析】

(1)①因为 A 方案第三年的累计净现金流量=30 000+30 000+0-60 000=0,所以该方案包括建设期的静态投资回收期等于 3 年。

②净现值=折现的净现金流量之和等于 30 344 元。

(2)对于 A 方案由于净现值大于 0,包括建设期的投资回收期等于 3 年=6/2,所以该方案完全具备财务可行性;

对于 B 方案由于净现值大于 0,包括建设期的静态投资回收期为 3.5 年小于 8/2,所以该方案完全具备财务可行性;

对于 C 方案由于净现值大于 0,包括建设期的静态投资回收期为 7 年大于 12/2,所以该方案基本具备财务可行性。

(3)C 方案的年等额净回收额=净现值×(A/P,10%,12)=70 000×0.146 8=10 276(元)

(4)三个方案的最短计算期为 6 年,所以 B 方案调整后的净现值=年等额回收额×(P/A,10%,6)=9 370×4.355 3=40 809(元)

(5)年等额净回收额法:

A 方案的年等额回收额=6 967(元)

B 方案的年等额回收额=9 370(元)

C 方案的年等额回收额=10 276(元)

因为 C 方案的年等额回收额最大,所以应当选择 C 方案。

最短计算期法:

A 方案调整后的净现值=30 344(元)

B 方案调整后的净现值=40 809(元)

C 方案调整后的净现值=44 755(元)

因为 C 方案调整后的净现值最大,所以应当选择 C 方案。

4.【解析】

(1)①建设期为 2 年;

②经营期为 10 年;

③项目计算期为 12 年;

④原始总投资为 1 000 万元;

⑤资金投入方式为分次投入(或分两次投入资金)。

(2)①不包括建设期的静态投资回收期=1 000/2 50=4(年)

②包括建设期的静态投资回收期=4+2=6(年)

③净现值=-800-200×0.862 1+250×(5.028 6-1.605 2)+280×0.168 5≈-69.4(万元)

或:净现值=-800-200×0.862 1+250×4.606 5×0.743 2+280×0.168 5≈-69.4(万元)

(3)A=57;B=2 400(或 2 399.63);C=0.4;D=60.59%

(4)①乙方案预期的总投资收益率=9%+10%=19%

丙方案预期的总投资收益率=9%+8%=17%

②丁方案预期的风险收益率=22%-9%=13%

丁方案投资收益率的标准离差率=13%/10%×100%=130%

(依据:风险收益率=标准离差率×风险价值系数)

(5)因为甲方案的净现值小于零,乙方案、丙方案和丁方案的净现值期望值均大于零,所以甲方案不具备财务可行性,其余三个方案均具有财务可行性。

因为在乙丙丁三个方案中,丙方案的风险最小(或净现值的标准离差率最低),所以XYZ公司的决策者应优先考虑选择丙投资项目。

5.【解析】

(1)①该年付现的经营成本=40+23+5=68(万元)

②该年营业税金及附加=10.2×(7%+3%)=1.02(万元)

③该年息税前利润=100-1.02-80 =18.98(万元)

④该年调整所得税=18.98×33%=6.26(万元)

⑤该年所得税前净现金流量=18.98+12=30.98(万元)

(2)①建设投资=100+30=130(万元)

②无形资产投资=130-105=25(万元)

③流动资金投资=20+20= 40(万元)

④原始投资=130+40=170(万元)

⑤项目总投资=170+5=175(万元)

⑥固定资产原值=105+5=110(万元)

⑦运营期1~10年每年的折旧额=(110-10)/10=10(万元)

⑧运营期1~5年每年的无形资产摊销额=25/5= 5(万元)

⑨运营期末的回收额=40+10=50(万元)

⑩包括建设期的静态投资回收期=5+|-6.39|/46.04=5.14(年)

不包括建设期的静态投资回收期=5.14-1= 4.14(年)

(3)NCF_3=36.64+10+5=51.64(万元)

NCF_{11}=41.64+10+50=101.64(万元)

(4)①净现值=-120+24.72×[(P/A,10%,11)-(P/A,10%,1)]=

-120+24.72×(6.495 1-0.909 1)=18.09(万元)

②不包括建设期的回收期=120/24.72=4.85(年)

③包括建设期的回收期=4.85+1=5.85(年)

(5)A方案净现值=18.09万元>0

包括建设期的静态投资回收期=5.85>11/2=5.5(年)

故A方案基本具备财务可行性(以净现值为决策依据)。

B 方案净现值=92.21 万元>0

包括建设期的静态投资回收期=5.14<11/2=5.5(年)

故 B 方案完全具备财务可行性。

6.【解析】

(1)①A 方案和 B 方案的建设期均为 1 年;

②C 方案和 D 方案的运营期均为 10 年;

③E 方案和 F 方案的项目计算期均为 11 年。

(2)A 方案的资金投入方式为分次投入,D 方案的资金投入方式为一次投入

(3)A 方案包括建设期的静态投资回收期=3+150/400=3.38(年)

(4)E 方案不包括建设期的静态投资回收期指标=1 100/275=4(年)

(5)C 方案净现值指标 $=275\times(P/A,10\%,10)\times(P/F,10\%,1)-1\ 100=$

$$275\times6.144\ 6\times0.909\ 1-1\ 100=436.17(\text{万元})$$

(6) $275\times(P/A,IRR,10)=1\ 100$

即 $(P/A,IRR,10)=4$

根据 $(P/A,20\%,10)=4.192\ 5$,$(P/A,24\%,10)=3.681\ 9$,可知

$$(24\%-IRR)/(24\%-20\%)=(3.681\ 9-4)/(3.681\ 9-4.192\ 5)$$

解得 $$IRR=21.51\%$$

第七章

一、单选题

1.【答案】A

【解析】该公司债券的发行价格为 $=1\ 000\times(1+5\times10\%)\times(P/F,12\%,5)=851.1$(元)。

2.【答案】A

【解析】冒险型投资组合指的是低风险、低收益证券所占比重较小,高风险、高收益证券所占比重较高的投资组合。该种投资组合的特点是风险大,但收益高。

3.【答案】C

【解析】普通股股票的收益情况与企业的经营情况紧密相连,通常来讲报酬较高,但风险大。而 A、B、D 选项均为固定收益证券,都规定有固定的收益率,其收益情况不随企业经营情况变动。

4.【答案】D

【解析】所谓市场风险,指的是那些影响所有公司因素如通货膨胀引起的风险,是不可分散的风险,只能通过要求额外的报酬来补偿。

5.【答案】D

【解析】流动性风险指的是在投资人想出售有价证券获取现金时,证券不能立即出售的风险。国库券在证券市场中有一个活跃的交易市场,几乎可以立即出售,所以流动性风险相对较

小。

6.【答案】D

【解析】企业短期证券投资的直接目的是暂时存放闲置资金。

7.【答案】A

【解析】购买力风险指的是因为通货膨胀而使证券到期或出售时所获得的货币资金的购买力下降的风险。普通股比公司债券和其他有固定收入的证券能更好地避免购买力风险。

8.【答案】D

【解析】可分散风险,又叫非系统风险或公司特别风险,指的是通过证券组合分散的风险,如被投资企业出现经营失误属于公司特有风险。其余三个选项会给证券市场上所有的证券都带来经济损失的可能性,不能通过证券组合分散掉,所以是不可分散风险,也叫系统风险或市场风险。

二、多选题

1.【答案】A、B、C、D

【解析】违约风险、利息率风险、购买力风险、流动性风险、期限性风险都属于证券投资风险,因此上述四个选项均正确。

2.【答案】A、D

【解析】债券投资者有优先求偿权,也就是在企业破产时有优先于股东分配企业财产的权利,因此本金安全性高。债券发行人有法律义务按期还本付息,正常情况下债券持有人收入比较稳定。

3.【答案】A、C、D

【解析】证券投资组合的风险可以分为公司特别风险和市场风险两种。不能通过证券投资组合加以消除股票的市场风险。随着证券数量的增加,非系统风险会逐步减小,当数量足够多时,大部分非系统风险都能分散掉。

三、判断题

1.【答案】√

【解析】利率水平的高低反映着一个国家一定时间的经济状况,它是影响国民经济发展的重要因素。当利率上升时,企业资金成本增加,利润减少,从而企业派发的股利将减少甚至发不出股利,这会使股票投资的风险增大,收益减少,从而引起股价下跌。反之,当利率下降时,企业的利润增加,派发给股东的股利将增加,从而吸引投资者进行股票投资,引起股价上涨。如果利率升高,投资者自然会选择安全又有较高收益的银行储蓄,从而大量资金从证券市场中转移出来,造成证券供大于求,价格下跌;反之,利率下调时,证券会供不应求,其价格必然上涨。

2.【答案】×

【解析】本题说法错误,因高风险的方案收益高、风险大;而低风险方案的收益低、风险不大。

3.【答案】√

【解析】当两种股票完全正相关时，也就是相关系数 $\gamma=1$ 时，表示一种证券的报酬率增长与另一种证券的报酬率的增长成正比例关系，而这样的两种股票组合是不能抵消任何风险的。

4.【答案】√

【解析】可以按照投资基金能否赎回，将其分为封闭型投资基金和开放型投资基金两种类型。

四、计算题

1.【答案】

(1)债券实际年利率 $=(1+8\%/2)^2-1=8.16\%$

每次发放的利息 $=100\times8\%/2=4$(元)

利息现值 $=4/(1+4\%)+4/(1+8\%)+4/(1+12\%)+4/(1+16\%)+4/(1+20\%)+4/(1+24\%)=3.846+3.704+3.571+3.448+3.333+3.226=21.13$(元)

(2) 债券价值 $=4\times(P/A,5\%,6)+100\times(P/S,5\%,6)=20.30+74.62=94.92$(元)

(3) 2008 年 7 月 1 日债券价值 $=4\times(P/A,6\%,4)+100\times(P/S,6\%,4)=13.86+79.21=93.07$(元)，市价低于债券内在价值，所以值得购买。

(4)$4\times(P/S,i/2,1)+104\times(P/S,i/2,2)=97$

$i=12\%$ 时

$$4\times(P/S,6\%,1)+104\times(P/S,6\%,2)=3.77+92.56=96.33$$

$i=10\%$ 时

$$4\times(P/S,5\%,1)+104\times(P/S,5\%,2)=3.81+94.33=98.14$$

利用内插法：

$$(i-10\%)/(12\%-10\%)=(98.14-97)/(98.14-96.33)$$

解得 $i=11.26\%$。

2.【答案】

(1) ①$\beta=50\%\times2+30\%\times1+20\%\times0.5=1.4$

②$R_p=1.4\times(15\%-10\%)=7\%$

③$K=10\%+1.4\times5\%=17\%$

④$K_A=10\%+2\times5\%=20\%$

(2) $V_A=\dfrac{1.2\times(1+8\%)}{20\%-8\%}=10.8$(元)

因为 A 股票当前每股市价 12 元，大于 A 股票的价值，所以出售 A 股票对甲公司有利。

第八章

一、单选题

1.【答案】B

【解析】A、D 属于现金回收管理的方法;C 是应收账款日常管理的方法。现金支出管理的方法包括:①合理利用“浮游量”;②推迟支付应付款;③采用汇票付款;④改进工资支付方式。

2.【答案】D

【解析】维持赊销业务所需资金=2 000/360×45 ×60%=150(万元);应收账款机会成本=150×8%=12(万元)

3.【答案】A

【解析】专设采购机构的基本开支属于固定性进货费用,它和订货次数及进货批量无关,属于决策无关成本;采购员的差旅费、存货资金占用费和存货的保险费都和进货次数及进货批量有关,属于决策相关成本。

4.【答案】C

【解析】应收账款的成本主要包括机会成本、管理成本、坏账成本,短缺成本是现金和存货的成本。

5.【答案】B

【解析】现金的周转过程主要包括存货周转期、应收账款周转期和应付账款周转期,其中存货周转期是指将原材料转换成产成品并出售所需要的时间;应收账款周转期是指将应收账款转换为现金所需要的时间;应付账款周转期是指从收到尚未付款的材料开始到现金支出之间所用的时间。

6.【答案】A

【解析】信用标准是企业评价客户等级,决定给予或拒绝客户信用的依据。一旦企业决定给予客户信用优惠时,就需要考虑具体的信用条件。因此,信用条件就是指企业接受客户信用订单时所提出的付款要求,主要包括信用期限、折扣期限及现金折扣率等。

7.【答案】B

【解析】应收账款收现保证率=(2 000-500-500)/2 000×100%=50%,本题是对应收账款收现保证率公式的考查,公式中的当期其他稳定可靠的现金流入总额是包括短期有价证券变现净额、可随时取得的银行贷款额等,所以银行贷款额 500 万元应该扣除。

8.【答案】C

【解析】营运资本=流动资产总额-流动负债总额。

9.【答案】B

【解析】信用标准是客户获得企业商业信用所具备的最低条件,通常以预期的坏账损失率表示。

10.【答案】C

【解析】保险储备量=1/2(预计每天的最大耗用量×预计最长的订货提前期-平均每天的正常耗用量×订货提前期),可以看出,选项 ABD 都影响保险储备,选项 C 不影响保险储备,所以本题的答案是C。

二、多选题

1.【答案】BC

【解析】赊销可以加速产品销售的实现,加快产成品向销售收入的转化速度,从而对降低存货中的产成品数额有着积极的影响。

2.【答案】AC

【解析】运用成本分析模式确定最佳现金持有量时,只考虑因持有一定量的现金而产生的机会成本及短缺成本,而不予考虑管理费用和转换成本。

3.【答案】ABCD

【解析】通常,延长信用期限,可以在一定程度上扩大销售量,从而增加毛利。但是不适当地延长信用期限,会给企业带来不良后果:一是使平均收账期延长,占用在应收账款上的资金相应增加,引起机会成本增加;二是引起坏账损失和收账费用的增加。所以本题的答案是ABCD。

三、判断题

1.【答案】√

【解析】企业之所以持有一定数量的现金,主要是基于三个方面的动机:交易动机、预防动机和投机动机。

2.【答案】×

【解析】邮政信箱法又称锁箱法,是西方企业加速现金流转的一种常用方法。该方法缩短了支票邮寄及在企业的停留时间,但成本较高。

3.【答案】×

【解析】利用存货模式计算现金最佳持有量时,对短缺成本不予考虑,只对机会成本和固定性转换成本预计考虑。

四、计算题

1.【解析】

(1)1/4赊销额+赊销额=4 500(万元),赊销额=3 600(万元)

(2)应收账款的平均余额=日赊销额×平均收账天数=3 600/360×60=600(万元)

(3)维持赊销业务所需要的资金额=应收账款的平均余额×变动成本率=

600×50%=300(万元)

(4)应收账款的机会成本=维持赊销业务所需要的资金×资金成本率=

300×10%=30(万元)

(5)应收账款的平均余额=日赊销额×平均收账天数,则有400=3 600/360×平均收账天数,平均收账天数等于40天。

2.【解析】

(1)A 材料的经济进货批量 $=\sqrt{\frac{2\times45\ 000\times180}{20}}=900$(件)

(2)A 材料年度最佳进货批数 $=45\ 000/900=50$(次)

(3)A 材料的相关进货成本 $=50\times180=9\ 000$(元)

(4)A 材料的相关存储成本 $=900/2\times20=9\ 000$(元)

(5)A 材料经济进货批量平均占用资金 $=240\times900/2=108\ 000$(元)

3.【解析】

(1)最佳现金持有量 $=\sqrt{\frac{2\times360\ 000\times300}{6\%}}=60\ 000$(元)

(2)最低现金管理相关总成本 $=\sqrt{2\times360\ 000\times300\times6\%}=3\ 600$(元)

全年现金转换成本 $=360\ 000/60\ 000\times300=1\ 800$(元)

全年现金持有机会成本 $=60\ 000/2\times6\%=1\ 800$(元)

(3)全年有价证券交易次数 $=360\ 000/60\ 000=6$(次)

有价证券交易间隔期 $=360/6=60$(天)

第九章

一、单选题

1.【答案】D

【解析】低正常股利加额外股利政策的优点包括:①具有较大的灵活性;②既可以在一定程度上维持股利的稳定性,又有利于企业的资金结构达到目标资金结构,使灵活性与稳定性较好地相结合。

2.【答案】A

【解析】股票回购方式主要有三种:①在市场上直接购买;②向股东标购;③与少数大股东协商购买。

3.【答案】D

【解析】代理理论认为最优的股利政策应使代理成本和外部融资成本之和最小。

4.【答案】C

【解析】固定股利支付率政策下,股利与公司盈余紧密地配合,能保持股利与收益之间一定的比例关系,体现了多盈多分、少盈少分、无盈不分的股利分配原则。

5.【答案】C

【解析】在确定企业的收益分配政策时,应当考虑相关因素的影响,包括法律因素、公司因素、股东因素、债务契约与通货膨胀。其中,法律因素的相关要求具体体现在资本保全约束、偿债能力约束、资本积累约束、超额累计约束等方面。

6.【答案】D

【解析】负债股利是以负债方式支付的股利,通常以公司的应付票据支付给股东,有时也以发行公司债券的方式支付股利。

7.【答案】A

【解析】本题是对收益分配的原则进行考核，根据资本保全原则的规定，企业必须在有可供分配留存的情况下进行收益分配，只有这样才能充分保护投资者的利益。

8.【答案】C

【解析】固定股利支付率政策的优点之一是股利与公司盈余紧密地配合，体现了多盈多分，少盈少分，无盈不分的股利分配原则。

二、多选题

1.【答案】ABCD

【解析】公司在确定利润分配政策时应考虑的因素有：法律因素、股东因素、公司因素、债务合同限制、通货膨胀。

2.【答案】ABCD

【解析】企业进行收益分配应遵循的原则包括依法分配原则、资本保全原则、兼顾各方面利益原则、分配与积累并重原则、投资与收益对等原则。

3.【答案】ABCD

【解析】确定股利支付率水平的高低，取决于企业对下列因素的权衡：①企业所处的成长周期；②企业的投资机会；③企业的筹资能力及筹资成本；④企业的资本结构；⑤股利的信号传递功能；⑥借款协议及法律限制；⑦股东偏好；⑧通货膨胀等因素。

4.【答案】ABD

【解析】经营风险是企业在经营活动中面临的风险，和股票回购无关。

5.【答案】ABCD

【解析】股东出于对自身利益的考虑，在确定股利分配政策时应考虑的因素有：控制权考虑、避税考虑、稳定收入考虑和规避风险考虑。

三、判断题

1.【答案】√

【解析】本题考查的是股票分割的作用，除了题目所说的两点外还包括：可能会增加股东的现金股利，使股东感到满意；可向股票市场和广大投资者传递公司业绩好、利润高、增长潜力大的信息，从而能提高投资者对公司的信心。

2.【答案】√

【解析】股票回购可减少流通在外的股票数量，相应提高每股收益，降低市盈率，从而推动股价上升或将股价维持在一个合理水平上。

3.【答案】√

【解析】在除息日，股票的所有权和领取股息的权利分离，股利权利不再从属于股票，所以在这一天购入公司股票的投资者不能享有已宣布发放的股利。

4.【答案】√

【解析】代理理论认为,股利政策有助于减缓管理者与股东之间的代理冲突,股利政策是协调股东与管理者之间代理关系的一种约束机制。较多地派发现金股利至少具有以下几点好处:①公司管理者将公司的盈利以股利的形式支付给投资者,则管理者自身可以支配的“闲余现金流量”就相应减少了,这在一定程度上可以抑制公司管理者过度地扩大投资或进行特权消费,从而保护外部投资者的利益。②较多地派发现金股利,减少了内部融资,导致公司进入资本市场寻求外部融资,从而公司可以经常接受资本市场的有效监督,这样便可以通过资本市场的监督减少代理成本。因此,高水平的股利支付政策有助于降低企业的代理成本,但同时也会增加企业的外部融资成本。

5.【答案】×

【解析】股票分割会使发行在外的股票总数增加,但并没有改变公司的权益总额,没有改变公司的资本结构,公司的资产负债率不变。

四、计算题

1.【解析】

(1)2005 年投资方案所需的自有资金额=700×60%=420(万元)

2005 年投资方案所需从外部借入的资金额=700×40%=280(万元)

(2)2004 年度应分配的现金股利=净利润-2005 年投资方案所需的自有资金额=

900-420=480(万元)

(3)固定股利政策下,2004 年度应分配的现金股利与上年相同,即 550 万元,可用于 2005 年投资的留存收益=900-550=350(万元)

2005 年投资需要额外筹集的资金额=700-350=350(万元)

(4)2003 年该公司的股利支付率=550/1 000×100%=55%

2004 年度应分配的现金股利=55%×900=495(万元)

(5)若公司只能从内部筹资,那么 2005 年的投资则从 2004 年的净利润中留存 700 万元,所以 2004 年度应分配的现金股利=900-700=200(万元)

2.【解析】

(1)①市盈率=25/2=12.5

②甲股票的 β 系数=1

③甲股票的必要收益率=4%+1.05×6%=10.3%

(2)①购买一股新股票需要的认股权数=4 000/1 000=4

②登记日前附权优先认股权的价值=(25-18)/(4+1)=1.4(元)

③无优先认股权的股票价格=25-1.4=23.6(元)

(3)留存收益筹资成本=1.15/23+5%=10%

(4)①普通股股数=4 000×(1+10%)=4 400(万股)

②股本＝4 400×1＝4 400(万元)

资本公积＝500(万元)

留存收益＝9 500－400＝9 100(万元)

(5)①净利润＝4 000×2＝8 000(万元)

②每股收益＝8 000/(4 000－800)＝2.5(元)

③每股市价＝2.5×12.5＝31.25(元)

第十章

一、单选题

1.【答案】A

【解析】财务费用预算是指反映预算期内因筹措使用资金而发生财务费用水平的一种预算。就其本质而言该预算属于日常业务预算,但由于该预算必须根据现金预算中的资金筹措及运用的相关数据来编制,因此将其纳入财务预算范畴。

2.【答案】A

【解析】销售收入百分比＝110/100×100%＝110%;

预算利润总额＝110－60×110%－30＝14(万元)。

3.【答案】C

【解析】零基预算方法的优点是:不受现有费用开支水平的限制;能够调动企业各部门降低费用的积极性;有助于企业未来发展。零基预算方法的优点正好是增量预算方法的缺点。

4.【答案】A

【解析】弹性预算又称变动预算或滑动预算,是指为克服固定预算的方法的缺点设计的,以业务量、成本和利润之间的依存关系为依据,按照预算期可预见的各种业务量水平为基础,编制能够适应多种情况预算的一种方法。

5.【答案】C

【解析】现金预算中如果出现了正值的现金收支差额,且超过额定的期末现金余额时,说明企业有现金的剩余,应当采取一定的措施降低现金持有量,选项 A、B、D 均可以减少企业的现金余额,而 C 会增加企业的现金余额,所以不应采用 C 的措施。

6.【答案】D

【解析】销售预算属于日常业务预算。

7.【答案】A

【解析】滚动预算按其预算编制和滚动的时间单位不同,可分为逐月滚动、逐季滚动和混合滚动三种方式。

8.【答案】B

【解析】四个备选项中,其余三个均为现金预算中的独立项目,为等价选项,或者全部为答案,或者全部不为答案。本题为单选题,只能是后者。排除之后,只能选择 B。

9.【答案】A

【解析】与传统的定期预算方法相比,按滚动预算方法编制的预算具有透明度高、及时性强、连续性好,以及完整性和稳定性突出的优点;其主要缺点是预算工作量大。

10.【答案】B

【解析】财务预算包括现金预算、财务费用预算、预计利润表和预计资产负债表等内容。

二、多选题

1.【答案】AD

【解析】现金预算是以日常业务预算和特种决策预算为基础编制的。

2.【答案】CD

【解析】销售预算和生产预算属于日常业务预算的内容。

3.【答案】ACD

【解析】日常业务预算包括销售预算,生产预算,直接材料耗用量及采购预算,应交增值税、销售税金及附加预算,直接人工预算,制造费用预算,产品成本预算,期末存货预算,销售费用预算,管理费用预算。现金预算属于财务预算的内容。

4.【答案】BCD

【解析】在编制生产预算时,计算某种产品预计生产量应考虑的因素包括预计产品销售量、预计期末产品存货量、预计期初产品存货量。

5.【答案】ACD

【解析】某期现金余缺=该期可运用现金合计-该期现金支出,而当期可运用现金合计=期初现金余额+当期现金收入,所以本题的答案是ACD。

三、判断题

1.【答案】×

【解析】特种决策预算包括经营决策预算和投资决策预算,经营决策预算需要直接纳入日常业务预算体系,同时也将影响现金预算;投资决策预算除个别项目外一般不纳入日常业务预算,但应计入与此有关的现金预算与预计资产负债表中。

2.【答案】×

【解析】预计资产负债表中年初数是已知的,不需要根据日常业务预算和专门决策预算的预计数据分析填列。

3.【答案】×

【解析】资产负债表的编制需要利润表中的数据作为基础,所以应先编制利润表后编制资产负债表。

4.【答案】×

【解析】零基预算是指在编制成本费用预算时,不考虑以往会计期间所发生的费用项目或费用数额,而是将所有的预算支出均以零为出发点,一切从实际需要与可能出发,逐项审议预算期内各项费用的内容及开支标准是否合理，在综合平衡的基础上编制费用预算的一种方法，它克服了增量预算的缺点。

四、计算题

1.【解析】

$A=40+1\ 010-1\ 000=50$（万元）

$B=50+0=50$（万元）

根据 CD 之间的关系 $D=C\times6\%\times3/12$

又 $C-D=19.7$

所以 $C-C\times6\%\times3/12=19.7$

解得 $C=20$（万元）

所以 $D=20\times6\%\times3/12=0.3$（万元）

$E=31.3+19.7=51$（万元）

$F=0-0.3-(-90)=89.7$（万元）

$G=-20-0.3-(-72.3)=52$（万元）

$H=40$（万元）

$I=40+5\ 516.3=5\ 556.3$（万元）

$J=60$（万元）

2.【解析】

（1）$A=70\ 200$（元），$B=117\ 000$（元），$C=70\ 200$（元），$D=18\ 700$（元），$E=77\ 220$（元）

（2）$F=70\ 200$（元），$G=10\ 200$（元），$H=35\ 100$（元）

（3）应收账款年末余额$=128\ 700\times40\%=51\ 480$（元）

应付账款年末余额$=77\ 220\times50\%=38\ 610$（元）

第十一章

一、单选题

1.【答案】D

【解析】流动比率=流动资产/流动负债>1，分子、分母同时减少相同数时，流动资产减少的幅度小于流动负债减少的幅度，因而流动比率会提高；营运资金=流动资产-流动负债，在本题情况下不会发生变动。

2.【答案】A

【解析】每股收益=净利润平均股东权益×平均股东权益普通股平均股数=

股东权益收益率×平均每股净资产=

净利润资产平均总额×资产平均总额平均股东权益×平均股东权益普通股平均股数=

总资产收益率×权益乘数×平均每股净资产

如果将总资产收益率进一步分解为净利润主营业务收入净额×主营业务收入净额资产平

均总额,可得到D项。

3.【答案】B

【解析】股利支付率是当年发放的股利与当年净利润之比,或每股股利除以每股收益。

4.【答案】C

【解析】为满足不同利益主体的需要,协调各方面的利益关系,企业经营者必须对企业经营理财的各个方面,包括营运能力、偿债能力、盈利能力及发展能力的全部信息予以详尽地了解和掌握。

5.【答案】A

【解析】现金流动负债比率是企业一定时期的经营现金净流量同流动负债的比率,它可以从现金流量(动态)角度来反映企业当期偿付短期负债的能力。

6.【答案】C

【解析】资产负债率=负债总额/资产总额;权益乘数=资产总额/所有者权益总额;产权比率=负债总额/所有者权益总额。所以,资产负债率×权益乘数=负债总额/资产总额×资产总额/所有者权益总额=负债总额/所有者权益总额=产权比率。

7.【答案】B

【解析】资本保值增值率=扣除客观因素后的年末所有者权益总额/年初所有者权益总额×100%,技术投入比率=本年科技支出合计/本年营业收入净额×100%,总资产增长率=本年总资产增长额/年初资产总额×100%,资本积累率=本年所有者权益增长额/年初所有者权益×100%,所以技术投入比率分子分母使用的都是本年数据。

8.【答案】B

【解析】财务业绩评价指标中,企业获利能力的基本指标包括净资产收益率和总资产报酬率。营业利润增长率是企业经营增长的修正指标,总资产周转率是企业资产质量的基本指标,资本保值增值率是企业经营增长的基本指标。

9.【答案】B

【解析】所谓速动资产,是指流动资产减去变现能力较差且不稳定的存货、预付账款、一年内到期的非流动资产和其他流动资产等之后的余额。

10.【答案】D

【解析】财务业绩定量评价指标由反映企业获利能力状况、资产质量状况、债务风险状况和经营增长状况等四方面的基本指标和修正指标构成。

11.【答案】C

【解析】已获利息倍数=息税前利润总额/利息支出,该指标越大,说明企业偿债能力越强。

12.【答案】B

【解析】净资产收益率=营业净利润×资产周转率×权益乘数,因为资产负债率不变,所以权益乘数不变。2007年的净资产收益率=7%×2×权益乘数=14%×权益乘数;2008年的净资产收益率＝8%×1.5×权益乘数＝12%×权益乘数。所以2008年的净资产收益率是下降了。

13.【答案】D

【解析】应收账款周转率＝6 000/[(300+500)/2]＝15(次)，应收账款周转天数＝360/15＝24(天)。

二、多选题

1.【答案】ABD

【解析】净资产收益率＝主营业务净利率×总资产周转率×权益乘数，由公式可知A、B、D项正确。

2.【答案】BCD

【解析】一个健全有效的综合财务指标体系必须具备三个基本要素：指标要素齐全适当；主辅指标功能匹配；满足多方信息需求。

3.【答案】ABC

【解析】稀释性潜在普通股，是指假设当前转换为普通股会减少每股收益的潜在普通股，主要包括可转换债券、认股权证、股票期权。

4.【答案】ABC

【解析】本题需要将选项中的四个指标公式熟练地掌握，并注意审题，题目说的是"其分母需要采用平均数"，应收账款周转天数＝平均应收账款余额×360/营业收入，所以其分母不是平均数。

三、判断题

1.【答案】√

【解析】市盈率是上市公司普通股每股市价相当于每股收益的倍数，反映投资者愿意对公司每股净利润支付的价格。

2.【答案】√

【解析】趋势分析法又称水平分析法，是通过对比两期或连续数期财务报告中的相同指标，确定其增减变动的方向、数额和幅度，来说明企业财务状况或经营成果的变动趋势的一种方法。

3.【答案】×

【解析】资本保值增值率是企业扣除客观因素后的本年末所有者权益总额与年初所有者权益总额的比率，反映企业当年资本在企业自身努力下的实际增减变动情况。本题是对资本保值增值率公式的考查，注意公式中的分子是扣除客观因素后的年末所有者权益总额，所以本题是错误的。

4.【答案】×

【解析】权益乘数＝1/(1－资产负债率)，所以负债比率越高，权益乘数越大，财务风险越大。

5.【答案】×

【解析】由杜邦财务分析体系可知，权益净利率等于资产净利率乘以权益乘数。因此，在资产净利率不变的前提下，权益净利率与权益乘数呈同向变化。该题的错误在于缺少资产净利率是否发生变化的假设，因为如果资产净利率下降的幅度大于权益乘数提高的幅度，尽管企业的负债程度提高，但权益净利率可能保持不变或变大。

本题的主要考核点是杜邦财务分析体系。

6.【答案】√

【解析】一般认为企业财务综合评价的内容主要是盈利能力，其次是偿债能力，此外还有成长能力。

7.【答案】×

【解析】毛利率=1-销售成本率，存货周转率=销售成本/平均存货余额，在销售收入相同的情况下，毛利率越高，销售成本越低，存货平均余额相同的情况下，存货周转率越低。

8.【答案】×

【解析】净资产收益率=每股收益/每股净资产，市盈率=每股市价/每股收益，净资产收益率×市盈率=每股市价/每股净资产。如果在回购前，每股净资产不等于每股市价，则按照市价以现金回购本公司股票会导致回购后每股净资产变化，如果回购前后净资产收益率和市盈率不变，即每股市价/每股净资产不变，则会导致股价变化。

四、计算题

1.【解析】

(1)因为产权比率=负债总额/所有者权益总额=80%

所以，所有者权益总额=负债总额/80%=48000/80%=60 000(万元)

(2)流动资产占总资产的比率=流动资产/总资产=40%

所以，流动资产=总资产×40%=(48 000+60 000)×40%=43 200(万元)

流动比率=流动资产/流动负债×100%=43 200/16 000×100%=270%

(3)资产负债率=负债总额/资产总额=48 000/(48 000+60 000)×100%=44.44%

(4)或有负债金额=500+2 000+200+300=3 000(万元)

或有负债比率=3 000/60 000×100%=5%

(5)带息负债金额=2 000+4 000+12 000+20 000=38 000(万元)

带息负债比率=38 000/48 000×100%=79.17%

2.【答案】

(1)经营资产=515-(10+5)=500(万元)

经营负债=315-(30+105+80)=100(万元)

净经营资产=500-100=400(万元)

净金融负债=净经营资产-股东权益=400-200=200(万元)

平均所得税税率=17.14/57.14×100%=30%

净利息费用=22.86×(1-30%)=16(万元)

经营利润=净利润+净利息费用=40+16=56(万元)

(2)净经营资产利润率=税后经营利润/净经营资产=56/400×100%=14%

净利息率=净利息/净金融负债=16/200×100%=8%

净财务杠杆=净金融负债/股东权益=200/200×100%=100%

杠杆贡献率=(净经营资产利润率-净利息率)×净财务杠杆=(14%-8%)×100%=6%

权益净利率=净经营资产利润率+杠杆贡献率=14%+6%=20%

(3)2006年权益净利率-2005年权益净利率=20%-21%=-1%

2005年权益净利率=17%+(17%-9%)×50%=21%

替代净经营资产利润率:14%+(14%-9%)×50%=16.5%

替代净利息率:14%+(14%-8%)×50%=17%

替代净财务杠杆:14%+(14%-8%)×100%=20%

净经营资产利润率变动影响=16.5%-21%=-4.5%

净利息率变动影响=17%-16.5%=0.5%

净财务杠杆变动影响=20%-17%=3%

由于净经营资产利润率降低,使权益净利率下降4.5%;由于净利息率下降,使权益净利率上升0.5%;由于净财务杠杆上升,使权益净利率上升3%。三者共同作用使权益净利率下降1%,其中净经营资产利润率下降是主要影响因素。

(4)令2007年净经营资产利润率为X,则

$$X+(X-8\%)\times 100\%=21\%$$

解得,$X=14.5\%$

附　　录

附录一

复利终值系数表(FVIF 表)

n\i(%)	1	2	3	4	5	6	7
1	1.010	1.020	1.030	1.040	1.050	1.060	1.070
2	1.020	1.040	1.061	1.082	1.103	1.124	1.145
3	1.030	1.061	1.093	1.125	1.158	1.191	1.225
4	1.041	1.082	1.126	1.170	1.216	1.262	1.311
5	1.051	1.104	1.159	1.217	1.276	1.338	1.403
6	1.062	1.126	1.194	1.265	1.340	1.419	1.501
7	1.072	1.149	1.230	1.316	1.407	1.504	1.606
8	1.083	1.172	1.267	1.369	1.477	1.594	1.718
9	1.094	1.195	1.305	1.423	1.551	1.689	1.838
10	1.105	1.219	1.344	1.480	1.629	1.791	1.967
11	1.116	1.243	1.384	1.539	1.710	1.898	2.105
12	1.127	1.268	1.426	1.601	1.796	2.012	2.252
13	1.138	1.294	1.469	1.665	1.886	2.133	2.410
14	1.149	1.319	1.513	1.732	1.980	2.261	2.579
15	1.161	1.346	1.558	1.801	2.079	2.397	2.759
16	1.173	1.373	1.605	1.873	2.183	2.540	2.952
17	1.184	1.400	1.653	1.948	2.292	2.693	3.159
18	1.196	1.428	1.702	2.206	2.407	2.854	3.380
19	1.208	1.457	1.754	2.107	2.527	3.026	3.617
20	1.220	1.486	1.806	2.191	2.653	3.207	3.870
25	1.282	1.641	2.094	2.666	3.386	4.292	5.427
30	1.348	1.811	2.427	3.243	4.322	5.743	7.612
40	1.489	2.208	3.262	4.801	7.040	10.286	14.974
50	1.645	2.692	4.384	7.107	11.467	18.420	29.457

续前表

n\i(%)	8	9	10	11	12	13	14
1	1.080	1.090	1.100	1.110	1.120	1.130	1.140
2	1.166	1.188	1.210	1.232	1.254	1.277	1.300
3	1.260	1.295	1.331	1.368	1.405	1.443	1.482
4	1.360	1.412	1.464	1.518	1.574	1.630	1.689
5	1.469	1.539	1.611	1.685	1.762	1.842	1.925
6	1.587	1.677	1.772	1.870	1.974	2.082	2.195
7	1.714	1.828	1.949	2.076	2.211	2.353	2.502
8	1.851	1.993	2.144	2.305	2.476	2.658	2.853
9	1.999	2.172	2.358	2.558	2.773	3.004	3.252
10	2.159	2.367	2.594	2.839	3.106	3.395	3.707
11	2.332	2.580	2.853	3.152	3.479	3.836	4.226
12	2.518	2.813	3.138	3.498	3.896	4.335	4.818
13	2.720	3.066	3.452	3.883	4.363	4.898	5.492
14	2.937	3.342	3.797	4.310	4.887	5.535	6.261
15	3.172	3.642	4.177	4.785	5.474	6.254	7.138
16	3.426	3.970	4.595	5.311	6.130	7.067	8.137
17	3.700	4.328	5.054	5.895	6.866	7.986	9.276
18	3.996	4.717	5.560	6.544	7.690	9.024	10.575
19	4.316	5.142	6.116	7.263	8.613	10.1797	12.056
20	4.661	5.604	6.727	8.062	9.646	11.523	13.743
25	6.848	8.623	10.835	13.585	17.000	21.231	26.462
30	10.063	13.268	17.449	22.892	29.960	39.116	50.950
40	21.725	31.409	45.259	65.001	93.051	132.78	188.88
50	46.902	74.358	117.39	184.57	289.00	450.74	700.23

续前表

n\i(%)	15	16	17	18	19	20	25	30
1	1.150	1.160	1.170	1.180	1.190	1.200	1.250	1.300
2	1.323	1.346	1.369	1.392	1.416	1.440	1.563	1.690
3	1.521	1.561	1.602	1.643	1.685	1.728	1.953	2.197
4	1.749	1.811	1.874	1.939	2.005	2.074	2.441	2.856
5	2.011	2.100	2.192	2.288	2.386	2.488	3.052	3.713
6	2.313	2.436	2.565	2.700	2.840	2.986	3.815	4.827
7	2.660	2.826	3.001	3.185	3.379	3.583	4.768	6.276
8	3.059	3.278	3.511	3.759	4.021	4.300	5.960	8.157
9	3.518	3.803	4.108	4.435	4.785	5.160	7.451	10.604
10	4.046	4.411	4.807	5.234	5.696	6.192	9.313	13.786
11	4.652	5.117	5.624	6.176	6.777	7.430	11.642	17.922
12	5.350	5.936	6.580	7.288	8.064	8.916	14.552	23.298
13	6.153	6.886	7.699	8.599	9.596	10.699	18.190	30.288
14	7.076	7.988	9.007	10.147	11.420	12.839	22.737	39.374
15	8.137	9.266	10.539	11.974	13.590	15.407	28.422	51.186
16	9.358	10.748	12.330	14.129	16.172	18.488	35.527	66.542
17	10.761	12.468	14.426	16.672	19.244	22.186	44.409	86.504
18	12.375	14.463	16.879	19.673	22.091	26.623	55.511	112.46
19	14.232	16.777	19.748	23.214	27.252	31.948	69.389	146.19
20	16.367	19.461	23.106	27.393	32.492	38.338	86.736	190.05
25	32.919	40.874	50.658	62.669	77.388	95.396	264.70	705.64
30	66.212	85.850	111.07	143.37	184.68	237.38	807.79	2 620.0
40	267.86	378.72	533.87	750.38	1 051.7	1 469.8	7 523.2	36 119
50	1 083.7	1 670.7	2 566.2	3 927.4	5 988.9	9 100.4	70 065	497 929

附录二

复利现值系数表(FVIF表)

n\i(%)	1	2	3	4	5	6	7	8	9
1	0.990	0.980	0.971	0.962	0.952	0.943	0.935	0.926	0.917
2	0.980	0.961	0.943	0.925	0.907	0.890	0.873	0.857	0.842
3	0.971	0.942	0.915	0.889	0.864	0.840	0.816	0.794	0.772
4	0.961	0.924	0.888	0.855	0.823	0.792	0.763	0.735	0.708
5	0.951	0.906	0.863	0.822	0.784	0.747	0.713	0.681	0.650
6	0.942	0.888	0.837	0.790	0.746	0.705	0.666	0.630	0.596
7	0.933	0.871	0.813	0.760	0.711	0.665	0.623	0.583	0.547
8	0.923	0.853	0.789	0.731	0.677	0.627	0.582	0.540	0.502
9	0.914	0.837	0.766	0.703	0.645	0.592	0.544	0.500	0.460
10	0.905	0.820	0.744	0.676	0.614	0.558	0.508	0.463	0.422
11	0.896	0.804	0.722	0.650	0.585	0.527	0.475	0.429	0.388
12	0.887	0.788	0.701	0.625	0.557	0.497	0.444	0.397	0.356
13	0.879	0.773	0.681	0.601	0.530	0.469	0.415	0.368	0.326
14	0.870	0.758	0.661	0.577	0.505	0.442	0.388	0.340	0.299
15	0.861	0.743	0.642	0.555	0.481	0.417	0.362	0.315	0.275
16	0.853	0.728	0.623	0.534	0.458	0.394	0.339	0.292	0.252
17	0.844	0.714	0.605	0.513	0.436	0.371	0.317	0.270	0.231
18	0.836	0.700	0.587	0.494	0.416	0.350	0.296	0.250	0.212
19	0.828	0.686	0.570	0.475	0.396	0.331	0.277	0.232	0.194
20	0.820	0.673	0.554	0.456	0.377	0.312	0.258	0.215	0.178
25	0.780	0.610	0.478	0.375	0.295	0.233	0.184	0.146	0.116
30	0.742	0.552	0.412	0.308	0.231	0.174	0.131	0.099	0.075
40	0.672	0.453	0.307	0.208	0.142	0.097	0.067	0.046	0.032
50	0.608	0.372	0.228	0.141	0.087	0.054	0.034	0.021	0.013

续前表

n\i(%)	10	11	12	13	14	15	16	17	18
1	0.909	0.901	0.893	0.885	0.877	0.870	0.862	0.855	0.847
2	0.826	0.812	0.797	0.783	0.769	0.756	0.743	0.731	0.718
3	0.751	0.731	0.712	0.693	0.675	0.658	0.641	0.624	0.609
4	0.683	0.659	0.636	0.613	0.592	0.572	0.552	0.534	0.516
5	0.621	0.593	0.567	0.543	0.519	0.497	0.476	0.456	0.437
6	0.564	0.535	0.507	0.480	0.456	0.432	0.410	0.390	0.370
7	0.513	0.482	0.452	0.425	0.400	0.376	0.354	0.333	0.314
8	0.467	0.434	0.404	0.376	0.351	0.327	0.305	0.285	0.266
9	0.424	0.391	0.361	0.333	0.300	0.284	0.263	0.243	0.225
10	0.386	0.352	0.322	0.295	0.270	0.247	0.227	0.208	0.191
11	0.350	0.317	0.287	0.261	0.237	0.215	0.195	0.178	0.162
12	0.319	0.286	0.257	0.231	0.208	0.187	0.168	0.152	0.137
13	0.290	0.258	0.229	0.204	0.182	0.163	0.145	0.130	0.116
14	0.263	0.232	0.205	0.181	0.160	0.141	0.125	0.111	0.099
15	0.239	0.209	0.183	0.160	0.140	0.123	0.108	0.095	0.084
16	0.218	0.188	0.163	0.141	0.123	0.107	0.093	0.081	0.071
17	0.198	0.170	0.146	0.125	0.108	0.093	0.080	0.069	0.060
18	0.180	0.153	0.130	0.111	0.095	0.081	0.069	0.059	0.051
19	0.164	0.138	0.116	0.098	0.083	0.070	0.060	0.051	0.043
20	0.149	0.124	0.104	0.087	0.073	0.061	0.051	0.043	0.037
25	0.092	0.074	0.059	0.047	0.038	0.030	0.024	0.020	0.016
30	0.057	0.044	0.033	0.026	0.020	0.015	0.012	0.009	0.007
40	0.022	0.015	0.011	0.008	0.005	0.004	0.003	0.002	0.001
50	0.009	0.005	0.003	0.002	0.001	0.001	0.001	0	0

续前表

n\i(%)	19	20	25	30	35	40	50
1	0.840	0.833	0.800	0.769	0.741	0.714	0.667
2	0.706	0.694	0.640	0.592	0.549	0.510	0.444
3	0.593	0.579	0.512	0.455	0.406	0.364	0.296
4	0.499	0.482	0.410	0.350	0.301	0.260	0.198
5	0.419	0.402	0.320	0.269	0.223	0.186	0.132
6	0.352	0.335	0.262	0.207	0.165	0.133	0.088
7	0.296	0.279	0.210	0.159	0.122	0.095	0.059
8	0.249	0.233	0.168	0.123	0.091	0.068	0.039
9	0.209	0.194	0.134	0.094	0.067	0.048	0.026
10	0.176	0.162	0.107	0.073	0.050	0.035	0.017
11	0.148	0.135	0.086	0.056	0.037	0.025	0.012
12	0.124	0.112	0.069	0.043	0.027	0.018	0.008
13	0.104	0.093	0.055	0.033	0.020	0.013	0.005
14	0.088	0.078	0.044	0.025	0.015	0.009	0.003
15	0.074	0.065	0.035	0.020	0.011	0.006	0.002
16	0.062	0.054	0.028	0.015	0.008	0.005	0.002
17	0.052	0.045	0.023	0.012	0.006	0.003	0.001
18	0.044	0.038	0.018	0.009	0.005	0.002	0.001
19	0.037	0.031	0.014	0.007	0.003	0.002	0
20	0.031	0.026	0.012	0.005	0.002	0.001	0
25	0.013	0.010	0.004	0.001	0.001	0	0
30	0.005	0.004	0.001	0	0	0	0
40	0.001	0.001	0	0	0	0	0
50	0	0	0	0	0	0	0

附录三

年金终值系数表(FVIFA 表)

$n\backslash i(\%)$	1	2	3	4	5	6	7
1	1.000	1.000	1.000	1.000	1.000	1.000	1.000
2	2.010	2.020	2.030	2.040	2.050	2.060	2.070
3	3.030	3.060	3.091	3.122	3.153	3.184	3.215
4	4.060	4.122	4.184	4.246	4.310	4.375	4.440
5	5.101	5.204	5.309	5.416	5.526	5.637	5.751
6	6.152	6.308	6.468	6.633	6.802	6.975	7.153
7	7.214	7.434	7.662	7.898	8.142	8.394	8.654
8	8.286	8.583	8.892	9.214	9.549	9.897	10.260
9	9.369	9.755	10.159	10.583	11.027	11.491	11.978
10	10.462	10.950	11.464	12.006	12.578	13.181	13.816
11	11.567	12.169	12.808	13.486	14.207	14.972	15.784
12	12.683	13.412	14.192	15.026	15.917	16.870	17.888
13	13.809	14.680	15.618	16.627	17.713	18.882	20.141
14	14.947	15.974	17.086	18.292	19.599	21.015	22.550
15	16.097	17.293	18.599	20.024	21.579	23.276	25.129
16	17.258	18.639	20.157	21.825	23.657	25.673	27.888
17	18.430	20.012	21.762	23.698	25.840	28.213	30.840
18	19.615	21.412	23.414	25.645	28.132	30.906	33.999
19	20.811	22.841	25.117	27.671	30.539	33.760	37.379
20	22.019	24.297	26.870	29.778	33.066	36.786	40.995
25	28.243	32.030	36.459	41.646	47.727	54.865	63.249
30	34.785	40.588	47.575	56.085	66.439	79.058	94.461
40	48.886	60.402	75.401	95.026	120.80	154.76	199.64
50	64.463	84.579	112.80	152.67	209.35	290.34	406.53

续前表

n\i(%)	8	9	10	11	12	13	14	15
1	1.000	1.000	1.000	1.000	1.000	1.000	1.000	1.000
2	2.080	2.090	2.100	2.110	2.120	2.130	2.140	2.150
3	3.246	3.278	3.310	3.342	2.374	3.407	3.440	3.473
4	4.506	4.573	4.641	4.710	4.779	4.850	4.921	4.993
5	5.867	5.985	6.105	6.228	6.353	6.480	6.610	6.742
6	7.336	7.523	7.716	7.913	8.115	8.323	8.536	8.754
7	8.923	9.200	9.487	9.783	10.089	10.405	10.730	11.067
8	10.637	11.028	11.436	11.859	12.300	12.757	13.233	13.727
9	12.488	13.021	13.579	14.164	14.776	15.416	16.085	16.786
10	14.487	15.193	15.937	16.722	17.549	18.420	19.337	20.304
11	16.645	17.560	18.531	19.561	20.655	21.814	23.045	24.349
12	18.977	20.141	21.384	22.713	24.133	25.650	27.271	29.002
13	21.495	22.953	24.523	26.212	28.029	29.985	32.089	34.352
14	24.215	26.019	27.975	30.095	32.393	34.883	37.581	40.505
15	27.152	29.361	31.772	34.405	37.280	40.417	43.842	47.580
16	30.324	33.003	35.950	39.190	42.753	46.672	50.980	55.717
17	33.750	36.974	40.545	44.501	48.884	53.739	59.118	65.075
18	37.450	41.301	45.599	50.396	55.750	61.725	68.394	75.836
19	41.446	46.018	51.159	56.939	63.440	70.749	78.969	88.212
20	45.762	51.160	57.275	64.203	72.052	80.947	91.025	102.44
25	73.106	84.701	98.347	114.41	133.33	155.62	181.87	212.79
30	113.28	136.31	164.49	199.02	241.33	293.20	356.79	434.75
40	259.06	337.89	442.59	581.83	767.09	1 013.7	1 342.0	1 779.1
50	573.77	815.08	1 163.9	1 668.8	2 400.0	3 459.5	4 994.5	7 217.7

续前表

n\i(%)	16	17	18	19	20	25	30
1	1.000	1.000	1.000	1.000	1.000	1.000	1.000
2	2.160	2.170	2.180	2.190	2.200	2.250	2.300
3	3.506	3.539	3.572	3.606	3.640	3.813	3.990
4	5.066	5.141	5.215	5.291	5.368	5.766	6.187
5	6.877	7.014	7.154	7.297	7.442	8.207	9.043
6	8.977	9.207	9.442	9.683	9.930	11.259	12.756
7	11.414	11.772	12.142	12.523	12.916	15.073	17.583
8	14.240	14.773	15.327	15.902	16.499	19.842	23.858
9	17.519	18.285	19.086	19.923	20.799	25.802	32.015
10	21.321	22.393	23.521	24.701	25.959	33.253	42.619
11	25.733	27.200	28.755	30.404	32.150	42.566	56.405
12	30.850	32.824	34.931	37.180	39.581	54.208	74.327
13	36.786	39.404	42.219	45.244	48.497	68.760	97.625
14	43.672	47.103	50.818	54.841	59.196	86.979	127.91
15	51.660	56.110	60.965	66.261	72.035	109.69	167.29
16	60.925	66.649	72.939	79.850	87.442	138.11	218.47
17	71.673	78.979	87.068	96.022	105.93	173.64	285.01
18	84.141	93.406	103.74	115.27	128.12	218.05	371.52
19	98.603	110.29	123.41	138.17	154.74	273.56	483.97
20	115.38	130.03	146.63	165.42	186.69	342.95	630.17
25	249.21	292.11	342.60	402.04	471.98	1 054.8	2 348.8
30	530.31	647.44	790.95	966.7	1 181.9	3 227.2	8 730.0
40	2 360.8	3 134.5	4 163.21	5 519.8	7 343.9	30 089	120 393
50	10 436	15 090	21 813	31 515	45 497	280 256	165 796

附录四

年金现值系数表(PVIFA 表)

$n\backslash i$(%)	1	2	3	4	5	6	7	8	9
1	0.990	0.980	0.971	0.962	0.952	0.943	0.935	0.926	0.917
2	1.970	1.942	1.913	1.886	1.859	1.833	1.808	1.783	1.759
3	2.941	2.884	2.829	2.775	2.723	2.673	2.624	2.577	2.531
4	3.902	3.808	3.717	3.630	3.546	3.465	3.387	3.312	3.240
5	4.853	4.713	4.580	4.452	4.329	4.212	4.100	3.993	3.890
6	5.795	5.601	5.417	5.242	5.076	4.917	4.767	4.623	4.486
7	6.728	6.472	6.230	6.002	5.786	5.582	5.389	5.206	5.033
8	7.652	7.325	7.020	6.733	6.463	6.210	5.971	5.747	5.535
9	8.566	8.162	7.786	7.435	7.108	6.802	6.515	6.247	5.995
10	9.471	8.983	8.530	8.111	7.722	7.360	7.024	6.710	6.418
11	10.368	9.787	9.253	8.760	8.306	7.887	7.499	7.139	6.805
12	11.255	10.575	9.954	9.385	8.863	8.384	7.943	7.536	7.161
13	12.134	11.348	10.635	9.986	9.394	8.853	8.358	7.904	7.487
14	13.004	12.106	11.296	10.563	9.899	9.295	8.745	8.244	7.786
15	13.865	12.849	11.938	11.118	10.380	9.712	9.108	8.559	8.061
16	14.718	13.578	12.561	11.652	10.838	10.106	9.447	8.851	8.313
17	15.562	14.292	13.166	12.166	11.274	10.477	9.763	9.122	8.544
18	16.398	14.992	13.754	12.659	11.690	10.828	10.059	9.372	8.756
19	17.226	15.678	14.324	13.134	12.085	11.158	10.336	9.604	8.950
20	18.046	16.351	14.877	13.590	12.462	11.470	10.594	9.818	9.129
25	22.023	19.523	17.413	15.622	14.094	12.783	11.654	10.675	9.823
30	25.808	22.396	19.600	17.292	15.372	13.765	12.409	11.258	10.274
40	32.835	27.355	23.115	19.793	17.159	15.046	13.332	11.925	10.757
50	39.196	31.424	25.730	21.482	18.256	15.762	13.801	12.233	10.962

续前表

n\i(%)	10	11	12	13	14	15	16	17	18
1	0.909	0.901	0.893	0.885	0.877	0.870	0.862	0.855	0.847
2	1.736	1.713	1.690	1.668	1.647	1.626	1.605	1.585	1.566
3	2.487	2.444	2.402	2.361	2.322	2.283	2.246	2.210	2.174
4	3.170	3.102	3.037	2.974	2.914	2.855	2.798	2.743	2.690
5	3.791	3.696	3.605	3.517	3.433	3.352	3.274	3.199	3.127
6	4.355	4.231	4.111	3.998	3.889	3.784	3.685	3.589	3.498
7	4.868	4.712	4.564	4.423	4.288	4.160	4.039	3.922	3.812
8	5.335	5.146	4.968	4.799	4.639	4.487	4.344	4.207	4.079
9	5.759	5.537	5.328	5.132	4.946	4.472	4.607	4.451	4.303
10	6.145	5.889	5.650	5.426	5.216	5.019	4.833	4.659	4.494
11	6.495	6.207	5.938	5.687	5.453	5.234	5.029	4.836	4.656
12	6.814	6.492	6.194	5.918	5.660	5.421	5.197	4.988	4.793
13	7.103	6.750	6.424	6.122	5.842	5.583	5.342	5.118	4.910
14	7.367	6.982	6.628	6.302	6.002	5.724	5.468	5.229	5.008
15	7.606	7.191	6.811	6.462	6.142	5.847	5.575	5.324	5.092
16	7.824	7.379	6.974	6.604	6.265	5.954	5.668	5.405	5.162
17	8.022	7.549	7.102	6.729	6.373	6.047	5.749	5.475	5.222
18	8.201	7.702	7.250	6.840	6.467	6.128	5.818	5.534	5.273
19	8.365	7.839	7.366	6.938	6.550	6.198	5.877	5.584	5.316
20	8.514	7.963	7.469	7.025	6.623	6.259	5.929	5.628	5.353
25	9.077	8.422	7.843	7.330	6.873	6.464	6.097	5.766	5.467
30	9.427	8.694	8.055	7.496	7.003	6.566	6.177	5.829	5.517
40	9.779	8.951	8.244	7.634	7.105	6.642	6.233	5.871	5.548
50	9.915	9.042	8.304	7.675	7.133	6.661	6.246	5.880	5.554

续前表

n\i(%)	19	20	25	30	35	40	50
1	0.840	0.833	0.800	0.769	0.741	0.714	0.667
2	1.547	1.528	1.440	1.361	1.289	1.224	1.111
3	2.140	2.106	1.952	1.816	1.696	1.589	1.407
4	2.639	2.589	2.362	2.166	1.997	1.849	1.605
5	3.058	2.991	2.689	2.436	2.220	2.035	1.737
6	3.410	3.326	2.951	2.643	2.385	2.168	1.824
7	3.706	3.605	3.161	2.802	2.508	2.263	1.883
8	3.954	3.837	3.329	2.925	2.598	2.331	1.922
9	4.163	4.031	3.463	3.019	2.665	2.379	1.948
10	4.339	4.192	3.571	3.092	2.715	2.414	4.965
11	4.486	4.327	3.656	3.147	2.752	2.438	1.977
12	4.611	4.439	3.725	3.190	2.779	2.456	1.985
13	4.715	4.533	3.780	3.223	2.799	2.469	1.990
14	4.802	4.611	3.824	3.249	2.814	2.478	1.993
15	4.876	4.675	3.859	3.268	2.825	2.484	1.995
16	4.938	4.730	3.887	3.283	2.834	2.489	1.997
17	4.988	4.775	3.910	3.295	2.840	2.492	1.998
18	5.033	4.812	3.928	3.304	2.844	2.494	1.999
19	5.070	4.843	3.942	3.311	2.848	2.496	1.999
20	5.101	4.870	3.954	3.316	2.850	2.497	1.999
25	5.195	4.948	3.985	3.329	2.856	2.499	2.000
30	5.235	4.979	3.995	3.332	2.857	2.500	2.000
40	5.258	4.997	3.999	3.333	2.857	2.500	2.000
50	5.262	4.999	4.000	3.333	2.857	2.500	2.000

附录五

正态分布曲线的面积

Z/%	0.00	0.01	0.02	0.03	0.04	0.05	0.06	0.07	0.08	0.09
0.00	0.0	0.0040	0.0080	0.0120	0.0160	0.0199	0.0239	0.0279	0.0319	0.0359
0.10	0.0398	0.0438	0.0478	0.0517	0.0557	0.0596	0.0636	0.0675	0.0714	0.0753
0.20	0.0793	0.0832	0.0871	0.0910	0.0948	0.0987	0.1026	0.1064	0.1103	0.1141
0.30	0.1179	0.1217	0.1255	0.1293	0.1331	0.1368	0.1406	0.1443	0.1480	0.1517
0.40	0.1554	0.1594	0.1628	0.1661	0.1700	0.1736	0.1772	0.1808	0.1844	0.1879
0.50	0.1915	0.1950	0.1985	0.2010	0.2054	0.2088	0.2123	0.2157	0.2190	0.2224
0.60	0.2257	0.2291	0.2324	0.2357	0.2389	0.2422	0.2454	0.2486	0.2517	0.2549
0.70	0.2580	0.2611	0.2642	0.2673	0.2703	0.2734	0.2764	0.2793	0.2823	0.2852
0.80	0.2881	0.2910	0.2939	0.2967	0.2995	0.3023	0.3051	0.3078	0.3106	0.3133
0.90	0.3159	0.3186	0.3212	0.3238	0.3264	0.3289	0.3315	0.3340	0.3365	0.3389
1.00	0.3413	0.3438	0.3461	0.3485	0.3508	0.3531	0.3554	0.3577	0.3599	0.3621
1.10	0.3643	0.3665	0.3686	0.3703	0.3729	0.3749	0.3770	0.3790	0.3810	0.3830
1.20	0.3849	0.3869	0.3888	0.3907	0.3925	0.3943	0.3962	0.3980	0.3997	0.4015
1.30	0.4032	0.4049	0.4066	0.4082	0.4099	0.4115	0.4115	0.4747	0.4162	0.4177
1.40	0.4192	0.4207	0.4222	0.4236	0.4251	0.4265	0.4279	0.4292	0.4306	0.4319
1.50	0.4332	0.4345	0.4357	0.4370	0.4382	0.4394	0.4406	0.4418	0.4429	0.4441
1.60	0.4452	0.4463	0.4474	0.4484	0.4495	0.4550	0.4515	0.4525	0.4535	0.4545
1.70	0.4454	0.4564	0.4573	0.4582	0.4591	0.4599	0.4608	0.4616	0.4625	0.263
1.80	0.4641	0.4649	0.4656	0.4664	0.4671	0.4678	0.4686	0.4693	0.4699	0.4706
1.90	0.4713	0.4719	0.4726	0.4732	0.4738	0.4744	0.4750	0.4756	0.4761	0.4767
2.00	0.4772	0.4778	0.4783	0.4788	0.4793	0.4798	0.4803	0.4808	0.4812	0.4812
2.10	0.4821	0.4826	0.4830	0.4834	0.4838	0.4842	0.4846	0.4850	0.4854	0.4857
2.20	0.4861	0.4864	0.4868	0.4871	0.4875	0.4878	0.4881	0.4884	0.4887	0.4890
2.30	0.4893	0.4896	0.4898	0.4901	0.4904	0.4906	0.4909	0.4911	0.4913	0.4916
2.40	0.4918	0.4920	0.4922	0.4925	0.4927	0.4929	0.4931	0.4932	0.4934	0.4936
2.50	0.4938	0.4940	0.4941	0.4943	0.4945	0.4946	0.4948	0.4949	0.4951	0.4952
2.60	0.4953	0.4955	0.4956	0.4957	0.4959	0.4960	0.4961	0.4962	0.4963	0.4964
2.70	0.4965	0.4966	0.4967	0.4968	0.4969	0.4970	0.4971	0.4972	0.4973	0.4974
2.80	0.4974	0.4975	0.4976	0.4977	0.4977	0.4978	0.4979	0.4979	0.4980	0.4981
2.90	0.4981	0.4982	0.4982	0.4983	0.4984	0.4984	0.4985	0.4985	0.4986	0.4986
3.00	0.4986	0.4987	0.4987	0.4988	0.4988	0.4989	0.4989	0.4989	0.4990	0.4990
3.10	0.4990	0.4991	0.4991	0.4991	0.4992	0.4992	0.4992	0.4992	0.4993	0.4993
3.20	0.4993	0.4993	0.4994	0.4994	0.4994	0.4994	0.4994	0.4995	0.4995	0.4995

续上表

Z/%	0.00	0.01	0.02	0.03	0.04	0.05	0.06	0.07	0.08	0.09
3.30	0.4995	0.4995	0.4995	0.4996	0.4996	0.4996	0.4996	0.4996	0.4996	0.4997
3.40	0.4997	0.4997	0.4997	0.4997	0.4997	0.4997	0.4997	0.4997	0.4997	0.4998
3.50	0.4998	0.4998	0.4998	0.4998	0.4998	0.4998	0.4998	0.4998	0.4998	0.4998
3.60	0.4998	0.4998	0.4999	0.4999	0.4999	0.4999	0.4999	0.4999	0.4999	0.4999
3.70	0.4999	0.4999	0.4999	0.4999	0.4999	0.4999	0.4999	0.4999	0.4999	0.4999
3.80	0.4999	0.4999	0.4999	0.4999	0.4999	0.4999	0.4999	0.4999	0.4999	0.4999
3.90	0.5000	0.5000	0.5000	0.5000	0.5000	0.5000	0.5000	0.5000	0.5000	0.5000

Z 为标准差的个数，表中数据是平均数和 Z 个标准差之间的那部分正态曲线下的总面积。

参考文献

[1] 唐现杰,孙长江. 财务管理[M]. 北京:科学出版社,2007.

[2] 陈丽萍,龙云飞. 财务通论[M]. 北京:科学出版社,2007.

[3] BRIGHAM F EUGENE AND LOUIS C. Gapenskj, Financial Management: Theory And Pracitice [M]. The United States of America: Christopher P. Klein, 1997.

[4] JAMES C VAN HORNE, JOHN M. Wachowicz Jr. Fundamentals of Financial Management[M]. 影印版. 北京:清华大学出版社,2001.

[5] 荆新,王化成. 财务管理学[M]. 北京:中国人民大学出版社,2009.

[6] 斯科特 · 贝斯利. 财务管理精要[M]. 北京:机械工业出版社,2005.

[7] 谷祺. 财务管理[M]. 大连:东北财经大学出版社,2003 .

[8] 魏明良. 财务管理[M]. 北京:经济管理出版社,2006 .

[9] 王庆成,郭复初. 财务管理学[M]. 北京:高等教育出版社,2002.

[10] 理查德 · A · 布雷利,企图尔特 · C · 迈尔斯. 企业财务原理[M]. 方曙红,译. 北京:机械工业出版社,2004.

[11] 樊行健. 财务分析[M]. 北京:清华大学出版社,2007.

[12] 张先治. 财务分析[M]. 大连:东北财经大学出版社,2007.

[13] 赵智全. 财务管理[M]. 上海:立信会计出版社,2008.

[14] 陆正飞. 财务管理[M]. 大连:东北财经大学出版社,2001.

[15] 斯蒂芬 · 罗斯等. 企业理财[M]. 吴世农,沈艺峰,译. 北京:机械工业出版社,2003.

[16] 杰费 · 马杜拉. 国际财务管理[M]. 杨淑娥,张俊瑞,译. 大连:东北财经大学出版社,2000.

[17] 杨雄胜. 高级财务管理[M]. 大连:东北财经大学出版社,2004.

[18] 张兆国. 高级财务管理[M]. 武汉:武汉大学出版社,2002.

[19] 张先治. 财务学概论[M]. 大连:东北财经大学出版社,2006.

[20] 张先治. 内部管理控制论[M]. 北京:中国财政经济出版社,2004.

[21] BREALEY A RICHARD[M]. STEWART C. Principles of Croprate Finance[M]. 影印版. Beijing: China Machine Press, 2002.

[22] 王明虎. 财务管理原理[M]. 北京:机械工业出版社,2009.

读者反馈表

尊敬的读者：

您好！感谢您多年来对哈尔滨工业大学出版社的支持与厚爱！为了更好地满足您的需要，提供更好的服务，希望您对本书提出宝贵意见，将下表填好后，寄回我社或登录我社网站（http://hitpress.hit.edu.cn）进行填写。谢谢！您可享有的权益：

☆ 免费获得我社的最新图书书目　　☆ 可参加不定期的促销活动

☆ 解答阅读中遇到的问题　　☆ 购买此系列图书可优惠

读者信息

姓名__________　□先生　□女士　年龄________　学历________

工作单位________________________　职务__________

E-mail ________________________　邮编__________

通讯地址____________________________

购书名称______________________　购书地点______________________

1. 您对本书的评价

内容质量　□很好　□较好　□一般　□较差

封面设计　□很好　□一般　□较差

编排　□利于阅读　□一般　□较差

本书定价　□偏高　□合适　□偏低

2. 在您获取专业知识和专业信息的主要渠道中，排在前三位的是：

①__________　②__________　③__________

A. 网络 B. 期刊 C. 图书 D. 报纸 E. 电视 F. 会议 G. 内部交流 H. 其他：________

3. 您认为编写最好的专业图书（国内外）

书名	著作者	出版社	出版日期	定价

4. 您是否愿意与我们合作，参与编写、编译、翻译图书？

____

5. 您还需要阅读哪些图书？

____

网址：http://hitpress.hit.edu.cn

技术支持与课件下载：网站课件下载区

服务邮箱 wenbinzh@hit.edu.cn　duyanwell@163.com

邮购电话 0451－86281013　0451－86418760

组稿编辑及联系方式　赵文斌（0451－86281226）　杜燕（0451－86281408）

回寄地址：黑龙江省哈尔滨市南岗区复华四道街10号　哈尔滨工业大学出版社

邮编：150006　传真 0451－86414049